국어교육론

-관점과 체계-

김 창 원 지음

三 知 院

머 리 말

국어교육학은 실용성이 강한 학문이어서 논문의 수명이 인접 학문에 비해 짧다. 물론 이공계 논문의 수명에 비할 수야 없겠지만, 거의 그에 맞먹을 거라고 생각하며 글을 써 왔다. 국어교육학의 이런 특성은 연구자들이 논문에 비해 책이 부족하고, 보고서에 비해 논문이 부족한 데 대해 변명하기에 안성맞춤이다. 또, 이 분야에서 '고전'이라고 할 만한 연구서나 입문서가 적은 상황도 대충 설명할 수 있다. 하지만 그 때문에 나름대로 오래 두고 생각해 봐야 할 글들이 속절없이 묻혀 버리는 문제도 생긴다. 이제 그동안 써 온 글 중에서 그래도 생명력이 있다고 여겨지는 것들을 추려서 묶는다.

책을 묶기 위해 예전에 쓴 글들을 다시 찾아보면서, 참 여러 방향으로도 썼다는 생각을 했다. 원래 현대시로 공부를 시작해서 문학교육, 국어교육으로 범위가 확장돼 온 과정이 내 글쓰기의 이력에 고스란히 나타나 있었다. 국어교육 안에서도 교육과정과 교재, 평가를 두루 건드렸으니, 박이부정(博而不精)을 면하기 어렵게 되었다. 하지만 이것은 국어교육학이 새 학문으로 정착해 가는 과정에서 어쩔 수 없이 빚어진 일이라고 자위한다. 이제는 연구자 각자 세부 전공을 가지고 정치한 이론을 바탕으로 치열하게 논쟁하는 때가 되었다. 나도 범위를 좁혀서 이론다운 이론을 다듬어 볼 수 있기를 기대한다.

다시 생각해 봐도, 국어교육학은 책보다 논문이, 논문보다 보고서가 더 급한 학문이다. 그리고 그보다 더 급한 것은 교육과정, 교과서, 평가 등과 관련한 실제적인 '일'이다. 지력과 체력이 함께 필요한 학문이라고나 할까(물론, 이론 없이 덤비는 것이 제일 위험하다.). 그런 점에서 고등학교와 연구소, 대학을 거치며 이런저런 경험을 쌓을 수 있었던 점은 나로서는 큰 행운이라고 할 수 있다. 다만, 크고 작은 일에 남편과 아버지를 빼앗긴 아내와 아이들에게 미안하고 고마울 따름이다.

부족한 후배를 과분하게 아껴 주시는 선배들과 함께 공부하고 일한 동학들에게 고맙고, 뜬금 없는 책을 만들어 준 삼지원 측에도 감사를 표한다. 언젠가 좋은 책으로 보답할 날이 있을 것이다.

2006. 12. 1.

저 자

차 례

제1부 국어교육의 문화론적 조망

제1장 국어문화교육론의 의미

제2장 예술교육에서의 언어의 문제

제3장 대중가요의 국어교육론

제2부 국어과 교육과정 탐색

제1장 창의성 중심의 국어과 교육과정 구성 방향

제2장 국어과 교육과정 설계의 절차와 원리

제3부　국어 교재의 재개념화

제1장　미래 지향형 국어 교재의 철학과 방향

제4부 국어 능력 평가의 점검

제1장 국어 능력 평가의 구조와 원리

제2장 국어능력검정시험의 방향과 체제

제3장 대학수학능력시험의 대안적 점검

제5부 국어교육의 외연 확장 - 싱가포르의 사례 연구

제1장 해외 한국학교의 국어교육 프로그램 진단

제2장 다중언어사회의 특성과 21세기 언어문화교육

제3장 싱가포르 소학교의 중국어(华文) 교과서 체제

제 1 부
국어교육의 문화론적 조망

제 1 장
국어문화교육론의 의미

Ⅰ. 국어교육 연구의 흐름과 문화론의 대두 맥락

최근 몇 년 사이에 국어교육과 문화를 연관 지어 살펴보는 관점이 널리 퍼졌다. 이런 현상은 사회 일반의 문화 지향성과 관계되기도 하고, 교육의 커다란 패러다임 변화와 관계되기도 한다. 전반적인 학술 담론의 흐름도 이와 무관하지 않다. 이러한 관점이 너무나 자연스럽게, 그리고 폭넓게 퍼졌기 때문에 어떤 때는 국어교육이 처음부터 문화교육이었다는 생각이 들기도 한다. 문화를 강조하는 경향 또한 하나의 '문화'가 된 것일까.

문화론이 이처럼 손쉽게 국어교육의 중심 담론으로 자리 잡을 수 있었던 이유는 그것이 국어교육에 관한 우리의 막연하지만 보편적인 관념에 잘 들어맞았기 때문이다. 전통, 민족 정체성, 국어·국자의 중요성, 문화 전승으로서의 교육 등에 관한 관념이 그것이다. 이는 기능론(技能論)이 처음 도입될 때부터, 그리고 그 후로도 끊임없이 크고 작은 저항에 부딪혀 온 것과 대비된다. 우리가 '문화'라는 관념에 대해 처음부터 우호적이었기 때문에 문화론은 정교한 이론 체계 없이도, 그 진원지가 불투명한 채 자연스럽게 국어교육 연구의 주류가 된 것이다.

하지만 우리는 이 시점에서 '왜 꼭 문화론인가?'에 관한 질문을 다시 던져야 한다. 문화교육론, 혹은 문화교육적 관점은 파울젠과 슈프랑거 중심의 독일 문화교육학파에서 이미 100년도 더 전에 제안했던 것이 아닌가. 국내로 눈을 돌려 봐도, 외국어교육학계에서는 이미 1980년대 초반에 영어교육을 중심으로, 그 후반에는 제2언어교육에서까지 문화주의를 원용한 성과가 다양하게 이루어진 것을 알 수 있다. 국어교육 내부에서도 우리가 문화를 얘기하기 이전에 이미 문화는 국어교육의 중요한 내용축이었다.[1)]

그렇다면, 왜 이 시점에서 국어교육의 문화론인가? 그것은 어떤 이론적·실천적 정당성을 지니고 있으며, 이전의, 혹은 다른 분야의 문화론과는 어떻게 변별되는가? 국어교육 문화론은 어떤 가능성과 한계를 지니고 있는가? 이 점에 대한 해명이 없다면 문화론은 또 하나의 유행으로 지나가고 우리는 더욱 '풍부한' 국어교육 연구사만을 갖게 될 것이다.

국어교육을 논하면서 의식적으로 '문화' 개념을 내세운 성과는 김대행(1995)이 처음이 아닌가 싶다. 그 이전에도 국어의 문화적 가치에 주목한 논자들은 많지만, 그들의 논의는 마치 문학에서의 인상비평처럼 다분히 원론 수준에 머물고 있었다. 물론, 특정 개인은 변화의 첫 몸짓만을 보여줄 뿐이다. 이후의 문화론은 서울대학교 사범대학을 중심으로 한 일군의 젊은 학자들이 일종의 학파를 형성하고 기존 학계가 그에 동조하면서 상승 작용을 일으켜 보편 흐름으로 자리잡을 수 있었다. 하지만, 그것뿐일까? 연구자들이 미처 의식하기 전에 문화론은 이미 거기에 있었던 것이 아닐까?

앞에서 지적했듯이 문화론이 국어교육의 중심으로 자리잡게 된 단

1) 이것을 김광해(2000)에서는 아래와 같이 간명하게 요약해 냈는데, 이 표를 보면 최근의 문화에 대한 관심은 새삼스럽게까지 느껴진다.

<교육과정에 나타난 국어 문화 요소>

교수요목	우리 문화 계승 발전, 우리 문화
1차 교육과정	언어 문화 이해, 국어 국자(國語國字) 문제에 대한 관심
2차 교육과정	한자, 한문, 국어 국자(國語國字) 문제에 대한 관심
3차 교육과정	국어 문화 사랑, 민족 문화 발전, 국어 문화 이해
4차 교육과정	국어의 발전, 민족 문화 창조
5차 교육과정	국어의 발전, 민족어 문화 창조, 민족의 언어 문화 계승, 발전
6차 교육과정	국어 발전, 언어 문화 창조
7차 교육과정	국어 문화, 국어 발전, 민족어 문화 창달, 국어의 발전, 국어 문화 창조

초는 국어교육사 자체에 내재해 있었다. 어쩌면 문화론은 경험주의와 기능주의, 구조주의, 언어가치론 등에 대한 대타 의식의 소산일 것이다. 아울러 문화론의 득세는 국어교육학 이론화의 과정에서 빚어진 학자 간, 학설 간 헤게모니 다툼 결과로 보는 게 옳을 것이다. 그런 점에서 '문화'의 개념이 '80년대 후반~'90년대 초의 국어교육 현상에 대한 비판 내지 부정으로부터 등장했음에 주목할 필요가 있다는 주장(염은열, 2001:184)은 정곡을 찌른 것이다.

그렇다면 이 시점에서 국어교육의 문화론에 대해서 무엇을 검토해야 하는가? 우선 떠오르는 것은 국어 문화란 무엇인지, 국어교육이 왜 문화를 고려해야 하는지, 국어문화교육은 어떤 식으로 해야 하는지, 그를 위해서 어떠한 기초 연구가 필요한지 등등에 관한 논의일 것이다. 그런 연후에 문화 요소를 교육과정과 교재에 끌어들일 방법을 생각하고, 문화적 관점에서의 교수-학습과 평가 방법을 구안할 일이다. 그런데 현실은 그 반대여서, 국어교육의 현장에서 이미 문화가 널리 득세하고 있는 가운데 연구나 정책 담론은 그 뒤를 쫓아다니며 뒤치다꺼리를 하고 있는 형국이다. 열린 교육이 그랬고 매체 교육도 그러했듯이, 문화교육 역시 실천이 이론을 견인하는 모습을 보이고 있다.

이런 현상은 물론 우리가 원했던 것이 아니지만, 그렇다고 해서 탄식할 일도 아니다. 문화론은 이미 국어교육의 역사 속에 깊이 내재해 있는 것이기에, 비록 그것이 '90년대 들어서 수면 위로 올라왔다 하더라도 현장에서는 '낯익은 귀신'에 불과할 뿐이었다. 문제는 그것이 정말로 '낯익은' 방식으로만 다루어진다는 데 있다. 그 동안 '국어 문화'는 한국어의 특성과 한글의 우수성, 우리 고전문학의 전통(동양 문학과 구별되지 않는), 그리고 우리말 우리 글에 대한 애정 등과 거의 동의어로 쓰였고, 지금도 그러하다.

따라서 논의의 초점은 정확하게 드러난다. 광복 이후 60년 넘게 — 어쩌면 개화기 이후 100년 넘게 — 실천해 온 가치 중심의 전통적 문화론과 '80~'90년대를 거치면서 수입된 (주로 영국 계통의) 비판적 문화론, 그리고 외국어교육에서 발달한 기능적(機能的) 문화론 사이에서 '지금/여기'에 적합한 국어교육의 문화론을 도출해 내는 일이다. 그러한 균형 감각 위에 이론과 실제가 상호 선순환을 함으로써 문화론이 함의하고 있는 정치적 불순성을 떨쳐낼 때 문화론은 국어교육 철학으로 자리잡을 수 있을 것이다(김창원, 2000). 그 동안 국어국문학계(국어국문학회, 2001)나 국어교육학계(한국국어교육연구회, 1998)에서 문화가 여러 차례 다루어지는 동안 간과한 것이 국어교육 문화론의 다면성을 인식하고 조율하는 시각 문제가 아니었나 싶다.

Ⅱ. 문화와 문화교육에 관련되는 문제들

사전에서는 문화를 '인류에게서만 볼 수 있는 사유 및 행동의 양식 중에서 유전이 아니라 학습에 의해 소속 사회로부터 습득하고 전달받은 것 전체'라고 정의하고 있다(두산세계대백과, http://100.naver.com). 하지만 문화를 이런 식으로 간단하게 정의할 수 있으리라고는 아무도 믿지 않을 것이다. 젠크스(김윤용 역, 1996)는 고육책으로 문화의 개념을 몇 가지로 범주화하는 방식을 취하지만,[2] 모호하기는 마찬가지이다. 오히려 문화는 "~이다."의 방식 대신 "~이 아니다."의 방식으로 정의하는 것이 더 효과적인 듯싶기까지 한데, 이는 엘리스(이승훈 역, 1982)가 문학을 '잡초'로 비유하며 설명할 때의 바로 그 방식이다.[3]

2) ① 인식 범주로서의 문화 : 문화는 정신의 일반적 상태로 이해된다.
② 보다 구체적이고 집합적인 개념으로서의 문화 : 문화는 사회의 지적·도덕적 발달 상태를 의미한다.
③ 기술적·구체적 범주로서의 문화 : 문화는 한 사회의 예술 및 지적 작업의 총체로 간주된다.
④ 사회적 범주로서의 문화 : 문화는 한 종족의 전체 생활 방식으로 간주된다.

3) 문화의 개념을 관련 개념들과 대비한다면 아래처럼 될 것이다.
① '자연'에 대비되는 개념으로 : 문화는 인위적이고 관습적인 현상의 총체이다. /예 : 인류 문화
② '미개'에 대비되는 개념으로 : 문화는 가치롭고 세련된 상태이다. /예 : 문화 민족

"~이다."의 방식과 "~이 아니다."의 방식을 결합하면 의미가 더 명료해질까.

어떤 식으로 정의하든, 문화의 개념을 논할 때 가장 어려운 점은 그것이 독립적으로 사용될 때보다 다른 개념과 연합해서 사용될 때가 더 많다는 점이다. '문화 생활, 문화 시민, 정신 문화, 주거 문화…' 등의 수많은 표현들은 문화가 그 자체로서보다는 다른 어떤 대상의 속성으로서 우리에게 더 친숙하다는 점을 보여준다. 국어교육과 연관되는 '언어 문화, 문학 문화, 국어 문화'도 마찬가지다. 중요한 것은 '언어, 문학, 국어'이고, '문화'는 거기에 기생하는 어떤 속성 혹은 지향점을 나타낸다. 국어문화교육을 얘기할 때의 모호함도 문화의 이러한 특성에서 오는 것이다. '국어 문화'라는 실체가 별도로 존재하는 것이 아니라, 국어 현상의 한 속성이 국어 문화이다.

그렇다면, 문화교육이란 과연 가능한가 하는 의문이 생길 수 있다. 문화인류학의 방식대로 문화를 폭넓게 이해한다면 그것은 교육의 과업이라기보다 차라리 교육 환경에 더 가깝다. 헤르더에서 훔볼트에 이르는 관념론적 문화론에 따르면 문화교육은 이데올로기 교육과 구별하기 힘들고, 부르디외와 푸코 식의 포스트모더니즘은 문화 '교육'이라기보다 문화 '해체'를 연상시킨다. 박물관교육이나 문화재교육을 운위하는 일군의 흐름이 우리의 논의와 거리가 먼 것은 물론이다.

아마 교육적으로 활용하기에 가장 적절한 문화론은 영국의 문화주의일 텐데, 여기서도 아놀드나 리비스의 견해와 윌리엄즈, 호가트 등의 견해는 서로 갈라진다. 어쩌면 가능한 것은 '문화의 교육'이 아니라 국어교육의 문화적 접근, 대중문학의 문화적 접근과 같은 구체적 변별항들뿐일지도 모른다.

---

③ '문명'에 대비되는 개념으로 : 문화는 정신적이며 교양에 관계되는 현상이다. /예 : 문화·예술계
④ '지식'에 대비되는 개념으로 : 문화는 일반적인 기술, 나아가 예술에 관련된다. /예 : 문화재
⑤ '개별'에 대비되는 개념으로 : 문화는 일종의 집단 코드로서 작용한다. /예 : 청소년 문화

이러한 한계에도 불구하고 교육과 문화를 한 묶음으로 엮어서 살펴보려는 시도는 매력적이다. 문화가 본질적으로 유전이 아니라 학습에 의존하는 상징 체계이고, 정치, 경제 등에 비해 잉여적인 현상이기 때문이다. 문화는 자연적(自然的)이지 않고, 자명(自明)하지도 않으며, 자족적(自足的)이지도 못하다. 하나로 합쳐진 '문화교육'의 개념은 모호하지만, 그 둘을 따로따로 보면 다시 관계는 분명해진다. 곧, 교육이 없으면 문화가 존재하기 어렵고, 문화가 없으면 교육도 불가능하다.[4] 이러한 순환적 상호성이 교육과 문화의 주변을 둘러싸고 있기 때문에 논란거리가 된다.

여기서 주의해야 하는 것이, 교육과 문화의 상호성이 그대로 문화교육으로 이어지는 것은 아니라는 점이다. 바꿔 말해서, 국어교육과 국어 문화의 관계를 그대로 국어문화교육으로 전화(轉化)해서는 안 된다는 뜻이다. 국어교육은 국어 문화와 순환적 상호성을 지니고 있지만, 그러므로 국어 문화를 가르치는 것이 국어교육의 본질이라는 판단은 일단 유보해야 한다.

구체적으로, 문화론에서는 구조기능론적 관점과 갈등론적 관점이 계속 대립해 왔다. 문화적 압력을 수용하고 그 체제에 편입하도록 하느냐, 아니면 그것에 저항하고 새로운 체제를 만들어 가도록 하느냐 하는 점은 문화와 교육의 관계에서 항상 제기되는 골치 아픈 문제이다. 문화교육학자들은 문화적 각인이나 문화화를 강조하겠지만, 진티

---

4) 교육인류학에서 아래와 같은 견해를 보편적으로 용인하는 것이 그 예이다. 하지만 거기서도 정작 '문화교육'으로 가면 논의축이 흐트러진다.

① 교육의 기능은 문화 전승(혁신 포함)이다.
② 문화는 교육 목표와 내용의 자원이며, 선택된 문화를 가르치는 학교는 문화의 전달과 통제 기관으로서 기능을 하게 된다.
③ 인간의 학습은 본질적으로 문화적인 것이다. 따라서 교육의 과정(過程) 또한 본질적으로 사회 문화적 과정이다.
④ 문화는 인성 형성의 중요 요인이다.
⑤ 교육은 문화 통합의 기능을 수행한다. 그러나 상황에 따라서는 문화 갈등의 장소가 되기도 한다.
⑥ 교육 체제와 현상은 문화적 분석의 대상이 된다.
⑦ 문화의 혁신과 변화에 대해서도 교육이 영향을 미친다(이종각, 1997:7-8).

스나 그람시가 그 얘기를 들으면 동의하지 않을 것이다. 일종의 억압 기제로서의 문화를 교육의 그물로 잡으려 들면 언제나 실패할 수밖에 없다.

여기서 국어교육 연구의 그 동안의 성과에 기댄다면, 문화교육은 문화 자체를 교육하는 것이 아니라 문화 능력을 교육하는 것이라는 생각을 해 볼 수 있다. 곧, (가)의 관점이 아니라 (나)의 관점이다.

> (가) 문화를 전달받고 거기에 적응하면서 사람으로 살아가는 것을 배우는 일을 교육이라고 부른다면 교육의 첫째가는 기능은 문화 전달이다. 교육을 인간이 상호 교섭하고 경험하는 문화적 실체를 다루는 사회 현상으로 인식한다면, 교육학은 문화 과학의 속성을 지닐 수밖에 없다(임재해, 2001:197).

> (나) (문화교육이란) 대중문화를 교육의 대상이자 주체인 학생들의 삶의 맥락 속에서 자리하고 있는 것으로 보고, 이것을 교육의 내용으로 끌어들여, 학생들 자신이 접하는 문화 텍스트의 의미를 스스로 찾아내고 이에 대한 평가를 내리며, 그러한 해석과 평가가 나오게 된 해석자의 문화적 맥락과 대화하게 하는 가운데 스스로의 정체성과 사회 문화에 대한 판단력과 문화적 능력을 갖게 하는 교육을 말한다(정현선, 1997:238).

이 두 사람의 견해는 교육과 문화의 관계를 보는 시각에서 정면으로 대립된다. 이것은 논변의 문제라기보다는 철학이나 관점, 더 구체적으로는 선택의 문제일 것 같은데, 그러한 선택의 저변에 놓인 세계관, 아니면 그야말로 '국어교육의 문화'를 살펴보는 일이 우리의 과제가 아닐까.

물론, (나)의 관점을 취하더라도 문제는 남는다. '무엇이 문화 능력인가?' 하는 점이다. '문화 경험의 폭과 깊이'를 문화 능력으로 본다면 (가)의 관점과의 차별성이 흐려진다. '일상 국어 생활에서의 문화적 실천 능력'이라고 본다면 폭넓은 국어 능력과 변별되지 않는다. '문화를 이해하고 창조하는 능력'이라고 하면 그런 대로 봐 줄 만한데, 그렇더라도 세세한 개념과 특성의 검토가 필요하다.

문화교육에 관한 질문을 좀 더 밀고 나가면 반드시 부딪히는 것이 언어와 사고, 문화 간 관계의 복잡함이다. 한국인의 사고 특성(예: 화자와 청자 사이의 관계를 강조하는 성향)을 언어를 보기로 들어 설명하면서(예: 압존법) 그것이 바로 한국 문화의 특징(예: 내가 아니라 상대를 판단 기준으로 삼는)이라고 얘기하는 경우가 전형적인 예이다. 이 경우 문화교육은 사고교육이고 동시에 언어교육이다. 사고의 문화와 언어의 문화, 그리고 그냥 문화가 별개로 존재하는지 물어보면 대답하기가 곤란한데, 그러한 착잡함은 국어문화교육에도 그대로 적용된다.

문화교육에서의 규범성 문제는 어떠한가? 대중문화의 교육 필요성에 대해서 여러 가지 논란이 있지만, 그것은 결국 '학교'라는 제도의 필요성과 가능역(可能域)으로 귀착되는 문제이다. 혹은 교육의 규범성과 창조성 문제가 되기도 한다. 현실적으로 교육에 문화를 도입하면 그 결과는 늘 규범 쪽으로 기우는데, 이는 이데올로기 기구로서의 교육과 문화가 모두 규범성을 중시하기 때문이다. 문화교육이라는 것이 한쪽에서는 전통 문화의 '창조적' 계승, 다른 한쪽에서는 당대 문화의 비판적 '수용'이라는 기치를 내세우지만, 결과적으로 무게 중심은 늘 '계승'과 '비판적' 쪽에 기울어 왔다. 문화를 가르치면 됐지 왜 꼭 '비판적' 수용을 가르치는가? 전통 문화에 대해서는 그런 말을 하지 않으면서?(김창원, 2000:44-45) 이 문제에 대한 논의는 국어교육학자들 사이에서 일종의 세대론의 양상을 보이면서 각기 다르게 이루어져, 국어문화교육론의 전망을 어둡게(혹은 밝게) 한다.

눈을 또 조금 돌려보면, 문화교육은 그 말을 사용하는 사람이 의도하든 의도하지 않든 간에 은연중 집단주의와 연계될 가능성을 지니는 것을 알 수 있다. 문화는 공동체에 속하는 어떤 것이고, 문화교육은 개인을 공동체의 아비투스에 조회하도록 하는 것이기 때문이다. 이 사실은 교육의 초점이 기성 문화의 전달과 학습에 있든 저항과 창조에 있든 변함이 없다. 영국의 문화교육이 노동 계급 교육의 필요성에서 출발한 사정도 살펴보면 계급의 가면을 쓴 집단주의의 흔적을 엿볼 수 있다. 이런 점에서 국가가 교육을 지원해야 한다고 주장한 아놀드의 심리도 이해된다(앤드류 밀너, 1996:52). 그 동안 우리 국어교육이 거의 전적으로 '개인의' 국어 능력만을 문제 삼았다는 점을 비판할 수는 있지만, 그 비판이 다시 거의 전적으로 '공동체의' 국어 문화 쪽으로 나가는 것은 문제가 있다.

Ⅲ. 국어 문화의 본질과 국어문화교육의 방향

국어교육으로 범위를 좁혀 보자. 그러면 '국어 문화'란 무엇인가? 하는 물음이 먼저 떠오른다. 구조주의자인 소쉬르 자신은 의도하지 않았겠지만, 언어의 자의성을 얘기하는 순간 '언어=문화'의 등식이 성립된다. 바꾸어 말하면, '언어의' 문화가 있는 것이 아니라 '언어 자체가' 문화이다. 언어가 세계를 구성하기 때문에.

그렇다면 '국어=문화'인가? 이것은 문화를 언어와 동일시하는 관점에 따르면 당연한 등식이지만, 그렇게 되면 '국어교육=국어문화교육'이라는 등식이 성립되고 따라서 국어교육에서 문화를 별도로 운위하는 것이 아무 의미가 없어지는 난점이 생긴다. 그렇다면 이도영(1996)[5]이 말한 대로 언어(⊃국어)는 문화의 '일부'인가? 그렇다면 언어 중에는 문화가 아닌 부분도 있다는 뜻인데, 상징으로서의 언어에 문화가 배제된 영역이 있을 것 같지는 않다. 과연 국어와 문화, 그리고 국어 문화는 어떤 관계에 있는가?

여기서 '국어란 무엇인가?' 하는 질문을 다시 반복할 필요는 없겠다. 문제는 '국어'라는 용어에 담겨 있는 국가주의, 민족주의, 인문·교양주의, 언어가치론 등이 '국어 문화'라는 용어에 어떻게 투영되는가 하는 점이다. 실상 '국어'라는 용어는 한국어를 둘러싼 다양한 문화 현상을 압축적으로 보여주며, 그로부터 국어 문화의 정체나 국어문화

5) ① 언어는 문화의 일부이다.
② 언어는 문화의 다른 면을 전달하는 매개체이다.
③ 언어는 어린이들이 그들의 신분과 역할 관계를 확립하고 사회적 환경을 나타내기 위해 사용하는 수단이다(이도영, 1996:48).

교육의 방향성이 나오게 된다. 우리에게 국어 문화는 보통 명사가 아니라 '국어 문화'라는 고유 명사로 존재하는 것이다. 국어 문화의 내적, 외적 의미를 천착하지 않고 국어문화교육을 얘기할 수는 없다.

그런데 지금까지의 문화관은 기본적으로 — 그리고 치명적으로 — 비교언어학적 관점에 서 있다는 한계를 지니고 있다. 기존의 연구는 국어 문화의 특성이 외국어와 비교할 때만, 혹은 과거의 언어와 비교할 때만, 혹은 규범적인 언어와 비교할 때만 드러난다고 가정한다. 그러한 비교 준거 없이 상호텍스트적인 원리에 따라 자족적으로 국어 문화를 설명할 수 있어야만 문화교육의 외양이 갖추어질 터이다.

이와 관련하여 국어교육의 지향점에 대한 의견들이 많지만, 그 핵심은 두 가지로 요약할 수 있다. 하나는 의사소통적 관점이고 다른 하나는 문화적 관점이다.

> 모든 언어교육은 궁극적으로 의사소통 능력의 함양과 문화 능력의 함양을 목표로 하고 있다는 점을 상기할 필요가 있다. 다만 외국어교육은 의사소통 능력의 함양을 그 일차적 목표로 하고 있음에 비하여, 자국어교육은 문화 능력 함양을 그 궁극적인 목표로 하고 있다는 차이가 있을 뿐이다(윤여탁, 2000:293).

여기서는 외국어교육과 자국어교육을 구별했지만, 실상 문화 요소는 두 경우 모두에 밀접하게 연관된다. 외국어교육은 '문화 능력 → 의사소통 능력'의 방향을, 자국어교육은 '의사소통 능력 → 문화 능력'의 방향을 취한다는 구별도 가능하겠지만, 두 경우의 '문화 능력'과 '의사소통 능력'의 의미 층위가 다르다는 점에서 설득력이 없다. 아래와 같은 주장도 주로 외국어교육에 해당하는 것으로, 국어교육이 굳이 문화교육이어야 하는 이유를 설명하는 데는 부족하다.

> 어느 정도의 문법적 지식과 어휘 능력 그리고 실용적 회화 능력을 지녔다 하더라도 실제 회화나 작문에서 서투른 정보 전달 수준에 그치고 마는 예를 흔히 볼 수 있다. 이는 무엇보다도 그 언어를 모국어로 하는 사회와 그 사회에 살고 있는 사람들이 가

> 지고 있는 일련의 해석 가설(interpretive assumptions)에 대한 심층적 이해, 그리고 문화적, 담론적 경험이 결여된 탓이다(김정우, 2001:170).

국어교육이 왜 문화교육이어야 하는가? 앞에서 잠시 언급했듯이 문화 요소는 국어교육의 환경이 될지언정 본질이 되기는 어려운 것인지도 모른다. 결국 이 문제를 피해 가려면 문화교육은 '지금/여기'의 문화가 아니라 '언젠가/어디선가'의 문화를 내용으로 다룰 수밖에 없게 된다. 그 동안의 국어문화교육이 '지금/여기'의 문화를 바탕으로 (전제한 채) '언젠가/어디선가'의 문화를 가르치는 방향으로 돌진해 온 이유가 여기에 있다.[6] 가장 이상적인 것은 그 '언젠가'가 한 발은 과거에, 한 발은 미래에 둔 채 현재의 눈으로 언어를 보는 것일 터이며, '어디선가' 역시 한 눈은 이곳을 다른 한 눈은 저곳을 바라보아야 한다. 그때에야 비로소 '문화교육으로서의 국어교육'이 정립할 수 있다. 그렇지 않다면 그것은 단순한 '국어교육 내용으로서의 문화'에 그치고 말 공산이 크다.

최근의 경향을 보면 국어 문화를 일상적인 '유용성의 문화'와 (좁은 의미의)문화적 '가치의 문화'로 갈라보는 것이 대세인 것 같다. 이는 김대행(1995)이나 김광해(1997), 윤여탁(2000)에서 이미 비슷하게 밝힌 바다.[7] 다만 이들은 국어 활동에서의 기능 요소(혹은 도구성, 사용 원리)와 문화 요소(문화 원리)를 별개의 것으로 파악하여, 기능 요소 또한 문화의 인력권 안에 있다는 점을 놓치고 있다.[8]

예를 들어, 오늘날 우리 국어 문화의 특징을 생각해 보자. 이때 조건반사처럼 떠오르는 것이 관용 표현, 경어법, 통신 언어, 대중 매체,

---

6) 고전문학에 바탕을 둔 국어의 표현 문화론이 대표적이다. 이에 대해서는 김창원(2000) 참조.

7) 김광해(1997)에서는 생활 문화와 예술 문화, 지식 문화를 병치했지만, 지식 문화를 같은 범주로 논하기는 어려울 듯하다. 각주 3)번에서 언급했듯이, 지식은 대체로 문화와 대비되는 자리에 놓인다.

8) 김광해(1997)를 수정한 윤여탁(2000)의 아래 그림이 그 예이다. 사용 원리와 문화 원리는 이렇게 구별되는 것이 아니라, 문화 원리 안에 사용 원리가 포함되는 관계가 아닐까.

유행어 등의 개념일 것이다. 광복 이후의 레드 콤플렉스도 국어 문화를 설명하기에 좋은 예이다. 그런데 이들 하위 담론들의 표현 원리는 기능적인 것인가 문화적인 것인가? 만일 그 둘을 별개로 본다면, 문화 요소는 상위/중심 담론과 하위/주변 담론의 관련상을 가리키는 것으로 이해해야 한다. 그것은 문화 요소라기보다 문화 요소에 대한 메타 점검이 아닐까.

이제 문제를 명료하게 제시해 보자. 우리가 밝혀야 할 것은 교육에서의 문화, 그것도 국어교육에서의 문화는 무엇인가? 국어 문화를 가르친다는 것은 어떤 의미인가? 그리고, 그것을 가르칠 수 있는가? 국어 문화와 관련해서 무엇을 가르칠 것인가? 만약 가르친다면 어떤 방식이 효과적인가? 문화 중심의 국어교육과 기존의 국어교육은 어떻게 다른가? 등등의 문제이다.

언어와 문화의 관계에 대해서는 이론적으로 언어 결정론과 문화 결정론, 그리고 언어-문화 상호 결정론이 가능하다. 언어-문화 일체론도 거론할 수 있지만, 그것은 사실상 상호 결정론과 구별하기 힘들다. 그런데 이 문제는 마치 닭과 달걀의 문제와 유사해서, 문제 제기 자체가 현명하지 못한 것처럼 보이기도 한다. 언어-사고의 관계와 마찬가지로 언어-문화의 관계는 미묘하고도 복잡하며, 사고-문화의 관계도 마찬가지여서, 이들 삼자는 서로 분리할 수 없는 전체를 이룬다.

그렇다고 해서 국어교육에서 문화 개념을 미분리된 채로 방치할 수도 없다. 이에 대해서는 국어교육의 전통적인 논법을 따라 세 관점을 취할 수 있을 것이다. ① 국어교육 목표·내용으로서의 문화와 ② 국어교육 방법·전략으로서의 문화, 그리고 ③ 국어교육 배경·맥락으로서의 문화를 구별하는 것이다. 첫째를 국어 문화'의' 교육, 둘째를 국어 문화를 '활용한' 교육, 셋째를 국어 문화에 '토대를 둔' 교육이라

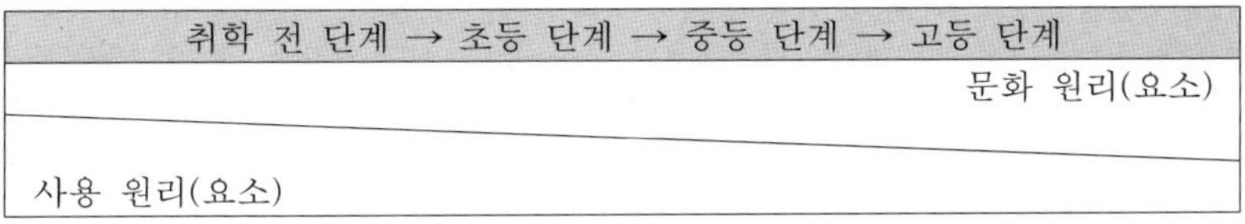

고 부를 수도 있다.[9)]

이 세 관점을 모두 고려한다면 국어교육에서 문화가 차지하는 영역은 매우 넓어진다. 어떤 면에서 문화는 국어교육 그 자체로 보이기도 한다. 또한 국어교육의 구체적 국면들 — 의사소통, 텍스트, 매체, 맥락 등등이 모두 문화론과 관련된다. 하지만 이 관점은 너무 넓다는 문제가 있어, 실제 연구에서는 총체성을 염두에 두되 어느 한 쪽으로 초점화하는 것이 바람직할 듯하다.

한편, 문화교육의 1차 목표를 문화 전승으로, 2차 목표를 문화 창조로 보는 견해도 널리 퍼져 있다. 그렇다면 국어문화교육은 국어 문화의 전승과 국어 문화 창조가 목표가 될 것이다. 이것은 국어교육을 위한 문화론적 접근인가 문화교육을 위한 국어교육적 접근인가? 이상적으로는 둘을 엄밀하게 구별할 필요가 없겠지만, 현실적으로는 — 예컨대 연구 인력 양성이나 교육과정, 교재 개발 등의 국면에서 — 구별해 주는 것이 효과적이다. 우리의 입장에서는 당연히 '국어교육을 위한 문화론'의 관점을 취해야 할 성싶기도 하지만, 그 역(逆)이 부당한 이유를 선명하게 논증하기는 어렵다.

Ⅳ. 국어문화교육 논의와 실천의 점검

지금까지의 국어문화교육에 관한 논의는 크게 네 방향으로 나누어 살펴볼 수 있다. 첫째는 어휘·규범 중심의 논의이고, 둘째는 외국어로서의 한국어교육과 관련되는 논의이며, 셋째는 표현교육과 관련되는 논의, 그리고 넷째는 대중문화교육과 관련되는 논의이다. 이것은 다시 규범론적 논의, 기능적(機能的) 논의, 표현론적 논의, 비판이론적

9) 개념상으로는 국어 문화에 '대한' 교육도 가능하지만, 그것은 국어문화교육론의 본질에 부수되는 내용이다. 그렇다면 '활용한'이나 '토대를 둔' 교육은 본질인가 하는 질문이 제기될 수 있는데, 이는 국어교육관에 관련되는 문제로서, 필자는 충분히 그럴 수 있다고 생각한다. 문화도 결국은 언어와 삶에 관련되는 문제이기 때문이다.

논의로 개념화할 수 있으며, 국어교육 연구는 이러한 서로 다른 관점이 경쟁하는 이론의 경합장이라 할 수 있다.

여기서 주목할 만한 것은 이들 연구들의 학문적 배경이 서로 다르다는 점이다. 규범론적 논의와 기능적 논의가 공시적 관점에서 국어학을 배경으로 한다면 표현론적 논의는 통시적 관점에서 고전 문학을 이론의 출발지로 삼으며, 비판이론적 논의는 현대 문학과 문화 이론, 그것도 포스트모던 이론 쪽에 크게 기대고 있음을 알게 된다. 이것은 국어교육학자들의 학문적 출신 성분을 그대로 보여주는 것으로, 그 자체가 국어교육의 독특한 문화이기도 하다.

이러한 경향성은 앞으로의 국어문화교육 연구에도 어느 정도 영향을 줄 것으로 생각된다. 외국어로서의 한국어교육을 제외한다면 규범-표현-비판이 정립하는 셈인데, 첫째 관점은 언어 변화의 역동성을 수용하기 어렵다는 점에서, 둘째 관점은 고전 표현론으로의 환원주의적 경사 때문에, 그리고 셋째 관점은 일반 문화 이론과의 차별성 확보라는 문제에 걸려 각기 약점을 지닌다. 이러한 약점들을 서로 보완해 줄 원리가 필요하다는 뜻이다.

이와 관련하여 실제 교육과정을 살펴보자. 7차 교육과정(2007년의 새 교육과정을 포함하여)은 이전에 비해 문화 요소를 드러나게 강조한 것으로 평가되며,[10] 그 목표와 내용 기술에서 ① 생활 문화, ② 전통 문화, ③ 매체 문화, 그리고 ④ 예술 문화를 강조하는 경향을 볼 수 있다. 이것이 국어 문화의 실체적 내용이라고 본 것이다. 하지만 그에 관련되는 구체적 내용상은 다소 체계적이지 못한데, 이는 국어 교육과정이 아직 문화교육의 본질을 정위(定位)하지 못했다는 뜻이다. 또한, 국어교육 전반이 그렇듯이 문화교육 측면에서도 어떤 이상적인 문화 상태를 상정하고 있다는 점을 지적할 수 있다. 자연히 교육의 방향과

10) 예를 들어 <국어> 과목의 목표는 "언어 활동과 언어와 문학의 본질을 총체적으로 이해하고, 언어 활동의 맥락과 목적과 대상과 내용을 종합적으로 고려하면서 국어를 정확하고 효과적으로 사용하며, 국어 문화를 바르게 이해하고, 국어의 발전과 민족의 언어문화 창달에 이바지할 수 있는 능력과 태도를 기른다."로 되어 있다.

내용의 기술이 추상적이고 아동·청소년 문화의 실제와 유리됨으로써 문화교육 본래의 목표를 명료하게 보여주는 한계를 지닌다. 나아가 민족적, 전통적 가치를 강조하는 보수적 교육관도 드러난다.[11] 이는 비판적 문화교육론자들이 가장 강하게 물고 늘어지는 점으로, 문화교육에서의 '문화'를 보는 관점에 대한 질문을 다시 한 번 떠올리게 한다.

이처럼 묘한 편향성을 보이기는 하지만, 그래도 이만큼이나마 문화를 다룰 수 있게 된 것은 전적으로 그동안 이루어진 논의들의 공이다. 사실 '문화'는 국어교육학이(나아가 우리나라의 학술 담론이) 서구 콤플렉스에서 벗어날 수 있도록 해 준 유일한 통로였다. 문제는 그러한 논의들이 은연중에 '우리 문화'의 정체성과 고유성을 강조하는 쪽으로 흘러가고, 이는 다시 기능주의에 대한 반감으로 표출된다는 점이다. '기능'과 '문화'는 같은 범주로 논의할 대상이 아닌데도 말이다. 국어교육이 '우리 것'을 표 나게 강조하는 현상은 역으로 '남의 것'이 그만큼 삶 깊숙이 자리 잡고 있다는 사실의 반증으로 보이기까지 한다. 혹시 우리 것에 대한 강조는 과거에 교육을 지배하던 국가 이데올로기의 자리를 민족 이데올로기로 슬쩍 대치한 것에 지나지 않는 것은 아닐까(김창원, 2000:49)?

나아가, 국어문화교육론이 주로 규범적, 전통론적인 측면에서 논의된 결과 논의 마당에서 소외되는 부분들이 많이 생긴다. 정보 시대의 문화적 특성이나 현대 사회의 다문화적 성격과 문화 갈등 문제, 문화

---

11) 그것을 표 나게 내세우지는 않는다. 대신 '우리를 알아야 세계를 안다.'는 정도의 당위론을 내세우는데, 원래 방법항이었던 '우리를 알아야'와 목표항이었던 '세계를 안다'의 관계가 자주 전도된다. 아래와 같은 논의가 전형적으로, 이 논의의 초점은 마지막 '그러나' 이후에 있다.
"문화 정체성이란 폐쇄적이고 배타적인 민족 문화의 순수성을 고집하는 것이 아니라 한국 문화의 세계화와 세계 문화의 한국화를 통하여 성장, 변화하는 개념으로 보아야 할 것이다. 문화란 타문화와의 접촉과 경쟁을 통하여 더 풍요로워지는 것이기에 다른 문화의 존재를 인정하고 평가적으로 수용하는 자세도 필요하다. (…) 그러나 어디까지나 문화 정체성을 개발, 발전시키는 교육과 더불어 이들 교육을 하려면 무엇보다 '한국적'인 것의 발굴과 육성을 위한 연구가 뒷받침되어야 할 것이다."(한명희, 2001:45-46)

상대주의, 아동·청소년 문화, 문화 이데올로기의 문제 등이 그것이다. 어쩌면 우리는 '국어교육'이라는 틀에 갇혀서 문화교육에 관한 거대 담론은 놓치고 있는지도 모른다.

더욱이 문화론이란 태생적으로 대중주의의 혐의에서 벗어나기 힘든데, 지금과 같은 방식으로 일방적인 문화 결정론의 관점을 취한다면 교육의 상대적 자율성이 훼손될 가능성이 있다. 문화 유기체론 역시 마찬가지이다. '문화'의 강조가 한편에서 '인간'의 위축을 초래하는 현상이야말로 경계해야 할 일이다.

이제 국어교육의 문화론적 연구는 어떤 방향으로 이루어져야 할지에 대해 고민해 보자. 제일 쉬운 방법은 국어문화교육론이 피해 가야 할 방향과 지향해야 할 방향을 구별하는 것이다. 외국어교육론에서 파생한 기능적 문화교육관이나 문화전달주의적 교육 이론, 자문화 우월주의, 복고주의 등이 피해 가야 할 방향일 것이다. 이런 교육은 학습자를 일종의 문화 결핍자나 문화적 문제아로 보는 데서 출발하는데, 문화교육의 본질은 그것이 아니다. 문화교육으로서의 국어교육이란, 미숙이나 결핍, 오류를 보완하는 것이 아니라 '플러스 알파'를 추구해야 하는 것이 아닐까. 학습자가 이미 향유하고 있는 문화 - 그것은 또한 거인의 어깨 위에 올라선 난쟁이의 문화이기도 하다 - 에 의거해, 그것을 활용해서 문화 능력을 신장시키는 것이 문화교육의 본질이 되어야 한다.

그러기 위해서는 문화를 통시적 문화와 공시적 문화로, 다시 상위/지배/중심 문화와 하위/저항/주변 문화로, 나아가, 교육과 관련하여 규범적인 문화와 기술적(記述的)인 문화로 세세하게 나누고 다시 합치는 작업이 필요하다. 그럼으로써 기존 문화의 세련성에 대안 문화의 역동성을 불어넣는 것이다. 예컨대 소수 문화, 지역 문화, 대중문화 등에 대한 '비판적 지지'가 필요하다고나 할까. 대중문화와 관련해 볼 때 아래의 (가)가 '비판적'에 해당한다면 (나)는 '지지'에 해당할 터인데, 이들 사이의 공통 분모는 이미 마련돼 있는 듯하다.

(가) 대중문화를 정당하게 평가할 수 있게 된 것은 문화에 대한 시각의 확대에 힘입은 바 크다. 그러나 문화의 윤리성을 도외시하고 가치 판단을 배제하는 경우, 혹은 적절한 비평 안목을 갖추지 않은 채 문화를 그 차별성만 인정하고 수용할 경우 문화의 가치가 하향 평준화로 치닫지 않을까 하는 우려를 자아낸다(우한용, 1997:109).

(나) 대중문화 역시 문학과 더불어 국어교육의 내용으로서 얼마든지 도입될 수 있다. 문화 연구의 가정에 따르면 수용자는 대중문화의 포로가 되는 것이 아니라 자신이 능동적 개입을 통해 대중문화에 담긴 상업적 이데올로기적 힘을 전복시킬 수 있기 때문이다. 보다 중요한 대중문화교육의 목표는 자신들이 대중문화를 즐기는 이유를 성찰하고 자신의 즐거움 속에 투영된 욕망을 분석할 수 있는 능력을 길러 주는 일이다(김성진, 1998:86).

문화론이 국어교육의 철학이 될 수 있을까? 표현문화론이 국어교육 철학으로서의 가능성을 지니고 있다는 점은 이미 점검한 바 있다(김창원, 2000). 물론, 문화의 강조는 기술-실용의 시대에 잃어버린 교육 헤게모니를 되찾기 위한 인문주의자들의 몸부림이라고 폄하할 수도 있다. 혹은 문화마저도 거대한 문화 산업의 기획 안에 흡수돼 버릴 가능성도 있다.[12] 그럼에도 불구하고 '국어교육문화론'이라는 담론 영역이 정립하려면 국어교육이 전통 문화를 계승, 발전시킨다는 소극적 관점에서 벗어나 적극적으로 문화를 창조해 간다는 관점이 요구된다. 기성의 문화를 포월(包越)함으로써 새로운 문화 창조로 나아가지 못한다면 국어교육문화론은 다시 제자리에 주저앉고 만다.

이때 필요한 일이 문화 능력, 나아가 국어 능력을 재개념화하는 일이다. 문화 영역에서는 이미 관례적인 생산자-소비자의 관계가 무너지고 생산-소비의 동일체로서 생비자(生費者, prosumer)를 강조하고 있거니와, 국어교육도 학습자를 문화적 교양 대상이라기보다 능동적인

12) <혼불>, <토지> 같은 작품이나 이윤기, 안도현, 공지영 같은 작가들은 사실상 <겨울연가>나 『나의 문화유산 답사기』, <난타>와 같은 '문화 상품'들과 비슷한 기호(記號)로 작용한다.

문화 생산자로 인정하고 국어 수업이 문화 창조의 장이 될 수 있도록 해야 한다. 국어 능력은 바로 그때 필요한 능력이 된다.

이에 대해 문화는 과거로부터 와서 현재로 나아오지만 그 미래를 짐작할 수는 없는 것이고, 문화 창조는 자연스럽게 이루어지는 것일 뿐 의도적으로 이끌 수는 없다는 비판도 가능하다. 어쩌면 문화 창조를 외치는 것은 슐레겔 류의 낭만적 문화관에 불과할지도 모른다. 그러나 그렇다고 해서 국어 문화에서 갈등 속의 역동성을 추구하는 일을 방기할 수는 없는 일이다. 공동체 수준에서 삶의 질 개선을 위한 국어교육을 의도한다면 더욱 그러하다.

이와 관련해서는 조선 후기의 문화적 상황을 참조하는 것이 도움이 될 듯하다. 성리학적 세계관과 사회 체제가 흔들리는 상황에서 민중적 세계관과 언어가 어떤 방식으로 새로운 문화를 창조해 냈는지 검토한다면 오늘날의 상황에 관련되는 시사점을 얻을 수 있다.[13] 이른바 '디지털 민중'의 가능성을 인정하는 것이다. 이를 포함한 다양한 노력을 통해 국어문화교육에 관계되는 개념과 원리를 개발하고 국어교육계 외부와 이론 경쟁을 벌인다면 국어교육문화론은 충분히 학적 정당성을 확보할 수 있다. 그리고 '문화 창조'는 그 성공 여부를 가름하는 시금석이 될 것이다.

---

13) 이것이 고전 표현론자들의 연구 방향을 의미하는 것은 아니다. 여기서 강조하는 것은 '당대의 국어 문화는 어떠하며' '그것이 오늘날에는 어떻게 나타나는가'가 아니라 '국어 문화의 흔들림에 당대 문화가 어떻게 창조적으로 대응했는가' 하는 문제 의식이다.

제2장
예술교육에서의 언어의 문제

Ⅰ. 예술교육과 관련하여 언어를 바라본다는 것

국어교육이 국어과에서만 이루어진다고 생각하는 사람은 없을 것이다. 학교 교육에서 모든 수업이 언어로 이루어진다는 점은 일견 자명해 보이지만, 모든 교과가 똑같은 양상을 보일지에 대해서는 의문이 남는다. 특히 예술교육[1]의 경우 '언어 그 너머'와 관련한 이미지가 강해서, 단순한 언어도구관으로는 해명하기 어려운 문제들을 예상할 수 있다. 예술교육에서 언어는 어떤 식으로 구사되며 그것이 국어교육과는 어떠한 관련을 맺는지 살펴보면 예술교육과 국어교육 양자에 섬세한 시각을 제공할 수 있지 않을까.

그러기 위해서는 먼저, 예술교육에서 언어는 어떤 의미를 지니는지에 대해 살펴볼 필요가 있다. 조금 더 구체적으로 말하면, 예술적 개념은 어떻게 언어로 표현/전달되는가, 예술교육에서 교사와 학습자는 어떤 식으로 언어를 구사하는가, 언어 능력이 예술교육에 어떤 영향을 끼치는가 하는 등의 문제다. 물론, 귀가 안 들리는 사람에게 무언가를 가르칠 수 있고, 말을 하지 못하는 사람한테 배울 수도 있다. 언어를 사용하지 않는 교수-학습이 분명히 있는 것이다. 하지만 이 진술은 '언어'를 겉으로 구현된 언어, 곧 음성이나 문자로 표시된 물리적 실체로 한정하는 문제가 있다. 어떤 농인(聾人)이 교사와 소통할 때, 그것이 정말로 비언어(혹은 초언어)적인 현상인가 하는 것은 논란의 여지가 있다. 양자 사이에 정보와 의사 전달이 분명히 이루어지기

1) 여기서의 '예술교육'은 공통교육과정의 음악과와 미술과 교육으로 한정한다. 특별히 다른 교과와 대비하여 설명할 때에는 '예술교과'라는 말을 사용하였다.

때문이다. 게다가 '말없는' 교육이란 매우 예외적이어서, 대상이 극히 한정되거나 매우 특수한 상황에서만 볼 수 있을 뿐이다. 예술과 언어가 교육의 장에서 얼마나 긴밀하게 엮여 있는지 따져 봄으로써 언어교육과 교육언어의 본질에 더 가까이 갈 수 있다.

한편, 예술 교사에게 어떤 언어가 필요한지 대해서도 살펴보아야 한다. 예술교육이 교사와 학습자 사이의 소통 과정이라는 점은 분명해 보인다. 한 번도 보지 못한 사람을 사숙(私淑)하는 경우도 있고 가끔은 스승 없이 자득(自得)하는 경우도 있지만, 그것은 '교육은 인간 행동의 계획적 변화'와 같은 조작적 정의에서 벗어난 현상이다. 언어교육과 언어 발달(혹은 학습·습득)을 구별하듯이, 체계적인 예술교육과 예술적 자질의 자발적인 발현은 구별해야 할 듯하다.

예술교육이 교사를 매개로 이루어진다면(혹은 단순하게, 교사가 예술을 가르친다면), 교사는 예술을 가르치기 위해 이런저런 말을 할 것이다. 대체로 설명하거나 질문, 지시하는 말일 텐데, 여기서 '과연 예술을 말로 가르칠 수 있는가?' 하는 의문이 생긴다. 미(美)나 미의식은 언어로 분명하게 기술할 수 없으며, 그것을 말로 가르치기도 역시 어렵다는 느낌 때문이다. 물론, 교사의 말 자체는 수업을 운영하는 동인일 뿐이고, 진정한 예술교육은 그 말의 '너머'에 있다고 할 수도 있다. 그렇다면, 그 '너머'는 또 무엇일까? 그때 교사에게 필요한 언어는 무엇일까?

예술교육에서의 언어 문제에 대하여 여러 논점들을 건드리다 보면, 논의는 자연히 '교육에서 언어란 무엇인가'를 따져 보는 데로 이어진다. 이른바 지식교과라면, 그 지식을 구성하는 개념과 원리, 법칙 등을 언어에 담아 가르칠 수 있다. 그러나 예술교과로 가면 언어의 날은 형편없이 무뎌진다. 본시 언어란 개념 정보는 어느 정도 보장해도 정서나 가치는 그만큼 보장하지 못하기 때문이다. 따라서 예술교과에서의 언어는 지식교과의 언어와는 뭐가 됐든지 달라야 할 것 같다.

말로써 예술을 충분히 감당하지 못하는데도 현실적으로 예술교육이 이루어지고 있다면, 이는 언어 외의 다른 방식으로 교육이 이루어지거나, 아니면 예술교육의 언어가 다른 영역의 그것과 다르기 때문일 것이다. 앞에서 '말이 필요 없는' 교육도 넓은 의미의 언어로 포괄한 관점을 받아들인다면 문제를 예술교육 언어의 독특성 쪽으로 단순화할 수 있다. 예술교육도 분명히 (폭넓은 의미의) 언어로 이루어지되, 그 언어는 다른 교과의 언어와 구별되는 고유한 성격을 가지는 것이다.

이는 그동안 교육의 언어를 목표 언어(교수-학습 내용으로서의 언어)와 수단 언어(교수-학습 방법으로서의 언어)로 나누어 온 틀이 불완전하다는 뜻이 된다. 이 제3의 언어는 일종의 '변죽을 울리는 언어'라고 부를 만한데, 물론 학생들이 배워야/익혀야 할 개념이나 원리 자체와는 거리가 멀고, 학생들에게 설명하거나 질문, 지시하는 말 그것도 아니다. 그 언어는 교재(예술 텍스트)와 활동 과제(예술적 활동)가 던지는 방백 같은 것으로, 그를 통해 참여자의 공감과 깨달음을 이끌어내는 언어를 말한다. 예컨대 찰흙을 주물러 소녀의 두상을 만드는 경우 학생들은 그 과정에서 끊임없이 소녀와 이야기를 나눈다. 설령 그가 피그말리온은 아닐지라도, 그런 교류가 없다면 예술 표현이 주는 울림은 반감되고 말 것이다. 그때의 언어는 목표 언어도 아니고 수단 언어도 아니면서 둘 모두의 성격을 지니며, 예술교육에서 발견되는 언어의 독특성은 바로 이 부근에 있다.

Ⅱ. 예술과 언어, 그리고 교육의 접점

1. 예술교육 속/겉의 언어

(1) 예술교육과 관련된 '언어'의 개념 층위

예술교육에서 '언어'라고 할 때에는 몇 가지 다른 개념들이 있는 것 같다. 얼른 생각해도 예술의 관습을 구성하고 예술 행위가 가능하도록 하는 미적 코드로서의 언어, 예술 텍스트가 교사와 학습자에게 거는 심미적 대화로서의 언어, 예술의 맥락을 구성하는 이야기들, 그리고 예술에 대하여 이야기하는 메타언어 등을 구별해 낼 수 있다.

이와 관련하여 예술 평론가들이 자주 사용하는 말에 '예술의 언어'라는 말이 있다. 물론, 그것은 일종의 메타포다. 그것을 '예술의 어법'이라거나 '예술의 문법'이라고 해도 좋고, 예술적 관습, 혹은 미적 장치와 비슷하게 설명해도 큰 무리는 없을 듯하다. 그런데 예술의 그 '무엇'을 하고많은 개념 중에서 왜 하필 '언어'에 비유했을까. 혹시 그것이 진짜 '언어'는 아닐까?

언어를 기호·체계·의미작용·소통 등의 키워드로 설명한다면, 예술에 대해서도 똑같은 설명이 가능하다. 그렇기 때문에 메타포(혹은 유추)가 가능한 것이다. 교육으로 범위를 좁혀 봐도, '본능에 따른 발현 — 모방과 연습 — 시행착오와 수정'으로 이어지는 언어 학습의 과정이 예술교육에 그대로 적용되고, '개념과 방법 설명 — 학습 과제 제시와 활동 안내 — 관찰 및 교정'으로 이루어지는 언어 교사의 행동 역시 예술교육에 마찬가지로 나타난다. 무엇보다도, 의미의 구성과 발견에서 표현·전달을 아우르는 언어의 일반적 속성이 예술과 교육에서 모두 통용된다. 곧, 예술과 예술교육에서 말하는 '언어'란, 메타포의 수준을 넘어서는 것이다. 다소 과장해서 말한다면, 예술의 언어를 가르치는 것은 그대로 광의의 언어교육이 된다.

여기서 '광의'라는 말은 예술교육에서 다양한 층위의 언어들이 구사된다는 뜻으로 바꿀 수 있다. 좁게는 예술 텍스트 자체의 언어에서 넓게는 예술교육을 둘러싼 담론에 이르기까지, 예술교육은 <그림 1-2-1>과 같이 여러 층위의 언어들이 착종하는 가운데 이루어진다.[2)]

---

2) <그림 1-2-1>은 예술교육에 여러 층위의 언어들이 중층적으로 작용한다는 것을 보여준다. 괄호 안의 화살표는 그러한 언어들이 어떤 행위나 담론들로부터 오는지/담론들을 형성하는지를 가리키는 것이다. 예를 들어 '교육과정의 언어'는 교육 철학, 교육 정책, 교육 제도 등의 상위 심급들과 관련하여 그 의미가 규정된다. 그리고 이들 사이의 관계는 상호적이다.

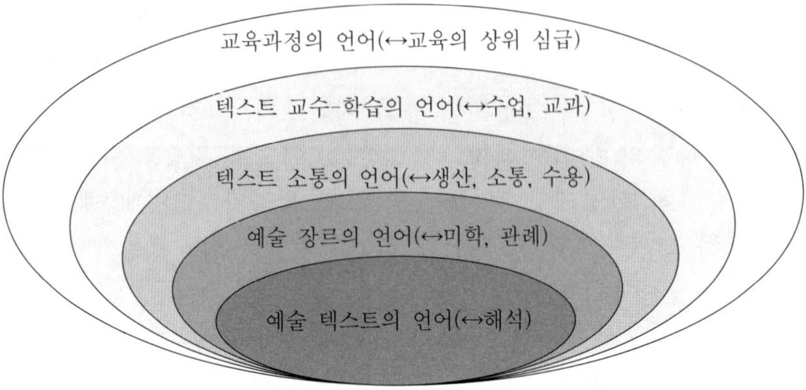

<그림 1-2-1: 예술교육에서 볼 수 있는 언어의 중층성>

(2) 예술을 '가르치는' 언어의 문제

여기서 잠시 눈을 돌려 보자. 2000년대 들어서면서 대학에서 영어 강의를 확대하고 영어로 강의하는 교수들에게 인센티브를 주는 일이 보편화되었다. 웬만한 대학의 이공계통 학위논문은 석사/박사를 막론하고 영어로 쓰는 것이 대세이다. 과거에 외국어 전공/교과에 한정되던 외국어 수업이 보편·실용 학문을 중심으로 빠르게 교육 전반에 퍼져 가는 것이다. 그런 경향은 외국에서도 흔히 볼 수 있고, 초·중등 교육까지 확대되는 사례도 많다.[3]

여기서 '예술교육도 그럴 수 있을까?' 하는 질문을 던질 수 있다. 딱 부러지게 말해서, 음악과 미술도 영어(혹은 이탈리아어나 프랑스어)로 가르치는 게 더 낫거나, 적어도 아무 문제가 없는 걸까? 국내·외에서 활동하는 일급의 예술가들이 상당수 유학파들인 것을 보면, 예술교육

3) 예를 들어 2003년부터 말레이시아의 초등학교와 중학교 신입생, 그리고 대학준비반이 수학과 과학 수업을 영어로 하기 시작했다. 그리고 2005년에 그 학생들이 처음으로 국가시험(National Examination of Lower Secondary Assessment)을 치렀다. 아무래도 모어에 비해 숙달도가 떨어지는 영어로 공부했기 때문에 학력이 낮아지지 않았을까 걱정했지만, 결과는 반대로 나왔다. 전체적으로 전년도에 비해 성적이 1~3% 올랐고, A등급 학생의 경우 과학은 3.4%, 수학은 1.2%가 향상된 것이다(*Strait Times*, 2005.12.23). 물론 그 평가의 신뢰도는 따로 따져 봐야겠지만, 적어도 수학과 과학만큼은 반드시 모어로 가르치지 않아도 되지 않을까 하는 논쟁거리는 확실히 던져 준 셈이다.

에서 어떤 언어를 사용하는가는 큰 문제가 되지 않을 성도 싶다. 만일 그렇다면 '예술교육과 국어교육'이라는 화두는 무너지는 셈이다.

하지만, 이 논리는 적어도 세 가지를 잘못 짚고 있다. 첫째는 예술이 지니는 인문적 속성을 간과한 점이고, 둘째는 예술교육의 내용을 기술(skill)로 한정했다는 점이며, 셋째는 예술의 저변에 자리 잡은 문화적 자양을 소홀히 다루었다는 점이다. 첫째 지적에 대해서는 예술이 철학·사상이나 역사, 사회 등과 많은 부분을 공유한다는 점을 근거로 들 수 있고, 둘째 지적과 관련해서는 예술교육은 기술 외에(어쩌면 그보다 더) 미의식, 심미적 사고 등을 핵심으로 다룬다는 점을 예로 들 수 있다. 그리고 셋째 지적은 한국음악·한국미술의 어떤 부분처럼 한국어로만 표현되는 예술언어가 있다는 점과 연결된다. 예술은 언어와 밀접하게 엮여 있는 '문화'나 '교양'의 근친인 것이다. 그래서 히브리와 헤브라이의 전통에 대한 이해가 필수라고 하는 서양 예술조차도, 히브리어/그리스어가 아니라 학생들의 모어로 가르치는 것이 낫다. 앞에서 말한 '변죽을 울리는' 데에는 모어가 가장 효과적이기 때문이다.

2. 언어를 기준으로 본 예술교육의 구조

(1) 예술교육 내용으로서의 언어

예술교육 내용으로서의 언어를 달리 말하면 예술교육에서 가르치려고 하는 언어가 될 터이고, 그것은 자연스럽게 '예술의 언어'로 이어진다. 결론은 매우 단순해서, '예술교육에서는 예술의 언어를 가르친다.' 예술언어의 본질을 알아내는 일은 예술·예술교육 전문가에게 기댈 일이나, 그것 역시 언어와 무관하지는 않다. 예술과 언어가 보다 상위/광의의 언어에서 만나기 때문이다. 이를 구체적으로 따지기 위해 제7차 교육과정 초등학교 3·4학년[4] 음악과의 '내용 체계'를 보자.

4) 초등학교 1~2학년은 <즐거운 생활>로 편성되어 있으니, <음악>이라는 교과명을 달고 나오는 건 3학년 때가 처음이다. 그렇다고 해서 이때부터 음악교육이 시작된다고 말하는 건 물론 아니다.

<표 1-2-1: 음악과 3·4학년 내용 체계>

영역	항목	내용
이해	리듬	2, 3, 4박자 기본 장단 단순한 리듬꼴
	가락	가락의 흐름 장조 민요 음계 시김새
	화성	2성부의 어울림 장조의 주요 3화음 화음의 변화
	형식	같은 가락, 다른 가락 간단한 악곡의 형식
	셈여림	세게, 여리게
	빠르기	빠르게, 느리게
	음색	목소리 악기 소리
	가창	바른 자세, 호흡으로 부르기 듣고부르기 리듬과 가락을 보고부르기

영역	항목	내용
활동	가창	악곡의 특징을 살려 부르기 외어 부르기 지휘에 맞추어 독창, 제창, 합창하기 다양한 악곡을 부르기 노래를 듣고 평하기
	기악	바른 자세, 주법으로 연주하기 리듬과 가락을 보고 연주하기 악곡의 특징을 살려 연주하기 지휘에 맞추어 독주, 제주, 합주하기 간단한 화음 반주하기 다양한 악곡을 연주하기 연주를 듣고 평하기
	창작	짧은 리듬꼴을 즉흥적으로 표현하기 가사 바꾸어 부르기 가락 만들어 적기 주위 환경의 소리, 악기 소리를 활용하여 표현하기 만든 곡을 듣고 평하기
	감상	악곡의 특징을 구별하며 듣기 간단한 악곡의 형식을 구별하며 듣기 악곡의 분위기에 어울리는 신체 표현하기 악기 소리와 목소리를 구별하기 여러 연주 형태의 악곡을 듣기 다양한 음악을 듣기 생활에서의 음악의 활용을 알기 음악을 듣고 느낌을 말하기 바른 감상 태도 가지기

여기서 '이해' 영역이든 '활동' 영역이든, 그 내용은 음악의 기본 '언어'로 채워져 있다. 기호 체계로서의 언어가 구체적인 소통 맥락 속에서 활동으로 구현되듯이, 여기서도 리듬이나 가락, 화성과 같은 '이해' 영역의 내용은 가창·기악·창작·감상의 '활동' 영역 내용으로 구체화된다. 내용 체계의 각 항목들은 음악교육의 기본 의미소(意味素)라 할 수 있다.

제일 위에 자리잡은 '리듬'에 대해 생각해 보자. '2, 3, 4박자'는 음악의 기초 개념이고, 모든 음악 구성의 기본이다. 그 개념은 가창·기악·창작·감상에 고루 투사된다. 나아가, 문학이나 무용, 건축 등의 다른 장르에서도 발견되는 보편적 미형식이다. 음악 교사는 학생들이 이러한 박자감을 내면화하고 생활 속에서 느끼기를 바라며, 그 과정에서 몇 층위의 언어들을 구사한다. '박자'라는 용어와 개념, 두 박자/네 박자의 대칭 반복과 세 박자의 비대칭 반복, 손뼉치기나 리듬악기를 이용한 박자 익히기, 세 박자인 <오빠 생각>과 네 박자인 <고향의 봄> 부르기 — 무엇이 됐든, 교수-학습을 통해 학생들은 박자에 관한 기본 개념과 감을 익힌다. 음악언어의 폭과 깊이가 넓어진/깊어진 것이다. 리듬 지도의 성공 여부는 '리듬의 언어'를 내면화했는지에 따라 판가름 난다.

(2) 예술교육 방법으로서의 언어

예술교육 방법으로서의 언어는 예술교육을 구성하는 주요 요소이자, 국어교육이 본격적으로 관여하는 부분이기도 하다. 그러나 수학과와 예술교과의 교수언어가 꼭 같은지에 대해서는 의문의 여지가 있다. 거기에는 교수-학습이라는 공통점과 <수학교과 : 예술교과>라는 차이점이 모두 존재한다.

예컨대 예술 영역에서는 교육 도구로서 언어가 반드시 갖춰야 할 설명 가능성에 문제가 생긴다. 교사의 언어는 설명이나 질문, 지시에는 능숙해도 미적·정서적인 부분에 대해 말하려고 하면 금세 허탈해지기 때문이다. 예술 텍스트의 의미는 언어적 재진술을 거부하고, 설명·전달하는 대신 반응·공감하기를 요구한다.

이것은 예술교과인 음악·미술 교과서와 이른바 지식교과라고 하는 사회·수학 교과서의 언어를 비교하면 금방 알 수 있다. 처음으로 교과가 세분되는 3학년을 대상으로 하여 첫 차시의 교과서 기술을 비교해 보자.[5]

5) <즐거운 생활>로 통합된 음악·미술과 마찬가지로, 사회과는 1~2학년에서 <슬기로운 생활>로 통합되어 있다. 따라서 초등학교 3학년 첫 차시란, <사회>의 이름으로 이루어지는 생애 첫 수업이다.

<표 1-2-2: 초등학교 3학년 첫 차시의 교과서 기술 내용>

음 악	미 술	사 회	수 학
1. 꼬까신 ※<꼬까신> (최계락작사·손대업작곡) 악보 • 손뼉을 치며 노래 불러 봅시다. • 노래를 부르며 리듬을 쳐 봅시다. • 다장조 음계를 몸으로 표현해 봅시다. • <꼬까신>을 몸으로 표현하며 불러 봅시다.	**1. 자연의 아름다움** 자연의 선과 형을 찾아보고, 그 느낌을 표현하여 봅시다. <자연의 아름다움 감상하기> • 우리 주변의 자연을 자세히 살펴봅시다. ※ 나뭇잎, 종유석과 석순, 큰구슬우렁이, 나뭇가지 사진 - 어떤 선이 보입니까? - 여러 가지 선을 찾아보고, 느낌을 이야기하여 봅시다. ※ 선인장, 주상절리, 무궁화, 세동가리돔, 청호반새 사진 - 어떤 형이 보입니까? - 여러 가지 형을 찾아보고, 느낌을 이야기하여 봅시다.	**Ⅰ. 우리 고장의 모습** 1. 학교 주변의 모습 1 무엇이 보이나요 • 높은 곳에 올라가서 학교 주변의 모습을 살펴봅시다. • 우리 고장에서는 집, 산과 공원, 논과 밭, 시장과 학교 등 여러 가지 모습을 살펴볼 수 있다. 학교 주변을 중심으로 고장의 모습을 관찰하고, 그 특색을 그림지도로 나타내어 보자. 정은이 네 반 친구들은 학교 주변의 모습을 살펴보기 위하여 학교 옥상에 올라갔습니다. 선생님께서는 나침반으로 방향을 살피면서, 나침반의 빨간 바늘이 가리키는 쪽이 북쪽이라고 하셨습니다. 정은이네 반 친구들은 학교 주변의 모습을 동, 서, 남, 북으로 나누어 살펴보았습니다. 관찰한 것을 간단히 그려 스케치북에 오려 붙이기로 하였습니다. 아래 그림은 수빈이네 분단이 동쪽을 관찰한 뒤, 그 모습을 작은 종이에 그려 스케치북에 붙인 것입니다. 학교에서 바라본 동쪽에는 백화점, 은행, 병원, 지하철역, 시장 등이 있었습니다. ※ 학교 주변 그림지도 샘플 • 학교 앞에 있는 큰 건물 때문에 그 건물 뒤의 모습이 보이지 않습니다. 어떻게 관찰하면 좋을까요?	**1. 10000까지의 수** 천을 알아봅시다. • 생활에서 알아보기 - 선영이는 이웃의 불우한 할아버지를 돕기 위해 10원짜리 동전을 모은 돼지저금통을 열었습니다. 모두 얼마인지 알아보시오. <활동 1> 10원짜리 동전 10개씩 10묶음을 세어 보시오. - 1묶음은 얼마입니까? - 8묶음은 얼마입니까? - 9묶음은 얼마입니까? - 10묶음은 얼마라고 생각합니까? <약속하기> 100이 10이면 1000입니다. 1000을 '천'이라고 읽습니다. • 1000 알아보기 - 1000은 990보다 ( )이 큰 수입니다. - 1000은 900보다 ( )이 큰 수입니다. <활동 2> 생략

<표 1-2-2>를 보면 음악·미술과의 교과서는 텍스트(악보 혹은 사진)를 주고 그와 관련한 이해와 표현 활동을 하는 방식인 데 비해, 사

회과는 사례를 통해 활동 과제를 제시하고 그 해결 방법을 설명하는 식으로 되어 있다. 그에 비해 수학과는 간단한 활동을 통해 개념을 형성하고 다시 연습으로 정착시키는 구조다. 이것은 '수업'이라는 하나의 서사(narrative)를 구성하는 방식이 교과마다 다르다는 것을 뜻한다. 자연히 교과서(교사까지도)가 구사하는 언어의 특성도 다르다. 예술교과는 설명보다는 활동 안내의 언어가 많고, 지식교과는 개념 형성의 언어가 많다.

<자료 1-2-1: 초등학교 3-1 음악 교과서 1차시>

<자료 1-2-2: 초등학교 3-1 미술 교과서 1차시>

그러다 보니, 예술교과의 교과서에 기본 개념이 아무 설명 없이 대뜸 나오는 문제가 생겼다. 초등학교 3학년 교과서에 '리듬', '음계', '선', '형' 등의 중요한 개념이 아무 설명 없이 툭툭 던져져 있는 것이다. '천(1,000)' 하나 가지고 이모저모로 개념을 이끌어내는 수학과는 차치하고라도, '방위', '모형', '도시의 구성' 등 지리의 핵심 개념을 다루면서도 겉으로는 천연스럽게 '지도 그리기'로 분칠하고 있는 사회과에 비하면 참으로 불친절하다. 교과의 기본 개념을 형성하는 책임을 교사(사실은 학생)에게 떠넘긴 것이다.

<자료 1-2-3: 초등학교 3-1 사회 교과서 1차시>

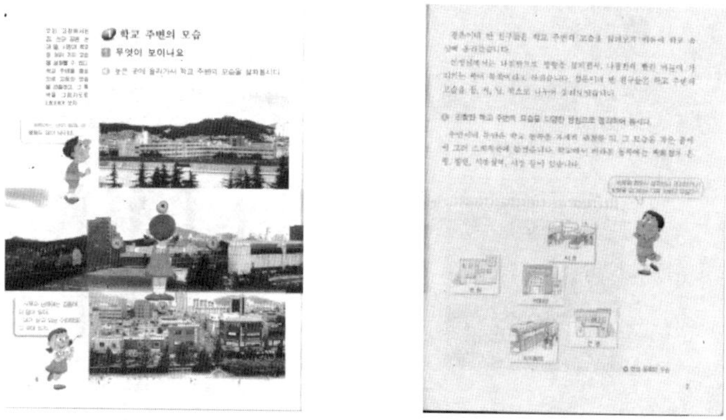

<자료 1-2-4: 초등학교 3-1 수학 교과서 1차시>

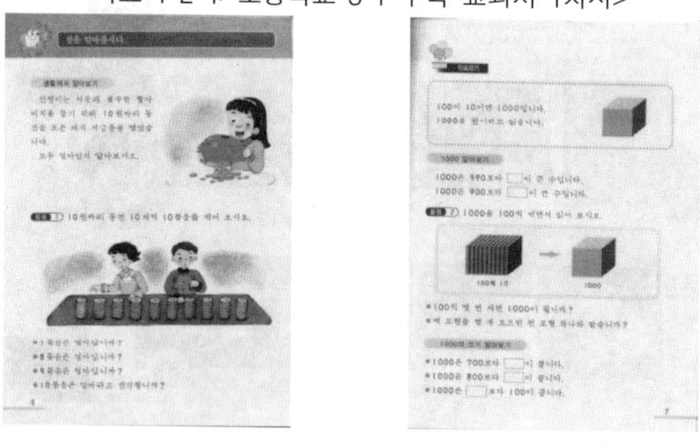

이렇게 할 수 있는 이유도 결국 예술교육의 특성 때문이다. 예술교육 방법으로서의 언어는, 교육과정 내용의 세밀한 전달보다는 학생들의 예술 경험을 잘 조직하는 데 더 힘을 기울이는 것이다. 예술적 자질은 개념보다 활동에서 더 잘 구현되기 때문이다.

⑶ 예술교육 목표로서의 언어

이제 비로소 예술교육의 목표를 이야기할 차례가 되었다. 사실 내용이나 방법으로서의 언어와 달리, 목표로서의 언어는 손쉽게 개념화하기가 어렵다. 예술교육의 목표 중 어떤 부분이 '언어'로 개념화될 것인가?

여기서 쓸 수 있는 개념으로 리터러시(Literacy)가 있다. 사실 리터러시 개념은 읽기교육에서 처음 발견한 이래 교육의 제반 영역으로 끝없이 촉수를 뻗어나가고 있다. '미디어 리터러시', '컴퓨터 리터러시' 처럼 앞에 적당한 수식어를 붙이면서 개념을 계속 확장해 온 것이 리터러시다. 그래서 이제는 '문식성(文識性)'이나 '문해력(文解力)' 같은 번역어보다는 그냥 '리터러시'라고 쓰는 경우가 더 많은 듯하다.(어떤 분야에서는 '소양(素養)'으로 쓰기도 한다.) 아무튼, 예술교육의 목표로 각 영역의 리터러시 함양을 드는 정도라면 큰 무리가 없을 듯하고, 이때 리터러시는 내용 차원의 '예술언어'를 포함하여 광의의 언어로 이해할 여지를 가진다. 곧, 음악교육은 학생들의 음악 리터러시를 기르는 것을, 미술교육은 미술 리터러시를 기르는 것을 목표로 하고, 그것은 각기 음악/미술의 광의의 언어로 이어지는 것이다. 7차 미술과의 교육과정 목표를 예로 들어 보자.

<표 1-2-3: 미술과 교육과정 목표>

미술 활동을 통하여 표현 및 감상 능력을 기르고, 창의성을 계발하며, 심미적인 태도를 함양한다. 가. 미적 대상의 가치를 발견하고 이해할 수 있다. 나. 느낌과 생각을 창의적으로 표현할 수 있다. 다. 미술품의 가치를 판단하고, 미술 문화 유산을 존중할 수 있다.

<표 1-2-3>에서 볼 수 있듯이, 국가 교육과정은 미술교육의 목표를 '표현 및 감상 능력 신장', '창의성 계발', '심미적 태도 함양'으로 잡았다. 이것들이 리터러시와 관련이 있다는 사실은 두말할 나위가 없다. 구체적 목표인 '가', '나', '다' 역시 마찬가지다. 예술교육 목표로서의 언어는, 리터러시를 통해 '예술의 언어'로 돌아간다.

Ⅲ. 예술교육에서의 언어 현상

1. 어떤 음악 수업과 음악 교수법

예술교육에서 언어가 어떻게 구사되는지 알아보려면 실제 수업을 분석해야 한다. 이 글에서는 한국교육과정평가원 교수-학습 개발센터(http://classroom.kice.re.kr)에서 제공한 음악과 미술 수업 동영상을 분석하기로 한다.

음악 수업은 전주 중앙초등학교(당시) 양아름 교사가 지도한 3학년 <잠자리> 단원(34-35쪽)의 수업이다. 수업 목표는 "1. 4/4박자의 강약을 살려 노래 부를 수 있다. 2. 가락의 흐름을 이해하여 노래 부를 수 있다."이며, 동영상의 초점을 '코다이 교수법에 대해 알기'에 두었다. 그래서 동영상 제목도 '코다이 교수법을 활용한 3학년 <잠자리> 단원의 가창 지도'이다(단원 수업의 구조는 수업 동영상을 보면서 필자가 직접 분석하였다.).

<표 1-2-4: <잠자리> 단원 수업의 구조>

단계		학습 초점	교수-학습 활동
도입		• 동기 유발 - 스무고개놀이 - 잠자리 움직임 표현 • 학습 문제 확인	• 스무고개를 하며 잠자리를 떠올리고, 잠자리가 움직이는 모습을 상상한다. • <잠자리> 학습의 목표를 확인한다.
전개	리듬 익히기	• 4/4박자 기본박과 리듬 알기 • 주요 리듬 익히기	• 손뼉을 치며 4/4박자의 기본박과 응용박을 익힌다. • <잠자리>의 주요 리듬을 손뼉으로 친다.

		• 제재곡(<잠자리>)의 리듬 익히기	• 손뼉으로 <잠자리>의 리듬을 연주한다.
	가락 익히기	• 가락의 흐름 알기 • 제재곡의 계명 창하기 • 가락의 흐름 구별하여 계명 창하기	• 손기호를 활용하여 <잠자리>의 주요 선율을 익힌다. • 손기호를 활용하여 <잠자리>의 계명을 익히고 창한다. • 모둠별로 상승 · 하강 · 평탄 선율을 나누어 잠자리의 선율을 다양하게 창한다.
	Felt 악보 놀이	• 악보 완성하기(기보) • 창작 악보 만들기	• 펠트악보에 4/4박 리듬을 표시한다. • 펠트악보에 4/4박의 간단한 선율을 표시한다. • 각자 한 마디분의 악곡을 만들어, 모둠원끼리 연결한다.
정리		• 제재곡 계명 창하기 • 노래 숨기기(내창)	• <잠자리>를 계명으로 창한다. • 선생님의 지시에 따라 <잠자리>를 내창한다.

이 수업이 내세우는 것은 코다이(Z. Kodaly) 교수법이다. 교수-학습 개발센터에서는 코다이의 음악교수이론을 다음과 같이 설명하는데(http://classroom.kice.re.kr/kice/index.jsp), 이는 사실 류덕희(1983)의 책 내용을 그대로 전재한 것이다.

> 코다이는 '모든 어린이들이 음악을 읽고, 쓰고, 생각할 수 있도록 교육해야 한다'는 주장 아래 악보 읽기와 기보 능력을 강조하였다. 특히, 모든 사람들이 모국어를 갖고 있듯이 음악도 자기 나라의 음악부터 잘 알아야 한다고 믿고, 학생들이 모국어를 배우듯이 자국의 민요를 체계적으로 가르쳐야 한다고 하였다. 그의 교수법은 리듬음절 읽기(rhythm syllables), 이동도법(tonic solfa), 손기호(hand signs)의 활용을 강조하였다.

여기서 '음악을 읽고, 쓰고, 생각한다'는 대목이 흥미를 끈다. 문면을 보면 악보 읽기와 악보 쓰기를 가리킨 듯이 보이지만, 굳이 '음악을' 읽고 쓴다고 표현함으로써 '음악언어'의 메타포를 받아들였다. 실제로 코다이 교수법은 리듬, 선율과 같은 음악의 기본 개념에 대한 이해(이는 언어의 구조에 대한 이해로 유추할 수 있다)를 바탕으로 한 감상과 창작 활동(이것은 언어 활동으로 유추된다)을 강조한다. 또한, 음악과 삶의 관계를 설명하면서 다시 한 번 언어를 끌어들이는 모습도 흥미

롭다.

이 수업의 흐름을 자세히 살펴보자. 학생들은 코다이의 리듬말과 손기호에 대해 이미 알고 있다. 아마 학기 초부터 계속 가르쳤을 것이다. 또, 4분음표와 2분음표, 쉼표를 익숙하게 다루고, 상승선율, 하강선율, 평탄조에 대해서도 알고 있다. 마지막으로 펠트악보를 자유자재로 활용한다. 곧, 이 학생들은 사전 지식이 풍부하고 수업 준비도가 매우 높은 학생들이다. 교사는 그 기반 위에 자연스럽게 수업을 이끌어 가는데, 굳이 새로운 개념이나 기능을 가르치지 않고도 충분히 의미 있는 수업을 하고 있다. 교사는 수업 진행을 위한 기술적인 언어("여기 보세요." "같이 해 볼까?" 등)와 음악과의 교과 언어('박자', '가락' 등), 그리고 이번 시간에 다루는 텍스트(<잠자리>)의 언어들을 섞어서 구사하고, 학생들은 교사와 동료들에게 반응하는 언어("잠자리가 나는 모습이요." "제가 하겠습니다." 등)와 텍스트의 언어(가창, 내적 반응 등), 그리고 텍스트와 수업에 반응하는 의사언어(손뼉, 몸짓 등)를 구사한다. 이러한 언어들이 교직하는 가운데 한 시간의 수업이 이루어지는 것이다.

여기서 중요하게 봐야 할 것은 수업의 흐름을 통제하는 모형 — 코다이 교수법(이것은 음악 수업의 거시언어라 할 만하다)과 그가 고안한 리듬말·손기호(이것은 미시언어)의 역동적 조직, 초등학교 3학년 학생에게 이동도법으로 계명창을 하게 하는 대담성(노래 가사의 구체성을 버린다는 뜻에서), 그리고 '내창(內唱)'이라는 독특한 활동(이것이 비고츠키가 언급했던 '내어'와 연관될까?)의 의미이다. 이것들은 한데 어울려서 이 수업의 개성을 만들어내는데, 그것은 다양한 음악언어들의 중첩으로 설명할 수 있다.

2. 미술 수업에서의 반응의 기술(記述)

이번에는 미술과에서 언어가 어떻게 구사되는지 살펴보자. 역시 한국교육과정평가원 교수-학습 개발센터의 수업 동영상 자료로, 6학년 12단원 <현대미술> 단원이다(고양성저초등학교 권혁미 교사). 학습 목표는 “우리나라와 다른 나라의 현대미술을 감상하여 봅시다.”이고, 교과서는 크게 ‘현대미술의 특징 알아보기(46쪽)’, ‘여러 가지 방법으로 감상하기(47쪽)’, ‘새로운 표현 방법 탐색하기, 작품 모음집 만들기(48쪽)’로 구성되어 있다. 동영상 제목은 ‘나도 큐레이터’로, 미술교육에서의 반응중심학습법을 설명하기 위해 제작하였다.

이 동영상은 먼저 미술교육에서 ‘감상’과 ‘반응중심학습’에 대해 간단하게 설명하고, 이어서 실제 수업을 보여준다. ‘감상’에 대해서는 어떻게 설명했는가?

> 미술과교육에서 감상 능력은 작품에 대해 적극적으로 반응하는 능력을 말합니다. 작품에 대한 개인적인 반응은 감정적인 반응에서부터 비평적인 사고를 통해 자신의 의식을 명료화하고 가치를 판단하는 것, 타인의 의견을 평가하고 존중하는 것, 나아가 이를 바탕으로 자신의 의식을 넓혀 가는 데 있습니다.

반응중심학습법을 다룬 동영상답게 감상에서의 개인적인 반응을 강조한다. 이때 반응은 감정적인 반응, 비평적인 반응을 거쳐 사회적인 반응으로 확장되고, 궁극적으로 의식의 심화・확장으로 나아간다고 한다. 감상 능력과 반응 능력을 동일시한 것에는 이견이 있을 수 있지만, 여기서 중요하게 봐야 할 것은 그것보다도 이러한 설명이 교사를 통해 수업으로 구체화되는 양상이다. 그러면, 반응은 어떻게 형성되고 표현된다고 하였는가?

> 반응중심학습법의 특징은 아동들의 반응을 중심으로 수업이 전개되어야 한다는 것이며, 반응에 대한 표현이 자유로울 수 있는 수업 상황이 제공되어야 한다는 데 있습니다. 자유반응의 무의식적인 즐거움을 의식화하는 과정에서 자신의 반응에 대해 반성하고 평가하며 가치와 의미를 부여하도록 하는 활동이 무엇보다도 중요합니다.

‘반응에 대한 표현’, ‘자유반응’, ‘무의식적인 즐거움의 의식화’, ‘반응에 대한 반성과 평가’, ‘반응의 가치화’ 등이 이 설명의 핵심어다. 실제 수업에서 이 모든 활동들은 결국 언어로 수행된다. 그 이유는 여러 의사소통 매체 중 언어만이 거의 유일하게 메타적인 기능을 가지고 있기 때문이다. 르네 마그리뜨(Rene Magritte)가 파이프 그림을 놓고 '이것은 파이프가 아니다(Ceci n'est pas une pipe.).'라고 했을 때조차, 언어는 메타적이다.

미술교육에서 '반응의 형성→반응의 명료화→반응의 심화→반응의 내면화'로 진행되는 반응중심학습법은 매우 깊은 언어 능력이 없이는 불가능한 모형이다.(하기는, 이 모형 자체가 로젠블랫(L.M. Rosenblatt)의 독자반응이론에서 나왔다.) 수업 과정을 살펴보면 그것을 명확히 알 수 있다. '반응 명료화' 단계에서 <문자 추상(이응노, 1980년 작. 교과서 46쪽)>을 가지고 이야기하는 부분을 보자(채록과 강조는 필자가 직접 하였다.).

T : 자 이 작품은요 앞에 나왔던 입체 작품과는 다른 Ⓐ평면 작품이에요. 자 잘 봐 봐. 과연 Ⓑ무엇을 이용해서 표현한 것일까요?
S1 : 제 생각에는 고무판(?)에 조각칼로 이렇게 긁은 거 같아요. – [㉮]
S2: 어떻게 보면 일본책 표지 같습니다. – [㉯]
저 글자가 한자 같기 때문에. - [㉰]
S3 : 제 생각에는 종이에 그냥 물감으로 칠한 거 같습니다. – [㉮]
S4 : 책이나 그런 거에다가요 네모나게 각진 그런 도장을 이용해가요(?) 쾅쾅 찍었는데 저렇게 각지고 그런 모양이 나온 것 같습니다. – [㉮]
S5 : 빨간색 스프레이를 뿌린 것 같습니다. – [㉮]
왜냐하면 글자 옆에 약간 희미하게 남아 있는 빨간색이 있기 때문입니다. - [㉰]
T : 자 Ⓒ우리는 보통 글자를 쓴다라고만 생각하지 글자를 작품 속에 넣지는 않아요. 그런데 이것을 만들어 낸 이응노라는 작가는요, Ⓐ글자를 이용해서 작품을 만들었어요. Ⓓ너희가

공책에 쓰는 글자를 이용해서 미술 작품을 만든 거야. 자, 근데 이 글자들을 보면 우리가 잘 알아볼 수 없는 글자죠. Ⓐ원래 형태를 우리는 원래 형태가 그대로 있는데 이것을 그대로 두지 않고 조금씩 변형을 해요. 잘 알아보지 못하게. 자, Ⓔ제목과 관련이 있어요. 글자, 그리고 형태를 잘 알아보지 못하는. 자 그렇다면 이 이응노라는 작가는 이 작품에 Ⓑ어떤 제목을 붙였을까요?

S6 : 제 생각으로는 '문자의 추상'이라는 제목을 붙였을 거 같습니다. - [㉱]

T : 어, Ⓕ왜요?

S6 : 그 이유는 문자가 여러 갈래로 흩어져 있거나 모여져 있기 때문에 알아볼 수 없기 때문이라고 생각합니다. - [㉰]

S7 : '나만의 글자'라고 제목을 붙였을 거 같습니다. - [㉱] 이유는 자기만 알고 있는 그 글자를 표현한 거 같습니다. - [㉰]

S8 : 글씨 모양을 봐서 - [㉰] '부적' 같습니다. - [㉱]

T : 이 작품의 제목은 Ⓓ너희가 유추해 낸 것과 거의 비슷해요. 자, 이응노라는 작가는 이 작품에 Ⓒ뭐라고 제목을 붙였어요?

S : (웅성웅성)

T : 어, Ⓐ'문자 추상'이라는 제목을 붙였어. 자, 이제는 Ⓓ현대미술이 절대 어렵지 않아요. 그 작품에 Ⓕ어떤 재료가 쓰였고, 그 작품의 주제가 무엇이고, 그래서 이 작품에 이런 제목을 붙이면 되지 않을까? 자, 너희들이 지금 여태까지 작품을 여러 개를 봤는데요, 대부분 Ⓓ다 맞혀 냈어요. Ⓓ현대미술이라는 것은 결코 어려운 게 아냐. Ⓖ거기에 재료가 무엇이 쓰였는지, 그리고 제목은 무엇일까 생각해 내면은요, 그 작가가 왜 이것을 만들어 냈는지 나도 유추해 낼 수가 있어요.

교사는 묻고, 학생은 대답하고, 교사가 다시 정리하는 전형적인 문답식 수업이다. 이 대화연속체에서 교사의 말은 다음과 같은 몇 가지 기능을 한다.

Ⓐ 텍스트에 대한 사실적 진술
- 평면 작품이다. 글자를 이용하되, 변형했다. 제목이 <문자 추상>이다.

Ⓑ 감상을 위한 자극
- 무엇을 이용해서 표현했나? 제목이 무엇일까?

Ⓒ 텍스트의 독창성 안내
- 오브제로서의 글자

Ⓓ 현대미술에 대한 두려움 없애기
- 너희들이 쓰는 글자를 활용했다. 너희들이 제목을 거의 맞혔다. 현대미술은 어렵지 않다.

Ⓔ 과제에 대한 힌트
- '형태를 알아보기 어려운 글자'가 제목과 관련이 있다.

Ⓕ 학생의 반응에 대한 재반응
- 왜 그렇게 생각하나?

Ⓖ 정리
- 재료, 주제, 제목, 창작 의도가 서로 관련이 있다.

이 중 Ⓐ, Ⓒ는 순수하게 예술 텍스트에 대한 해석이라 할 수 있다. 앞에서의 분류에 따르면 '텍스트의 언어'이자 '장르의 언어'다. 그에 비해 Ⓑ, Ⓔ, Ⓕ는 완연하게 교수법 차원으로 넘어간다. '소통의 언어'이자 '교수-학습의 언어'가 되겠다. 그렇다면 Ⓓ, Ⓖ는 '교육과정의 언어'가 될 것이다. 학생들을 교육과정 목표로 이끄는 데 주안점이 있기 때문이다. 교사는 이처럼 여러 층위의 언어를 구사하며 수업을 이끌어 간다.

교사에 대한 학생의 말은 다음과 같이 나뉜다.

㉮ 텍스트의 재료와 기법 추측
- 고무판에 긁기, 종이에 물감, 책에 도장, 스프레이

㉯ 텍스트에 대한 느낌 표현
- 일본책 표지 같다.

㉰ 자신의 반응에 대한 합리화

- 색이 퍼졌기 때문에. 한자같이 생겼기 때문에. 알아볼 수 없기 때문에, 자기만 알 수 있기 때문에. 글씨 모양을 보니.

㉱ 텍스트의 제목 붙이기

- 문자의 추상, 나만의 글자, 부적

이것은 교사의 말처럼 분명하게 기능을 나누기 어렵다. ㉮~㉱ 전부가 텍스트의 언어이기도 하고, 동시에 교수-학습의 언어이기도 하다. 그 이유는 교사의 언어가 예술교육의 내용, 방법, 목표를 모두 싣는[載] 데 비해 학생의 언어는 내용 쪽에 치우치기 때문인 듯하다. 만일 언어가 예술교육의 기반이 된다고 주장하려면, 교사의 언어와 학생의 언어를 나누어 따져 봐야 할 것이다.

Ⅳ. 예술교육과 언어교육

1. 예술교육에서의 언어의 기능

(1) 교육적 재진술

앞에서 살펴본 예술 수업의 언어들을 자료로 하여 예술교육에서 언어가 어떤 구실을 하는지 생각해 보자. 우선, 음악・미술 수업 모두 교사는 말로 설명하고, 지시하고, 학생의 반응에 다시 반응하였다. 이는 모든 수업에서 모두 나타나는, 교수언어의 일반적인 기능이다. 학생들이 예술적 자질을 발현하고 기를 수 있도록 자극, 안내, 보조하는 데서 이 언어의 역할은 끝난다.

보다 본질적인 기능은 예술의 언어를 교육의 언어로 바꾸어 체계화하는 데서 찾을 수 있다. 음악/미술 리터러시는 풍부한 경험을 통해 장르의 기본 개념과 활동 규칙을 내면화하는 데서 길러진다. 이때의 개념과 규칙은 온전히 예술 고유의 것으로, 초심자/국외자의 논리로는 소화해 내기가 벅차다. 예를 들면, 회화에서 대칭과 균형, 명징

함을 추구하다가 갑자기 요소로의 환원과 개별성, 또는 즉물적 인상을 내세울 때, 고전주의나 사실주의의 대가들조차 그 논리를 쉽게 수긍하지 못했다. 오죽하면 '인상파'라는 말이 경멸로부터 나왔겠는가. 하물며 예술적으로 미성숙한 학생들이라면, 교육은 예술의 언어를 매우 조심스럽게 단순화하고, 체계적으로 정리해서 보여줘야 한다.

예술교육언어는 이 부분 — 예술언어를 교육적으로 해석하고 재진술하는 데서 득의의 영역을 발견한다. 건잡기 어려운 예술 현상을 해체해서 교육과정과 교과서로 재조립하는 작업을 통해 예술은 '가르칠 수 있는' 대상으로 거듭나는 것이다. 앞에서 본 미술 수업에서도 현대미술의 발상과 재료, 기법 등을 교육의 언어로 말함으로써 비로소 "현대 미술은 절대 어렵지 않다."고 이야기할 수 있게 된다.

(2) 활동을 위한 자극과 안내

교수언어의 특성은 실제 활동과 관련하여 나타난다. 교육과정에서는 그 활동을 '표현과 감상'으로 규정했거니와, 학습자의 표현·감상 활동을 촉발하고 구체화하도록 자극·안내하는 예술교육과 다른 교과의 언어는 분명 다를 것이다. 그것은 학생들에게 심미 텍스트의 생산과 수용 경험을 제공하고, 텍스트 해석에서의 창의성과 타당성을 갖추도록 요구하며, 인간이 본능으로 가지고 있는 표현 욕구를 예술적으로 유도하고자 한다. 앞에서 본 미술과 수업 중 Ⓐ, Ⓑ, Ⓒ가 그 전형적인 예이고, Ⓔ, Ⓖ도 관련이 있다.

그런데 문제는, Ⓐ, Ⓑ, Ⓒ를 보면 금방 알 수 있는데, 그런 언어는 예술의 언어, 특히 예술 장르의 언어와 거의 동치라는 점이다. 저 앞에서 '리듬', '음계', '선', '형' 등의 장르 언어가 예술 교과서와 다른 교과서를 구별하는 것도 볼 수 있었다. 곧, 예술 수업의 교수언어가 다른 교과의 교수언어와 변별되는 지점은 그 말하는 방법이나 화자-청자의 관계가 아니라, 그것이 거론하는 개념인 것이다. 문학예술의 오래된 테제를 약간 변형해서 말하면, 교수언어의 '내용이 기능을 규정한다.'

이러한 관점은 사실 국어교육에서 이미 널리 받아들여지고 있다.

콘텐츠 중심의(contents based) 읽기 · 쓰기 전략이나 교과 어휘에 대한 관심은 그 구체적인 보기이다. 예술교과에서도 예술언어의 어휘뿐 아니라 예술교육으로 특화된 개념들을 교과 어휘로 편입할 수 있다. 예를 들어 '불러 보자', '그려 보자'라면, '부르기'와 '그리기'의 의미 자질에 덧붙여 음악/미술 표현의 과정에 관한 수많은 하의(下意)가 그 안에 담겨 있다. '불러 보자'만 하더라도 악보 읽기, 발성 · 발음, 리듬과 선율, 정서 표현과 같은 요소들을 폭넓게 함축하고 있는 것이다. 교사는 그 의미의 진폭을 헤아려 수업을 이끌어야 한다.

결국, 예술교육을 위한 언어는 예술언어의 특성과 예술교육의 특성을 모두 담게 된다. 교육에서 출발한 교수언어에 예술 활동의 특성을 반영하고, 예술에서 출발한 예술언어에 교육의 옷을 입히는 작업이 만나는 곳에 예술교육의 언어가 있다.

(3) 심미적 사고의 내적 통합

예술교육의 목표는 학습자의 예술적 소양(리터러시)을 길러 개개인의 삶의 질을 향상시키고, 그를 통해 예술 문화를 발전시키는 데 있을 것이다. 그를 위해 다양한 미적 체험을 제공해야 함은 물론이다. 여기서 미적 체험이 그의 예술 소양, 나아가 개인의 성장에 어떤 방식으로 도움을 주는지 생각해 보자. 유파나 작가, 작품을 많이 아는 일이 성장을 보장하지는 않을 터이고, 상상력이나 심미안, 감수성 따위를 발달시키는 것 역시 '그래서?'라는 질문을 피해 가지 못한다. 도대체 예술 활동, 또는 미적 체험이 교육 목적에 어떻게 복무하는가?

생각의 실마리를 찾기 위해 제7차 교육과정에서 제시한 음악과의 목적을 살펴보자.

> 음악과교육은 학생의 음악적 잠재력과 창의성을 계발하고, 음악을 통하여 자신의 감정과 생각을 표현하도록 하며, ∨ 삶의 질을 높이고 전인적인 인간이 되도록 하는 데 그 목적이 있다.(7차 음악과 교육과정 중 '1. 성격')

여기서 '∨'로 구분한 앞과 뒤의 내용 사이에는 분명한 단속(斷續)이 있다. 앞부분을 음악 소양(음악적 잠재력과 창의성)과 음악 체험(음악을 통하여 감정과 생각을 표현)으로, 뒷부분을 자아 성장(삶의 질 향상과 전인적인 인간)으로 단순화해 보면, 이 문장은 음악 소양·음악 체험과 자아 성장이라는 서로 다른 층위의 목적을 아무 연결고리 없이 나열하고 있음을 알게 된다. 도대체 무엇이 이 둘을 연결하는가?

그 링커가 될 가능성이 제일 높은 것은 '사고'이다. 음악 소양을 기르고 음악 체험을 함으로써 음악적 사고를 기르고, 그것이 그의 자아 성장에 기여하는 것이다. 이 논리는 사고가 인간을 인간답게 하고 개인의 정체성을 규정한다는 소박한 상식에 기대고 있다. 이 논리를 확장하면, 예술교육은 예술 활동을 통해 학생들의 심미적 사고를 자극하여 자아 성장으로 이끌고, 심미적 사고는 그 학생의 총체적 사고력과 관련하여 작동한다는 진술이 성립한다. 그 과정 내내 언어가 있다.

2. 예술교육을 위한 언어교육의 가능역(可能域)

(1) 심미적 사고의 언어화

이제 예술교육을 위해 언어교육, 구체적으로 국어과가 무엇을 해야 하는지 생각해 볼 때가 되었다. 국어과가 예술을 직접 다루지 않는 이상 이 역시 변죽을 울리는 수밖에 없다. 언어와 예술이 교육을 매개로 엮일 때 어떤 점에 주력해야 할까.

미(美)나 미의식이라는 것이 언어로 쉽사리 설명/전달되지 않는다는 점은 일단 인정해야 한다. 전문 예술교육이 대부분 도제식으로 이루어지는 이유도 이와 관련이 있다. 그렇다 하더라도 언어는 역시 가장 중요한 예술교육 수단이다. 개인 레슨이 아닌 이상 커다란 교실에서 교사 한 명과 수십 명의 학생들이 만나게 되어 있고, 그나마 일주일에 한두 시간이다. 염화시중(拈華示衆)이 안 된다면, 이제 언어가 나설 차례다.

마이클 레드포드의 영화 <일 포스티노>를 보자. 거기서 네루다는 집배원 마리오에게 자기가 새로 쓴 시를 한 편 들려준다. 그리고 묻는다. "어떤 느낌이 들지?"

"이상해요."
"무슨 뜻이야? 무서운 비평가로군."
"말씀하시는 게 목소리가 이상하다구요."
"어떻게?"
"단어가 왔다갔다하는 것 같았어요."
"파도처럼 말이지?"
"그래요. 파도처럼요."
"그건 운율이라는 거야."
"멀미도 느꼈어요."
"멀미?"
"마치 배가 단어들로 이리저리 흔들리는 느낌이었다구요."
"방금 자네가 한 말이 뭐에 대한 건지 아나?"
"뭔데요?"
"은유라는 거야."
(…중략…)
"느낌이란 그렇게 순간적으로 생기는 거야."

여기서 마리오는 네루다의 도움을 받아 운율과 은유에 대해 배우고 있다. 뭐라고 말하기 어려운 느낌, 그 순간적인 스침을 어쩌지 못해 쩔쩔매는 마리오와, 그 느낌을 좀 더 자세히 묘사하도록 격려하며 마지막에 개념을 제시하는 네루다의 모습은 예술 수업의 그것과 똑같다. 지식교과라면 "이렇다."고 설명했을 것을, 계속해서 변죽을 울리며 대상에 가까이 가는 방식을 취하고 있다. 심지어 은유로써 은유를 개념화한다.

이처럼 생각이나 느낌을 구체화하는 과정은 '막연한 묘사(조금 슬퍼요. 비장하기도 하고.) → 장면 상상이나 비유를 활용한 구체화(비 맞으면서 걷는 것 같기도 하고. 중간 부분은 나비가 팔랑거리는 느낌을 주는데, 흰나비요. 끝부분은 격렬하죠.) → 비교와 변별을 통한 개별화(아니, 꼭 부정적인 건 아니고요.) → 맥락 부여(애인이 있는 병사의 전투 장면에 쓰면 좋겠어요. 비가 와야 되고, 진흙탕. 하지만 끝에 가서는 이기죠.) → 개념화(비장한 아름다움 속의 승리라고 할까요?)'[6]의 과정을 거치는 게 보통이며, 말하는 순간 그 느낌은 구체성을 얻게 된다.

(2) 미적 소통을 위한 언어 구사력

교육에서는 사고의 언어화와 함께 그 전달이 필수적이다. 과연 언어를 매개로 한 정서의 전달, 혹은 미적 공감이 가능한지에 대해서는 확신이 없다. 다만 '정황 증거'만을 이야기할 뿐이다. 그 구체적인 사례를 저 유명한 얀 반 에이크의 <아르놀피니의 결혼>에서 찾아보자. 교사는 이렇게 설명한다.

> 거울 테두리의 열 개의 원형 그림은 가톨릭교회의 수난절에 예배드리는 '십자가의 길' 대목을 형상화한 것이다. 가장 위쪽의 원형 그림에서 십자가에 매달린 예수를 볼 수 있다. (…) 아르놀피니가 신부의 오른손을 잡고 있다. 이는 화합과 서약의 의미로 고대 로마에서 전해진 '오른손 잡기(Dextrarum Junchio)'의 전통을 보여준다. (…) 볼록거울은 이 방의 창문과 부부의 뒷모습, 또 그들 앞에 선 두 사람을 반사하고 있다. 부부 외의 두 사람은 누구일까? 한 사람은 이 식을 주관하는 신부일 것이며, 또 한 사람은 바로 "여기에 있었노라." 하고 서명한 화가 자신인 반 에이크가 틀림없다(홍진경, 2002).

이 그림 자체가 워낙 상징적인 도상으로 가득차 있기 때문이기도 하지만, 이런 식으로 끝없이 계속되는 해석이 '감상 안내'로 제시된다. 그리고 이런 배경 설명을 듣고 나면 그림이 다시 보이고, 감동도 온다! — 하지만, 이 글을 제대로 이해한다는 전제 아래서. 요는, 예술교육을 위해서는 심미적 사고를 언어화해서 전달/수용해야 한다는 점이고, 그 부분에서 국어과가 예술 교사에게 젠체할 빌미가 생긴다.

예술론에서 전달 가능성은 해석의 타당성과 함께 늘 논쟁을 불러일으키는 논제다. 난해성이나 무의미를 미적 가치로 인정하는 수준까지 가면 사실상 전달 가능성은 포기할 수밖에 없다. 그렇다고 해서 교육에서조차 "너희들이 알아서 느껴라."라고 할 수는 없는 만큼, 최

6) 괄호 속의 말들은 경인교대 학생들과 비탈리의 <샤콘느>를 함께 들으며 어떤 느낌이 드는지, 이 작품의 이미지를 한 마디로 말하면 뭐라고 할 수 있는지 물어 본 데 대한 답이다.

소한의 공유 부분은 확보해야 한다. 그 부분에 언어가 자리 잡는다.

(3) 언어교육과 예술교육의 상생적 연계 — 문학과 교과 통합

언어와 예술의 교집합이라면 역시 문학(특히 시)이 될 터이다. 문학을 통해 언어교육과 예술교육이 상생적으로 만날 수 있는데, 그 중심에는 상상력과 형상적 사유가 놓여 있다. 또한, 그 방법으로 자주 거론되는 것이 문학을 매개로 한 교과 통합, 혹은 문학을 통한 교육이다.

문학을 통해 언어교육과 예술교육을 통합하는 전략에는 소극적인 전략과 적극적인 전략이 있다. 예를 들어 문학에 반영된 음악적 · 미술적 요소를 분석하거나 음악 · 미술 활동을 하면서 문학의 개념(인물, 사건 등)을 도입하는 정도면 소극적인 전략이다. 그에 비해 적극적인 전략이라면, 문학을 음악 · 미술로 바꾸기(와 그 반대), 문학으로부터 모티브를 가져다가 음악 · 미술 활동하기(와 그 반대) 등을 예로 들 수 있다. 다음과 같은 작품들을 쓰거나 접하게 하는 것은 소극적 전략의 실례가 될 수 있다.

A는 검정, E는 하양, I는 빨강, U는 초록, 그리고 O는 파랑.
모음들이여, 나는 언젠가 너희들의 은밀한 탄생을 말하리라.
A, 지독한 악취 주위에서 윙윙거리며
번쩍거리는 털로 덮인 파리들의 까만 코르셋, 혹은 어둠의 만(灣).

E, 안개와 천막의 열은 하얀색,
고결하고 오만하게 치솟은 빙산의 끝, 백발을 휘날리는 제왕들, 산형화(繖形花)의 흔들림.
I, 자주조개들, 각혈, 분노하거나 참회에 잠긴
아름다운 입술에 감도는 웃음.

– 랭보, <모음들(*Voyelles*)>에서

IL PLEUT

– 아폴리네르, <비가 내린다(*Il Pleut*)>

미술의 언어를 배제하면 이 텍스트들 읽기는 아무 의미가 없다. <모음들>이 색을 언어로 묘사한다면 <비가 내린다>는 언어로써 그림을 그려 놓았다. 이런 예는 사실 매우 많아서, 구체시나 그림문자 활동은 학교에서 늘 하는 활동이고, 시극(詩劇)이나 음악극 활동은 간예하지 않는 예술 장르가 없을 정도다.[7] 예술교육에서 언어가 어떤 역할을 한다면, 그 출발점은 문학이 될 것이다.

V. 언어교육과 예술교육에 관한 질문들

이쯤에서 몇 가지 질문을 해 보자. 우선, 언어에서 예술로, 아니면 예술에서 언어로의 교육적 자극·지원이 가능한가 하는 질문을 던질 수 있다. 물론, 예술교육이 언어와 무관하지 않다는 점은 누구나 짐작할 수 있는 일이고, 조금 생각해 보면 과연 그러하다는 결론도 얻을 수 있다. 하지만 "역시 그렇군." 하고 끝내기에는 뭔가 아쉽다. 그래서 어쩌라는 말인가?

국어과의 패권을 내세우기로 말하면 언어라는 문을 통해 예술교육에 들어갈 수 있다고 주장하고, 그 구체적인 방법들을 고안해 내면 된다. 물론 그 방법은 많다. 언어적 창의성과 상상력에 착목해도 되고, 교사화법에 주목해도 된다. 하지만, 진짜로 언어교육으로 예술교육을 지원할 수 있을까? 극단적으로 말해서, 일정 기간 국어를 가르치고 보니 학생의 음악이나 미술 학력이 신장된 예를 찾을 수 있을까? 혹은 그 역은?

다소간의 희망을 섞어 예측하자면, 언어교육을 통해 예술교과의 학력이 직접 신장되기는 어렵겠지만 그와 관련된 내공을 키울 수는 있을 것 같다. 예를 들어 시(노래 가사)의 내용 이해가 가창에서의 정서 표현으로 이어지거나, 글 읽고 장면 상상하기 활동이 미술의 표현 활동과 연결되는 식이다. 일견 단순하더라도 어쨌든 이런 채널이 존재

7) 문학을 통한 교과교육의 전략에 대해서는 박인기 외(2005) 참조.

한다면 거기서부터 출발해서 언어교육과 예술교육의 상호성을 규명하는 작업이 가능할 것이다. 이 문제는 실제 교육 현상의 관찰, 나아가 실험이 필요한 문제다.

언어와 교과 통합, 혹은 학습 도구로서의 언어에 관한 질문도 던질 수 있다. 지금까지 살펴본 방식대로 언어교육과 예술교육을 얽을 수 있다면 다른 교과라고 안 될 리가 없을 터이며, 여기서 학습 도구로서의 언어 문제가 나온다. 한동안 국어과를 도구교과라고 하는 데 대해서 국어교육 전문가들이 발끈했지만, 실제로 국어과는 국어교과의 고유한 부분과 학교 교육의 일반 기초 부분을 아울러 가진다. 어떤 의미에서는 후자가 국어과의 위상을 결정할지도 모른다. 논술이나 독서, 토론 교육의 유행이 그 구체상이거니와, 국어교육이 국어교과의 선명성에 지나치게 집착하면 국어과 자신이나 학교 교육 전체를 위해서 좋지 않다. 필자는 그것을 '새로운 도구성'이라고 부르거니와, 교육에서 언어의 문제를 좀 더 깊이 천착할 필요가 있다.

예술 교사 양성 프로그램에서의 언어 문제도 중요한 질문거리가 된다. 언어와 예술, 언어교육과 예술교육이 어떤 관련을 맺든, 예술 교사 양성에서 교사화법을 다뤄야 한다는 점만큼은 분명한 것 같다. 대가(大家)만이 좋은 스승이 되라는 법도 없고 모든 대가가 좋은 스승인 것도 아니라면(물론 대가가 좋은 스승이 되면 가장 이상적이다), '좋은 교사 되기'는 예술 교사로서 반드시 갖추어야 할 자질이라 할 수 있다. 지금의 예술 교사 양성 교육은 실기의 성격이 강해서 페다고지 쪽은 별로 고려하지 못하거나, 고려하더라도 일반적인 교수법만을 다룰 뿐 교사의 언어 문제에는 소략한 감이 있다. 이 '감'을 비집고 들어가서, 보편적인 교수법과 교사화법까지도 넘어, 예술 교사로서 갖추어야 할 교수언어의 본질을 짚어내야 한다. 거기에는 예술교과의 교과 어휘, 예술 텍스트의 해석과 전달 전략, 심미적 자극과 반응의 통제 전략과 같은 테마들이 포함된다. 그를 위한 기초 연구로 교과별 수업대화 양상을 세밀하게 분석할 필요가 있고, 학생들이 미적 체험을 말이나 글로 표현하는 양상도 살펴봐야 한다. 물론, 예술 교사 양성 프로그램에 교수언어 관련 과목을 설치하는 것이 급선무일 것이다.

마지막으로, 언어교육의 장 확충 문제에 대한 질문을 빠뜨릴 수 없다. 언어와 예술이 만나는 지점은 의사소통이나 기호, 문화 등의 높은 층위다. 언어교육-예술교육이라면 그 층위가 조금 낮아지기는 한다. 그렇다 하더라도 국어과가 교육 방법으로서의 언어에 머물고 싶지 않다면, 반드시 내용이나 목표로서의 언어를 감당해 내야 한다. 언어의 어느 부분을 뇌관으로 삼아 예술교육을 타격할까? 지금까지 언어가 예술교육에 기여하는 부분이 교수법 차원에 한정되지 않는다고 강조했지만, 그 구체적인 가능상(可能狀)은 아직 모호하다.

물론, 예술 질료로서의 언어도 있다. 하지만 그것은 문학교육으로 자연스럽게 넘어가기 때문에 문제의 본질에서 비껴서 있는 셈이다. 언어교육의 장을 실체로서의 발화된 언어에서 작용으로서의 언어 현상까지 확장한 데서 더 나아가, 혹은 음성과 문자에 이어 매체까지 끌어들였듯이, 예술과 심미적 사고 영역도 포괄할 수 있는 논리와 아이디어가 필요하다. 그러려면 전통적인 국어교과관을 넘어서야 할지 모른다. 어쩌면 리터러시가 좋은 출발점이 될 듯하다.

제 3 장
대중가요의 국어교육론

Ⅰ. 대중가요 끌어들이기의 가능성과 한계

국어교육을 바라보는 관점은 10여 년 전의 그것에 비해 획기적일 정도로 유연해졌다. 국어교육과 대중가요에 대한 논의가 가능해진 것도 그러한 변화에 힘입은 바 크다. 그러한 변화는 국어교육의 전 영역에서 알게 모르게 꾸준히 이루어져 왔다. 그 흐름은 한편으로 학술담론의 시대적 조류에 편승한 것일 수도 있고, 국어교육의 생존과 영역 확대를 위한 포석일 수도 있다. 또는 국어교육 접근 전략의 다양화라는 방법론 차원에서 바라볼 수도 있으며, 이미 현장에서 대중음악과 (국어)교육의 통합이 다양하게 시도되고 있다는 점에서 현상 추수적인 작업으로 치부할 수도 있다. 그러나 아직도 학술 연구자들에게는 대중예술이 그다지 내키지 않는 연구 대상이라는 점에서(이영미, 1998:14), 국어교육이 대중가요를 바라보는 눈은 여전히 불안정한 상태라 할 수 있다.

이러한 관점의 변화 때문에 생기는 문제점이 없는 것은 아니다. 국어교육 영역의 확장이 은연중에 국어교육의 경계를 불투명하게 만들 수 있으며(양적 모호성), 국어교육의 본질에 관한 회의를 불러 올 수도 있다(질적 모호성). 또한 음악이라는, 국어교육 연구자들에게 얼마간 낯선 화두를 끌어들이는 과정에서 이론가나 교사들의 역량이 미치지 못할 가능성도 있다(방법적 모호성). 과감한 이론 경쟁으로 이러한 문제들을 극복하는 일은 국어교육 연구자들의 몫이고, 실천으로 그 내실을 다지는 것은 교사들의 몫이다.

이 자리에서 할 일은 대중가요 국어교육론의 학적 정당성을 살펴보고, 그것을 학문 범주로 정립하기 위한 논의 방향과 과제를 점검하는 일이다. 여기서 '대중가요 국어교육론'은 '대중가요를 활용한 국어교육'과는 구분된다. 대중가요를 활용해서 국어교육을 하는 것이 아니라, 대중가요교육이 곧 국어교육이라는 것이 필자의 관점이다. 대중가요가 하나의 국어 현상이기 때문이다.[1] 시나 소설을 활용해서 국어교육을 하는 것이 아니라 시교육, 소설교육 자체가 국어교육인 것과 마찬가지이다. 이렇게 말하면 대중가요의 음악적 요소가 문제가 되는데, 국어 현상 중에서 순수하게 언어 요소에만 한정된 현상이 드물다는 점을 고려해서 전향적으로 수용해야 한다고 본다.[2] 국어교육과 음악교육이 겹치는 지점에 대중가요교육이 있다면, 대중가요교육을 국어교육이라고 말하는 데에 논리적으로 하자가 없다.

Ⅱ. 대중가요를 바라보는 국어교육의 입장

국어교육학계가 대중가요에 눈을 두기 시작한 것이 얼마 되지 않은 만큼, 국어교육의 눈으로 대중가요를 연구한 글은 그리 많지 않다. 학교 현장에서 대중가요를 수업에 다양하게 활용하는 추세에 비하면 그 이론화는 매우 지지부진한 듯이 보인다. 그 이유는 대중가요에 대한 경원도 있겠지만, 그보다는 오히려 이런 류의 연구가 자칫하면 원론에 머물거나 아니면 수업 아이디어 차원으로 떨어질 가능성이 크기 때문이다.

---

1) 『두산대백과사전』(두산동아, 1997)의 '대중가요' 항에는 "서양 음악이 도입되던 시절부터 대중 사이에서 즐겨 불려 온 세속적인 노래. 예술가곡의 상대적인 개념으로, 유행가라고도 한다. 예술가곡이 예술성과 심미성에 가치를 두는 데 반하여 대중가요는 감각적인 대중성, 오락성, 통속성, 상업성에 기초를 두고 있다."고 기술되어 있다. 말하자면 실체로서의 대중가요관이다. 하지만 필자는 대중가요를 노래 그 자체로 한정하지 않고, 노래를 둘러싼 심리적·사회적 과정이자 실천으로 보고자 한다. 비견하자면 '현상으로서의' 대중가요관이라 할 수 있을 것이다(김대행 외:2000 참조).

2) 예를 들어 판소리와 시조도 음악적 요소와 연극적 요소가 매우 강하지만, 그렇다고 해서 판소리·시조가 국어교육의 범주에서 벗어난다고 말하지는 않는다.

그러한 위험성을 피해 간 연구들도 몇 가지의 문제는 계속 안고 있다. 가장 기본적인 문제는 학습 주체이자 대중가요의 주체인 청소년의 문화와 대중가요 현상에 대한 이해가 부족하다는 점이다. 그러다 보니 대중가요를 종합적으로 바라보지 못하고 매스컴(특히 쇼 프로그램)에 의해 포장된 현상만을 다루게 된다. 대중가요의 주요 축인 구전가요와 민중가요, 외국 가요, 언더그라운드 등을 다루지 못하고, '지금 당장'의 가요를 놓치며, 창조적 사고보다 비판 의식을 강조하는 경향이 이와 관련된다.[3)]

또 하나의 문제는 국어교육이라는 틀에 얽매이다 보니 '대중가요'가 아니라 '대중가요의 가사'에 대해 연구한다는 점이다. 대중가요를 일종의 '노래시'로 인정한 윤여탁(1998)이나, '특정 종류의 문학(아마도 시인 듯싶은데)을 자신의 한 부분으로 포섭하여 성립되는 예술'로 본 이영미(1999)의 견해가 이를 대표한다.[4)] 향가나 고려가요, 시조처럼 향유성을 잃어버린 노래라면 모르거니와, 당대의 문화 현상으로 펄펄 살아 있는 대중가요에서 가사만을 따로 떼어내서 연구한다는 것은 무리라 할 수 있다.

나아가서 대중가요의 가사를 연구할 때에도 시론(詩論)의 연장으로 보는 경향이 있다. 일견 '노래하기'라는 시의 장르적 특성을 충분히 고려한 방법으로 보이지만, 이는 '이야기나누기'(이야기하기가 아니라)로서 지니는 대중가요의 여러 속성을 간과한 것이다. 필자가 보기에 대중가요에서 시성(詩性)은 지배적인 요소이기는 하지만 그것이 전부는 아니다. 그보다는 복합적 매체언어라는, 보다 거시적인 관점에서 접근했어야 했다.[5)] 그러면서 국어교육에 대한 본질적인 질문으로 나아

3) 이러한 경향은 대부분의 매체 교육이 '비판적 이해'를 강조하는 것과 같은 맥락에서 나온다. 비판적 사고가 국어적 사고의 최상위층에 해당한다는 데 동의하더라도(이삼형 외, 2000), 매체나 대중이 관련될 때만 유달리 비판을 강조하는 경향에는 기성 세대의 어정쩡한 대중문화관이 한 몫을 한 것으로 보인다.

4) 이영미(1999)는 아예 한국문학을 '글문학'과 '말문학'으로 분류하고 대중가요를 말문학의 하위 범주인 '음반 문학'에 포함시킨다. 그 자신도 대중가요가 음악 현상임을 인정하기는 하지만, 국문학과라는 출신을 스스로의 한계로 지적하는 데 그치고 있다.

가야 하는 것이다.

그렇다면 대중가요를 국어교육의 어느 국면에 끌어들일 수 있을까? 손쉽게 떠올릴 수 있는 것이 ① 교수-학습 및 평가 '자료'로서의 대중가요와 ② '방법'으로서 대중가요이다. 전자는 대중가요의 매체 언어적 특성에 주목하는 전략이고, 후자는 대중가요의 의사소통적 기능(교육을 의사소통으로 보는 관점에서)에 주목하는 전략이다. 언어 표현과 관련된 기초 자료로 대중가요를 끌어들이거나 동기 유발을 위해 대중가요를 활용하는 방식이 그 예이다. 그리고 보다 원론적인 것으로 ③ 국어교육 '내용'으로서의 대중가요와 ④ 국어교육 '환경'으로서의 대중가요가 있다. 대중가요의 발상과 표현, 소통 방식, 수용 기제 등이 그대로 국어교육 내용으로서 가치를 가지며, 아울러 대중 사회의 언어 환경으로 대중가요가 차지하는 위치도 소홀히 할 수 없기 때문이다. 물론, 이 모든 작업은 대중가요의 가사에 한정하는 것이 아니라 그와 관련된 현상 전체를 다루어야 한다.

다른 관점에서 국어교육의 방향을 사고력과 의사소통능력, 문화적 능력으로 정리한다면(이삼형 외, 2000:295), 그 틀을 가지고 대중가요를 논할 수도 있다. 소설, 일기, 뉴스 보도, 채팅, 광고 등과 마찬가지로 국어 활동의 구체적 국면으로 대중가요를 자리매김하고, 그에 관련된 사고와 의사소통, 문화 현상을 살펴보는 것이다. 그렇게 되면 국어교육의 본질과 엮어서 대중가요를 논할 수 있게 된다.

이 글에서는 소박한 의미의 철학, 미학·심리학, 사회·문화학의 관점에서 대중가요 국어교육론의 학적 정당성을 확보할 방안을 살피려고 한다. 대중가요 국어교육론이라는 화두를 제대로 이해하기 위해서는 우선 학문의 본질부터 살펴봐야 하기 때문이다. 그 바탕 위에 표층의 언어 차원, 심층의 의사소통 차원, 포괄적인 문화 차원으로 나누어 구체적인 논의 방향을 생각해 보고자 한다. 그럼으로써 대중가

5) 여기에서 '복합'은 언어-음악-의상-매체 등의 장(場)의 복합과, 지각(시·청각)-활동(가창·율동)의 신체의 복합, 일상성-예술성-대중성이라는 속성의 복합을 모두 포괄한다. 인간의 어떤 활동이 복합적이지 않으리요마는, 그 복합을 구성하는 미세 조건들의 차이 때문에 영역을 구분하게 된다.

요 국어교육론의 입지와 방향을 가늠할 수 있을 것이다.

Ⅲ. 대중가요 국어교육론을 위한 비계(飛階)

1. 대중가요의 국어교육 철학

국어교육이 대중가요를 문제 삼는 이유는 대중가요 현상이 포괄적인 국어 현상의 일부이기 때문이다. 하지만 단지 그것만으로 대중가요 국어교육론의 타당성을 설명하는 것은 부족하다. 국어교육이 대중가요를 끌어들임으로써 얻는 이익과 손해, 대중가요를 끌어들이지 않을 수 없는 이유, 대중가요 국어교육론을 바라보는 교과 내·외의 시각 등에 관한 포괄적인 논변이 필요할 것이다.

이 글에서는 국어교육이 대중가요를 끌어들임으로써 얻는 것이 무엇인지에 관해 논의함으로써 대중가요 국어교육론의 의의를 찾고자 한다. '神은 존재하는 것이 유익하기 때문에 존재해야 한다.'는 식의 증명 방식을 따르는 것이다. 각각의 항목 중에는 사실에 입각한 증명이 필요한 것도 있고 그렇지 않은 것도 있다.

첫째, 대중가요는 사고력을 신장시키는 데 도움이 된다. 대중가요 현상에 대한 비판적 수용과 창조적 재구성 활동을 통해 비판적, 창의적 사고력을 신장시킬 수 있으며, 이는 포괄적인 국어 능력의 신장에 기여한다.

둘째, 대중가요는 언어수행능력을 신장시키는 데 도움이 된다. 그동안 국어교육에서 대중가요를 받아들이는 관점도 여기에 치중해 왔거니와, 언어의 이해와 표현 양면에서 대중가요는 실제적인 효용성을 지닌다.

셋째, 대중가요는 포괄적인 문화 능력을 신장시키는 데 도움이 된다. 여기서의 문화 능력은 언어적 의사소통의 전제이자 기반이 되는 사고와 가치 체계 및 행동 양식 전반을 뜻한다. 학습자는 대중가요 경험을 통해 언어공동체가 공유하는 문화 능력을 함양할 수 있다.

넷째, 대중가요는 학습 능력을 기르고 학습 효과를 높여 준다. 교수-학습 아이디어로 대중가요를 활용하는 사례가 점차 늘고 있거니와, 이는 대중가요가 가지는 친밀성, 유희성, 유연성(柔軟性) 등이 다양한 학습 상황에 쉽게 적용되기 때문이다. 앞서의 분류에 따르면, 대중가요는 '방법'의 국면에서 가장 손쉽게 국어교육에 끌어들일 수 있다.

다섯째, 대중가요는 의사소통과 관계 형성 능력을 신장시키는 데 도움이 된다. 대중가요를 매개로 한 의사소통은 학생들의 일상 대화, 팬클럽 등에서 잘 엿볼 수 있다. 나아가, 대중가요에 감정을 투사하거나 감정이입하는 경우도 많다. 화제(話題)로서, 소통 방법으로서 대중가요는 의사소통의 주요 변인이 될 수 있다.

여섯째, 대중가요는 텍스트를 다루는 능력을 기르는 데 도움이 된다. 노래 자체가 하나의 텍스트일 뿐 아니라, 노래를 둘러싼 문화 현상 또한 텍스트 역할을 한다. 학습자는 대중가요를 일종의 복합 텍스트로서 받아들이고 능숙하게 다룸으로써 포괄적인 텍스트 능력을 기를 수 있다.

일곱째, 대중가요는 자아 정체성 형성에 도움이 된다. 대중가요는 몰입과 공감에 의한 정서 이완이나 대리 경험을 통한 인지 변화를 가능하게 한다. 또한 대중가요에는 시대의 공감(公感)이 담겨 있으며, 그를 통해 수용자 집단의 욕망과 좌절을 반영한다. 학습자는 이러한 특성을 통해 자신을 돌아보고 세계를 해석하는 눈을 기르게 된다.

물론, 이 내용들은 국어교육뿐 아니라 교육 일반에 다 관련되는 항목들이다. 또한 굳이 대중가요가 아니라도 추구할 수 있는 목표들이다. 그런데도 굳이 국어교육에서 대중가요를 문제 삼으려면, 대중가요 국어교육에 고유하고 대중가요 국어교육이 가장 효과적이며, 대중가요 국어교육에 특징적인 어떤 국면이 있어야 한다. 이 마당에서 다루지 않으면 놓쳐 버리게 되는 그 무엇을 짚어 낼 때 대중가요의 국어교육은 철학적 정당성을 얻게 될 것이다.

결국 대중가요의 국어교육 철학은 국어교육의 원론과 맞닿는 문제임을 알 수 있다. 언어적 삶의 문제이기 때문이다. 그리고 그 목표는 국어교육의 입지를 강화하는 일이 되어야 한다. 대중·정보·여가 사회의 거대 담론을 다룰 수 있는 힘, 교과의 정당성을 확인하고 그 실천을 점검할 수 있는 힘, 학습자의 삶을 견인할 수 있는, 삶과 통합된 교육 방향을 모색하는 힘 등을 발견하는 일이 대중가요의 국어교육 철학이 해결해야 할 과제이다.

2. 대중가요의 국어교육 심리학

대중가요를 제대로 다루려면 그와 관련해서 주체(학습자)의 내면에 어떤 일이 일어나는지를 기술하고, 예언하고, 통제할 수 있어야 한다. 그를 위해서 우선 대중가요 자체의 정적·동적 구조를 밝히는 일이 선행해야 함은 물론이다. 지금까지 국어교육에서의 대중가요 논의는 주로 문화나 교육에 관련된 외적 요인에만 치우친 나머지 이 부분을 소홀히 해 왔다.

문제는 대중가요의 미학이 국어교육에 관해 폭넓은 설득력을 지니는가 하는 점이다. 예를 들어, 이영미(1999)가 하듯이 주된 정서를 중심으로 수많은 노래들을 몇 갈래로 분류한다고 하자. 국어교육적 관점에서 대중가요의 세부 장르들을 지향점에 따라 분류하고 그 구조와 의의를 해석하는 일이 가능한가? 대중가요의 미적 분석과 분류는 국어교육에서 어떤 의의를 지니는가?[6]

이 문제는 대중가요의 내적 특성과 외적 특성을 점검하고 그 수용 과정을 분석함으로써 해명할 수 있다. 예를 들어 내적 특성은 음악, 가사, 연기(演技)로 나누어서 살펴볼 수 있는데, 음악적 특성만 놓고 보더라도 과거에 문제되지 않았던 샘플링, 루프(loop) 등이 디지털 의

---

6) 예컨대 이영미(1999)는 대중가요를 트로트, 이지리스닝, 포크, 록으로 분류한다. 그에 비해 필자는 아래와 같이 분류하는데, 이들 그룹들은 각각 그 구실이 다르고 국어교육에서의 의의도 다르다. 문제는 이러한 분류가 자의적이라는 점이다. 따라서 국어교육과 대중가요를 한 틀로 보는 관점에서의 분류학이 필요하다.
- 정서의 공유와 풀이 : 구전가요, 트로트, 댄스뮤직
- 대중성과 서정성의 공조 : 이지리스닝 계열(발라드, 팝, R&B 등)
- 심미적 비판과 저항 : 록, 포크, 민중가요
- 문화의 컬트화 : 재즈, 장르음악

사소통의 특성을 그대로 보여준다. 또한 가사에서도 노래하기와 낭송하기, 중얼거리기(랩)의 병치를 통해 다성적인 복합 발화의 양상을 살펴볼 수 있다. 특히 중얼거리기는 시에서 계속 시도하면서도 실패해 온 라임(rhyme)을 전혀 다른 영역에서 도입한 예로 생각된다. 나아가 연기(演技)는 하나의 수행으로서 대중가요의 특성을 가장 잘 보여주는 부분으로, 단순히 가창력에만 관계되는 문제로 한정되지 않는다. 대중가요를 얘기하면서 애드리브나 립싱크가 보여주는 자기 복제와 변환의 말하기 방식, 노래와 비주얼 이미지의 결합, 일종의 제의로서의 공연 효과 등을 무시하고 넘어갈 수는 없지 않은가. 그런데 이러한 특성들은 현대의 의사소통을 얘기할 때 늘 거론되는 것들이다. 말하자면, 대중가요의 미학이란 그대로 현대의 의사소통을 바라보는 틀이 되는 것이다.

그렇다면, 학습자는 대중가요를 어떻게 수용하는가? 여기에는 ① 취향에 따른 선택적 접근, ② 공감과 몰입, ③ 경청 · 박수 · 따라 부르기 등의 동참, 그리고 ④ 재연 등의 층위가 있는 것 같다. 선택적 접근이란 수많은 대중가요 중에서 자신의 취향과 선호도에 따라 특정 노래, 혹은 특정 가수를 지목하여 받아들이는 것으로, 여기에는 장르와 가사, 멜로디, 가수의 카리스마 같은 요소가 개입한다. 최근에는 팬클럽을 결성하여 특정 가수의 노래를 무조건적으로 선호하는 경향도 보이는데, 이 역시 대중심리학의 관점에서 살펴볼 필요가 있다. 공감과 몰입이란 대중가요의 음악, 혹은 총체적 연기를 감상하고 빠져드는 것으로, 예술 텍스트의 감상 혹은 수용에 관련되는 심리적 기제가 개입한다. 동참은 공연 예술로서 대중가요의 성격이 잘 드러나는 부분으로, 가수와 청중 사이의 의사소통과 일체감 형성이 문제가 된다. 라이브에서 동참이 특히 강조되지만, 음반이나 방송에서도 따라 흥얼거리는 것과 같은 소극적인 동참은 이루어진다. 재연은 클래식 음악을 비롯한 다른 고급 예술과 대중가요를 선명하게 구분해 주는 특성으로, 사실상 대중가요의 성공 여부는 재연 가능성에 있다고 해도 과언이 아니다. 대중은 단순한 감상용 노래보다는 따라 부르며 즐길 수 있는 노래를 선호하는 경향이 있기 때문이다. 방송 매체의 순위와 음반 판매량, 음악 파일 다운로드 순위가 노래방 애창곡 순위와 대체로 일치하는 경향이 이를 말해 준다.7)

물론 이 과정에는 상황적 정서라든지 난이도와 같은 변수가 개입한다. 발달 단계에 따라 수용 기제가 달라질 수도 있을 것이다. 중요한 것은 대중가요가 학습자의 내면에 일으키는 변화를 잡아내서 국어교육적으로 활용하는 일이다. 예를 들어 같은 작곡가(김창환)가 만든 김건모의 <잘못된 만남>과 홍경민의 <흔들린 우정>을 한 자리에 놓고 보면, 전자는 빠른 비트를 바탕으로 상승형의 멜로디 구성을 반복하여 불안정한 개방의 느낌을 주고, 후자는 리듬과 멜로디가 보다 복고적이면서 하강형과 상승형을 결합하여 상대적으로 안정된 느낌을 준다(=음악). 이러한 멜로디 구성이 정반대의 상황을 묘사한 가사 내용과 연결되어 수용자의 심리와 정서를 자극하며(=음악+언어), 김건모와 홍경민의 창법 및 개인적 이미지가 결합하여 하나의 텍스트로 작용하는 것이다(=음악+언어+수행).8) 이러한 구조와 과정이 밝혀짐으로써 비로소 대중가요라는 텍스트의 생산과 구조, 그리고 수용 사이의 대응을 설명할 수 있게 된다.

3. 대중가요의 국어교육 사회학

학교교육에서 대중가요를 다루기 시작한 것은 문화·사회에 관한 이론의 확산 덕분이다. 교육과정상으로는 6차 교육과정기부터 그 단

---

7) 물론, 노래방 순위는 <소양강 처녀>나 조용필과 같은 고전들이 있어서 '바로 지금'의 대중가요 순위를 반영하지는 못한다. 그러나 이는 앨범 구매자, 방송 청취자와 노래방 고객이 다르기 때문에 나타나는 현상이다. 대중가요의 주요 소비자가 몰려 있는 대학가 노래방은 일반 유흥가의 노래방과 분위기가 다르다.

8) 두 노래 모두 김창환이 작사, 작곡했다는 사실, 김건모가 여러 장르를 섭렵하며 톱스타로 군림하는 동안 홍경민은 무명의 로커로 지냈고, 그런 홍경민이 결국 댄스 음악으로 스타덤에 오르는 상황까지 떠올리면 이는 하나의 복잡한 문화 텍스트가 될 수 있다. 아울러 SM기획의 이수만이 스타를 만들어 내는 매니지먼트에 골몰한다면 김창환이나 박진영은 가수를 이리저리 시험해 보는 실험적 엔터테이너로 보이는데, 여기까지 오면 대중가요의 심리적 기제와 사회·문화적 기제가 만나게 된다.

초를 볼 수 있지만, 그 맹아는 이미 1980년대 후반의 교육 개혁 운동[9] 속에서 찾아볼 수 있다. 돌이켜보면 80년대 후반은 정치사나 사회사뿐 아니라, 국어교육사적으로도 중요한 획을 그은 시기였다. 교육 환경과 언어 환경이 급격히 변화하는 가운데 국어교육론이 학문이 될 수 있다는 자각이 생겼고, 교사들의 자생적이고 조직적인 운동이 일어났기 때문이다. 결국 대중가요의 국어교육론은 학술·교육 담론과 한국 사회 전반을 관통하는 커다란 패러다임의 변화 한가운데 위치한다.

대중가요가 사회·문화적 화두가 되는 이유는 대중가요가 노래 속에 고정된 실체가 아니라 언어와 음악, 사회가 어우러진 역동적 현상으로 존재하기 때문이다. 대중가요 자체가 하나의 서사이고, 담론이며, 문화이다. 앨범이나 곡의 콘셉트를 잡는 일부터 시작해서 가요계 전체를 지탱하는 스타 시스템에 이르기까지, 대중가요가 사회·문화적 조명에서 벗어나는 경우란 없다.

또 하나의 이유는 매체라는 키워드 때문이다. 대중가요가 매체 언어의 중요한 축이라는 점, 현대 사회는 매체를 기반으로 한 정보 사회라는 점, 대중 매체는 이제 매스컴뿐 아니라 현대인의 삶 자체와 구별하기 어렵게 되었다는 점 등을 외면할 수는 없다. 대중가요가 매체와 뗄 수 없는 관계에 있다면, 당연히 국어교육의 조명으로부터도 벗어날 수 없다.

대중가요에 관한 사회·문화적 담론은 세 그룹의 주체를 상정한다. ① 생산·공급자와 ② 수요·소비자, 그리고 ③ 중개·비평 그룹이다. 대중가요의 국어교육론은 이들 주체들의 역할을 이해하고, 그 가운데서 교사와 학습자가 어디에 위치하는지 살필 필요가 있다. 혹은, ④ 교사-학습자라는, 기존의 틀로 설명하기 어려운 새로운 역할을 맡길 수도 있다. 음악이라는 좁은 틀에서 한 발짝 비켜서서 포괄적 관

9) 이는 문민정부 시대의 관주도 교육개혁이 아니라, 80년대 후반의 교사노조 운동, 각 교과별 전문 모임 활동, 대안교육 운동 등을 가리키는 것이다. 그 전에 산발적으로 이루어져 오던 자생적 교육 개혁 운동은 80년대 학번들이 교사로 나가 기존의 학교 교육을 비판하고 나서면서 탄력을 얻게 된다.

점에서 대중가요를 바라봄으로써 국어교육은 기존의 가요계가 보지 못한 엉뚱한 얘깃거리를 발견할지도 모른다.

여기서 국어교육의 눈으로 살펴봐야 할 것은 대중가요의 기호 조작 방식이다. 앨범이나 뮤직비디오의 이미지/서사 구성, 방송과 라이브의 이미지/서사 구성, 샘플링과 리메이크(가끔은 표절도 포함하여) 등에 얽힌 의사소통 방식 등이 그것이다. 아울러 '노래방 문화'라고 일컬어지는, 새로운 형태의 대중가요 현상도 국어교육과 연관되지 않을 수 없다. 밀실이라는 독특한 소통 공간에서 기억의 부담을 기계에 떠넘긴 채 이루어지는 자기 최면적 카니발이기 때문이다. 팬클럽 결성과 그 안의 의사소통 특성 역시 중요한 화두가 된다. 팬들이 일방적 수용자에서 벗어나 적극적 역할을 하고, 나아가 소비자가 스타를 만드는 현상 역시 마찬가지이다.[10] 이렇게 보면 대중가요의 사회·문화적 의미는 국어교육의 입장에서는 굵직한 광맥을 하나 발견한 것이나 다름이 없다. 그러한 의미를 찾고, 의미를 분석하고, 새로운 의미를 부여해 가는 일이 곧 국어교육이다.

문제는 이러한 대중가요가 교육의 장에서는 전혀 대중적이지 않다는 점이다. 그 이유는 대중가요가 지닌 대중성·오락성·통속성·상업성 등의 특성을 교육계가 의도적으로 무시하기 때문이다. 이들 특성은 대중가요의 본질인데, 교육은 자체의 잣대로 이들 특성을 제거하려 든다. 그 결과 교육에서 다루는 대중가요는 이미 한물가거나 당의정처럼 과대 포장된 것들뿐이고, 자연히 그와 관계된 활동의 방향성이 모호해진다. 대중가요의 국어교육론에서는 당연히 교사와 학습자, 그리고 대중가요의 대중적 성격을 구현하는 데 생각의 초점이 놓여야 한다. 인식의 대중성, 언어의 대중성, 생활·실천의 대중성 등이다. 이것들을 밝히지 않으면 대중가요 국어교육론의 토대를 마련하기

10) 최근의 팬클럽은 온라인과 오프라인을 겸하는 방식으로 나가고 있다. 그리고 가수들도 예전과 같은 방임적 태도에서 벗어나, 적극적으로 팬클럽을 만들고 관리하며 이용하고 있다. 청소년 치고 좋아하는 연예인의 팬클럽 하나쯤에 가입하지 않은 사람은 없다. 그 긍정적인 측면과 부정적인 측면, 그리고 국어교육적 의의에 관한 논의가 필요한 시점이다.

어려울 것이다.

대중가요의 국어교육 사회학은 결국 대중가요의 교육적 가치를 탐색하기 위한 이론 개발에 다름 아니다. 대중가요가 음악 외의 요소들 — 사회성, 미의식, 언어 능력 등과 연관된 문화 현상으로 존재하는 한, 이 방면에 대한 연구는 넓게 열려 있다. 그 큰 흐름은 교과주의보다는 총체적 관점으로 나아가야 할 터인데, 지금까지는 이런 방향의 연구가 체계적으로 이루어지지 못했다.

Ⅳ. 대중가요 국어교육론의 틀

1. 범주 1 - 언어적 접근

이 범주는 대중가요 가사를 국어교육론의 테마로 삼는다. 그런데 노래 가사를 가지고 언어 능력을 기르는 것은 매우 좋은 방법인 듯하지만, 실상 그 수준에는 한계가 있다. 국어교육의 초급 단계에서나 유용하다는 뜻이다. 가능한 활동이 내용 파악과 감상, 가사의 형식 분석, 수용 텍스트 생산, 가사 바꾸기나 새 가사 만들기 들이라면 더구나 그렇다. 이런 방법들은 초등교육이나 외국인을 위한 교육에서는 효과적일지 몰라도 조금만 수준이 올라가면 어쩌다 재미로 해 보는 활동거리밖에 안 된다.

그렇다고 해서 대중가요에 대한 언어적 접근이 무의미하다는 것은 아니다. 오히려 그 효용성은 듣기·말하기·읽기·쓰기보다 국어지식과 문학 영역에서 찾을 수 있을 듯하다. 대중가요의 가사가 규범적인 어법/문법에서 일정 부분 일탈해 있기 때문이다. 가장 일상적인 자료로 가장 고급의 사고력을 기르는 데 대중가요 국어교육의 묘미가 있다. 단, 이때의 언어는 '대중가요의 언어'라는 독특한 양식임을 인정하여야 한다. 그것은 순수한 언어적 요소와 음악적 요소, 그리고 대중성의 분리할 수 없는 통합체이다.[11]

예를 들어 보자. 대중가요의 가사는 대부분 고백적이고 운율적인 언어로 되어 있다. 그래서 자주 시와 비교되지만, 시에 비해 상상력이 단순하고 표현도 통속적이라는 약점을 지닌다. 그럼에도 불구하고 듣는 이에게 감동을 주는 이유는 음악과 효과적으로 결합했기 때문이다. 연설 원고의 구성과 표현이 어설프더라도 실제 연설을 들으면 감동적인 것과 같은 이치이다. 기존의 연구나 학교 현장에서의 실천은 이 부분을 간과한 채 오로지 가사만을, 그것도 운율 중심으로 다루어 온 감이 있다.

언어와 음악의 결합은 음성학적 차원에서 화용의 차원까지 다양하게 이루어진다. 이영미(1999)가 "열여덟 딸기 같은 어린 네 순정"을 예로 들어 트로트가 말맛과 익숙함을 무기로 흥겨운 노래의 기능을 하며 살아남았다고 분석할 때, 그 기준은 음성학적 배열 규칙이다.[12] 학습자는 그런 논의를 보면서 언어의 형식과 의미가 어떻게 조화를 이루고, 언어 규칙은 어떻게 작용하는지를 배울 수 있다. 또는 서태지의 <교실 이데아>나 G.O.D의 <어머님께>를 놓고 비판 의식, 혹은 서사의 음악화를 살펴보는 것도 가능하고, 메시지를 방백체로 표출하거나 가상의 화자가 대화를 나누는 방식으로 보여주는 힙합들의 표현 방식에 주목할 수도 있다. 보컬과 랩이 서로를 애무하듯이 교호하는 구성은 또 어떤가?

이렇게 보면 언어적 관점에서 대중가요 국어교육론에 접근하는 길은 매우 다양함을 알 수 있다. 다만, 가사를 따로 떼어서 접근하는 데 머물지 말고 문자언어와 음성언어, 매체언어를 통합할 수 있도록 하며, 형상화 방식을 중심으로 탐구적 사고력을 기르는 데 초점을 두어

11) 언어와 음악의 분리할 수 없는 통합체를 설명하는 데 자주 드는 예가 "하느님이 보우하사"와 "저 높은 곳을 향하여"이다. 낮은 음정에서 시작해서 점점 높아지는 "하느님이 보우하사"나, 거꾸로 높은 음정에서 시작해서 점점 낮아지는 "저 높은 곳을 향하여"가 가능할까? 대저 명곡이란 그 멜로디가 시인의 언어와 고도의 조화를 이루도록 작곡되어 있고, 그러기에 비로소 애창되며 듣는 이의 마음을 사로잡는다. 괴테 시대의 작곡가 라이하르트가 "시를 거듭 읽다 보면 멜로디가 절로 나온다."고 고백했을 만큼, 가사 자체의 운율은 악곡에 결정적인 영향을 준다(임한순, 1998:93).

12) "딸기 같은 어린 네 순정"의 개구도가 '개-폐-개-폐-개-폐-개-폐-개'의 교체를 보인다는 식의 분석이 전형적이다.

야 한다는 데 유의하여야 한다. 대중가요의 언어를 놓고 '노래 가사는 이렇다'고 일방적으로 몰아 가지 말라는 뜻이다. 중요한 것은 하나의 언어 자료로서 취할 수 있는 모든 구성과 표현 방식을 대중가요가 가지고 있고, 그것이 음악과 연관되면서 독특한 장르를 이룬다는 점이다. 국어교육은 그 장르의 언어를 놓고 탐구 활동을 통해 사고력과 언어 능력을 기를 수 있다.

2. 범주 2 - 의사소통적 접근

이 범주는 대중가요를 바탕으로 포괄적인 의사소통능력을 기를 수 있는 이론 개발에 주력한다. 다매체 시대의 효과적인 의사소통 매체로서 대중음악을 적극적으로 활용하는 것이다. 이때의 '의사소통'이란 개인적 의사소통과 사회적 의사소통을 모두 포괄하며, 정보의 일방적 전달이 아니라 의사소통 과정에서 일어나는 인지적·정의적 변화를 강조한다. 교육을 염두에 둘 경우 의사소통능력은 학습 능력과 연관되기도 한다.

대중가요를 매개로 한 의사소통의 양상은 크게 이해의 국면과 표현의 국면으로 나누어 살피는 것이 편할 듯하다. 이해 활동의 중심에는 노래를 매개로 한 반응과 공감이 있고, 뮤직비디오나 O.S.T, 동영상 감상 등이 그것을 둘러싸고 있다. 특히 뮤직비디오와 O.S.T, 동영상은 대중가요가 서사 및 이미지와 강하게 결합한 예로서, 순수한 노래만을 매개로 한 의사소통과 다른 양상을 보인다. 예를 들어 대부분의 뮤직비디오는 노래에 대한 수많은 해석 가능성 중 하나를 선택하여 극적 서사로 보여주는데, 이는 수용자의 내밀한 감상 가능역을 희생하는 대신 텍스트의 자극을 증폭하는 전략을 택한 결과이다. 이런 경우 노래는 뮤직비디오의 서사와 이미지에 끌려가게 된다. 그에 비해 <주유소 습격 사건>에 삽입된 배기성의 <오늘도 참는다>나 <8 Miles>에 삽입된 에미넴의 음악 같은 경우는 노래가 영화의 서사에 개입해서, 단순한 배경 음악을 넘어서는 모습을 보여준다.

대중가요의 표현 활동은 주로 노래 부르기이지만, 이것은 의사소통적 기능보다 자기 표현적 기능이 더 강한 활동이다. 대신 다른 활동들에서 대중가요의 의사소통적 기능을 찾을 수 있다. 예를 들어 음악편지나 멀티미디어 메일 보내기, 앨범 재킷 꾸미기, 뮤직비디오 만들기, 노래에 맞춘 안무와 공연, 뮤지컬 꾸미기 등이다. 이 활동들은 인지적 정보를 전달하는 기능은 약하지만, 대신 정서적·심미적 정보를 표현하고 전달하는 기능을 잘 수행한다. 그런데 이들 활동들은 노래부르기와 달리, 일상 생활보다 교육의 장에서 더 자주 이루어지는 것들이다. 말하자면 대중가요 그 자체를 즐기기보다는 어떤 교육적 의도와 관련지어서 대중가요를 끌어들인 혐의가 짙은 것이다. 일상의 대중가요 현상과 교육 맥락에서의 대중가요 현상이 갈라지는 지점을 정확하게 찾기란 어렵지만, 대체적인 경향성은 구별할 필요가 있다.

대중가요의 이해와 표현이라는 문제는 대중가요로 '이루어지는' 의사소통에 초점을 둔 것이다. 그에 비해 교육과 관련된 의사소통에는 대중가요에 '관해' 이루어지는 의사소통도 있다. 대중가요 비평이 그것이다. 대중가요 비평이 국어교육의 장으로 들어올 수 있을까? 이 문제는 대중가요 국어교육의 철학과 관계되는 것으로, 필자는 앞에서 이미 언급했듯이 국어교육의 강역을 넓게 잡아서 이러한 문제를 포용하는 것이 좋다고 생각한다. 국어교육의 그물이 철학이나 역사에 관한 담론을 잡아 가둘 수 있다면, 대중가요에 관한 것도 역시 마찬가지이다.[13]

대중가요 국어교육론에서 의사소통적 접근을 하려면 학습자의 매체 환경을 적극적으로 수용하면서 활동의 다양성을 확보하는 데 유의해야 한다. 또한 통합교과적 관점에서 접근하고(특히 음악·미술·무용과 관련하여), 텍스트의 멀티미디어적 특성도 고려해야 한다. 매체와

13) 이런 견해는 언어로 표현할 수 있는 것이면 무엇이나 다 국어교육으로 끌어들이는 문어발식 교과관으로 나아갈 수 있다. 한때 국어교육 담론을 지배했던 '도구교과론'의 대척점에 서는 관점이다. 과연 그런지, 예를 들어 역사 자료들을 수집하고 분류, 분석해서 결론을 이끌어 내고 일반화하는 활동이 국어교육인지 아닌지, 아직은 판단할 수 없다. 잠정적으로 내용과 형식, 주제와 실천, 혹은 세계지식과 언어수행전략을 분리해서 가르치는 것은 별 의미가 없다고 생각할 뿐이다.

방법 면에서 의사소통의 멀티화야말로 오늘날 학습자의 의사소통을 들여다볼 때 가장 주목해야 할 부분이다. 나아가 의사소통에서의 구술성과 문자성, 청각성과 시각성 등에 대한 고려도 필요하다. 이렇게 보면 이 범주야말로 대중가요 국어교육론의 핵심 영역이 아닌가 싶다.

3. 범주 3 - 문화적 접근

대중가요가 학술 담론의 주변부에서 중심부로 진입하게 된 결정적 계기는 아마 문화 이론의 득세일 것이다. 특히 리비스 류의 '정통적' 문화 이론 대신 민중적이고 대안적인 문화 이론이 널리 퍼지면서 그동안 약한(그러나 현실에서는 강한) 담론이었던 대중가요의 담론이 강한(그러나 무엇이 강한지 불분명한) 담론으로 탈바꿈하게 된다.[14] 실상 대중가요로 학습자의 문화 능력을 기르겠다는 얘기는 요즈음 웬만큼 문화에 관심이 있는 교사라면 누구나 다 하는 얘기다. 다만 문화 능력이 비판적·창조적 사고력에 기반을 두고 있으며, 본질상 국어교육이라는 점에 관한 인식이 약할 뿐이다. 또한 문화 교육에서 굳이 대중가요여야 하는 이유에 관한 인식도 약하다. 그러므로 대중가요의 특징이 국어교육과 어떻게 연관을 맺는가, '대중가요의 문화'와 '문화 속의 대중가요'는 어떻게 다른가, 문화의 수용이 어떻게 문화 창조로 이어지는가 등에 대한 점검이 먼저 이루어져야 한다.

이러한 논의의 핵에는 대중성 문제가 놓여 있다. 대중성은 음악이나 문학뿐 아니라 예술계 전반에서 끊임없이 부침하는 화두인데, 대중가요의 대중성은 다른 장르의 그것과는 차원이 다른 것으로 보인다. 대중성의 개념 범주와 파급 범위가 훨씬 넓으며, 무엇보다도 그것은 '성공한 대중성'인 것이다.

---

14) 대학 교수(전북대 국문과 김익두)를 중심으로 '조용필 연구 모임'이 결성되고 초당대(대중가요학과), 수원여대(대중음악과. 신중현이 교수로 있다), 주성대(실용음악학과. 강인원이 교수로 있다) 등에 대중가요 관련 학과가 속속 만들어지는 모습을 보면, 인문학의 위기 시대에 대중가요가 오히려 지배 담론이 된 건 아닌가 싶기도 하다.

그런 점에서 대중가요 국어교육론의 문화적 접근은 현상에 대한 중층적 수용에서 시작할 필요가 있다.[15] 언어적 · 음악적 · 사회적 · 예술적 관점에서 찾아볼 수 있는 대중가요 현상의 의미를 국어교육의 관점에서 재구성하는 것이다. 이 때 지배 문화와 대중문화의 길항은 중요한 키워드가 될 수 있다.

언어를 하나의 문화 현상으로 보고, 대중가요도 언어에 포함시키며, 자신의 관점에서 그 현상을 해체하고 복원하는 작업이 가능하도록 하는 일이 국어교육의 역할이다. 그 작업의 도달점은 대중가요의 창조적 재생산이 될 것이다. 학습자 자신의 음악 만들기, 대중가요 현상의 분석과 분류, 그에 관련된 토의 · 토론, 다른 문화 현상과의 종합 등이 활동거리로 나올 것이거니와, 이럴 경우 학습자의 종합적 사고력을 바탕으로 한 표현 능력 쪽에 주안점을 두면 된다. 단, 당대적 관점과 역사적 관점을 동시에 가질 수 있도록 해서 미래 지향적인 관점을 형성할 수 있도록 신경 써야 한다.

Ⅴ. 대중가요 국어교육론의 정착을 위한 과제

국어교육 쪽에서의 대중가요 연구는 이론과 실천이 분리된 채 아직 원론 수준에 머물고 있다. 하지만 그에 관한 문제의식만큼은 명확히할 필요가 있다. 대중가요가 국어 현상의 주요한 부분으로 자리 잡았고, 따라서 시나 소설만큼의 비중에는 못 미치더라도 분명히 국어교육 및 국어교육 연구에서의 지분을 인정해야 하며, 그와 관련한 이론과 연구 방법론을 개발할 필요가 있다는 것이다. 미디어텍스트가 음성 텍스트와 문자 텍스트 못지않은 대접을 받게 되었듯이(박인기 외, 2000), 대중문화 텍스트도 단순한 관심 확충의 수준을 넘어서서 본격

15) 이 '중층적'도 수평적인 영역의 중층성과 수직적인 관점과 방법의 중층성을 모두 가리킨다. 대중가요를 둘러싼 다양한 변인들의 종합적 조망이 수평적 중층성을 이룬다면, 받아들이며 비판하기, 대중성을 추구하면서 동시에 일탈하기 등은 수직적 중층성을 이룬다.

적인 연구가 이루어질 때가 되었다.

그를 위한 기초 조건으로 국어교육계가 몇 가지 합의를 할 필요가 있다. 첫째는 대중가요를 매개로 한 국어교육 활동의 가능역 문제이다. 수렴적 관점에서는 기존의 방식대로 가사에 주목할 수 있고, 확산적 관점에서는 더 넓은 대중가요 현상을 다룰 수도 있다. 필자는 후자의 입장을 지지하지만, 그러려면 국어 교사가 음악이나 대중문화에 관한 전문가가 되어야 하는 어려움이 있다.

둘째는 논의의 헤게모니 문제이다. 대중가요 교육에 대해서는 음악의 잣대를 들이밀 수도 있고(세광음악출판사의 작업들이 전형적이다), 김창남처럼 사회 쪽에서 접근할 수도 있으며, 이영미나 강헌처럼 문학적 관점이 승할 수도 있다. 경험을 밑천으로 한 황문평 식의 작업도 가능하다. 국어교육이 그 틈바구니에서 자기 색깔을 낼 수 있을까? 국어교육계에서 대중가요를 논의하는 만큼 가요계에서 국어교육을 거론하지 않는다면, 그건 결국 반쪽짜리 논의이고 다른 영역의 논의를 빌어다 호가호위하는 것밖에 되지 않는다.

셋째는 학교라는 제도의 포용력 문제이다. 지금껏 대중가요 국어교육론이 수업 아이디어 수준을 벗어나지 못하는 것도 이 때문이 아닌가 한다. 대중가요를 교수-학습의 도구로 쓸 수는 있지만 그 자체가 교육 테마가 될 수는 없다는 것이다. 과연 그러한가? 만일 아니라면 또 왜 아닌가? 이런 문제는 논변의 대상이라기보다는 관점에 따른 선택과 합의의 문제로서, 대중가요에 관한 국어교육 철학이 필요한 이유가 여기에 있다.

넷째는 매체언어의 확산과 관련된 문제이다. 매체를 다룬 학술 발표회가 여러 번 이루어졌고, 국어교육의 대응도 비교적 체계적으로 보인다. 그러나 조금만 더 들여다보면 이 역시 시류에 끌려가는 것은 아닌가 하는 의구심이 든다. '매체(媒體 · media)'의 국어교육적 개념조차 정확하지 않아서, 어떤 때는 대중 · 대량 매체에 관해 이야기하다 또 어느 때에는 전자 · 통신 매체에 관해 이야기하기도 하고, 전달 방식을 이야기하다 텍스트 형식으로 빠지기도 한다. 대중가요가 매체론에 포함되는가 하는 문제부터 시작해서, 매체로서 대중가요가 지니는 의의 등에 관한 합의가 필요한 것으로 보인다.

결국 논의의 핵은 대중가요와 국어교육을 하나의 창으로 보는 것이 어떤 의미가 있는가 하는 데로 모아진다. 그를 해결해 가는 과정에서 학제 간, 혹은 현장과의 협동 연구가 필요할 수도 있고, 국어교육의 본질에 관한 재고가 필요할 수도 있다.

제 2 부
국어과 교육과정 탐색

제 1 장
창의성 중심의 국어과 교육과정 구성 방향

Ⅰ. 창의성 중심의 국어과 교육과정을 이야기하기 위한 전제

국어과 교육과정에서 창의성을 이야기하는 일이 그리 쉽지는 않다. 국가 교육과정은 기본적으로 선별과 조직, 문서화를 요구하는데, 창의성은 이런 조건과 조금 비켜 서 있기 때문이다. 그래서 논의는 늘 원론적으로 흘러가는 경향이 있다. 이 자리에서는 그럴 가능성을 조금이라도 줄이기 위해 몇 가지 전제들을 먼저 끌어오기로 한다. 이 전제들 중에는 일반 상식에 기대는 것도 있고, 그동안의 국어교육 연구에서 보편적으로 합의된 내용도 있다. 이들을 기본 전제로 인정하고 그 다음 단계로 나아갈 때 국어과 교육과정과 창의성 개념을 더 단단히 엮어낼 수 있다.

<창의성에 관한 전제>

- 21세기 교육은 학생들의 창의성 신장을 중요한 목표로 다루어야 한다.
- 창의성은 특정 상황이나 과제에 관하여 새로우면서도(novel) 적절한(appropriate) 아이디어를 생성해 낼 수 있는 개인의 능력을 가리킨다(최인수, 2003).
- 창의성은 인식, 해석, 추론, 비판, 적용 등 사고와 행동의 전 영역에서 발현된다.
- 창의성은 선천적인 요소가 강하기는 하지만, 일정 범위 내에서 후천적으로 가르칠 수 있다.
- 우리는 직관적으로 창의적인 사람과 그렇지 않은 사람을 구별할 수 있으며, 창의의 결과나 과정에도 질의 차이가 있다.

- 창의성은 ① 창의 관련 선행 경험 ② 내적 동기 중심의 창의적 성향 ③ 창의성의 작용을 조절할 수 있는 상위인지 기술 ④ 영역 구속적 지식과 일반적 지식을 포함하는 지식 기반 ⑤ 구체적인 창의적 사고 기술로 이루어진다(이영만, 2001).
- 창의성은 학습, 의사소통, 문제해결과 같은 교육 전반에 관련되는 일반 능력이지만, 교육 실천 과정에서는 각 교과별로 특색 있게 구현된다.
- 각 교과에서의 창의성 교육은 교과 내용과 창의성 관련 내용의 통합으로 이루어진다.

<교육과정에 관한 전제>

- 교육과정은 학교교육의 목표와 내용, 교수 - 학습 및 평가 방향, 교육 시스템의 운영 등에 관한 일반적인 표준을 제시한다.
- 우리의 연구 풍토에서 '교육과정'은 국가 수준 교육과정을 의미하는 경우가 많다.
- 교육과정은 개념을 담은 문서와 그 개념이 적용된/적용될 현상의 양면을 모두 포함한다.
- 교육과정 구성이란 각 교과에 관한 목표를 설정하고, 교과의 전제 체제를 설계하며, 학습할 내용을 선정 · 조직하고, 교재와 수업에 대하여 가이드라인을 제시하는 작업이다.
- 교육과정 구성은 교육에 관한 공동체의 철학과 요구를 반영하지만, 그것이 명시적으로 기술되지 않을 수도 있다.
- 각 교과 교육과정은 교과의 구조와 특성에 따라 다르게 구성된다.

<국어교육에 관한 전제>

- 국어과는 언어를 중심으로 하여 사고력과 문화 능력을 신장시키는 교과다(이삼형 외, 2001).
- 국어교육의 목표는 국어 능력 신장이며, 이때의 '국어 능력'은 국어에 관한 지식과 경험, 태도, 구체적인 수행 능력으로 이루어진다.
- 국어교육의 본체로서의 '국어'는 '한국어'라는 언어체를 매개로 이루어지는 일체의 심리적, 사회 · 문화적, 예술적 현상을 가리킨다.[1)]

- 국어 활동은 국어로 사고하고, 의사소통하며, 문화를 형성하는 의미 생산 활동이다.
- 국어 활동의 결과는 음성 텍스트와 문자 텍스트, 그리고 미디어 텍스트로 구현된다.
- 개별 언어 텍스트는 내용과 형식, 그리고 표현 면에서 고유성을 가진다.
- 언어 텍스트의 이해와 표현은 문화를 기반으로 한 사고 활동으로 이루어진다.
- 국어는 정보 처리와 저장, 발화자의 심리 표현, 정보 전달, 설득과 논증, 사람 사이의 관계 형성, 대상에 대한 심미적 형상화와 반응 등의 기능을 수행한다.
- 국어교육에서 말하는 창의성은 '국어적 창의성'이다.

Ⅱ. 국어교육 목표로서의 창의성

1. 국어 능력과 창의성

(1) 국어 활동은 본질적으로 창의적인 활동이다.

국어 활동은 국어로써 사고하고, 의사소통하며, 문화를 형성·발전시키는 활동이다. 그 과정은 이미 알고 있는 정보를 활용하여 새로운 정보를 생산해 내는 과정으로, 모든 사람들은 자기들이 주고받는 언어가 맥락에 적절하며(적절성의 격률) 무언가 새로운 방향으로 진행하고 있다고 생각한다(생산성의 격률). 완전한 동어 반복이 아닌 이상 사람들은 말을 주고받는 가운데 새로운 정보를 부가해 간다.[2)]

국어 활동이 본질적으로 창의적인 활동이라는 사실은, '언어의 창조성' 개념이 이미 오래 전에 정착된 데서도 알 수 있다. 사람들은 한

---

1) 이러한 관점을 취하기 때문에 이 글에서는 통상적으로 '언어'라고 쓸 만한 자리에서 '국어'라고 쓴 경우가 많이 있다.

2) 생산성의 격률에 따르면, 동어 반복이나 맥락에서 벗어난 말이라 할지라도 사람들은 그 말을 함으로써 무언가 이야기가 진행되었다고 생각한다. 그리고 새로이 부가된 정보가 명확하지 않으면 맥락과 의도를 고려하여 그것을 추리해 내려 한다.

번도 들어 본 적이 없는 발화를 이해하고, 또 유사 이래 한 번도 나타난 적이 없는 텍스트를 만들어 낸다.

다른 관점에서 보면, 언어 자체의 한계 때문에 국어 활동은 필연적으로 창의적일 수밖에 없기도 하다. 세계를 언어로써 완벽하게 전사할 수 없다면, 그러한 불완전성을 창의성으로 채워야만 비로소 세계를 이해할 수 있기 때문이다. 완벽한 기호 체계에서는 창의성이 필요 없다.

(2) 국어 능력과 창의성은 같지 않다.

국어를 잘하는 사람은 국어 능력이 뛰어나다고 말할 수 있다. 그러나 국어를 잘하려면 순수한 국어 능력뿐 아니라 보편적인 개인의 능력도 필요하다. 예를 들어 세계지식(world knowledge)이라든지 사교성, 개인적 필요와 같은 요소들은 국어를 잘하는 데 도움이 된다. 따라서 국어 능력은 국어를 잘하기 위한 필요조건일 뿐 충분조건은 아니다. 세계지식 같은 것들도 국어 능력에 포함시키면 될 것 같지만, 아무래도 국어 능력과 세계지식은 따로 생각해야 한다.

창의성도 마찬가지이다. 국어를 잘하는 사람, 국어 능력이 뛰어난 사람, 창의적인 사람 — 이렇게 셋을 늘어놓고 생각하면, 창의적인 사람이라고 해서 반드시 국어 능력이 뛰어나거나 국어를 잘한다고 얘기할 수 없다는 것을 알게 된다. 우리가 아는 수많은 창의적인 사람이 있지만, 그들이 모두 국어 능력이 뛰어난 것은 아니다.

(3) 그러므로 국어과에서의 창의성은 두 개념으로 사용해야 한다.

컴퓨터는 연산 속도와 저장 능력 면에서 인간의 뇌와 비교할 수 없이 탁월하다. 하지만 창의성이 없기 때문에 자연 언어를 그대로 처리하지 못하고 기계어로 번역해 줘야 한다. 인간이 "엄마, 물!"과 같은 간단한 문장을 해석할 때의 사고 작용을 보면, 창의성 없이는 국어 활동 자체가 이루어질 수 없다는 것을 알 수 있다. 이때의 창의성은 지능과 마찬가지로 국어 능력을 발휘할 수 있는 조건이 된다. 그리고 이 창의성은, 언어 능력(Language Competence)과 마찬가지로 인간에게 태생적이고 보편적인 속성이다.

다른 한편에는 국어 능력과 별도로 다룰 수 있는 창의성이 있다. 위대한 학자나 예술가, 정치가 등은 분명히 창의적인 인간이다. 이들의 창의성 역시 다분히 태생적일 가능성이 크지만, 보편적이라고 말하기는 어렵다. 하지만 '보통' 사람들도 그와 비슷한 창의성을 가지고 있으며, 우리는 그것을 느낄 수 있다. 이 창의성은 '속성'으로서의 창의성이라기보다 '재능'으로서의 창의성이라고 봐야 할 것 같다.

말하자면, 국어과에서의 창의성은 언어 자체 및 국어 활동을 위한 속성으로서의 창의성과(이것을 C1이라 하자.) 국어 활동의 구체적인 양상으로서의 창의성(이것은 C2가 된다.)으로 대별할 수 있다. C1은 창의성 교육의 전제가 되고 C2는 그 목표 혹은 내용이 된다. 마치 '언어로써 언어를' 교육하듯이, 국어과에서는 '창의성으로써 창의성을' 교육하며, 이 둘을 혼동하면 논의도 혼란스러워진다.

2. 국어적 창의성의 본질과 국어과 교육과정

(1) 교육의 필요 때문에 교과 창의성 개념이 필요하다.

학교에 '창의' 교과가 없는 이상 창의성은 일반 능력이면서도 교과를 통해 길러야 하는 것이 현실이다. 설사 '창의' 교과를 만든다 할지라도, 모든 창의적 활동은 내용을 기반으로 하기 때문에(contents based activity) 교과로부터 벗어날 수 없다. 이 말은, 일반 창의성뿐 아니라 각 교과의 창의성에 대한 검토가 필요하다는 것을 암시한다.

모든 교과는 자체의 교과 창의성을 상정할 수 있고, 또 그래야 한다. 수학적 창의성, 사회적 창의성, 음악적 창의성… 등이 모두 가능하다.[3] 물론 국어적 창의성도 가능하며, 그 요체는 국어 활동에서 찾을 수 있다.

(2) 국어적 창의성은 다른 교과의 창의성과 층위가 다르다.

문제는 국어 활동이 언어와 사고, 문화의 전 영역에 걸쳐 있다는 점이다. 국어적 창의성은 창의적인 언어, 창의적인 사고, 창의적인 문

3) 그것의 통합 여부는 또 다른 문제이다. 이 부분은 통합교과론에서 다룰 수 있다.

화를 모두 아울러야 한다. '아킬레우스와 거북'의 딜레마를 생각해 보자. 그 딜레마를 해결하는 것은 국어과의 영역인가 아닌가? 또는, 워쇼스키 형제가 <매트릭스> 프로젝트를 기획하고 만드는 것은? 영화의 시놉시스를 짜는 것은 국어 활동일 터이지만, <공각기동대>에서 <매트릭스>로 아이디어를 발전시키고 실제 영화와 애니메이션과 게임까지 만드는 것이 모두 국어 활동인가? 그렇다면, 국어 활동과 국어 활동 아닌 것을 분명히 구별할 수 있는가?

이처럼 국어 활동의 범주가 매우 모호하기 때문에, 국어적 창의성의 개념 범주도 모호해질 수밖에 없다. 국어적 창의성은 단순한 '창의적 표현'의 범주를 넘어서, 개념 조작을 바탕으로 한 수학적 증명이나 토론을 통한 사회 문제의 해결까지 폭넓은 영역에서 발휘된다. 즉, 국어적 창의성은 단일 교과의 창의성에 머물지 않는다. 이것은 국어과가 도구적 성격을 갖는 것과 같은 맥락이다.

(3) 국어적 창의성의 개념폭을 제한해야 한다.

이러한 광의의 개념은 국어적 창의성의 전체성을 보장하는 데는 도움이 되지만 그 특성을 보여주는 데는 불리하다. 특히 교과교육이라는 구체적인 장에서는 치명적인 약점이 된다.

그렇다면 국어적 창의성의 개념을 어디까지로 제한해야 할까? 이 글에서는 그 한계 범위를 '언어 텍스트의 이해와 표현 과정에 관련되는 창의성'으로 제한한다. 이때의 조건은 '언어 텍스트'와 '이해 및 표현 과정'이다. 곧, 국어적 창의성은 그 출발이나 도착 지점에 반드시 (결과로서의) 언어 텍스트가 있어야 하며, 그 발현 과정은 이해와 표현 과정이어야 한다.

유의할 점은, 여기서의 언어 텍스트는 음성 텍스트, 문자 텍스트, 그리고 미디어 텍스트를 모두 포괄한다는 점이다. 그래서 <매트릭스> 만들기는 국어적 창의성이 발현된 예가 되지만, 그것을 원 소스 마케팅(one-source marketing)으로 세계에 보급하는 전략은 국어적 창의성의 범주에서 벗어난다.

(4) 국어적 창의성 개념은 교육과정의 목표와 체제에 명시적으로,

내용과 방법에 암시적으로 끌어들여야 한다.

국어적 창의성을 '언어 텍스트를 이해하고 표현하는 과정에 관련되는 창의성'으로 본다면, '창의적인 이해와 표현 능력 신장'을 국어과의 주요 목표로 설정할 수 있다. 이는 '비판적인 이해와 표현 능력'과 짝을 이루며, 그 바탕에 '사실적인 이해와 표현 능력', '추론적인 이해와 표현 능력'이 자리 잡는다.

국어 능력의 핵심 요소인 국어수행능력을 이처럼 네 층위로 구조화하고, 그와 관련하여 음성언어, 문자언어, 매체언어로 영역을 구분하며, 나아가 '발화자 – 수화자 – 대상 – 텍스트 – 맥락'을 고려하여 텍스트 특성(장르)을 안배한 뒤에 그에 관한 지식과 경험, 태도를 덧붙이면 활동 중심 국어과 교육과정의 체계를 세울 수 있다. 또한, 국어과의 전체 체제 안에서 창의성이 어디에 자리 잡는지도 분명히 할 수 있다.[4]

그렇다고 해서 교육과정의 내용과 방법 항목에 창의성을 하나하나 언급할 필요는 없다. 창의성은 국어과의 철학과 목표, 체제 수준에서 명시적으로 제시하는 것으로 충분하다. 내용과 방법 면에서의 창의성 구현은 국가 수준 교육과정보다 하위의 심급에서 고려할 수 있다.

(5) 창의성 논의는 수렴에서 발산으로.

이처럼 창의성 개념을 좁힌 이유는 전적으로 국어교과의 성격을 분명히하기 위해서이다. 다만 목표와 체제 차원에서만 명시적으로 제시하고 내용과 방법 차원에서는 암시적으로 다루어야 한다고 한 이유는, 창의성 논의가 수렴에서 다시 발산으로 순환해야 한다고 보기 때문이다.

'표현과 이해'로 영역을 한정하면 분명히 국어과의 성격을 잘 드러낼 수 있다. 하지만 한편으로 국어과가 사고와 문화를 다룬다는 점을 흐리게 하는 문제가 생긴다. 결국 이해/표현 과정에서의 창의성은 창의적 사고와 창의적 문화 생산으로 연결되지 않으면 무의미해지는

4) 이것은 국어과 교육과정의 내용 체계를 세우는 작업으로 연결된다.

것이다. 그러므로 총론 부분이나 잠재적 교육과정 차원에서 이 부분을 분명히 짚어 줘야 한다.

3. 국어적 창의성의 모델

(1) 국어적 창의성은 표현을 통해 드러나며, 그 구체적인 양상은 텍스트와 활동이다.

국어과뿐 아니라, 모든 교과 교육의 성과는 표현으로 드러난다. 언어든 행동이든, 명시적이든 암시적이든, 그리고 단기적이든 장기적이든, 밖으로 표현되지 않는 변화는 의미 없는 변화이다. 국어과의 경우 이해 능력이 신장됐다는 것도 결국은 표현을 통해 간접적으로 확인할 뿐이다.

국어적 창의성의 표현은 두 가지로 살필 수 있다. 첫째는 결과로서의 표현(Expression=텍스트)이고, 둘째는 과정으로서의 표현(Express=활동)이다. 학생들에게 창의성 면에서 모범적인 텍스트를 보여주거나 창의적인 이해/표현 활동을 경험하게 하는 것이 국어적 창의성 계발을 위해 도움이 된다.

무엇을 창의적인 텍스트라고 하는가? 그 기준은 내용과 형식, 그리고 표현 면에서 판단할 수 있다. 내용이 창의적인 경우 우리는 거기에서 새로운 사실이나 견해를 본다. 형식이 창의적인 경우 우리는 새로운 양식과 기법을 느낄 수 있다. 그리고 표현이 창의적인 경우 우리는 언어의 재미와 아름다움을 느낀다. 소설에서 주제·구성·문체를 중요하게 여긴 까닭도 여기에 있고, 글쓰기에서 '내용 생성 – 내용 조직 – 표현'을 강조하는 이유도 여기에 있다.

창의적인 이해/표현 활동은 이처럼 결과로서의 텍스트를 통해 짐작할 수 있는 것이지만, 실제 이해/표현 과정을 통해서도 배울 수 있다. 지금까지 국어과에서 창의성 계발 프로그램으로 소개된 대다수의 활동들은 창의적 이해/표현의 모델을 보여주고 연습시키는 것들이다.

(2) 세 부류의 국어적 창의성이 뛰어난 인물을 모델로 삼을 수 있다.

창의적인 텍스트와 활동을 통해 학생들을 무엇으로 기를 것인가? 하는 물음을 제기할 수 있다. 그 답은 '창의적인 인간형'이다. 이상적인 언어 주체로서 창의적 인간을 상정하는 것은 교육의 방향을 정하는 데도 효과적일 뿐 아니라, 그 인간의 특성을 분석함으로써 구체적인 교육 내용을 추출하는 데도 도움이 된다.

역사적으로 볼 때, 국어적 창의성이 뛰어난 인물은 세 종류이다. 첫째는 창의적인 텍스트를 만들어 낸 사람, 둘째는 텍스트를 창의적으로 활용한 사람, 셋째는 국어에 대해 창의적인 사고를 한 사람이다.

이퇴계, 최제우 같은 사상가나 정철, 김소월 같은 문인들이 창의적 언어 주체라는 점은 이론의 여지가 없다. 그들은 내용과 구조, 표현 면에서 최고급의 텍스트를 생산했으며, 그 텍스트의 질은 창의성으로 보장된다. 학생들은 이들과, 이들이 남겨 놓은 텍스트를 전범으로 하여 창의성을 계발할 수 있다.

한편, 시 한 편으로 상대를 제압한 을지문덕과 최치원, 언어를 지배해서 권력을 강화한 김일성과 박정희 같은 인물들은 텍스트를 창의적으로 활용한 사람에 해당한다. 이들은 직접 텍스트를 생산하지 않았거나, 생산한 텍스트 자체로서 질을 보장받기 어렵다. 그러나 사회·정치적인 맥락과 대중들의 요구를 파악하여 적절하게 텍스트를 활용함으로써 텍스트가 원래 지니고 있던 가치를 증폭하는 재주를 가졌다. 황수관을 시초로 한 스타 강사들도 이 범주에 속하는데, 학생들에게 그들의 표현 전략을 비판적으로 분석하고 배우게 함으로써 창의성을 계발할 수 있다.

그에 비해 세종대왕이나 주시경 같은 인물은 창의적인 이해/표현과는 거리가 멀지만 국어 자체에 대해 창의적인 사고를 함으로써 창의성을 인정받을 수 있는 인물이다. 국어적 창의성이 없다면 그들은 결코 그러한 업적을 남기지 못했을 것이다.

학생들을 '작은 시인'이나 '작은 웅변가', 혹은 '작은 국어학자'로 만드는 것이 국어교육의 목표는 아니다. 그러나 그러한 인간형을 상정하고 그들의 사고와 행동 특성을 분석한다면 국어적 창의성 교육의 방향과 요소에 대해 많은 시사를 얻을 수 있다.

(3) 학생들에게 창의적인 이해/표현 과정을 보여줄 모델이 필요하다.

국어적 창의성의 계발을 위해서는 무엇보다도 창의적인 이해와 표현 과정을 학생들이 경험하게 해야 한다. 학생 스스로의 이해/표현 과정을 전범으로 삼기는 어려울 터, 역사적으로 공인된 창의적 인물이나 전문 교사가 이해/표현하는 과정을 모델로 하여 학생들이 응용·발전시킬 수 있도록 해야 한다.

이 과정에서 유용한 것은 글쓰기 과정의 기록이나 원텍스트에 대한 2차 텍스트다. 고전 문학 작품에서 여러 이본(異本)을 비교하거나 현대 문학 작품에서 퇴고 과정을 따라가는 활동은 창의적 텍스트가 생산되는 과정을 엿볼 수 있다는 점에서 효과가 있다. 비평문을 읽는 것 또한 텍스트 읽기의 초점과 방법을 배우는 좋은 방법이다.

그러나 무엇보다도 학생들에게 강한 영향을 주는 것은 교사의 창의적인 이해/표현 시범이다. 단순히 텍스트 의미를 재진술하거나 텍스트 분석에 머무는 것으로는 창의성을 계발하기 어렵다. 그런 점에서 교사 자신이 창의적인 언어 주체가 되는 일이야말로 창의성 교육의 시작이자 마지막이라고 할 수 있다.

Ⅲ. 국어교육 내용 및 방법으로서의 창의성

1. 국어적 창의성의 발현상

(1) 창의적 사고는 국어 활동의 기본 조건이다.

국어적 창의성이 발현되기 위해서는 당연히 창의적사고가 뒷받침되어야 한다. 국어과에서 창의적 사고의 작용 양상은 주체와 세계(지시 대상), 언어(기호), 맥락의 관계를 중심으로 살펴볼 수 있다.

우선, 주체 - 세계의 관계에서 창의적 사고는 언어라는 창을 통해 대상을 발견하고 그 의미를 해석하는 방식으로 작용한다. "내가 그의 이름을 불러 주었을 때/ 그는 나에게로 와서/ 꽃이 되었다"는 경험이 이 관계를 잘 보여준다. 우리는 새로운 사실이나 개념을 발견하면 거기에 이름을 붙이고, 그것을 다른 어휘들과의 관계망 속에 위치시키며, 그로부터 새로운 의미를 이끌어낸다. 창의적 사고가 없다면 새로운 단어도 문장도 없다.

한편, 주체 - 언어의 관계에서 창의적 사고는 자신의 심리를 미적으로 표현하고, 언어로부터 상황이나 인물, 정서를 상상하며, 비유나 상징과 같은 전의적(轉義的) 표현이나 운율적인 표현을 사용하여 참신한 효과를 주는 방식으로 작용한다. 문학 텍스트에서 이러한 창의성이 전형적으로 발휘되거니와, 일상의 언어 생활에서도 창의적 사고가 적용된 언어를 쉽게 찾아볼 수 있다.

주체 - 맥락의 관계에서 창의적 사고는 언어 맥락(화맥이나 문맥)과 상황 맥락, 그리고 문화 맥락을 활용하여 경제성의 격률을 실현하는 방향으로 작용한다. 생략이나 반어와 같은 수사법, 속담이나 일화, 클리셰(cliche) 등의 관용적인 표현이 효과를 얻으려면 주체를 맥락에 연결시켜 주는 창의적 사고가 필요하다. 이처럼 텍스트 이해와 표현 과정에서 맥락을 활용하기 위해서는 상위인지 기술이 필요한데, 그것은 의식적으로 학습하기보다는 경험을 통해 발달하는 경향이 강하다.

마지막으로 주체 - 주체의 관계에서 또한 창의적 사고가 작용한다. 독자 분석이 대표적인 사례이지만, 자아 성찰적인 표현에서도 창의적 사고는 활발하게 작용한다. 주체 사이의 대화가 얼마나 창의적으로 이루어지느냐에 따라 국어 활동의 창의성이 최종적으로 결정된다.

(2) 창의적인 의사소통은 국어 활동의 본체다.

창의적인 의사소통은 국어적 창의성이 중점적으로 발현되는 활동 영역이다. 그것은 정보가 흐르는 방향에 따라 이해와 표현으로, 매체 특성에 따라 음성 소통과 문자 소통, 미디어 소통으로 구분할 수 있으며, 이들 기본 요소가 동시에 작용하여 다양한 복합적 소통을 만들어 낸다. 이들의 관계망은 <그림 2-1-1>과 같이 도시할 수 있다.

	이 해	표 현	상호작용	
음성	듣기	말하기	대화	복 합 소 통
문자	읽기	쓰기	교신(交信)	
미디어	보기 (동영상, 웹페이지 등)	만들기 (홈페이지, Presentation 등)	양방향 소통 (채팅, 메신저, VOD 등)	
	복 합 소 통			

<그림 2-1-1: 의사소통의 다양한 양상>

무엇이 창의적 이해인가? 추론과 상상을 통해 텍스트가 직접 표상하는 정보 이상의 정보를 구성해 내는 것이 창의적 이해이다. 그렇다면, 창의적 표현은? 아직까지 한 번도 존재한 적이 없는 텍스트를 구성해 내는 것이 창의적 표현이다. 창의적 이해와 창의적 표현이 생산성의 격률을 지켜 가며 효과적으로 교대할 때 창의적 상호작용이 일어난다. "안녕하세요?"라는 물음에 "날씨 좋습니다."라고 대답하는 것조차 가장 단순한 형태의 창의적 상호작용이라 할 수 있다.

(3) 창의적인 문화 형성은 국어 활동의 궁극적 지향점이다.

우리는 국어 활동을 통해 문화를 형성하고 유지함으로써 창의성을 최종적으로 확인한다. 언어를 단순히 개인이나 집단 간의 의사소통 수단으로 활용하는 데 그치지 않고 역동적이고 개성 있는 문화를 만들어 내는 데까지 끌어올리는 것 자체가 창의적인 활동이거니와, 그 과정에서 끊임없이 작용하는 구심력(규범성)과 원심력(창조성)을 조절하는 것도 창의적인 활동이다.

국어 문화는 여러 수준의 방언(지역, 세대, 성(性), 직업 등)이나 각 공동체마다 독특하게 형성되는 담론과 같은 공시적 문화와, 시대를 거치면서 형성되고 변화해 가는 통시적 문화로 나눌 수 있다. 또는 일상의 생활 문화와 예술 문화로 구분하는 것도 가능하다. 창의성은 이 모든 영역에서 발휘되며, 특히 문학으로 대표되는 예술 문화는 국어적인 창의성이 일정한 양식으로 정착된 보기라 할 수 있다.

2. 창의성 중심의 교육과정 구성 방법

(1) 텍스트 중심 접근

국어적 창의성은 텍스트로 구체화되므로, 텍스트 중심으로 관련 요소를 반영하는 것이 정석이다. 1차 교육과정 이래 텍스트 유형(=문종/장르/담화 형식) 중심으로 교육과정과 교과서를 구성해 온 것도 그 때문이다.

텍스트 유형은 국어 활동의 목적과 관련되므로, 정보 처리와 저장, 발화자의 심리 표현, 정보 전달, 설득과 논증, 사람 사이의 관계 형성, 대상에 대한 심미적 형상화와 반응 등과 같은 국어의 기능을 고려하는 것이 효과적이다. 이들을 고려한 장르의 창의성을 탐색한다면 교육과정 내용이 한결 풍부해질 수 있다.

또한, 텍스트의 창의성을 내용과 구조, 표현 면에서 찾을 수 있다면 그것 중심으로 관련 요소를 반영하는 것 역시 정석이다. 내용의 창의성이 창의적 사고와 긴밀하게 연관된다면 구조와 표현의 창의성은 창의적 의사소통과 연관성이 높다(창의적 문화는 이들 모두의 바탕이 된다.).

예를 들어, 논증 텍스트에서의 창의성과 시 텍스트에서의 창의성을 비교해 보자. 전자는 창의적인 주장을 이끌어내는 것이 핵심이고 후자는 창의적인 발상과 표현으로 구조화하는 것이 핵심이다. 논증 텍스트의 경우 근거의 사실성과 추론의 논리성은 일견 창의성과 거리가 먼 듯이 보이지만, 문제의식과 주장이 창의적이지 않은 한 그러한 사실성과 논리성은 아무 의미도 지니지 못한다. 반대로, 시 텍스트의 경우 논리성과 거리가 먼 듯해도 텍스트 해석이 일단 전언적 의미의 해석에서 출발한다는 점을 고려하면 창의성만으로 해결할 수는 없다는 것을 알게 된다. 곧, 텍스트 유형에 따라 일정한 형식이 있다는 수렴성과, 텍스트마다 창의성의 발현 양상이 다르다는 발산성 사이의 균형 위에 교육과정을 구성해야 하는 것이다.

(2) 활동 중심 접근

활동 중심 교육관은 텍스트 중심 교육관에 대한 대안으로 학교 교육에 깊이 자리잡고 있다. 문제는 과정의 창의성이 결과의 창의성을 보장하는가 하는 점이다. 창의적인 활동이 반드시 창의적인 텍스트를 낳지는 않는다는 것이다. 특히 결과물이 확실한 예술 활동의 경우(음악이나 미술처럼), 창의적인 활동보다는 반복 연습과 시행착오를 거쳐 창의적인 텍스트를 낳는 경우가 많다.

그렇다면 표현 과정에서의 창의적 활동은 의미가 없는가? 그렇지는 않다. 창의적 활동의 과정을 경험하는 것은 교육 상황에서 특히 효과적이며, 학생들은 잘 조직된 창의 경험을 거쳐 점차 조직되지 않은(그러나 더 자유로운) 활동으로 나아가면서 창의성을 계발할 수 있다.

국어과 교육과정 구성에서 창의적 활동을 고려하려면 창의적 활동을 음소/자소에서 텍스트/화용에 이르는 언어 층위별로 분류하거나 문제 인식에서 대안 제시에 이르는 사고 과정별로 분류하여 조직해야 한다. 어휘력을 신장시키기 위한 다양한 아이디어들이나 내용 선정을 위한 여러 전략들이 그 예들이다.

또한, 국어적 창의성의 표현을 위해서는 '내용 생성 → 조직 → 표현 및 전달'과 같은 단계적 모형보다는, '발견과 생성 → 확장과 심화 → 대안 탐색 및 평가 → 적용 및 응용'과 같은 창의성 중심의 활동 초점이 있어야 한다. 그 다음에 발견과 생성을 위한 활동 전략, 확장과 심화를 위한 활동 전략…과 같은 식으로 상세화하면 된다.

(3) 창의성을 보장할 수 있는 교육과정 기술(記述)

'창의성 중심'이라 하여 모든 교육과정 항목에 '창의'를 넣는 것만큼 우매한 일도 없다. 교육과정 목표와 체제에 창의성을 명시적으로 기술하더라도, 실제 내용과 방법에서는 그렇게 하기 어렵다는 뜻이다. 그러므로 내용과 방법 항목의 기술에 창의성을 암시적으로 포함시킬 방법이 있어야 한다.

목표와 체제에 창의성을 명시하는 일은 선언적 기술로도 가능하기 때문에 별 문제가 안 된다. 7차 교육과정에서도(2007년의 새 교육과정에서도) 창의성은 중요한 교육 중점으로 나와 있다. 하지만, 실제적인 영역에서 어떻게 암시적으로 창의성을 보장할 것인가?

첫째, 교육과정 기술에서 사고와 언어, 문화의 관계를 긴밀하게 고려하면 된다. 특히 사고－언어의 관계는 본질상 창의성을 고려하지 않고는 설명하기 어렵기 때문에, 국어 활동의 다양한 국면에서 사고 요소를 필수적으로 언급하면 자연스럽게 창의 관련 요소를 반영할 수 있다. 언어 이해의 세 국면인 사실적 이해와 추론적 이해, 비판적 이해를 예로 들어 보더라도, 각각의 이해는 창의적 사고를 바탕으로 한다.

둘째, 텍스트 유형에 따른 특성과 그 변용 사례를 자료로 제시해 주면 된다. 각각의 텍스트 유형은 일종의 문화성을 반영하며 정형화되어 있지만, 그것을 그대로 적용한 자료는 거의 없다. 모든 텍스트는 많든 적든 창의성을 반영하고 있으며, 그것이 정형으로부터 어느 방향으로 얼마만큼 떨어져 있는지를 분석함으로써 창의성의 실제 발현상을 살필 수 있다. 텍스트의 단순한 나열이 아니라 창의성을 기준을 본 수렴과 발산이라는 관점에서 자료를 선정, 조직하는 관점이 필요하다.

셋째, 국어 활동의 구체적인 국면을 창의성 중심으로 예시하면 된다. 텍스트 이해든 표현이든, 국어 활동 과정에서 문제를 해결해 가는 모습은 창의성의 발현으로 재진술할 수 있다. 아이디어 생성 과정만 하더라도 브레인스토밍이나 마인드맵, PMI 등 다양한 기법을 쓰는데, 이들은 모두 창의적 사고 기법에서 끌어온 것들이다. 따라서 '읽기 전－읽는 중－읽은 후'라든지 '내용 이해－구조와 표현 이해－맥락 이해'와 같이 국어 활동을 분절하고 각각의 활동 방향을 암시함으로써 창의성을 효과적으로 담아 낼 수 있다.

결국, 교육과정 구성에서 창의성을 반영하기 위해서는 현재와 같은 내용 항목 중심의 교육과정 기술 방식을 '내용－이론－텍스트－과정(활동)－맥락'과 같은 복합적인 기술 방식으로 바꿀 필요가 있다. 그러면 교육과정 문서가 매우 복잡해지겠지만, 대신 해설서가 필요 없어진다.

3. 창의성 논의에서의 유의점

(1) 창의성을 보장하는 교재는 없다

열린 교재와 닫힌 교재를 구별하고, 열린 교재가 학생들의 창의성을 계발하는 데 도움이 된다고 말하면 크게 이의를 달 생각이 없다. 그러나 국어과에서 열린 교재의 구체적인 모습이 어떠해야 하는지에 대해서는 주목할 만한 견해가 없다. 단순히 교사와 학생들의 자율권을 보장하고, 발산적 질문을 많이 주며, 정답을 강요하지 않는 것이 열린 교재라고 말한다면 지나치게 소박한 견해다.

한편으로, 정부가 만들거나 검정한 다분히 교조적(?)인 교재와 교사 단체(전국국어교사모임이나 지역별 교과모임 등)가 만든 '살아 있는' 교재로 구분하는 것도 단순한 접근이다. 교사 단체가 개발한 교재는 '학생 중심/활동 중심'의 강박 관념이 너무 강한 나머지 '재미있게 수업은 했는데 뭘 배웠는지는 알지 못하는' 교재가 될 가능성이 크다. 그 과정에서 잠재적으로 국어 능력이 신장된다고 말할 수도 있겠지만, 학교라는 제도 교육은 그럴 만한 여유가 없다.

결론적으로, 창의성을 전적으로 보장하는 교재나 저해하는 교재는 없다. 있다면 교재를 창의적으로 활용하는/그렇지 못한 수업이 있을 뿐이다. 다만, 창의적인 수업으로 이끌기에 더 적절한 교재는 있을 수 있다. 그러나 톡톡 튀는 아이디어가 많이 담겨 있다고 해서 창의적인 수업이 이루어지는 것은 아니다. 창의적인 수업이 가장 잘되는 교재란, 손오공이 서역에서 가져왔던 무문경(無文經)처럼, 완전히 교사에게 맡겨 놓고 아무 것도 지시하지 않는 교재가 아니겠는가(물론, 어느 정도의 가이드라인은 있어야 할 것이다.).

(2) 문제는 교육의 운용 시스템이다

결국, 교재보다 더 중요한 것은 수업이다. 수업에서 창의성을 발현하려면 학생들의 사전지식과 경험을 효과적으로 이끌어내고, 창의를 자극하는 과제와 환경을 제공하며, 구체적인 창의 기술을 설명 · 시범보여야 한다.

이때 텍스트만을 고려하면 창의성을 발휘할 여지가 줄게 된다. 창의적 사고와 문화를 바탕으로 의사소통이 이루어지도록 주체와 텍스트, 맥락을 적절히 조직하는 것이 중요하다. 그러기 위해서는 교육과정에 창의성을 계발할 수 있는 수업 모형과 아이디어를 제공하고, 발산적인 질문과 활동을 충분히 실어야 한다. 수업에 관한 아이디어와 가이드라인을 제공하지 못하면 교육과정의 의의는 반감된다.

문제는 교육 시스템이 이러한 아이디어와 가이드라인이 제대로 작동하지 못하게 방해한다는 것이다. 정부와 단위 학교, 학교 경영진과 교사, 교사와 학생들 사이의 의사소통을 막고 창의적인 수업을 방해하는 시스템은 차라리 없는 것만 못하다. 그러나 현재의 교육과정은 시스템에 대한 의식조차 없다. 교육은 — 더 좁게 수업이라 해도 좋다 — 정책 수립자, 내용 제공자, 교육과정과 교재 편찬자, 교사, 학부모, 학생들이 시・공간의 물적 토대 위에서 하나의 목표를 위해 유기적으로 움직이는 시스템이다. 그러므로 교육과정은 이러한 시스템을 분석하고, 시스템의 구성 요소와 작용 방식을 설명하며, 시스템이 창의성 계발에 긍정적으로 작용할 수 있도록 원리와 아이디어를 제공해야 한다.

그런 점에서, 교육과정 구성에서 모든 것을 학습자 중심으로 기술한다는 고정 관념에서 벗어날 필요가 있다. 학생들은 교육의 존재 근거이기는 하지만, 전반적인 시스템 하에서는 하나의 구성 요소일 뿐이다(물론, 가장 중요한 요소이다.). 학생들의 창의성 계발이라는 목표를 달성하기 위해 어떤 교재를 제공하고 교사는 어떻게 움직이며 수업 점검은 어떻게 해야 하는지를 매뉴얼 수준까지 구체화해서 제공하는 것이 교육과정 담당자들이 해야 할 일이다.

(3) 국어과가 모든 것을 다할 수는 없다

창의성 발달에 영향을 끼치는 변인으로 흔히 내적 변인(인지 능력, 지식 기반, 경험, 창의 성향 등)과 외적 변인(환경, 교육 등)을 든다. 이들은 국어 능력이나 국어교육과 겹치는 부분도 있지만 그렇지 않은 부분도 많다. 또한, 창의성 계발은 각 교과 활동을 통해 이루어지지만 그 적용은 교과를 넘어서서 이루어진다. 단적으로, 국어과는 국어적 창의성을 계발하지만 학생들은 국어적 창의성이 아니라 그냥 '창의성'이 필요한 것이다.

우리나라 교육이 자주 빠지는 함정 중 하나가 망라주의이다. 백화점식 나열이라고도 하고, 섭렵에의 유혹이라고 말할 수도 있다. 간단히 말해서 '하나라도 빠뜨리는 것이 없어야 된다.'는 것이다. 나아가, 각 교과마다 '우리 교과를 통해 모든 것을 해결하겠다.'는 교과우선주의도 있는데, 이것 역시 망라주의와 그리 멀지 않다. 뭐든 하나를 하면, 그것으로 끝장을 보려고 한다.

여기서 이런 얘기를 하는 이유는, 학생들에게 필요한 것은 '국어적 창의성'이 아니라 '창의성'이고, 국어과가 창의성 계발에 관해 모든 짐을 질 수도 없고 질 필요도 없으며, '지금 여기'에서 창의성을 비약적으로 신장시키지 않아도 '언젠가 어디선가' 계발이 된다면 그것으로 족하다고 보기 때문이다. 국어과 내에서 시스템이 중요하듯이 교육 전체에서도 시스템이 중요하다. 국어과와 국어적 창의성은 그러한 시스템의 한 요소이다.

Ⅳ. 창의성 중심의 국어과 교육과정 개선 방안

1. 국어교육의 방향 차원에서

우선, 국어적 창의성이 창의적 사고와 창의적 의사소통, 그리고 창의적 문화로 발현된다는 점에서 시작해 보자. 그런데 창의적 사고는 그 자체로 발현되는 것이 아니라 사실적 사고, 추론적 사고, 비판적 사고와 통합적으로 발현된다(여기에 감상적 사고를 덧붙일 수도 있다.). 창의적 의사소통과 문화 역시 여러 국면에서 창의성과 연결된다. 따라서 창의성'만을' 위한 교육이 아니라 창의성'과 함께' 가는 교육이라는 관점을 가질 필요가 있다.

이번에는 (국어과)교육에서 창의성이 왜 필요한지에 대해 생각해 보자. 문제해결이나 표현을 위해서 창의성이 필요하다고 하면 다분히 기능적인 입장에 서 있는 것이다. 창의성은 생활이나 직업의 소양을 위해 필요할 수도 있고 학습이나 자아 성취를 위해서 필요할 수도 있다. 또는 즐거움이나 정서 이완을 위해 필요할 수도 있다. 창의성은 학생들의 삶 전반에 걸쳐 발현되며, 창의성이 영향을 끼치는 영역은 삶의 구석구석에 편재(遍在)한다. 따라서 창의성 교육은 학생들의 자아를 고양하고 삶의 질을 높인다는 관점에서 접근할 필요가 있다.

한편, 국어과에서 창의성이 텍스트와 활동으로 표현된다면, 창의적인 텍스트/활동이란 어떤 것일지 생각해 보자. 시 텍스트는 일상 텍스트에 비해 창의적이겠지만, 이상이나 김수영, 김춘수 등의 시처럼 (이들은 각기 다른 방식으로 난해시를 썼는데) '지나치게' 창의적이어서 소통 가능성을 스스로 줄인 텍스트는 어떻게 할 것인가? 활동 역시 마찬가지여서, 너무나 창의적이어서 기행(奇行)이라고나 해야 할 활동을 받아들일 것인가? — 이 부분에서, 창의성의 외연을 제한할 필요성이 생긴다. 개인 영역이나 특수한 상황이라면 문제가 다르지만, 공적인 교육 상황에서 창의성의 범주는 어느 정도 제한폭을 두는 것이 좋을 것 같다. 수용/적용 가능성이 창의성 판단에서 또 하나의 변수로 등장하는 것이다.

2. 교육과정 개선의 차원에서

이런 점을 고려하여, 국어과 교육과정을 창의성 중심으로 개선하려면 세 가지 작업을 해야 한다.

첫째는 국어과 목표와 내용 체계의 재구성이다. 6차 교육과정은 '언어 사용 - 언어 - 문학'의 국어 영역별로 목표를 기술하고 7차교육과정은 '지식 - 수행 기능 - 태도'의 행동 영역별로 기술했다. 2007년의 새 교육과정은 텍스트와 맥락 요소를 강조하였다. 이러한 기술들은 각기 장단점을 가지고 있어서 어느 것이 낫다고 얘기하기 어렵고, 그런 상황은 다른 어느 방식을 제시해도 역시 마찬가지다. 그렇지만 창의성을 중심으로 둔다면 국어 능력의 구조와 국어 활동의 양상을 고려하여 '사고 목표 - 의사소통 목표 - 국어 문화 목표'로 나누어 기술하는 것이 효과적이라고 생각한다. 지식, 수행 능력, 경험, 태도는 그 아래 다시 안배하면 될 터이다. 그러한 하위 범주에는 이것 외에도 매체 특성(음성·문자·미디어), 텍스트 유형(언어의 기능에 따른), 이해/표현 활동의 과정과 층위 등이 있지만, 그것들은 목표보다는 내용 체계에서 다루는 것이 합리적이다.

국어과 교육과정의 목표를 검토하는 데에 이처럼 많은 분류 기준을 적용할 수 있다는 것은, 국어과의 내용 체계를 입체적으로 구성해야 한다는 것을 뜻한다. 그동안 국어과 교육과정은 네 개의 틀 — ① 듣기·말하기·읽기·쓰기라는 국어 활동의 영역, ② 지식·기능·태도라는 행동 특성, ③ 정보·설득·친교·표현이라는 텍스트 유형(혹은 언어의 기능), 그리고 ④ 각 활동 영역별 과정이나 층위로 내용 체계를 구성했다. 이 정도만 해도 상당히 많은 분류 기준이어서, 굳이 이것을 더 상세화할 필요는 없다. 다만, 이 중에 목표로 옮길 수 있는 것(=행동 특성)은 목표로 옮기고, 내용 체계에는 순수하게 국어와 관련된 내용들만 남겨놓는 것이 효과적일 것이다. 그것은 결국 내용과 구조, 표현에 관련되는 내용들이다.

둘째는 내용과 방법 항목의 재구성이다. 현재는 내용은 내용대로 기술하고 방법(교수-학습 및 평가)은 방법대로 기술하다 보니, 내용과 방법이 유기적으로 연결되지 못하고 특히 방법 부분이 추상적인 기술에 그치는 문제가 발생했다. 따라서 내용과 방법을 통합하여(자료와 상황, 요구 수준도 포함하여) 기술하는 방안을 생각해 볼 필요가 있다. 아울러, 내용 항목을 앞서 본 목표 및 내용 체계와 관련지어 창의성이 발현될 수 있도록 다시 짜야 한다.

셋째는 이들 작업의 기초가 될 국어적 창의성의 외연과 내포를 정하고 하위 범주를 분류하는 일이다. 국어적 창의성을 이해와 표현으로 대별하는 것은 너무 큰 분류이고, '발견과 생성 - 확장과 심화 - 대안 탐색 및 평가 - 적용 및 응용'이라는 과정/층위로 분류하는 것은 아직 임의적이다. 문학 텍스트에서의 창의성과 다른 영역에서의 창의성도 구별해 줄 필요가 있고, 인지와 정의에서의 창의성도 마찬가지다. 곧, 창의성을 단지 선언적인 수준에서 도입하는 것이 아니라 국어과교육의 중요한 축으로 삼고자 한다면, 국어적 창의성의 개념을 분석하는 데 더 노력을 기울여야 한다.

3. 교육과정 실천의 차원에서

대체로 '교육과정'이라고 하면 국가 수준 문서로서 이해한다. 조금 더 나가면 교육청이나 학교 단위의 교육과정을 논의하는 데서 멈춘다. 하지만 교육과정 실천은 교실에서 이루어지므로, 창의성 계발을 위한 교실 수업 개선이라는 관점에서 교육과정에 접근해야 한다.

지금까지 창의성과 수업을 연결한 논의들은 대체로 재미있는 수업 아이디어 차원에서 창의 기법을 소개하는 데 초점을 두었다. 국어과의 경우에도 수많은 창의 기법을 설명하고, 그것을 적용하여 학습지를 만들고, 학생들의 '창의적인' 반응을 소개하는 데서 그친 보고서들이 많았다. 그러나 현장에서 만든 수업 보조 자료라면 몰라도, 교육과정 구성과 관련하여 창의성을 논의하면서 그런 수준에 멈추는 것은 문제가 있다. 창의성 중심의 국어과 교육과정을 실천하기 위해서는 교육과정 개발자와 교사 자신이 창의적이 되어야 한다.

나아가, 창의성 중심 교육과정에 대한 교과적 접근과 통합적 접근에 대한 고려가 필요하다. 수업은 교과 중심으로 이루어지지만, 창의성은 태생적으로 일반 능력에 속할 가능성이 크다. 더욱이 학생들이 창의성을 발현하는 장면에 가면 교과성보다는 통합성이 더 중요할 것이다. 그러므로 국어적 창의성이 창의성 일반으로 환원/투사될 수 있는 기제를 고려하여 교육과정을 구성해야 한다.

앞에서 창의성은 국어과 교육과정의 내용과 방법 항목에서는 암시적으로 다루는 것이 나을 거라고 하였다. 그러나 그 상태에서 그치면 '창의적이지 않은' 교사는 결코 진술 뒤에 숨어 있는 의도를 읽어 내지 못한다(혹은 않는다). 따라서 몇몇 항목을 뽑아서 시범적인 교수-학습 지도(Instructional Curriculum Map)를 보여주는 것도 효과적일 것이다.

V. 국어과 교육과정에서 창의성의 자리 찾기

이 글의 취지는 교육과정 개선 작업에서 학생들의 창의성을 계발하고 사회 전체의 창의 문화를 고양하기 위해 국어과에서 고려할 점을 짚어 보자는 데 있다. 그와 관련하여 전문가의 견해를 종합하고, 공동 사고를 통해 문제를 해결해 가자는 것이다. 교육과정 개편이나 수업 개선의 구체적인 국면을 짚지는 못하더라도 국어교육과 창의성의 관련에 대하여 암묵적인 합의가 있어야 한다.

Torrance(1989)가 얘기했듯이, 진정으로 창의적인 것은 가르칠 수 없다. 그렇다고 해서 창의성이 가르치지 않아도 저절로 생기는 것은 아니다. 창의성 자체는 스스로 발견하고 스스로 훈련함으로써 결과적으로 얻어지는 창발적인 결과물(emergent product)인 것이다. 특히 종합적 통찰력으로서의 창의성은 21세기에 더욱 필요한 덕목이 될 것이다. 국어적 창의성이 중요한 것은 그것이 바로 통찰력으로 이어지기 때문이다.

인지과학, 유전자 공학, 사회생물학 등의 발달과 함께 과거에 후천적 요인이 강하다고 여겨졌던 많은 행동 특성들이 선천적인 것으로 밝혀지고 있다. 게놈 프로젝트는 어쩌면 구조기능론과 갈등론에 입각한 근대 교육의 종언으로 이어질지도 모른다. 하지만 그 와중에서도 유전자의 지배역(支配域)을 넘어서는 인간 발달의 가능역(可能域)을 가능한 한 넓히는 것이 교육자의 소명일 것이다. '창의성'은 아마 그 어름 어디쯤에 있지 않을까.

제 2 장
국어과 교육과정 설계의 절차와 원리

Ⅰ. 국어과 교육과정 논의의 기초

국어과교육[1]의 존재 양식과 구현 양상은 교육과정과 밀접하게 연관된다. 특히 한국과 같은 중앙집권적이고 단선적인 교육 제도 하에서 교육과정은 교과교육을 거의 전적으로 지배하며, 국어교육 또한 예외는 아니다. 따라서 교육과정의 구조를 밝히는 일은 교육과정뿐 아니라 실제 국어교육 자체의 구조를 밝히는 작업이 된다.

다른 교과와 마찬가지로 국어과 교육과정의 구조는 두 영역을 포괄한다. 첫째는 교육과정 개발과 관련되는 설계(design)의 영역이고, 둘째는 교육과정의 실천과 관련되는 작동(engineering)의 영역이다(이경섭, 1990:133-134). G.A.Bauchamp에 의하면 교육과정의 '설계'는 각급 학교교육을 통해서 발전해 나가도록 정리·배열해 놓은 목표나 내용의 실체와 그 조직을 의미한다. 국어교육의 관련 변인들을 분류하고 선택하는 의사결정 작업과 그 결과물이 여기에 속한다. 반면 교육과정의 '작동'은 교실에서 교육과정 체제가 기능을 수행해 나가는 데 관계되는 모든 과정을 의미한다. 예컨대 국어에 대한 연구 성과가 교육의 장으로 이환되기 위해서는 그 과정을 제어하는 기제가 있어야 하는데, 교육과정이 그 역할을 담당할 수 있다. 이때 교육과정은 국어 연구와 국어교육의 통로를 유지하기 위해서 작동하고 있는 것이다. 국어교육의 기획과 운영, 적용과 관련되는 제반 원리 및 방법들이 이 영역에 속한다. 이렇게 교육과정의 구조를 설계와 작동의 양면으로

1) 이 글에서 '국어과'는 학교에서 제도적으로 이루어지는 교과로서의 국어교육을 강조하여 가리킨다.

나누는 것은 교육과정을 선언적인 문서로 고착시키지 않고 교수-학습 활동과 엄밀하게 대응하는 역동적 구조로 보는 시각을 반영한다.

국어과 교육과정의 구조를 밝히기 위해서도 역시 두 방향에서의 접근이 필요하다. 첫째 설계와 관련된 접근, 둘째 작동과 관련된 접근으로, 이 글에서는 그 중 교육과정 설계의 절차와 그때의 고려 사항들에 대해 중점적으로 다루고자 한다. 물론 국어과 교육과정에서 설계와 작동을 나누어 고찰한다 해서, 그들이 독립적으로 국어교육에 나타나는 것은 아니다. 차체와 엔진과 바퀴 등으로 구성된 자동차가 제 기능을 다하기 위해서는 운전자와 도로와 교통 법규가 있어야 하듯이, 교육과정의 설계와 작동이 원활하게 통합될 때 국어교육 본래의 의미가 살아나게 된다. 따라서 이 글에서 다루지 못한 국어과 교육과정의 작동 구조에 대해서도 세밀한 분석이 이어져야 할 것이다.[2)]

국어과 교육과정의 구조는 국어교육의 구조와 일치한다. 이 말은 교육과정이 곧 국어교육 그 자체라는 뜻이 아니라, 교육과정의 구조가 실제 국어교육의 구조를 추상한다는 뜻이다. 곧 교육과정은 현상태로서의 국어교육을 이념태의 차원에서 개념화하고 분류해서 조직화한 것이라 할 수 있다. 그렇다면 교육과정 설계와 관련되는 국어교육의 구조는 어떤가.

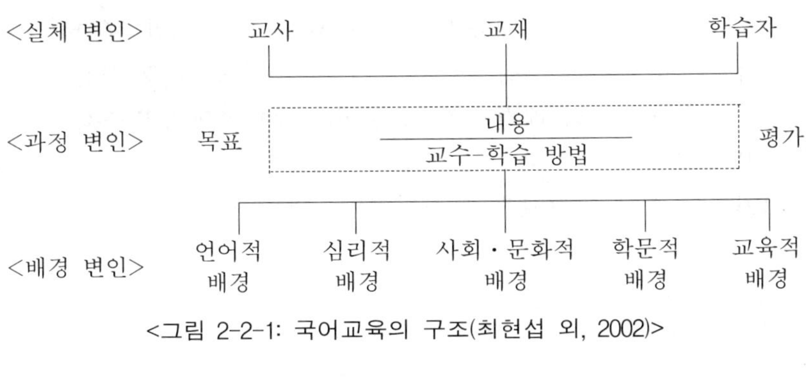

<그림 2-2-1: 국어교육의 구조(최현섭 외, 2002)>

2) 이 부분에 관해서는 정혜승(2002) 참조.

<그림 2-2-1>에서 간략하게 도시한 대로, 국어교육의 설계상 구조는 실체 변인, 과정 변인, 배경 변인의 상호작용으로 나타난다. 이들 중 어느 한 요소를 과도하게 강조하거나(특히 교사 변인과 내용 변인을 과장하는 경우가 많은데) 누락시킨다면 온전한 국어교육이 수행되기 어렵다. 그러므로 교육과정 설계는 이들 제 변인들을 포괄적으로 규정하고 관계 지어야 하며, 이와 관련된 물음에 대답할 수 있는 준거를 미리 마련해야 한다. 곧 어떤 맥락 속에서 누가 누구에게 어떤 의도를 가지고 어떤 원리 하에 무엇을 가르치는가에 대한 구조적 사고의 결과가 교육과정으로 나타난다고 할 때(이성호, 1986:24), 설계 과정에서부터 이러한 변인들을 충분히 고려해야 하는 것이다. '성격-목표-내용-방법-평가'의 단계를 따르는 일반적인 교육과정 구성 방식은 이 중 과정 변인에 주안점을 둔 것으로 이해된다.

그러나 국어과 교육과정을 설계하면서 상기의 12개 하위 변인을 모두 별도 항목으로 세우기에는 기술적인 어려움이 따른다. 각 변인들의 관계가 긴밀하게 얽매여 있는데다, 결과물을 눈에 보이게 드러내기가 쉽지 않기 때문이다. 이 글에서는 교육과정 설계자가 가장 확실하게 장악할 수 있는 과정 변인을 중심으로 해서, 실체 변인과 배경 변인을 고려하여 교육과정에 접근하고자 한다. 구체적인 접근 방법은 ① 목표와 관련된 국어교육의 목적과 목표(→Why?) ② 내용, 교재와 관련된 국어교육의 내용과 교재(→What?) ③ 방법, 평가와 관련된 국어교육의 과정과 방법(→How?) ④ 교사, 학습자 및 배경 변인들과 관련된 국어교육의 배경과 인적 변인(→Who?)으로 범주화하는 것이다. 범주화하는 다른 방법도 있을 수 있으나, 각 변인들 간의 관계를 고려하고 실제 효용도를 높이려면 이 방법이 적절하다고 본다.

Ⅱ. 국어과 교육과정의 목적과 목표

1. 목적과 목표의 층위

목적과 목표의 개념에 대해서는 여러 가지 견해가 있어서 둘의 차이점을 간단히 밝히기가 어렵다. 일반적으로 목적-목표의 관계는 상위 개념-하위 개념의 관계로 이해되기도 하고, 궁극적 도달점-중간 경유점으로 이해되기도 한다. 그러나 이럴 경우 둘 사이의 변별성은 단지 정도의 문제에 그칠 뿐 본질적인 차이는 없다는 문제가 생긴다. 곧 '최종 목표=목적'이고 '중간 목표=목표'라는 동어 반복에 그칠 우려가 있는 것이다. 그러므로 국어교육의 목적과 목표를 얘기하기 위해서는 교육철학적인 고려가 선행해야 한다.

이와 관련하여 아이즈너는 aims와 goals와 objectives의 구분을 제안한다. 그에 의하면 aims란 교육에 대하여 어떤 그룹이 갖고 있는 가치관을 밝히는 일반적인 선언 비슷한 것이다. 거기에는 한 지역사회나 그룹이 갖고 있는 가치관과 방향성이 나타나 있다. 그에 비해 goals는 aims와 objectives의 중간에 위치하는 의도를 선언하는 것으로, 어떤 과목이나 프로그램에 따르는 지향점을 기술한 것이다. 이것은 예상되는 결과에 중점을 두며, 교육과정 설계자에게 교육과정의 내용을 선택하는 기초를 제공한다. objectives는 교육을 받은 후에 학생이 어떤 능력을 갖게 될 수 있는지를 구체적으로 밝히는 것이다. 출발점과 도달점에서의 행동 차이를 명료하게 드러내는 것이 objectives의 특징이며, 이들의 관계는 A(aims)에서 G(goals)가 도출되고 G에서 O(objectives)가 도출되는 것으로 이해된다(Eisner, 1991:170-171).

교육과정의 시각에서 볼 때 A와 G, O를 세밀하게 구분하는 것은 매우 유용한 방법이다. 그러나 그가 세 개념을 구분하기 위해 동원한 기준은 질적인 차원과 양적인 차원에서 혼란을 드러내고 있다. 먼저 A/G와 O 사이에는 의도·계획·지향점과 행동·결과·변화라는 질적인 차이가 존재한다. 전자가 추상적이고 철학적인 문제를 제기한다면 후자는 구체적이고 공학적인 문제를 제기한다. 곧 질적인 차원에서는 A와 G를 구분할 근거가 희박한 셈이다. G를 별도로 정의하지 못하고 A와 O의 중간으로 설명한 사정도 이를 반영한다.

한편, A·G·O 사이에는 양적인 차이, 곧 범위와 수준의 차이도 존재한다. A는 국어교육 일반의 범위에서, G는 보다 좁은 국어교과의 범위에서, 그리고 O는 구체적인 국어 제재의 교수-학습 과정에서 적용되는 것이다. 범위가 좁아지면서 수준은 깊어진다. 이 때문에 이들을 동일한 기준으로 구분하기보다는 A와 G를 하나로 묶어서 '목적'이라 하고 O를 '목표'로 부르는 방법이 일반화되어 있다. 그에 의하면 국어교육을 수행하는 근거나 이유 혹은 중요성이 목적이고, 국어 수업을 통해 학습자가 도달해야 할 상태 혹은 도달한 상태가 목표이다(이대규, 1990). 곧 목적이 '왜 국어교육을 해야 하는가?'라는 본질적 질문에 대한 답이라면 목표는 '국어교육을 통해서 무엇을 얼마나 달성해야 하는가?'라는 구체적 질문에 대한 답이 되고, 전자가 행위를 정당화하는 근거라면 후자는 행위가 지향하는 대상이 되는 것이다(김호권, 1992:29). 교과로서의 국어과는 목적과 목표의 양면을 포괄하게 된다.

따라서 국어교육의 장에서 목적과 목표를 논하기 위해서는 목적과 목표의 질적 차이와 양적 차이를 함께 아우를 수 있는 시각이 요구된다. 이를 목적과 목표의 층위 개념으로 볼 수 있는데, 일반적인 모형은 <그림 2-2-2>와 같다.

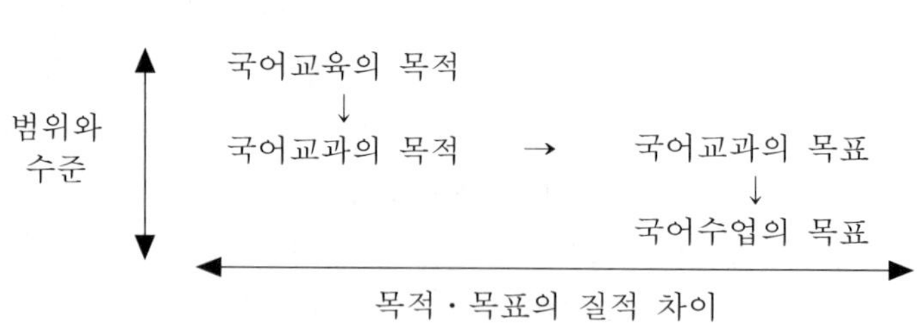

<그림 2-2-2: 국어교육 목적과 목표의 층위>

이 모형에서 알 수 있듯이 가장 본질적인 것은 국어교육의 목적이고, 가장 구체적인 것은 국어 수업의 목표이다. '교육 → 교과 → 수업'으로 이어지며 구체화되는 과정을 따라 목적과 목표가 질적 차이를 보이면서 계기적으로 유도돼 나오는 것이 국어교육 목적과 목표의 층위이다. 따라서 국어교육의 교육과정은 이 본질적 차원에서 구체적 차원에 이르는 일련의 계층적 구조를 담보해 낼 수 있어야 한다.

여기서 오해가 없어야 할 점은 '국어과 교육과정은 국어교육 목적·목표의 계층적 구조를 담보해야 한다.'는 명제가 꼭 문서화된 교육과정에서 국어교육(Korean language education) 수준의 일반적인 목적을 진술해야 한다는 뜻은 아니라는 점이다. 이 명제는 국어와 국어교육에 대한 당대의 합의가 교육과정 구성에 전제가 되고, 그로부터 교육과정의 목적·목표가 구안되어야 한다는 뜻이다. 마찬가지로 교육과정에서 국어 수업(teaching Korean language) 수준의 구체적 목표를 드러내려고 애쓰기보다는, 수업으로 실제화될 수 있는 교육과정 목표를 설정하도록 하는 것이 중요하다.

2. 목표 설정과 상세화

교육과정의 목적과 목표는 국어교육의 방향과 수준, 방법을 포괄적으로 지배하는 기본 요소로서 국어교육의 출발점이자 도달점이 된다. 교육과정에서 국어교육을 다루기 위해서는 국어란 무엇인가, 국어는 가르칠 수 있는가, 국어는 가르칠 만한 가치와 가르쳐야 될 필요가 있는 것인가, 국어의 어떤 점을 얼마만큼 어떤 경로로 가르쳐야 하는가에 대한 집단적 합의가 있어야 하는데, 이와 관련되는 작업이 목적의 결정 과정이다. 이 과정은 전-교육과정(pre-curriculum) 단계와 교육과정-내(in-curriculum) 단계로 엄밀하게 구분된다.

전-교육과정 단계는 국어교육에 철학적 근거를 제공하는 단계로서, 교육과정 구성의 전제가 되기는 하지만 교육과정 전면에 드러나지는 않는다. '국어교육의 목적' 층위가 여기에 해당되며, 대체로 국어의 개념 및 본질과 교육 가능성에 대한 합의는 이 단계에서 이루어지는 것으로 본다. 교육과정-내 단계에 이르러 비로소 국어교육의 목적에 대한 구체적인 천착이 이루어지며, 그 결과는 '~하기 때문에/위해서 국어를 교육해야 한다'는 진술로 나타난다.

국어과 교육과정의 목적은 국어교육을 바라보는 관점에 따라 다르게 설정될 수 있는데 크게 ① 인간 중심 국어교육관 ② 공동체 중심 국어교육관 ③ 언어 중심 국어교육관 ④ 문화 중심 국어교육관 ⑤ 학문 중심 국어교육관으로 나누어 살필 수 있다. 이러한 관점의 차이는 교육간여집단(교육학자, 교육행정가, 국어연구자, 국어교육학자, 교사, 학습자, 지역사회 등)이 전-교육과정 단계에서 국어와 국어교육의 본질에 대해 어떠한 사고를 하는가에 따라 나타난다.[3)]

①의 입장에 서면 학습자의 인지·정의적, 사회적 경험과 능력을 중시하는 목적이 설정된다. '학습자의 세계관을 확충하기 위해서(혹은 학습자의 세계관을 확충하기 위해서는 국어교육이 가장 효과적이기 때문에)'라든지 '학습자의 언어적 사고력을 발달시키기 위해서(혹은 학습자의 사고력을 발달시키기 위해서는 국어교육이 가장 효과적이기 때문에)' 같은 목적 진술이 이 관점에 서는 것들이다. ②는 국어를 사용하고 전승해 온 언어공동체의 이념과 기능을 중시하는 것으로, '언어를 통한 사회 통합'과 같은 목적 진술이 그 예가 된다. 한편, ③은 국어 자체의 구조와 언어적 소통에 대한 이해를 바탕으로 한 학습자의 언어사용능력, 혹은 언어 기능을 중시하는 입장이고, ④는 문화주의의 관점에서 국어의 역사성, 국어 소통의 관습, 국어 문화 자료의 가치, 국어 이데올로기 등을 중시하는 관점이다. 그리고 ⑤는 국어를 지식의 구조로 보거나 국어·국문학의 연구 대상으로 보는 관점에 선다. 이러한 각각의 관점에 따라 교육과정의 목적이 달라지는 것이다.

목적에 대한 합의가 이루어지면 그로부터 목표를 상세화하는 작업이 이어진다. 곽병선은 교육 목표 결정 모형을 요구 분석 모형, 미래

3) 교육과정 개발 단계에서 교육간여집단의 참여를 보장하기 위해 전국적인 위원회 조직과 법적·재정적 지원이 필요하나, 그에 대해서는 별도의 논의가 필요하다. 이경섭(1986:157-195) 참조.

주의 모형, 합리적 모형, 훈련 모형, 부분적 개선 모형의 다섯으로 분류하고 있는데,4) 그 중 국어교육의 장에서 유용하게 적용될 수 있는 모형은 요구 분석 모형과 합리적 모형이다.

요구 분석 모형은 국어교육과 관련되는 요구들을 확인하고 그것들의 우선 순위를 결정하기 위하여 사용될 수 있다. 여기서의 '요구'란 교육간여집단이 설정한 이상적인 학습자의 상태(기대 수준)와 현재 관찰된 학습자의 상태(현수준) 사이의 차이를 의미한다. 국어교육의 영역별로 두 상태 사이에 얼마나 차이가 나느냐에 따라, 중요한 항목이지만 요구가 덜할 수도 있고 덜 중요한 항목이면서 요구가 강할 수도 있다. 이 중요성과 요구의 강도를 고려하여 교육의 우선 순위를 결정하는 작업이 요구분석 과정이며 그것은 '잠정적 목표의 진술 → 목표에 대한 우선권 결정 → 선택된 목표들에 대한 학습자의 성취 수락 여부 결정 → 중요한 목표들의 실천 계획화'의 단계로 이루어진다.5)

합리적 모형은 타일러와 굿래드의 이론을 기반으로 하며, 가치로부터 목적의 선정, 목적으로부터 목표의 선정, 목표로부터 활동의 선정이라는 일련의 과정을 포함한다. 그러나 이 과정에는 경험적 자료가 요구되는데, 그 자료원으로 학습자에 대한 연구, 사회와 지역사회에 대한 연구, 그리고 교과 전문가의 견해를 참조할 수 있다. 따라서 그 과정은 '교육 목적의 선정 → 목적을 목표로 다듬음(학습자/사회적 조건/교과 전문가를 고려하여) → 교육 목표로부터의 학습 활동 선정'의 단계로 이루어진다. 요구 분석 모형이 학습자의 성취 수락 여부에 전적으로 기대고 있는 데 비해, 합리적 모형은 보다 유의미한 자료원을 강조한다는 점에서 설득력을 지니나, 방법의 엄밀함에 있어서는 요구 분석 모형에 비해 떨어진다. 또한 '목적 → 목표 → 활동'의 과정을 단

4) 곽병선(1983:299-317). 이하 요구 분석 모형과 합리적 모형에 대한 설명도 여기에 의거했다. 여기서 곽병선은 교육 목적의 결정 모형을 분석하고 있으나, 실제로는 교육과정의 목표를 다루고 있다. 따라서 그가 '목적'이라고 한 부분을 필자가 임으로 '목표'로 바꾸어서 쓰기로 한다.

5) 요구 분석, 혹은 요구 사정(needs assessment)의 자세한 절차와 방법에 대해서는 이성호(1986) 참조.

일선상에 위치시킴으로써 목표를 명료하게 드러내지 못할 가능성을 안고 있다.

그에 비해 Pratt는 교육 목적이 교육 목표로 구체화 되는 과정을 '교육과정 목적 구명 → 목적 분석 → 목표 구체화 → 유형별 분류 → 중요성 판단 → 기준 부합 여부 검토 → 목표 확정'의 단계로 도식화해서 보여주고 있다. 요구 분석 모형과 유사한 이 모형은 목적과 목표의 층위 개념을 담보해 내면서 교육과정 내에서의 목적-목표의 회로를 일관되게 보여주고 있다. 이들 세 이론틀의 장점은 <그림 2-2-3>과 같이 결합될 수 있을 것이다.

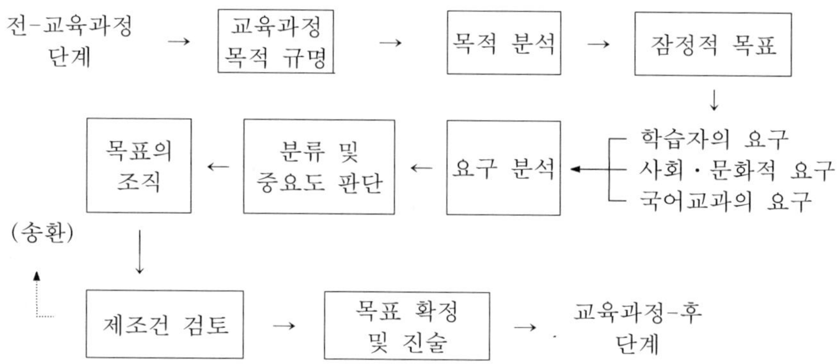

<그림 2-2-3: 교육과정 목표의 설정 과정>

결국 교육과정의 목적과 목표는 '국어교육' 수준의 전-교육과정 단계에서 투입된 조건이 '국어 수업' 수준의 교육과정-후 단계로 산출되는 순환적인 회로를 이루게 된다. 여기서 순환적이라고 말한 이유는 어느 단계에서든 송환(feedback)이 가능하기 때문이다. 특히 목표 확정을 위해 제 조건을 검토하는 단계에서 집중적인 송환이 이루어지는데, 그때 검토해야 할 사항으로 목표들의 통합성(coherence)과 위계성(hierarchy), 그리고 계열성(sequence)을 들 수 있다. 통합성이란 목표들이 내적으로 의미있고 응축된 관계를 이루는 것을 가리키고 위계성이란 상위 목표와 하위 목표가 상호 규정하면서 분절되는 현상

을 가리키며 계열성이란 선행 목표와 후행 목표의 단계적 발달을 가리킨다. 조직된 목표가 이들 조건을 만족시키지 못하면 바로 전 단계나 혹은 맨 처음 단계로 송환되어야 한다.

목표 상세화의 마지막 작업은 목표를 기술하는 일로서, 여기에서는 기술의 수준이 문제가 된다. 교육과정에서 목표를 어느 정도까지 상세화하는가, 예를 들어 읽기 영역이라고 하면 읽기의 일반적인 활동까지만 기술할 것인가 아니면 문종별 활동을 구별해서 기술할 것인가, 혹은 인지과정적 접근을 취할 경우 이해·표현 과정의 어느 단계까지 교육과정에서 드러낼 것인가의 질문이 기술 수준과 관련하여 제기될 수 있다. 지나치게 추상적이거나 구체적인 기술이 모두 약점을 드러낼 수밖에 없겠으나, 교육의 통합성과 개방성을 확보할 수 있는 수준에서의 기술이 요구된다.

목표 기술에서 고려해야 할 점은 간결하고(concise), 명료하며(clear), 정확하고(correct), 구체적인(concrete) 동시에, 개방적(unclosed)이어야 한다는 5C의 원칙이다. 이는 세밀한 목표 기술만이 국어교육의 실천 방향을 제시하면서 균질성과 역동성을 보장할 수 있기 때문이다. 특히 경험중심의 교육관에서 목표의 구체성은 두드러지게 강조된다.[6)]

물론 구체적 행동 목표 설정의 맹점도 여러 차례 지적되었다. 아이즈너는 이러한 목표 기술이 어쩔 수 없이 드러내는 논리적 표현의 한계성, 목표 평가시의 기준의 적용과 판결의 혼동, 논리적 목표 설정 과정의 한계를 지적했고(Eisner, 1991:150-153), 또 이 방법이 외현적 징후 혹은 과정에만 집중한다는 점과 목표가 어느 정도나 구체적으로 세분될 수 있는가 하는 점, 그리고 지나치게 폐쇄적인 접근의 문제 및 양적 수준과 질적 판단의 문제에 관한 질문도 제기되었다(이성호, 1986:199-201). 그러나 엄밀한 조건과 전제 아래 목표가 기술될 때 교육과정이 본래의 기능을 다할 수 있다는 사실은 변함이 없다.

---

6) Deno & Jenkins 같은 경우 목표 기술에 활용되는 동사의 구체성을 1에서 5까지 등급화하기까지 한다. 이경섭(1986:224-228) 참조.

Ⅲ. 국어과 교육과정의 내용 선정과 조직

1. 국어교육 내용의 성격

교육과정의 내용이란 학생들이 공부하여 그들 자신의 것이 되도록 성취할 수 있는 지식, 창의적·비판적 사고, 신체 기능, 생활 습관, 정서적 안정, 체력 등 일체의 학습 대상이 되는 실체(지식과 경험)를 말한다(곽병선, 1983:53). 학습자가 무엇에 대해 배운다거나 교사가 무엇에 대해 가르친다고 할 때의 '무엇'에 해당하는 것이 내용이다. 내용은 가르칠 만한 가치가 있고 가르칠 수 있는 것으로 선택되고 조직되어 교과의 형태로 제시된다. 그런 점에서 국어과 교육과정의 내용은 국어에 의해 엄밀히 규정되기는 하지만 현상으로서의 국어 자체는 아니다.

교육과정의 목표에 대해 이야기하면서 암시했듯이 목표와 내용은 밀접한 상관 관계를 가진다. 통상 목표가 내용으로 전개되는 형식을 띠기는 하지만, 목표와 내용의 관계가 '목표 → 내용'의 일방적인 관계로 규정되지만은 않는다. 본질을 따진다면 국어교육보다 먼저 국어 현상이 있고, 그에 기반을 두어 교육과정이 개발되는 것이기 때문이다. 목표는 현상으로서의 국어가 교육내용으로서의 국어로 이환되는 데 체의 역할을 하는 것이며, 따라서 목표와 내용은 상호 규정하는 순환 관계로 이해하는 것이 옳다.

국어교육의 내용과 방법의 관계에 대해서도 마찬가지의 사고가 가능하다. 한때 엄밀한 교육공학적 모델에 의한 교수-학습 방법을 적용하면 내용은 어떻든지간에 효과적인 교육이 이루어지리라고 믿었던 적도 있었다. 소위 교사의 '실력'이라는 것은 가르치는 기술에서 나온다는 것이다. 이는 내용과는 무관하게 교수-학습 방법에 의해 교육의 질이 보장된다는 가설을 받아들이는 것으로, 교육학과 졸업생이 부전공으로 몇몇 필수 과목을 이수하고 교과 담당 교사로 나가는 현상으로 나타난다.

반대로, 방법과 무관한 내용을 은연중에 강조하는 경우도 있다. 교사는 국어 지식만 풍부하면 효과적으로 가르칠 수 있다는 가설로, 국어교육과와 국어국문학가 거의 동일하게 강좌를 운영하거나 국어국문학과 졸업생이 소정의 교직 과정을 이수하고 교사로 나서는 현상으로 나타난다. 이러한 관점은 모두 국어교육에서 '국어'와 '교육'을 분리하여 단순하게 '국어교육=국어+교육'으로 보는 관점으로서, 국어라는 내용 변인과 교육이라는 방법 변인이 내적·질적 특성에 따라 유기적으로 결합해서 국어교육 자체의 의미를 발생시킨다는 점을 간과한 결과이다(구인환 외, 2001).

그러나 국어교육에서 내용과 방법은 분리하여 사고할 수 있는 것이 아니다. 설명문을 가르칠 때의 방법과 소설을 가르칠 때의 방법이 명백히 다르듯이, 내용이 방법을 규정하고 동시에 방법이 내용의 특성을 드러내는 상호 규정의 관계인 것이다. 국어과 교육과정 설계의 기초를 이루는 3요소, 곧 목표와 내용과 방법은 분리될 수 없이 상호 규정하는 순환적 관계를 이루며, 따라서 그냥 '내용'이라 할 때에도 그 용어에는 '교수-학습 방법을 염두에 둔 내용'이라는 의미가 내함된다는 점을 인식해야 한다. 이 관계는 <그림 2-2-4>와 같이 나타나며, 이는 결국 앞서 본 국어교육의 세 기본 요소 중 '과정 변인'을 반영하게 된다.

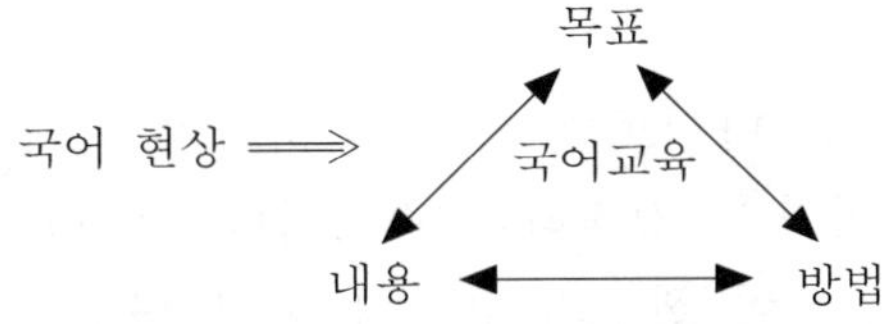

<그림 2-2-4: 국어과 교육과정 설계의 기본 구조>

국어교육의 내용이 어떤 양태로 드러나는가에 대해서는 한 마디로 재단하기가 어렵다. 만일 우리가 교육을 단순히 지식과 그것을 탐구하는 방법을 전수하는 것에 국한하지 않고 인간 가치의 계속적인 재

형성 과정으로 그 차원을 높이겠다고 한다면, 교육의 내용이 되는 학습 내용은 인간 삶의 모든 중요한 요소들을 포괄할 수 있어야 할 것이다(곽병선, 1983:55). 따라서 국어교육 내용도 국어의 현현 양상에 따라 지식의 구조로 드러날 수도 있고 국어적 사고 및 경험으로 드러날 수도 있으며 혹은 기능 및 활동으로, 국어 표현 및 이해 등으로 다양하게 드러나게 된다. 목적과 마찬가지로 국어교육의 내용도 국어교육관에 의해 결정되는 것이다. 그러나 어느 경우에도 중요하게 고려해야 할 점은 국어의 본질과 학습자의 특성이다.

2. 내용 선정의 원리

내용 선정과 관련된 의사 결정은 여러 수준에서 이루어진다. 국가와 교육 관료, 교육 이론가, 국어교육 전문가와 교사, 학부모 및 학생과 지역사회, 국어국문학 연구자 등이 그것으로, 국어교육이 제도교육의 틀 안에 들어올 때 이들 교육간여집단이 상호 간섭하면서 내용 선정 과정을 지배하게 된다. 그 과정에서 상호 권한의 배분 문제가 필연적으로 대두되는데, 어느 집단의 권한이 지배적으로 행사되는가에 따라 선정 결과가 달라질 수 있다. 우리나라의 경우 대체로 국가·사회적 요구가 중시된 반면 지역사회와 교육 수요자의 요구는 경시된 경향이 있고, 국어교육 전문가의 역할은 미미했다. 다양한 수준에서 다양한 통로를 통해 내용이 선정·조직되는 절차가 있어야 한다.

내용 선정이란 한 마디로 '목표를 달성하기 위해 학생들에게 가르쳐야 될 것이 무엇인지' 결정하는 과정이다. 국어교육은 국어 현상에 기초하고 있지만, 국어 현상의 요구와 국어교육적 요구가 반드시 일치한다고는 볼 수 없다. 예를 들어 문학은 일반 국어 현상에서의 비중보다 더 강조되고, 컴퓨터와 인터넷 쪽은 그 반대다. 따라서 국어 현상에 1 대 1로 대응하는 내용보다는 도달점에서의 학습자의 행동 특성을 상정하고 출발점과 도달점 사이의 낙차(=요구)를 줄일 수 있는 내용이 선정되어야 한다. 이 과정이 내용 선정과 관련된 요구 사정이다.

국어교육 내용 선정을 위한 요구 사정의 준거로는 학문적 요구, 심리적 요구, 사회적 요구, 교육적 요구, 학습 가능성의 문제, 개방성, 전이성, 그리고 유용성을 들 수 있다. 학문적 요구는 국어 이론과 연구 결과에 비추어 내용의 타당성을 검증하는 일이고 심리적 요구는 학습자의 인지·정의적 특성과 발달 정도에 비추어 내용의 적절성을 검증하는 일이다. 사회적 요구는 국어교육의 기저를 이루는 공동체의 보편적 패러다임에 비추어 내용의 적합성을 검증하는 일이며 교육적 요구는 교육의 목적과 상위 교육과정 및 인접 교과의 교육과정에 비추어 내용의 정합성을 검증하는 일이다. 또 학습 가능성은 추상적인 내용이 실제 교수-학습의 장에 얼마나 원활하게 투입될 수 있는지를 묻고, 개방성은 내용들이 국어교육을 폐쇄된 체계로 한정할 가능성은 없는지 묻는다. 나아가 전이성은 국어교육의 내용들이 고도로 선별되고 조직된 것이기 때문에 교육과정에 명시되지 않은 잠재적인 국어교육의 과정을 이끌 수 있어야 한다는 관점에서 적용되고, 유용성은 교육과정에 담긴 내용들이 학습자를 국어 현상에 효과적으로 동조시킬 수 있어야 한다는 관점에서 적용된다. 국어교육은 그 자체로 끝나는 것이 아니라 국어 현상이라는 거시적인 구조 속에 포함되기 때문이다.

내용 선정 과정에서 교육과정 입안자들은 여러 가지 선택을 해야 한다. 선택은 전적으로 국어교육을 무엇으로 보느냐에 의해 결정되는데 그와 관련한 변수들 중 중요한 것을 몇 가지 들어 보자.

먼저, 국어교육의 내용을 결과 중심으로 선정하느냐 과정 중심으로 선정하느냐의 차이가 있다. 전자에 서면 구조화된 지식의 전수가 주안점이 되고 후자에 서면 국어적 사고와 의사소통 능력의 계발에 중점이 놓인다. 결과 중심 교육관에 대한 비판이 많이 거론되지만, 국어교육에서 지식을 전적으로 배제할 수는 없는 법이다. 둘째, 개인 중심의 내용 선정과 공동체 중심의 내용 선정 방식이 있을 수 있다. 이는 국어의 기능과 관계되는 것으로, 학습자, 국가·사회, 교과의 역학 관계에 의해 규정된다. 셋째, 분석적 접근과 통합적 접근의 차이가 있다. 전자에 서면 구체성과 향도성(嚮導性)이 강조되고 후자에 서면 개방성과 자율성이 강조된다. 이는 나아가서 내용 선정의 수준 문제까지 제기하는데, 전자는 미시적 수준에서, 후자는 거시적 수준에서 내용을 선정하도록 유도한다.

3. 내용 조직의 원리

교육과정에서 내용은 개별적으로 교사와 학습자에게 주어지는 것이 아니라 하나의 통합된 조직체로서 주어져야 한다. 선정된 내용 중에는 보다 중요한 것도 있고 덜 중요한 것도 있으며, 먼저 학습해야 할 것과 나중에 학습해야 할 것들이 섞여 있다. 또, 보다 상위의 내용과 보다 하위의 내용이 있을 수도 있다. 여기서 내용의 조직화 문제가 대두되는데, 조직된 내용은 국어교육의 구조를 반영할 뿐만 아니라 국어교육의 과정을 지시하기도 한다는 점에서 교육과정의 중추를 이루게 된다. 사실상 좁은 의미에서의 교육과정이란 교육현장에서 가르쳐져야 할 내용을 체계적으로 제시한 것, 곧 교수요목을 가리키기도 하는 것이다.7) 내용에 기초해서 그것을 실체화한 교재가 짜여지고 교재 중심으로 교수-학습이 이루어지므로, 내용의 조직화는 국어교육 자체의 방향을 결정하는 작업이라 할 수 있다.

교육의 내용을 조직한다는 것은 첫째 한 단위 교육 활동의 목표를 논리적으로 세분하는 일과 둘째 주어진 목표들을 달성하는 데 필요한 방법적 기술의 동원이 가능하도록 하는 일을 포함한다(김호권, 1992:31). 따라서 내용의 조직 과정에는 몇 가지 원리와 유의점이 적용되는데, 먼저 계열성을 들 수 있다. 계열성이란 선행 학습 내용과 후행 학습 내용이 하나의 일관된 계선(sequence)을 이루어 체계적으로 제시되어야 한다는 뜻이다. 예를 들어 국어 사전을 활용하려면 먼저 표준 어휘를 인지하고, 각 단어의 기본형을 이해하며, 한글 자모의 순

---

7) 한국의 교육과정이 미군정기의 교수요목에서 출발했고 정부 수립 이후에도 그 틀을 유지하고 있음은 잘 알려져 있다.

서를 알아야 한다. 표현법에서 '직유 → 은유나 환유 · 제유 → 상징'의 순차적 제시도 마찬가지이다. 이 계열성은 초등학교 → 중학교 → 고등학교의 학교급 간에 특히 고려되어야 하지만, 학년 · 학기 간이나 과목 · 영역 간의 소계열도 도외시할 수 없다.

둘째는 응집성, 혹은 통합성이다. 이는 교육과정의 내용이 전체적인 시각에서 하나의 완결되고 자족적인 체계일 뿐만 아니라 목적과 목표의 관점에서 응축되어 있어야 한다는 뜻이다. 교육과정은 목표가 포괄하지 않는 내용이나 목표 지향적이지 않은 내용은 물론 체계에서 이탈되는 내용의 선정을 불허한다. 나아가 내용들의 조직은 분명한 지향점을 향해 일관되게 이루어져야 하는 것이다.

셋째는 위계성이다. 계열성이 선행/후행 개념에 입각한 원칙인 데 비해 위계성은 상위/하위 개념에 의존한다. 문학에서 향가 · 경기체가 · 속요 · 시조 등이 시가 문학으로 추상되고 말하기에서 각 음소의 발음이 국어의 발음 체계로 체계화 되려면, 혹은 글의 종류를 설명 · 논설적인 글(expository text)과 문학적인 글(creative text)로 분류하려면 '하위 내용 → 상위 내용'의 상향식 접근이나 '상위 내용 → 하위 내용'의 하향식 접근을 원칙으로 삼아 내용이 조직되어야 한다. 또 위계성은 학교급 간에도 나타난다. 학교 현실을 고려할 때 초 · 중 · 고 간에 완벽하게 계열적인 조직이 이루어지기 어려운 부분이 있으므로, 학교 급별로 어느 정도 완결된 내용 체계들이 다시 초 · 중 · 고별로 위계를 이루고, 그럼으로써 국어교육의 전체적인 교육과정이 완성되는 것이다.

넷째는 유용성의 원리로, 이는 국어교육의 내용이 국어 현상, 혹은 학습자의 언어 활동에 어느 정도 직접 투입될 수 있는지를 물으면서 동시에 실제 교수-학습 과정에서의 활용의 용이성까지도 고려하는 원리이다. 교육 내용 자체가 중요한 것이 아니라 교육 행위와 그 교육 결과의 활용이 중요한 것이다.

국어교육 내용의 조직과 관련하여 자주 거론되는 것이 영역 구분의 문제이다. 여기에는 ① 국어교육을 하나의 장(field)으로 놓고 내용을 조직하는 방법과 몇 개의 하위 영역을 설정하여 영역 내의 기준에 의해 내용을 조직한 후 그 영역들을 통합하는 방법 사이의 문제, 곧 꼭 영역을 구분해서 접근해야 하는가의 문제와 ② 영역별 접근의 효용성이 인정돼서 실제 영역을 구분한다 할 때 어떤 기준에 의해 어떻게 나누어야 하는가의 문제가 놓인다.

영역을 꼭 나누어야 하는가(이는 교과 구분의 문제와도 상당 부분 유사하다.)에 대해서는 통합적인 관점과 분절적인 관점이 가능하나, 전통적으로 분절적인 관점이 채택되어 왔다. 그러나 이러한 경향은 단지 기술의 편의를 위한 감이 없지 않으며, 반드시 이상적이라고 말할 근거는 없다. 학습자의 국어 경험의 통합적 성격을 생각할 때, 국어교육이 분절적으로 이루어지는 데 대한 반성도 가능하다. 학습자의 인지적·정서적 반응의 양상을 일관되게 추적함으로써 통합적인 내용 조직이 이루어질 수 있다.

만일 영역을 나누어 조직할 경우 그 기준은 무엇인가. 전통적인 방법은 듣기·말하기·읽기·쓰기를 중심으로 한 장르적 접근이었다. 곧 국어교육을 화법·독서·작문 교육의 결합으로 본 것이다. 이 경우 국어지식(문법) 부분과 문학을 어떻게 처리할 것인지 문제가 되고, 그에 따라 3분법에서 6분법까지 다양한 영역 구분 방법이 존재한다.[8] 거기에 더해서 매체언어를 국어과에 끌어들일 경우 영역 구분은 더욱 어려워질 수 있다.

Ⅳ. 국어과 교육과정의 과정과 방법

1. 과정 및 방법 설계의 전제

교육의 방법이란 교육 목표를 달성하기 위하여 온갖 수단들을 동원하고 조직하여 전개하는 원리와 기술을 총칭하는 개념이다(김호권

8) 국어과 교육과정에서 영역을 구분하는 방법에 대해서는 최현섭 외(2002) 참조.

외, 1992:31). 그런 점에서 국어과 교육과정 전개에서의 최상위 규준은 목표라 할 수 있다. 이때 목표는 형식적으로는 교육공동체의 합의에 의해 결정되지만, 실제로는 국어 현상의 본질과 국어 학습자의 특성으로부터 도출되는 것이다. 곧 국어과 교육과정의 방법은 언어 텍스트 및 그것을 다루는 학습자의 특성을 최우선으로 고려해야 하는 것이다. 목표 지향적인 국어교육은 그러한 요구 사항을 만족시킬 때 비로소 가능하게 된다.

여기서 국어교육 방법의 주요 결정인이 학습자의 언어 경험과 언어적 사고력, 그리고 가치와 태도 부분임일 알 수 있다. 국어교육은 결국 국어에 관한 학습자의 기존 능력을 활용하여 총괄적인 국어 능력을 신장시키는 데 목적이 있기 때문이다. 이때 '국어교육이 존립 기반으로 삼고 그 자체가 목적이 되는' 것은 국어 능력이다.

국어 능력의 신장이라는 관점에서 교육과정에 접근하기 위해서는 그것을 몇 가지 범주로 나누어 보는 것이 유용하다. 최종 목표를 몇 개의 하위 목표로 범주화하고 각각의 구체적 목표 달성을 위한 방법을 모색, 제공함으로써 교육과정의 효용성을 높일 수 있기 때문이다. 예를 들어 국어 능력을 크게 봐서 지식·기능·태도·경험으로 나눌 수도 있고, 조금 더 구체적으로 배경지식 활용 능력, 내용 선정 및 조직 능력, 정보의 확인 및 재조직 능력, 평가와 감상 능력, 소통 채널 확보 및 유지 능력과 같은 식으로 나눌 수도 있다. 7차 교육과정에서는 지식, 수행, 가치와 태도로 국어 능력을 이해한바,[9] 그에 따라 방법 부분에서도 '국어 지식 확충을 위한 수업', '의사소통능력 신장을

9) 7차 교육과정의 국어과 '목표'에 그러한 관점이 담겨 있다.

가. 언어 활동과 언어와 문학에 대한 기본적인 지식을 익혀, 이를 다양한 국어 사용 상황에 활용하는 능력을 기른다.(→국어 능력의 지식 측면) 나. 정확하고 효과적인 국어 사용의 원리와 작용 양상을 익혀, 다양한 유형의 국어 자료를 비판적으로 이해하고 사상과 정서를 창의적으로 표현하는 능력을 기른다.(→국어 능력의 수행 측면) 다. 국어 세계에 흥미를 가지고 언어 현상을 계속적으로 탐구하여, 국어의 발전과 국어 문화 창조에 이바지하려는 태도를 기른다.(→국어 능력의 가치와 태도 측면)

위한 수업', '가치관 함양을 위한 수업' 등의 항목을 설정할 수 있다. 그러나 국어과 교육과정을 이런 방식으로 설계하는 것은 범주화의 기준이 지나치게 포괄적이고 인지적 영역과 정의적 영역이 분리된 것으로 해석될 소지가 있다는 점에서 그리 유의미하게 보이지는 않는다.

한편, 교육과정 설계는 몇백만의 학생들에게 소요되는 프로그램의 목적·내용·범위와 같은 넓은 범위의 결정으로부터 구체적인 국어의 교육과정에 있어서의 배열 문제를 다루는 작은 결정, 또는 교사나 한 클래스나 한 학생을 위한 특별한 계획을 세우는 것까지를 모두 포함한다(Eisner, 1991:57). 그 중 교수-학습 실시 계획은 과정과 방법 설계의 최종 단계가 된다.

가장 일반적인 교수-학습 계획 단위는 연간 계획이나 학기별 계획과 같은 시간 순서에 따른 단위이다. 그러나 시간 순서에 따른 계획 단위는 교육과정이 상당히 전개되고 교재로 구체화된 이후에 필요한 것으로, 국어과 교육과정 자체가 이에 대한 세부 지침을 담을 필요는 없을 것 같다. 그보다는 학교급과 학년에 따라, 수업의 양적·질적 단위에 따라 층위별로 몇 가지 범주를 설정하고 계획을 수립하도록 하는 것이 효과적이다. 예컨대 적용 범위별로 대집단 수업·소집단 수업·개별화 수업·지역화 수업·자력 학습·가정학습·실습 프로그램 등으로 범주화하거나, 주안점을 어디에 두느냐에 따라 사고력 신장 계획, 의사소통능력 신장 계획, 국어적 문화화 계획 등으로 범주화하는 계획이 가능하다. 또 설명문·논설문·시·소설과 같은 장르별로 교수-학습 계획을 세울 수도 있다.

2. 수업모형의 개발과 적용 가능성

지금까지의 국어과 교육과정을 살펴볼 때 국어교육을 위한 수업모형의 개발·적용은 그리 정교하게 이루어지지 않은 듯하다. Glaser와 Bloom의 이론에 바탕을 두고 교수-학습 절차를 '목표-진단-교수·학습-평가'로 단계화한 뒤 교수-학습을 다시 '감수-반응-가치화-조직화-성격화'로 세분한 정동화 외(1991)의 모형이나, 역시 Glaser의 모델을 바탕으로 하되 성격화(characterization)가 특히 강조되는 국어교육의 특성을 감안하여 '평가' 단계 이후에 '내면화' 단계를 설정, '계획-진단-지도-평가-내면화'로 변형한 구인환 외(2001)의 모형이 있지만, 실제 설계된 교육과정에 그러한 모형 의식이 반영된 흔적은 찾기 어렵다. 이러한 현상은 국어과 교육과정 연구의 천박함에 일차적인 이유가 있겠으나, 보다 근본적으로는 국어 수업에 어떤 일관된 모형을 적용하기가 그만큼 어렵다는 사실을 보여주는 것이기도 하다.

사실상 현재로서는 실제의 국어 수업 사태에 정교한 교수-학습 모형이 필요한가에 대한 합의조차 이루어지지 않은 상태다. 독서 경험 위주의 자유방임적인 교수 방법에 대한 비판 못지않게, 엄밀한 교육공학적 교수-학습 이론에 대한 반발감도 국어교육 일반에 널리 퍼져 있다. 물론 국어교육이 자율성과 개방성을 추구하지만, 그 또한 의도적이고 체계적인 교육의 장에 편입된 이상 교수-학습 이론 자체를 거부할 수는 없다. 이론 자체보다는 그러한 이론에 입각한 기계적인 방법론이 국어교육을 위축시킬 가능성을 거부해야 하는데, 조심스러운 수업모형의 개발과 적용으로 그러한 위험을 피할 수 있다.

목표와 내용, 텍스트, 그리고 학습자 특성에 적합한 수업모형을 제안하는 것은 국어과 교육과정의 핵심적인 기능으로, 그를 위해서 다양한 교수-학습 이론을 점검해 볼 필요가 있다. 이와 관련하여 Joyce & Weil(1989)은 20여 가지의 수업모형 중 대표적인 것을 골라 크게 네 가지, 즉 사고력 신장을 위한 정보처리 모형, 정의적 발달을 위한 개인적 모형, 협동적 학습을 위한 사회적 모형, 그리고 행동 변화를 위한 행동주의 체제 모형으로 묶어서 제시한 바 있다. 한편 Miller도 정의적 교육을 강조하는 입장에서 정의적 수업 모형을 17가지로 정리한 뒤 특색에 따라 다시 발달심리학적 모형, 자아 개념 모형, 감수성 및 집단 모형, 의식 확장 모형으로 분류해서 제시했는데(곽병선, 1991:343-344), 그중 Rogers의 자기 주도 모형과 Gordon의 창조적 문제 해결 모형은 Joyce & Weil의 분류에서도 다루어진 것이다. 이들의 공통점은 교과의 목적과 특성에 비추어 수업모형을 분류한 것으로, 교과 교육과정 설계의 기본 전제를 잘 반영하고 있다.10)

수업을 모형화한다는 것은 사실 살아있는 유기체를 박제하는 것만큼이나 무리가 많이 생기는 일이다. 모형화하는 순간 수업의 수많은 변인들은 그 자리에 얼어붙고, 생동감있는 활동들은 그림으로 고정된다. 각기 다른 개성을 가진 수업들이 이론서의 틀 안으로 움츠러드는 것이다. 그럼에도 불구하고 수업모형을 운위하는 이유는, 그것이 현실 수업을 설계하고 분석하는 틀이자 수업의 이상형을 구체화하는 징검다리 역할을 하기 때문이다. 수업이 쌓여서 모형을 만들고, 모형이 다시 수업으로 수렴한다.

3. 국어 평가의 준거

국어과 교육과정에서 평가의 위치는 국어교육을 어떻게 보느냐에 따라 달라진다. 일반적으로 특정 교과의 교육과정은 '목표의 상세화 → 학습 경험의 선정과 조직 → 수업 설계와 실천 → 학습 성과의 평가' 순으로 전개되는 것으로 보고(김호권 외, 1992:120), 교육과정 설계도 그러한 순서를 염두에 두고 이루어진다. 그러나 국어교육에서 국어 능력의 신장과 가치의 내면화 및 국어 문화의 확충을 중시한다면 평가는 최종´단계가 될 수 없고, 학교에서의 총괄평가도 형성평가 정도의 의의만을 지니게 된다. 곧 '목표-내용-교수 · 학습 방법-평가'의 폐쇄적 순환 구조가 아니라 '목표-내용-방법'이 국어 현상으로 지속적으로 투사되는 개방 회로의 성격을 띠게 되는 것이다. 이는 진단, 비교 및 성취도 판단과 함께 교육과정 수정과 요구에 대한 예측을 평가의 주요 기능으로 보는 견해에도 부합한다(Eisner, 1983:237). 그들의 관계는 <그림 2-2-5>와 같을 것이다.

따라서 국어 평가는 단지 텍스트의 이해와 표현 능력만을 평가하

10) 김창원 외(2005)에서는 국어과 수업모형을 사고 · 의사소통 · 문화 영역으로 나누어 그들을 지식 증진 모형 · 정서 및 태도 함양 모형 · 기능 숙달 모형으로 범주화한 뒤, 주체 · 텍스트 · 컨텍스트를 고려하여 구체화하고 있다.

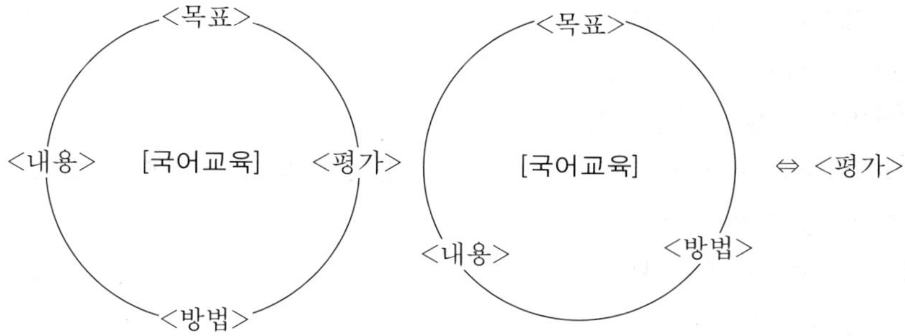

폐쇄 회로 개방 회로

<그림 2-2-5: 국어과 교육과정에서 평가의 위치>

는 것이 아니라, 국어 능력과 국어 현상의 제 국면, 곧 국어적인 사고력, 언어사용능력, 문화적 소통 맥락을 활용하는 능력, 국어 활동에 적극적으로 참여하는 태도 등을 총체적으로 평가하도록 하여야 한다. 물론 그러한 입장을 견지하더라도 실제 평가의 준거를 세우고 평가 계획을 수립하기 위해서는 많은 난제들을 풀어야 한다.

국어 평가와 관련하여 국어 능력의 총체적인 평가가 과연 가능한가 하는 물음이 있을 수 있다. 이와 관련해서는 환원적 방법이 능률성과 실용성의 측면에서 손쉽게 취할 수 있는 대안이 될 것이다. 어휘량이 증가하면 언어사용능력이 신장되었다고 예단할 수 있듯이, 국어 능력의 하위 능력이 신장되면 총체적인 국어 능력이 신장되었다고 해석하는 것이다. 그렇다면 국어과 교육과정은 국어 능력을 하위의 평가 요소로서 환원할 준거와 방법을 제시해야 한다.

Ⅴ. 국어과 교육과정의 배경과 인적 변인

1. 국어 수업 사태의 구조

국어과 교육과정 설계를 위해서는 국어 수업의 구조와 과정에 대한 사전 이해 또는 합의가 필요하다. 특히 국가 수준의 공식적인 교육과정이라면 공식적인 수업 상황, 곧 매우 한정되고 계획된 교사·교재·학습자·교실을 전제로 하기 때문에 그러한 이해와 합의가 필수적이다. 실제 교실에서 교사와 학습자가 어떻게 상호 의사소통을 하고 교재는 어떻게 다루어지는지, 평가는 어떻게 이루어지고 그 결과는 어떻게 활용되는지에 대한 진단과 처방, 제안이 담겨 있는 것이 교육과정이기 때문이다.

다른 교과와 대비되는 국어 수업의 독특한 구조는 국어 텍스트와 그것을 다루는 인간 행위의 고유한 특성에서 찾을 수 있다. 모의/간접 경험을 통한 정보 획득이나 기능 숙달, 사고력 신장과 정서의 순화, 자아 정체성과 세계관 확충 등이 교육의 장에서 주로 이루어지는 행위인데, 다른 교과의 수업이 대체로 엔트로피가 낮은(사실 정보 중심의) 텍스트를 가지고 단일한 목표 아래 단일한 국면에서 이루어진다면, 국어 수업은 엔트로피가 높은(사실 정보 이상의 요소를 담은) 텍스트를 가지고 복합적·성층적 목표 아래 복합적인 국면에서 이루어지는 특성을 보인다. 곧 국어 수업은 학교의 수업 사태 중에서 수업에 참여하는 사람들의 정신이 가장 복합적이고 역동적이며 첨예하게 교차하는 장인 것이다.

결국 국어 수업은 고-엔트로피 텍스트를 중심으로 한 교육적 의사소통의 특수한 형태로서, <그림 2-2-6>과 같은 구조를 읽어낼 수 있다.

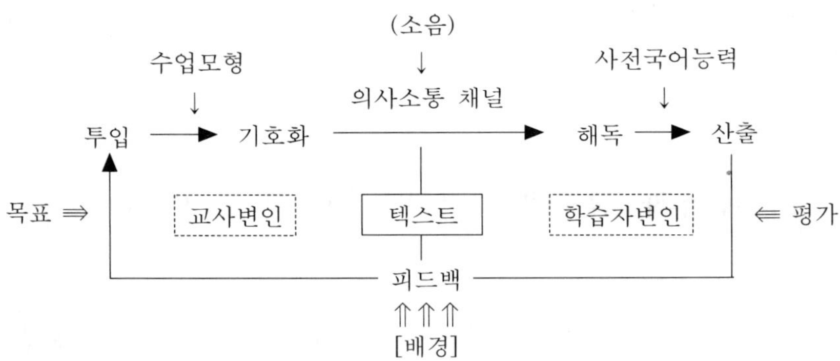

<그림 2-2-6: 의사소통으로서의 국어 수업 사태의 구조>

- 투입 : 전달, 혹은 계발하고자 하는 국어 능력 및 가치 표준
- 기호화 : 교사가 교육과정 내용을 학생들이 동화하고 배울 수 있는 형태로 바꾸어 놓는 행위
- 채널 : 텍스트를 매개로 교사와 학생이 상호작용하는 통로, 혹은 교수-학습 행위
- 소음 : 정보 소통의 방해 요인(교실 환경, 기타. 그리고 무엇보다도 교사)
- 해독과 산출 : 여기서 산출은 투입과 일치하지 않을 수 있다.
- 피드백 : 투입을 조정하고, 소음이나 의도에 의한 해독의 오류를 제거한다.11)

곧 국어 수업은 일정한 목표와 계획 아래 학습자가 텍스트 및 교사와 상호작용을 이루는 일련의 과정이며, 투입과 산출을 차질없이 하거나 투입보다 더 큰 산출을 얻기 위한 정보의 수수 관계인 것이다. 이때 수업이 원활하게 이루어지도록 하기 위해서는 소통 과정에서 투입을 분명히 하고 채널을 투명하게 유지하며 소음을 최대한 줄이기 위한 노력이 필요하다. 그리고 그러한 소통을 지지하는 수업모형과 사전 국어 능력을 적절히 동원하고 끊임없는 피드백을 유지하기 위한 노력 또한 요구된다.

2. 국어교육의 배경

국어교육이 세계로부터 고립된 체계가 아니라 하나의 문화 양식이자 구체적인 인간의 행위라는 점에서, 그 행위가 이루어지는 배경을 문제삼을 필요가 있다. 국어과 교육과정은 국어교육이 이루어질 때의 언어적・심리적 배경과 교육적 배경, 학문적 배경, 사회・문화적 배경에 대한 교육공동체의 합의를 담고, 그 결과를 실제 교수-학습에 투사할 수 있도록 해야 하는 것이다.

국어과 교육과정은 통합적 교육과정 운영의 하부 구조로 운영되며, 따라서 총체적인 교육의 관점에서 국어교육의 이념과 가능역을 통제

11) 이 모형은 Hills(1987:16-20)의 모형을 바탕으로 국어교육 상황에 맞게 재구성한 것이다.

받게 된다. 예를 들어 일반 교육과정의 구성 방침, 교육과정의 편제, 편성・운영의 기본 지침이 국어과 교육과정의 교육적 배경으로 명시되며, 국어과 교육과정은 그 체제 안에서 독자적 영역을 차지하고 있다. '국어는 과연 가르칠 필요가 있는가', '가르친다면 언제 어느 정도 가르쳐야 하는가', '국어에서 가르쳐야 할 것과 가르칠 필요가 없는, 혹은 가르치지 말아야 할 것은 무엇인가'에 관한 결정은 하부 구조로서의 국어과 교육과정의 수준을 넘어서는 것이다. 이때 어떤 내용 요소가 언어적인 가치는 높으나 교육적인 가치가 낮은 경우처럼 교육 일반의 의도와 국어교육의 의도가 충돌하는 경우가 생기면, 국어과 교육과정은 그들의 관계를 조정하고 갈등을 해소할 의무를 진다.

학문적 배경도 국어과 교육과정 설계에서 중요 참조항이 된다. 물론 국어교육에서 지식 자체가 목표가 되지는 않는다. 하지만 교육의 본질상 목표 달성을 위한 배경 지식은 필요하며, 그 정도 수준에서의 지식 획득은 국어교육의 기초 목표에 편입될 수 있다. 학교에서 국어교육이 실시된 이래 지식 중심 교육에 대해 끊임없는 비판이 있어 왔다. 하지만 지식은 학습자가 고급의 국어 문화에 입문하기 위한 주요 통로라는 점을 고려하면, 국어교육과 관련하여 바른 지식 교육이 이루어지도록 하는 것은 중요하고도 시급한 일이 될 것이다. 여기서의 '지식'이 명제적 지식의 집합이라기보다 개념의 의미와 개념들의 관계를 이해하고 개념과 현상을 결합할 수 있는 방법적 지식이라는 점을 분명히 함으로써, '체계적 지식 습득'이라는 교육과정의 목표가 지닌 의미를 제대로 구현하게 된다.

다른 교과도 그렇지만 특히 국어교육은 학교라는 단절된 상황에서 이루어지는 것보다 더 많이 그 외부에서 이루어지는 경향이 있다. 다양한 문화 자극, 개인적인 독서 체험, 매체 확장으로 인해 국어과 교육과정에 미치는 사회・문화적 배경의 영향은 점점 더 강해지고 있다. 학교가 가르치는 것은 문화 자체가 가르치는 것과 같다는 점에서(Eisner, 1983:117) 학교와 학교를 둘러싸고 있는 사회에서 국어 문화의 폭과 깊이를 늘이는 일이 필요하며, 국어과 교육과정은 그러한 사회 · 문화적 배경이 줄 수 있는 충격을 교육적으로 변용하는 역할을 하게 된다. 동시에 국어교육이 국어 현상에 기반을 둔다는 점에서 역사적으로 온축된 국어의 전통, 국어 연구 및 이론의 발달, 당대의 담론 특성도 국어과 교육과정의 배경으로 기능한다. 이는 30년 전의 국어교육과 지금의 국어교육이 같을 수 없음을 의미하는 동시에, 한국의 국어교육과 일본의 국어교육이 같을 수 없음을 의미하는 것이기도 하다. 외국의 자국어 교육과정을 번역한 것과 차별성이 없다면 그 교육과정의 가치는 반감될 것이다.

3. 국어 교수-학습의 인적 변인

국어교육은 인간이 국어를 다루는 여러 양상 중 매우 복잡한 편에 속한다. 텍스트 생산과 수용 행위가 대부분 어느 개인의 과제로 환원되는 데 비해, 국어교육은 적어도 셋 이상(교사 · 학생 · 교과서 편찬자 · 제재의 필자…)의 개인이 관련되는 행위이고, 그 범위는 무한히 넓어질 수 있다. 가장 전형적인 경우는 한 명의 교사와 다수의 학생들이 상호작용을 주고 받는 경우이지만, 그 경우에도 각각의 개인은 그가 속한 개별 공동체의 의식을 반영한다는 점을 고려하지 않으면 안된다. 어떤 측면에서 볼 때 국어교육의 성패는 인적 변인을 얼마나 잘 조직하고 통제하느냐에 달려 있다고 해도 지나치지 않다. 지금까지의 교육과정은 국어 자체의 논리에 치중한 나머지 인적 변인은 소홀히 취급한 감이 없지 않다.

교사가 교육의 질을 결정한다는 점에서, 교사 변인은 국어교육의 질을 보장하는 가장 직접적인 방법이 된다. 현대로 오면서 교사의 역할은 '온갖 정보의 보급자'라는 위치를 떠나서 '학습 과정의 관리자'의 한 사람이라는 쪽으로 바뀌고 있다(Hills, 1987:23). 그렇다 하더라도 국어 교사는 국어 경험 뿐 아니라 학생의 모든 발달 국면을 관리하며 교육과정의 운영을 통하여 교육의 목적을 실현하는 역할을 하고 있으므로, 어떤 의미에서 그는 교육과정의 연장이기도 하다(김호권 외, 1992:62-63). 교사는 교육과정 실현의 전위이며, 전위에 대한 인식 없이 교육과정이 설계될 수는 없는 것이다.

한편, 교육과정 설계를 위해서는 학습자 집단의 특성에 대한 사전 진단이 필요한데, 그때 고려해야 할 사항은 학습자의 사전 국어 능력 전체가 된다. 곧 국어 경험의 총량, 국어에 대한 가치와 태도, 언어 발달 수준, 연령・계층에 따른 행동 특성 등이 거기에 포함된다. 지금까지의 교육과정을 보면 대체로 내용을 조직・안배하면서 학교급・학년에 따른 발달 단계를 고려하고 있으나, 엄밀하게 학습자 변인을 판단, 조정하고 있지는 않다. 학습자 중심의 교육과정이나 소통 중심 교육과정을 의도한다면 학습자 변인에 대한 면밀한 고찰이 필요할 것이다.

4. 국어과 교육과정의 잠재적 교육과정적 의미

잭슨에 의하면 학교교육의 결과는 1차적 결과와 2차적 결과로 구분된다. 1차적 결과란 학교교육의 '직접적인 효과'로서 당장 기억에 남는 것, 예컨대 공부 시간에 배운 사실이나 기술, 그리고 공부 이외의 세부 사항 등이 여기에 포함된다. 그에 비해 2차적 결과는 비교적 장기간에 걸쳐 획득되는 능력(예컨대 독서 능력), 인지적 작용, 그리고 자기 자신과 세계에 관한 평가, 태도, 가치관 등 정의적인 특성을 가리킨다.[12] 국어교육의 목표가 총체적 국어 능력을 길러주는 데 있다면, 그 국어 능력은 어디에 속할 것인가? 여기에서 국어과 교육과정의 잠재적 교육과정적 성격에 대한 질문이 제기된다.

진보주의 교육자들은 적절한 교육의 개념과 관련해 몇 가지 신념을 강조했는데, 첫째로 그들은 교육과정의 실체는 아동들이 학교에서 경험하는 경험의 질에 있지 학습 계획(lesson plans)이 기재되는 종이장에 있지 않다고 믿었다. 둘째로 아동들은 각각 배경, 가능성, 또는 흥미 등이 서로 다르기 때문에 교육과정은 서로 다른 학생들에게 결

12) Philip W. Jackson(1970), "The Consequences of Schooling", Norman V.Overly, ed., *The Unstudied Curriculum*, ASCD, pp.1-15. 김호권 외(1992:242-243)에서 재인용.

코 동일한 것이 될 수 없다고 보았다. 어떤 의미에서는 교육과정이 그 학생에 의하여 경험된 후에야 비로소 교육과정이라는 것을 말할 수 있다는 것이다(Eisner, 1991:50). 이러한 진보주의적 교육관이 가장 의미있게 실현될 수 있는 교과가 국어일 것이다. 국어는 그 자체가 고급 사고력과 총체적 경험을 주요 가치로 삼고 있기 때문이다. 사실 교육과정이라는 이름 아래 국어 경험을 일관되게 통제하고 제어하고자 하는 시도 자체가 국어교육의 본질을 왜곡하는 것인지도 모른다.

국어 능력을 기르는 것이 국어 수업의 일차적 목표라면, 그것은 교실에서도 길러지지만 TV를 통해서도, 일요일에 야외에 나가서도, 또 좋아하는 사람과 싫어하는 사람들을 만나면서도 길러질 수 있다. 진실로 시인이 되려는 사람은 아인시타인이나 마르크스에게서 배우지 않고 새에게서 배우는 법이다(Eisner, 1991:131). 그렇다면 목표・내용・방법으로 꽉 짜여진 틀 속에서 이미 주어진 제재를 가지고 배워야 하는 국어 학습자는 불행한 학생들일까. 읽고 싶지 않은 시간에 관심이 없는 글을 읽어야 하고 결국 개인적일 수밖에 없는 반응까지 제한당한다면, 그렇다고 말할 수 있을 것이다. 그러한 가능성을 피하기 위해서라도 국어과 교육과정은 잠재적 교육과정의 지향을 받아들일 필요성이 있다.

그러나 잠재적 교육과정을 의도한다고 해서 교육과정 자체를 폐기하거나 교육과정의 의미를 평가절하하는 태도는 바람직하지 못하다. 그보다는 국어과 교육과정의 잠재적 교육과정적 의의를 적극적으로 활용하여 교육과정의 영역을 확충하는 데 주안점을 두어야 할 것이다. 명시적 교육과정과 잠재적 교육과정이 서로 조화되고 상보적인 관계에 있을 때 학생 행동에 가장 강력하고 지속적인 영향을 미칠 수 있기 때문이다(곽병선, 1991:213). 국어의 가치에 대한 합의, 문화 양식으로서 국어가 지니는 상징 체계, 텍스트 이해와 표현의 기본적인 절차와 원리, 권고할 만한 국어 경험의 조직 등은 잠재적 교육과정이 담당할 수 없는 부분이다. 또 학교급과 학년을 관통하는 일관된 국어 능력의 발달 과정 역시 명시적이고 형식적으로 조직된 교육과정만이 구조화할 수 있다. 그런 점에서 국어과 교육과정을 정교하게 설계하되 그것이 교육과정 자체로 완결된 폐쇄 구조가 되지 않고 학교 밖의 경험 및 학교 이후의 경험까지도 포괄할 수 있는 개방적인 구조가 되도록 하는 태도가 필요하다.

Ⅵ. 국어과 교육과정론의 발전을 위하여

교육과정은 구조화된 지식과 통제된 학습 경험을 제공하는 교수-학습 내용의 성격뿐 아니라, 의도적인 수업 계획과 학습 결과로서의 의미도 동시에 지닌다(이성호, 1986:13-23). 또 교육과정은 교육공동체의 합의 아래 교수-학습의 배경적 요소와 인적 변인을 조직·통제하는 의미도 지닌다. 국어과 교육과정이 전체 교육과정과의 유기적 연관성을 잃지 않으면서 다른 교과와의 변별성을 확보하기 위해서는 국어 현상의 본질적 특성을 교육과정이 포괄하는 것이 중요하다. 곧 국어 텍스트 및 그를 둘러싼 소통으로서의 국어 현상, 그리고 국어 활동을 가능케 하는 국어 능력의 본질적 특성이 교육과정 설계의 대전제가 되어야 하는 것이다. 국어 현상의 관점에서 교육과정에 접근할 때 국어과 교육과정이 교수요목의 나열에 그치거나 교육공학적 방법의 적용 대상이 되는 한계를 극복할 수 있다.

국어과 교육과정 설계의 절차와 원리를 목적과 목표, 내용 선정과 조직, 과정과 방법, 배경과 인적 변인으로 범주화하여 살펴 본 이유는 국어교육의 개념적 구조를 충실히 반영하기 위해서이다. 광복 이후의 국어과 교육과정은 그 내용과 형식 면에서 지속적으로 발전해 왔으나, 내용의 선정과 조직에 기울인 노력에 비해 방법이나 배경, 인적 변인에 대한 고려는 미흡했던 것이 사실이다. 그 이유는 연구 부족으로 인한 대안 부재에 있으며, 따라서 그 방향에서의 연구가 온축되어야 한다.

문서로서의 교육과정이 실제적 의미를 가지기 위해서는 그것의 작용 구조를 밝히는 일이 필요하다. 교육과정이 실제 교수-학습 현장에 투사되는 구조를 밝히지 않고서는 교육과정은 한낱 선언적 문서로 고착될 가능성이 있다. 실제로 우리의 교육과정은 교재를 편찬할 때만 참조될 뿐 학교 현장에서는 전혀 읽히지 않는 것이 현실이며, 설사 읽는다 하더라도 어떤 도움을 받을 것 같지는 않다. 물론 교육과정이 전적으로 교사를 위해서 만들어지는 것은 아니나, 그 실현은 전적으로 교사 몫이라는 점을 감안하면 교육과정의 작용 구조에 대한 연구는 더욱 시급한 감이 있다. 교육과정 설계를 위한 기본 원리가 마련되고 그 작용 구조가 밝혀질 때 국어교육과 국어과 교육과정의 본령이 살아날 수 있을 것이다.

이러한 점을 고려할 때, 국어교육의 목표·내용·방법을 실현할 인적 요소와 국어교육이 구체적으로 수행되는 배경에 대한 고려는 교육과정 설계에서 필수적인 절차이면서도 자칫 소홀히 지나치기 쉽다. 광복 이후의 국어과 교육과정은 '목표-지도 내용-지도(및 평가)상의 유의점'의 삼분 체계를 줄곧 유지해 오다가 6차 교육과정에서 '성격-목표-내용-방법-평가'의 오분 체계를 제시했으나, 이때의 '방법' 및 '평가' 항목도 크게 보아 방법의 범주에 포함된다는 점에서 배경과 인적 변인에 대한 고려가 소홀했다고 할 수 있다.

국어교육의 배경과 인적 변인이 소홀하게 다루어진 이유는 여러 가지가 있을 수 있겠으나, 가장 중요한 이유는 교육과정 설계자들에게 국어교육과 국어과 교육과정의 역동적 구조에 대한 인식이 없었기 때문이다. 목표와 내용, 방법을 체계적으로 제시하면 국어교육의 전반적인 흐름을 제어할 수 있다고 본 것인데, 이는 마치 인부와 대지를 마련하지 않은 채 설계도와 자재와 공구만 마련하면 집을 지을 수 있다고 보는 관점과 유사하다. 지금까지 국어과 교육과정을 설계하면서 교육학 일반 이론의 틀에 국어의 내용들을 분산 배치하는 식으로 해 왔기 때문에 이 부분이 간과돼 온 것이다. 방법과 외적 변인에 대해 심각하게 고민하고 실제 교육과정에 그 결과를 담아 내려는 노력이 있을 때 국어과 교육과정은 그 기능을 다할 수 있게 된다.

제 3 부
국어 교재의 재개념화

제 1 장
미래 지향형 국어 교재의 철학과 방향

Ⅰ. 국어교육의 변화 양상과 국어 교과서의 이념태

국어 교과서는 국어교육의 이론과 실제를 연결하는 축이자, 국어의 과거와 미래를 연결하는 끈 역할을 한다. 거기에는 국어에 관한 우리의 철학과 가치관이 담겨 있고, 국어로 쌓아 온 최고 수준의 텍스트들이 실려 있으며, 다음 세대에게 기대하는 국어의 이상적인 모습이 그려져 있다. 그러면서도 언제나 국어의 현실에 비해 한 발짝 늦은 것이 국어 교과서다. 교과서의 포충망 안으로 들어오는 순간 그것은 이미 과거의 것이 되기 때문이다. 교과서가 언제나 미래를 지향해야 하는 이유가 여기에 있다. 교과서의 실체인 변화하는 언어와 그것의 수요자인 성장하는 학생들을 따라잡기 위해서는, 한 발은 국어의 역사와 전통에 깊이 뿌리박고 다른 한 발은 멀리 뛰어 미래로 향해야 한다. 학생들이 교과서를 재미없어 하는 데에는 여러 이유가 있겠지만, 미래에 대한 고려가 없다는 점도 큰 이유가 된다.

미래 지향형의 국어 교과서를 개발하기 위해서는 먼저 미래의 언어와 교육이 어떤 양상을 보일지 예측해야 한다. 이 글에서는 국어 교과서와 관련되는 몇 가지 기준들에 따라 미래 언어와 교육의 양상을 생각해 보았다. 예측과 의견이 섞여 있고 일부는 서로 충돌하기도 하지만, 이러한 점검이 먼저 이루어져야만 새로운 국어 교과서상을 올바르게 설정하고 개발 방향을 정할 수 있을 것이다.

1. 미래의 언어에 대한 전망과 교과서

(1) 언어 환경의 변화

• 세계화의 진전에 따라 많은 외래 어휘와 어법, 소통 전략 등이 국어에 수용될 것이다. 특히 영어를 사용하는 상황(대학, 기업, 관광, 영어마을 등)이 많아지면서 영어와 국어의 교섭 현상이 깊어질 것이다.

• 남북 교류가 활성화되고 한민족 공동체의 개념이 확산되면서 북한의 문화어 및 재외 국민이 사용하는 한국어(고려어 · 조선어)와의 교섭이 늘어날 것이다. 영어가 표준 영어(Queen's English)와 국제 영어(International English), 그리고 각 지역 영어(Local Englihs)로 분화하는 데에는 미치지 못하겠지만, 장기적으로 '표준어'는 '표준 서울 한국어'의 의미를 띠게 될 것이다.

• 정보화와 매체의 발달로 인해 새로운 어휘 및 개념과 표현이 계속 생성, 소멸되고, 텍스트의 유형도 다양화할 것이다. 그에 따라 지역, 세대, 성, 연령 등에 못지 않게 '매체 방언'이 중요한 문제가 될 것이다.

• 지식의 발달 속도가 빨라지고 언어공동체의 경험 범위가 넓어짐에 따라 어휘(혹은 개념)가 크게 늘어날 것이다. 따라서 어휘력이 개인의 언어 능력을 대표하는 자질이 될 것이다.

(2) 언어 자료의 변화

• 온라인, 오프라인을 막론하고 언어 자료의 양이 비약적으로 증가할 것이다.[1] 따라서 광범위한 자료에 접근하여 선별하고, 해석, 가공하는 능력이 개인의 일반적인 과제 해결 능력을 대표하게 될 것이다.

• 단순한 문자나 음성 자료보다 하이퍼미디어 방식의 자료가 증가할 것이다. 하이퍼미디어 자료는 텍스트의 경계를 모호하게 하고, 텍스트의 자기 완결성을 허물어뜨리며, 그 전파 범위를 거의 무한대로 확장할 것이다.

---

1) 컴퓨터와 인트라넷이 보급되면 종이의 수요가 줄어들 것으로 예측됐지만, 현실은 반대로 나타나 선진국일수록 종이 수요가 느는 것으로 나타났다. 이는 단순히 프린터가 함께 보급됐기 때문이 아니라, 과거에 비해 프린트아웃에 대한 유혹이 여러 면에서 더 강해졌기 때문이다.

• 자료들의 끝없는 자기 복제와 변이로 인해 자료에 대한 저자의 소유권 개념이 약해질 것이다. 이것은 인용의 권위가 사라진다는 것을 뜻하는 동시에, 자료의 진실성에 대한 믿음도 약해진다는 것을 뜻한다.

• 언어 자료의 국경이 소멸할 것이다. 언어 주체는 이해와 표현 양면에서 국내의/한국어로 된 것뿐 아니라 국외의/비한국어로 된 자료를 더욱 자주 다뤄야 할 것이다. 그 과정에서 외국어 능력이 중요한 변수가 되겠지만, 최저 능력을 넘어선 수준에서는 크게 문제가 되지 않을 것이다.

(3) 언어 과제의 변화

• 일상 생활과 관련되는 과제를 넘어서, 학습, 학문, 업무 등의 분야에서 보다 전문화된 과제를 자주 접하게 될 것이다. 이는 정보의 이해와 가공, 문제해결과 의사결정, 이견의 조절과 통합 등 고급 언어 능력의 수요가 증대한다는 뜻이다.

• 구체적인 문제 상황과 관련되는 과제 외에도, 비맥락적인 과제의 처리를 위한 시간이 증가할 것이다. 웹서핑, SMS와 메일, 메신저, 문서 편집 등에 들어가는 노력과 시간이 그 보기이다.

• 사고 및 문화의 급격한 변화 속도를 언어로써 따라잡는 일이 중요한 과제가 될 것이다. 그에 따라 '문화 실조'의 개념과 비슷한 '언어 지체' 현상이 나타날 터인데, 외국에 오래 있던 사람이 국어로 대화할 때 개념이나 표현상 어려움을 느끼는 것이 한 예이다.

• 언어 정보가 디지털, 온라인화하면서 정보 처리의 질과 속도가 동시에 중요해질 것이다. 찾아낸 자료가 얼마나 고급의 정보를 담고 있느냐보다는, (시간만 들이면 거의 같은 수준의 정보를 누구나 찾을 수 있기 때문에)그것들을 얼마나 빨리 찾고 얼마나 빨리 가공해서 새로운 텍스트를 만들어내느냐가 중요해질 것이다.

(4) 언어관과 언어 이론의 변화

• 실체 중심의 구조주의적 언어관은 학문 분야로, 과정 중심의 구성주의적 언어관은 교육 분야로 각각 물러나고, 실용 분야에서는 과

제 중심의 대화적·수행적 언어관이 확산될 것이다.

• 자국어 우월주의나 언어의 순수성을 주장하는 관점은 약해질 것이다. 그러한 관점은 학문과 교육, 예술 등의 분야에서만 통용되고, 일반적으로는 실용적, 기능적인 관점을 취할 것이다. 그러나 한글 전용은 확대될 것이다.

• 엘리트 언어와 민중 언어의 구별이 점차 심해지지만, 그것은 가치의 문제라기보다는 일종의 방언으로 이해될 것이다. 엘리트 언어는 개념의 풍부성과 규범의 정확성을, 민중 언어는 표현의 풍부성과 신속한 적응력을 각각 장점으로 유지하면서 서로 다른 분야에서 사용될 것이다.

• 언어를 일종의 기호로 보는 관점에서 나아가, 인간의 상호 작용 양태로 보는 관점이 확산될 것이다. 이 관점은 기존의 '언어' 개념을 확대하는 것으로, 그동안 언어가 해 왔던 기능(사고 및 의사소통, 문화 형성 등)을 수행하기만 한다면 전통적인 언어의 모습이 아닐지라도 언어로 이해한다는 뜻이다. 이모티콘이 그 전형적인 예이다.

종합하건대, 미래의 언어는 구세대의 언어와 신세대의 언어가 서로 다른 양상을 보일 것이다.[2)] 이를 교실에 적용하면, 교사 혹은 교육과정의 언어와 학습자 혹은 실제의 언어가 서로 다르다는 뜻이 된다. 교과서는 그러한 상황을 수용하면서 교육 철학에 따라 적극적으로 대응해야 한다.

2. 미래의 교육에 대한 전망과 교과서

(1) 교육 환경의 변화

2) 신·구 세대의 경계는 대체로 1980년대 초·중반에 태어난 세대가 될 것이다. 같은 메신저나 SMS를 써도 성인이 된 후에 필요에 의해 의식적으로 익힌 세대와 성장 과정에서 자연스럽게 몸에 밴 세대의 사용 양상은 다르다. 1980년대 이후에 출생한 세대들은 세계화 및 정보 혁명의 진전과 함께 성장했고(도시화 및 경제 혁명이 아니라), 외환 위기와 2002 월드컵의 와중에 교육받았으며(군부 독재와 88 올림픽이 아니라), 햇볕 정책 및 한류 열풍과 더불어 성인이 된(북한 고립 정책 및 문화 개방 반대가 아니라) 세대다. 21세기의 시작은 그러한 신세대의 사회 진출과 함께 시작된 것이다.

• 교수 매체가 발달하면서 교실 개념이 변화하고 교사상도 바뀔 것이다. 따라서 전형적인 '수업'의 이미지도 바뀌게 된다. 시간·공간적으로 한정된 교실에서 전지전능한 교사가 단일한 교육과정에 따라 학습자를 계도하는 수업은 전체 교육의 일부만을 담당하게 될 것이다.

• 교육 자본이 성장하고 외국의 교육 서비스가 도입되며 학령 인구가 줄어듦에 따라 교육에도 질 경쟁이 일어날 것이다. 이때의 경쟁은 우선 학교 시설과 지원 체제 등 하드웨어 부분에서 먼저 시작되어, 점차 교사의 질, 교육과정과 수업의 질 부분으로 확산될 것이다. 우리나라의 정서상 학교와 교사 평가를 노골적으로 실시하지는 않겠지만, 국제학교와 특수목적학교를 시발로 하여 몇몇 '우수 학교'가 탄생할 것이다.

• 공교육이 사회 및 학습자 변화의 속도를 따라잡지 못하는 현상이 나타날 것이다. 특히 공립학교는 최저 기준을 만족하는 선에서 교육의 평등을 추구하고, 그에 따라 일부 계층에 공교육에 대한 불안감이 퍼질 것이다. 이는 사교육이나 대안교육, 조기 유학의 수요를 증가시키는 결과를 낳을 것이다.

• 가정의 해체와 학습자의 조기 성장이 '학교'의 성격을 바꿀 것이다. 실생활과 관련되는 내용들은 학교 밖에서 더 많이 배우게 될 것이므로, 학교는 주간에 '덩치 큰 어린애'들을 붙잡아 두는 역할만을 하게 될 것이다. 그에 따라 학교의 본질적 기능도 '지식의 전달 창고'에서 사회에 진출하기 전에 대기하는 '저수지'의 역할로 바뀌고, 그에 적합한 프로그램이 개발될 것이다. 특별 활동이나 봉사 프로그램 등이 그 보기이다.

(2) 교육용 자료의 변화

• 교사와 학습자 모두 교육 자료의 개별화를 추구할 것이다. 학습자를 보면, 몇몇 핵심 자료들은 공유하되 특히 프로젝트 학습과 관련해서는 개인마다 다른 자료를 활용하게 될 것이다. 교사를 볼 때에도, '교과서'라는 단일 자료는 수많은 워크시트와 온라인 자료들로 재구

성될 것이다.

• 전자 교과서를 활용한 E-learning의 비중이 높아질 것이다. 그러나 그 확산 추세는 곧 정체되고, 대신 실생활에서 얻을 수 있는 자료의 비중이 높아질 것이다. 정부 자료, 견학 자료, 관찰·실험 자료, 토의·토론 자료 등이 그 보기이다.

• 공식적인 교과서는 일종의 소모성 자료가 될 것이다. 선행 학습이 유행하는 가운데 교과서의 제재들은 금방 신선도를 잃고, 시의적으로도 계속 늦어지는(down-dated) 자료로 취급받을 것이다. 교과서 제재 중 극히 일부만이 평가와 관련하여 권위를 유지할 것이다.

• 학습자의 입장에서, 주어지는 자료뿐 아니라 스스로 생산하는 자료의 가치가 높아질 것이다. 또한 자료의 생산뿐 아니라 관리하고 전시하는 능력도 중시될 것이다. 프레젠테이션, 과제 홈페이지, 보고서, 포트폴리오 등이 그 보기이다. 학습자는 교사가 제공하는 자료와 함께 스스로, 혹은 다른 학습자가 만든 자료들을 보면서 학습할 것이다.

(3) 교육 과제의 변화

• 전통적인 교육의 목적인 개인의 발달과 사회 발전이라는 과제는 추상적인 선언 수준으로 후퇴하고, 교육은 보다 실제적인 과제를 추구하게 될 것이다. 삶의 질 향상, 경쟁력 강화, 구체적인 과제 수행 능력 등이 주요 키워드가 될 것이다.

• 학습 방법에 대한 학습, 곧 학습 리터러시를 강조할 것이다. 지식의 양과 발전 속도가 보편적인 교육으로는 따라잡을 수 없는 상황에서, 학교는 이미 존재하는 지식과 경험을 온전히 전수하기보다는 개인의 필요에 따라 필요한 지식과 경험을 스스로 습득할 수 있도록 하는 데 주력할 것이다.

• 교육의 최저 질 관리와 수월성을 동시에 추구할 것이다. 대다수의 학습자에게는 최저 기준 학력을 보장하고, 일부 우수한 학습자에게 교육 자본을 집중하는 시스템이 구축될 것이다. 그 과정에서 잠시 저항에 직면하겠지만, 장기적으로는 일정한 방향을 유지할 것이다.

• 백화점식의 전인교육보다는, 필수적인 내용은 공유하면서 적성

과 희망을 고려하는 선택형 교육을 지향할 것이다. 언어와 수리, 체육 등은 필수 과목으로 공인되겠지만, 많은 다른 과목들은 대학의 선택형 강좌와 비슷한 대우를 받을 것이다.

(4) 교육관 및 교육 이론의 변화

• 권위있는 지식보다는 흥미있고 유용한 지식으로 수요가 몰릴 것이다. 대학이 '학문의 전당'에서 문화 센터(교양 과정) 혹은 직업 학교(전공 과정)처럼 변화하는 과정을 참고할 수 있다. 자연히 교사의 능력도 그의 지식보다는 교수 기술을 중심으로 평가하게 될 것이다. 교과서 역시 내용의 정확성과 풍부성 못지않게 활동의 적절성과 흥미성을 강조할 것이다.

• 자기 주도 학습과 평생 학습 개념을 강조할 것이다. 따라서 지식이나 기능과 관련하여 실제로 무엇을 가르쳤는가 하는 문제보다는, 학습자의 신념, 동기, 태도 등 정의적 요인을 더 중시할 것이다. 또한 지식 자체보다 지식 탐구의 경험을 더 강조할 것이다.

• 개인적, 미시적 교육 이론보다는 국가적, 거시적 교육 이론이 강조될 것이다. 곧, '개인의 능력을 최대한 계발하는' 교육보다는 '국가 경쟁력을 높이는 데 가장 효과적인' 교육을 추구할 것이다. 양자는 서로 배척하는 관계는 아니지만, 그 출발점이 다르다. 최근 들어 교육계의 관심이 교수-학습 이론의 개발보다 교육 체제의 개혁에 집중되는 경향이 그 실례이다.

• 인간 중심, 진보주의 등의 패러다임 대신 지식 중심, 항존주의 등의 패러다임이 득세할 것이다. 이미 호주, 일본 등에서 기본을 강조하는 쪽으로 교육 개혁 운동이 벌어지고 있거니와(미국과 유럽도 마찬가지이다), 전반적인 학력 저하의 문제를 지적하면서 교육 개혁이 급격하게 추진될 것이다.

교육은 일종의 지식 산업으로서 21세기에도 계속 발전하는 분야이다. 그러나 그 정형은 잘 계획되고 안정된(ready-made package) 교육의 제공이 아니라 대증적(對症的)이고 역동적인(one-point modularized) 교육의 제공으로 변화하고 있다. 학습자의 나이가 10대이든 50대이든, 교육 내용이 재무 회계이든 중장비 정비이든, 교육은 필요한 때 필요한 내용을 제공하는 것으로 바뀌고 있다. 학교는 그러한 전방위 교육 체제에 적응할 수 있는 기초·기본 능력을 함양하는 것으로 기능을 특화해 갈 것이다.

3. 새로운 국어 교과서상의 모색

이상과 같은 예측을 바탕으로 하여 새로운 국어 교과서가 견지해야 할 기본 방향을 생각해 보았다. 그 내용은 특정 학교급으로 한정한 것은 아니며,[3] 반드시 실현 가능한 것만도 아니다. 이념태 수준에서 미래 지향적인 교과서상을 상정하고 그것과 현실태 사이의 간격을 조정하다 보면, 하나의 가능태로서 실질적인 교과서의 개선이 이루어질 수 있을 것이다.

(1) 교과서의 목표와 기능

• '교과서란 무엇인가?'에 대한 고민이 필요하다. 전통적으로 국어 교과서는 ① 교육과정 내용을 바탕으로 하여 ② 적절한 제재를 선정/집필/구성하고 ③ 효과적인 활동을 설계하여 제공하는 것으로 이해돼 왔다. 여기서 ①에 대해서는 교육과정이 상정한 추상적인 언어 주체와 현실의 개별적인 언어 주체가 다르다는 점이, ②에 대해서는 교과서의 제재가 어쩔 수 없이 피로해진다는(down-dated) 점이, ③에 대해서는 학습 과제의 해결 전략은 매우 다양하다는 점이 문제로 떠오른다. 이러한 문제를 고려하지 못한다면 그 교과서는 결국 닫힌 교과서에 머물고 말 것이다. 이는 ①과 관련하여 교과서 개발을 위한 실라버스의 중요성을, ②와 관련하여 온-오프 라인을 통한 대체 제재 제공의 필요성을, ③과 관련하여 다양한 활동 과제 및 보조 장치에 대한 안내가 있어야 한다는 점을 암시한다. 따라서 교과서뿐 아니라 교사용 지도서, 교과서 홈페이지 등의 '교과서 지원 시스템'을 구축하는 일이 절실하다. 교과서는 그러한 시스템의 '표현된 예각'일 뿐이다.

---

3) 현재의 6-3-3-4 학제가 언제까지 유지되리라는 보장도 없다.

• '교과서는 무엇을 해야 하는가?'에 대한 관점이 명확해야 한다. 일반적으로 교과서는 학습 내용과 절차에 대한 개괄적 안내, 학습 목표의 구체화, 주요 개념 및 전략의 설명과 예시, 학습과 평가에 필요한 자료 제공, 학습 과제 해결의 방향 암시, 예상되는 어려움을 피하고 해결하는 법 제시, 학습의 진전에 따른 중간 지점 확인, 학습 내용 요약, 학습 결과에 대한 점검과 일반화 등의 기능을 제공해야 한다. 단순하게 말하면 '교수-학습 과정에서 교사와 학습자에게 필요한 모든 것들'을 모아 놓아야 하는데, 그 구체적인 내용을 획정하기가 쉽지 않다.

• '수업 체제'의 관점에서 교과서를 개발하여야 한다. 교과서에 대한 현장 교사의 불만 중 "의도는 좋지만 실제로 수업에 활용할 수가 없다."는 내용이 많은데, 이것은 교과서 개발 과정에서 교과서를 그 자체로만 보고 수업과 평가, 교사와 학습자, 교실 환경 등의 연계 변수를 고려하지 않았기 때문이다. 국정 교과서 개발에서 1년 정도의 실험 적용 기간을 두는 이유도 그 때문이지만, 실험 적용의 결과에 대한 피드백이 추상적이서 실제적인 의의는 그리 크지 않다. 가장 좋은 방법은 교과서 개발자가 직접 실험 적용해 보는 방안일 것이다. 그리하여 전체 국어교육(나아가 학교 교육)의 틀 안에서 '이 교과서가 실제로 유용한지'를 점검해 보아야 한다.

• 교과서를 통해 '진정한 학습'이 이루어지도록 해야 한다. 이는 학습 과정을 통해 학생이 어떻게 변화해야 하는지를 교과서가 명시적으로 보여주어야 한다는 뜻이다. 일본과 서구 등의 예를 볼 때, 지나친 학습자 추수주의는 극복할 필요가 있다.[4] '의도된 활동 속에서 자연스럽게 터득하는' 내용과 '체계적으로 이해/습득하는' 내용을 조화시켜야 하는 것이다. 수업 시간 내내 재미있고 활발하게 활동했지만 결과적으로 무엇을 배우고 익혔는지가 모호하게 되는 교과서는 결국 맹교(盲敎)를 이끌게 된다.

---

4) '학습자 중심 수업'이나 '열린 교육' 등의 문제점에 대한 지적도 이와 연관된다.

(2) 국어 교과서의 특성

• 학교급에 따른 교과서의 일반적인 특성과 국어 교과서의 고유한 특성을 구별하여 접근할 필요가 있다. 일반 교재론은 아무래도 교수-학습의 절차 및 방법과 관련하여 기술적인 측면에 집중하는 경향이 있다. 국어 교재론도 그 틀에서 크게 자유롭지 못하겠지만, 다른 교과에 비해 '제재'의 가치가 절대적임을 고려해야 한다. 곧, 국어 교과서는 활동집보다 자료집의 성격이 더 강하며, 교수-학습의 수단 언어보다 대상 언어가 더 비중이 높고, 학습자는 텍스트의 내용과 텍스트 기능을 동시에 익혀야 한다는[5] 점이 부각되어야 한다.

• 그러한 맥락에서, 국어 교과서는 학습자에게 충실한 언어 경험과 자료를 충분히 제공하는 데 일차적인 목표를 두어야 한다. 국어 능력 자체가 단기간에 알고 익힌다기보다는 장기적으로 신장되는 특성을 지녔기 때문이다. 또한, 언어와 관련하여 '아는 것'과 '할 수 있는 것'이 반드시 일치하지도 않기 때문이다. 발표와 토론, 독서, 탐구 등의 경험과 다양한 읽을거리를 조화시키려는 노력이 필요하다.

• 실제의 언어 자료를 기반으로 제재를 구성해야 한다. 문학 작품의 경우에는 원문 그대로, 곧 실제로 통용되는 텍스트를 제재로 제시하지만,[6] 그밖의 제재들은 입말이든 글말이든 실제 자료와는 거리가 있는 경우가 많다. 유아어로 대표되는 문체뿐 아니라, 어휘, 어법, 텍스트 구성 방식 등이 실제 자료와 거리가 있다면 결국 학습자는 일상의 언어와 교과서의 언어를 서로 다른 것으로 받아들일 것이다. 교과서 작업에 방대한 말뭉치가 필요한 이유가 여기에 있다.

• '국어 교과서'에 관한 전통적인 이미지를 버리고, 형식과 내용, 그리고 활용 방법의 변화를 추구해야 한다. 한 페이지 안에 얌전하게 텍스트를 배치하고 적절히 그림을 배치하는 편집, '활동 지시문 - 제

5) 한때 텍스트 내용은 국어과의 교육 영역이 아니라는 견해도 있었다. 하지만, 내용에 대한 '이해(understanding)'야말로 독자가 텍스트를 잘 '이해(comprehension)'했는지 알아보는 유일한 방법이라는 점에서, 내용과 기능을 분리하기란 사실상 어려운 것 같다.

6) 문학 작품의 언어가 실제 언어와 얼마나 부합하는지는 별개의 문제다.

재 – 학습 과제'로 정형화된 전개, 일정한 길이의 '교육적인' 작품만을 선정하는 방식 등으로는 학습자의 흥미를 끌 수도 없고 수업의 효과도 기대할 수 없다. 일반 출판물과 비교해 볼 때 교과서가 얼마나 고리타분한지를 생각해 보면, 교과서에 관한 발상의 전환이 필요함을 절실히 알 수 있다.

(3) 교과서의 개발에 대한 이해

• 교과서 개발 이전에 교과서 연구가 필요하다. 지금까지 교과서 개발에 대한 연구는 사전 연구로서 교육과정평가원(교육개발원 포함)의 연구와 사후 연구로서 교과서재단의 연구가 있고, 학술논문이나 학위논문으로 발표된 개인 연구가 있다. 이들 연구 중 교과서를 개발하기 위한 기초 연구는 사실상 교육과정평가원의 연구뿐인데, 실질적인 기능을 했다고 보기 어렵다. 예산, 기간, 아이디어 등의 측면에서 정부출연연구소의 한계를 넘기 어렵기 때문이다. 만들어진 교과서를 두고 분석, 비판하는 연구도 필요하지만, 그것에 앞서 체계적인 교과서 개발을 위한 사전 연구도 이루어져야 한다.

• 교과서 개발진이 직접 실험 적용을 주도해야 한다. 6·7차 초등학교 교과서는 1년간의 실험 과정을 거쳤으나, 실험 적용에 참가한 교사들이 새 교육과정과 교과서의 의도를 충분히 숙지하지 못한 상태에서 피상적인 분석만 이루어진 감이 있다. 중·고교 교과서는 실험은 엄두도 못 내고 현장 교사의 검토만 받았을 뿐이다. 교과서 개발진이 주축이 되어 실험 교사들과 충분한 사전 교감 및 중간 점검 과정을 가지면서 실험을 하고, 실험 결과를 반영한 수정본을 다시 점검하는 절차를 거쳐야 한다.[7] 이러한 작업은 교과서 출간 이후에도 계속되어야 할 것이다.

• 교과서를 개발하고 사 보는 데 돈을 아끼지 말아야 한다. 예산이 많다고 해서 반드시 좋은 교과서가 나오는 것은 아니지만, 돈을 들인 만큼 교과서의 질이 더 좋아지리라고 기대할 수는 있다. 그러기 위해

7) 6·7차 국정 교과서의 경우, 실험 결과에 따라 새롭게 구성한 단원에 대한 추가 검토는 그리 진지하게 이루어지지 않았다.

서는 교과서의 단가를 높여야 하며,[8] 제작 기간도 더 길게 잡는 것이 좋다.

• 교과서 작업에 참여/활용할 후보층이 두터워야 한다. 이 조건은 교과서 개발진, 교과서에 활용할 제재, 교수-학습 아이디어 모두에 해당하는 것으로, 많은 선택지 중에서 고른 것이 질이 높다는 일반 원리에 기대고 있다. 또한, 일단 완성된 교과서를 유지·보수하기 위해서도 역시 많은 후보가 필요하다. 온-오프라인으로 대체 제재를 축적하고, 다양한 활동 아이디어를 제공하며, 매년 개정판을 내려면 예상보다 몇 배의 후보군이 필요할 것이다.

Ⅱ. 미래 지향형 국어 교과서 개발의 기본 방향

1. 국어 교과서의 성격과 체제

(1) 국어 교과서의 기본 성격과 관련하여

국어 교과서는 그 성격에 따라 ① 언어 학습을 위한 자료집 ② 실제 활동을 위한 워크북 ③ 국어 교과의 학습 내용에 대한 해설서 ④ 교수-학습 활동 및 절차의 안내서 등으로 나누어 볼 수 있다. ①과 ②가 언어 경험과 기능을 중시한다면 ③은 교과 관련 지식의 습득을 강조하고, ④는 국어교육의 이론적 기초를 교수-학습론에서 찾는 특징을 보인다. 대체로 4차 교육과정기까지의 교과서가 자료집의 성격을 띠고 있었다면, 5차 교육과정기 이후에는 문종별로 접근하면서 절충적 성격을 띠고, 특히 6·7차 교육과정기에는 교수-학습 안내서의 성격을 두드러지게 내보이고 있다.

이러한 변화는 한편으로 국어학과 국문학의 지배로부터 국어교육

8) 교과서를 무상 공급한다는 원칙에 매달려 교과서 단가를 낮추는 잘못을 범해서는 안 된다. 학습지·참고서 시장의 규모를 고려해 보면, 학부모들은 질이 좋기만 하다면 교과서에 충분한 돈을 지불할 것이다. 교과서 값이 싼가 비싼가, 그것을 정부가 대는가 학부모가 대는가(학부모가 대되 저소득층에는 정부가 대 주는 방법도 있다) 하는 문제는 교과서의 질과 연계할 문제가 아니다.

을 독립시키고, 학교가 진정으로 원하는 것이 무엇인지에 대한 고민을 반영한다는 점에서 긍정적이라 할 수 있다. 그러나 점차 국어교육을 '국어'가 아니라 '교육'의 관점에서 바라보면서, 국어라는 교과의 개성이 약화되고 보편적인 교수-학습론이 국어교육을 지배하는 현상이 나타나게 되었다. 그러한 현상은 특히 초등교육에서 강하게 나타나, '훌륭한 교수법에 국어과의 내용을 얹는' 경향이 심해지고 있다.

미래 지향적인 교과서는 그동안 '국어' 편향에 대한 반작용으로 '교육' 쪽으로 기울어 온 국어교육의 축을 바로잡는 방향을 취해야 한다. 여기서 과연 국어가 교과의 개성을 그만큼 강력하게 추구할 당위성이 있는가 하는 문제가 제기되지만, 그 문제는 학습 리터러시를 국어과의 중요 내용으로 끌어안음으로써 해결할 수 있다. 곧, 국어과는 언어적 탐구와 문학 활동을 통해 사고력, 의사소통능력, 학습 리터러시, 그리고 문화적 소양을 신장시키는 교과로 규정하는 것이다. 그러면 관습적인 좁은 의미의 도구 교과 대신, 보다 광범위하고 본질적인 도구 교과를 주장할 수 있다. 교과서 역시 이러한 관점에서 사고력과 의사소통능력, 학습 리터러시, 문화적 소양을 기르는 쪽으로 특화해야 한다.

(2) 학교 교육 내에서의 위치와 관련하여

국어과를 업그레이드된 도구교과로 규정한다면, 국어과 자체는 물론 학교 교육 일반 및 타교과와 관련해서도 국어 교과서의 성격을 재점검할 필요가 있다. 학교 교육 내에서 국어과의 위치는 종적, 횡적으로 점검해야 하는바, 그 중 종적 위치는 국어과 교육과정 및 교과서의 계열성 및 위계성[9] 개념으로 설명해 왔다. 간단히 말해서 저-고학년의 학습 내용과 활동 과제, 제재 등이 계열성과 위계성을 고려하여 구성되었는가의 문제로, 교과서에 대한 비판의 상당 부분이 이 문제와 연관되어 있다.[10] 어쨌든 이 부분에 대해서는 광의의 교육과정

9) 여기서는 계열성을 시간적 선후 관계(sequence)로, 위계성을 개념의 상하 관계(hierarchy)로 본다. 상향식 접근을 취할 때와 하향식 접근을 취할 때 계열성과 위계성은 다르게 조합된다.

10) 문학 제재의 경우에는 계열성과 위계성을 엄밀하게 가르기 어려운 것이 사실이

차원에서 많은 점검이 이루어진 것이다.

그에 비해 국어과의 횡적 위치에 대한 논의는 그다지 이루어진 바가 없다. 그 이유는 교과교육 연구자들 사이에 '다른 교과의 문제에 대해서는 침묵한다.'는 일종의 묵계가 성립돼 있기도 하고(실제로 다른 교과와 연관지어 분석할 능력도 부족하다.), 학교 교육을 총괄하는 종합적인 조절 기제가 없기 때문이기도 하다. 그 결과 교과 간에 내용의 중복이나 상충이 생기고, 학습 수준과 속도가 다른 문제가 나타난다. 국어과는 이러한 문제를 예방, 해결하고 학습자의 총체적인 발전을 꾀할 수 있는 거점 교과(anchor subject)로서 역할을 재정립해야 한다. 앞서 말한 대로 '업그레이드된 도구 교과'이기 때문이다.

이를 위해서는 국어 교과서가 타교과의 교육 내용과 상보적으로 기능하도록 설계해야 한다. 초등교육뿐 아니라 중등교육에서도 통합교과적 접근이 널리 퍼져 있거니와, 그것을 극복하여 이미 분리된 교과를 통합하는 방식이 아니라 처음부터 거점 교과 안에서 통합교과적 관점을 관철하는 방식을 취해야 하는 것이다. 예를 들어 사회 교과서의 한 단원을 국어 교과서의 제재로 활용하면 사회교과 텍스트의 이해 능력을 기를 수 있고, 결과적으로 사회교과의 수업에도 도움이 될 수 있다. 또, 과학자의 일대기나 과학사에 관한 글은 읽기 능력과 함께 과학에 관한 기초적인 개념을 이해시키는 데 활용할 수도 있다. 곧, 국어 교과서는 학교에서 다루는 모든 텍스트를 수용해야 하고, 그럼으로써 학교 교육의 전체상을 조절해야 한다.

(3) 분책과 관련하여

5차 교육과정부터 초등 국어 교과서를『말하기·듣기』와『읽기』,『쓰기』로 나누고, 7차에서는 중학교에『생활 국어』책을 새로 만들었다. 이를 통해 국어교육의 목표와 특성을 분명히 하는 성과를 얻었지만, 한편으로 세(두) 책 간의 연계가 부족하다든지 특정 활동에 집중

다. 비문학 제재라 하더라도, 어휘량이 적고 길이가 짧다고 해서 반드시 쉽다고 얘기하기는 어렵다. 교과서의 종적 연계를 정할 때에는 텍스트 구조의 복잡도와 내용의 복잡도, 그리고 학습자의 선수 학습 내용을 함께 고려해야 한다.

한 나머지 국어교육의 총체성을 해친다는 비판을 받아온 것도 사실이다. 세계적으로 이런 식으로 나누어서 접근하는 예가 드물다는 사실도 비판의 한 근거가 된다.

그에 따라 다시 교과서를 『국어』 한 권으로 합본하자는 의견도 있지만, 그러면 애초에 분책을 한 취지도 사라지고 교과서 활용이 불편해지는 문제도 생긴다. 그보다는 7차 교육과정의 초등학교 고학년이나(『말하기 · 듣기 · 쓰기』 – 『읽기』) 중학교(『국어』 – 『생활 국어』)와 같은 2책 체제를 보완하는 방향이 현실적이다.

2책 체제를 주장하는 이유는 국어교육이 국어 능력을 신장하고 폭넓은 언어 경험을 쌓도록 하는 데 목표를 두고 있기 때문이다.[11] 한편으로는 사고력 및 의사소통능력과 관련하여 국어 능력을 신장하고, 다른 한편으로는 문화적 소양 및 학습 리터러시와 관련하여 언어 경험을 쌓도록 하는 것이다. 이를 위해서 Reading book과 Workbook을 구분하여 Reading book은 대표성이 있는 문학과 비문학 텍스트 위주로 편찬하고, Workbook은 국어수행능력 중심으로 편찬하면 국어교육의 목표를 전반적으로 달성할 수 있으리라고 본다.

Reading book을 제공하면 학습자의 독서량 부족 문제를 해결할 수 있고, 교과서라는 한계 때문에 싣지 못했던 비교적 긴 글도 실을 수 있다. 또한, 텍스트와 관련하여 어휘를 집중적으로 가르칠 수 있으며, 국어교육에서 실용적 목적과 예술 · 문화의 목적을 조화시킬 수도 있다. 물론 이 책은 현재의 초등학교 『읽기』 교과서처럼 읽기 기능을 가르치는 것이 아니라 읽기 경험을 제공하는 데 목적이 있고, 텍스트 역시 문자 텍스트로 한정되지 않는다. 그 이외의 현재의 일반적인 국어 능력에 관한 내용은 Workbook에서 다룰 수 있을 것이다.

(4) 능력별 학습과 관련하여

7차 교육과정의 주요 화두 중 하나가 수준별 학습이었다. 그 구체적인 구현상으로 교과서에서 보충 · 심화 학습이 이루어지도록 하였

11) '국어 능력'의 개념 안에 언어 경험을 포함시키는 방법도 있다. 이 경우에도 '경험'은 지식이나 기능, 태도와는 다른 층위의 개념으로 보인다.

으나, 국어과의 특성이나 학교 현실 때문에 잘 이루어지고 있지는 않다. 비록 수준별 학습이 어렵다고는 해도, 학습자 개개인의 요구를 최대한 반영하는 개별화 학습의 이상은 쉽게 포기할 수 있는 것이 아니다.

교과서에 능력별 학습을 구현하는 방안은 ① 현재처럼 한 책 안에 기본 학습과 보충·심화 학습을 다 넣는 방안 ② 한 권의 기본 교과서가 있고, 그와 병행해서 능력별 부교과서를 제공하는 방안 ③ 기본 교과서를 운용하고, 필요에 따라 모듈형 교재로 보완하는 방안(온라인으로 지원하거나 교사용 지도서를 활용할 수도 있다.) ④ 처음부터 능력별로 교과서를 따로 만드는 방안(여기서 '능력'이라는 말이 마음에 안 든다면, 적성별/목표별 등의 용어를 붙여도 된다.) ⑤ 교과서는 일반적인 형태로 주고, 교사용 지도서나 수업 자료집에 교사가 능력별로 활용할 수 있는 아이디어와 자료를 다양하게 제공하는 방안이 있을 수 있다. 여기서 ①은 이미 많은 문제가 노출됐고, ②는 결국 교과서 수만 늘리는 결과가 되며, ④는 우리나라 여건상 어려운 해결책으로 보인다. 또 ⑤는 능력별 교재 구성의 책임을 교사에게 전가하는 데 불과하다는(비록 자료를 많이 주기는 하지만) 비판을 받을 수 있다. ③ 역시 모듈 운영상의 어려움이 예상되기는 하나, 모든 학습자가 기본 학습 과정을 같이 이수하면서 필요한 때 필요한 학생에게 단방약처럼 모듈형 교재를 투입해서 문제를 해결할 수 있다는 점에서 강점을 지닌다.[12] '필자의 의도 파악하기', '문단 쓰기', '비유적 표현' 등의 모듈을 발달 수준에 맞게 개발해 둔다면 현장에서의 활용도가 높을 것이다.

(5) 매체 및 전자 교과서와 관련하여

'교과서'는 어원적으로 인쇄 매체(문자와 기호, 그림 등으로 채워진 책)를 가리키지만, 교수-학습의 효율성을 높이기 위하여 음향, 영상 등과 결합한 멀티미디어를 지향하지 않을 수 없다. 특히 교실 정보화

12) 여기서 말하는 모듈이란, 국어과에서 필요한 여러 내용 중 단순 지식이나 기능, 전략에 해당하는 내용을 뽑아서 단기간 내에 집중적으로 터득하도록 하는, 일종의 '처방' 프로그램을 말한다. '다른 건 다 잘 하는데 받아쓰기를 못 하는' 학습자가 있다면, 기본 학습과는 별도의 모듈 학습을 통해 문제를 해결할 수 있다.

및 E-learning 확산 정책과 관련하여 국어 교과서도 디지털화하려는 노력이 필수적이다.

전자 교과서는 듣기 · 말하기 · 읽기 · 쓰기 · 보기 · 만들기[13]라는 국어과의 하위 영역을 효과적으로 통합할 수 있고, 교사와 학습자, 교과서 개발자와 사용자 사이의 상호작용을 북돋워 주며, 하이퍼링크를 활용해서 국어과 학습 요소를 체계화할 수 있다(여운방 외, 2002). 또한 내용과 형식의 업그레이드가 쉽고, 수업 장면에서 학습자의 참여를 자극하는 장점도 있다. 따라서 '학습 지원 센터' 형태로 전자 교과서를 도입하여 참고 자료 및 교수-학습 아이디어를 제공하고 교과서 활용을 위한 부가 서비스를 실시한다면 교육 효과를 배가할 수 있을 것이다.

물론, 전자 교과서의 구현이 말처럼 그렇게 쉬운 일은 아니다. 그동안 CD롬으로 제공된 학습 타이틀이나 에듀넷 등에서 제공하는 코스웨어들이 학습자의 다양한 요구를 충족시키지 못하고 금방 사장되는 사례를 많이 보아 왔다. 따라서 완전한 전자 교과서화보다는 인쇄 교과서를 주로 하고, 온라인으로 인쇄 교과서의 한계점을 보완하는 방식을 취하는 것이 현실적인 방안으로 보인다.

(6) 평가와 관련하여

교과서의 기능 중 '평가 자료 제공의 기능'이 있다. 7차 교과서에도 이와 관련된 부분이 있어 학습 목표의 달성 여부를 평가하게 되어 있지만, 내용과 방법 양면에서 진정한 평가로 나아가지는 못하고 있다. 소단원 학습에서 다루었던 내용과 방법을 그대로 반복함으로써 학생들의 흥미를 반감시키고, 단원 학습과 평가의 관계가 모호하며, 평가 결과를 보충 · 심화 학습으로 송환하는 전략이 없기 때문이다. 교과서

13) 이 리스트는 아래의 표에 바탕을 둔 것이다. '보기'나 '만들기'라는 용어는 재고할 수 있다. 'viewing'이라는 용어는 영어권 교육과정에서 이미 보편적으로 사용되고 있으며, 국내에서는 '만들기'를 '보이기'로 쓴 사례가 있다.

매체 \ 활동	이해	표현
음성 언어	듣기	말하기
문자 언어	읽기	쓰기
매체 언어	보기	만들기

가 평가까지 다뤄야 하는가 하는 문제는 심각하게 재고해 봐야 한다.

전통적으로 국어 교과서의 단원 말미에 실어 왔던 '공부할 문제'나 '학습 활동'이 평가가 아님은 분명하다. 평가로서의 성격이 불분명하며, 중간중간에 제시한 자기 평가나 상호 평가를 위한 활동들도 형식적이기 때문이다. 국어과를 포함하여 대부분의 교과서에 실린 평가용 문제나 활동거리들은 사실은 연습이나 적용, 심화 과제에 불과하다. 평가는 그처럼 단원 학습 끝에 가서 별도로 처리할 것이 아니라, 매 수업 단위(차시, 소·대단원 등)마다 지속적으로 이루어져야 하는 작업이다. 그리고 학업 성취도 평가는 교과서와 별도로 이루어져야 하는 것이다. 따라서 교과서의 학습 활동 구성에서부터 평가를 염두에 두고 구성하되, 별도의 평가란을 없애며, 대신 교사용 지도서에 평가에 필요한 이론과 자료, 아이디어를 충분히 실어 주는 것이 더 효과적이다.

2. 국어 교과서의 체재와 형식

(1) 단원 설정 및 전개와 관련하여

국어 교과서의 단원 설정 방식은 주제 중심(1~3차), 문종 중심(4차), 목표 중심(5~7차)으로 변화해 왔다. 어떤 방식을 채택하든 각기 일장일단이 있으며, 그 장단점은 이미 충분히 경험한 바 있다. 다만 이러한 단원 설정 방식을 대단원 - 소단원 체제와 연관지어 살펴보지 않았다는 점이 문제로 남는다. 예를 들어 현재와 같이 목표 중심으로 단원을 설정하더라도, 소단원 체제인가 대단원 체제인가에 따라 그 성격은 또 달라진다.

단원 설정 방식을 정하기 전에 먼저 결정해야 하는 문제가 하나의 수업 단위를 어떻게 잡을 것인가 하는 문제이다. 7차 초등학교를 예로 들면, 목표 중심 대단원 체제를 취하여 '도입 학습 - 소단원 학습(원리+적용) - 정리 학습(평가+보충·심화)'으로 구성하였다. 그리고 각각의 하위 학습 단위도 목표 중심으로 설정하였는데, 그 결과 하나의 대단원을 이수하는 동안[14] 비슷한 활동이 반복되고 그들 사이에서 계열성을 찾기가 어렵게 되어 있다. 따라서 큰 수업 단위를 대단원으로

잡고, 그 안에 하위 학습 단위를 소단원 개념으로 두되 각각의 설정 기준은 다르게 하는 방안이 효율적으로 보인다. 곧, 대단원은 주제 중심으로 설정하고,[15] 그 아래의 소단원은 언어 활동 영역과 목표를 결합하여 단원을 설정하는 것이다. 잠정적인 아이디어를 도시하면 <표 3-1-1>과 같다(독본 교과서는 별도). 여기서 하나의 대단원은 짧게는 4 시간에서 길게는 12시간까지 다양하게 운영할 수 있다.

<표 3-1-1: 대단원 체제 구성의 예>

<table>
<tr><th colspan="8">대단원 : 주제 중심</th></tr>
<tr><th rowspan="2">대단원 도입</th><th colspan="6">소단원 : 목표 중심</th><th rowspan="2">대단원 마무리</th></tr>
<tr><th>소단원1</th><th>소단원2</th><th>소단원3</th><th>소단원4</th><th>소단원5</th><th>소단원6</th></tr>
<tr><td rowspan="2">주제 소개
+
소단원 학습 목표의 구조화</td><td>듣기·말하기</td><td>읽기</td><td>어휘</td><td>쓰기</td><td>어법·문법</td><td>매체 활용</td><td rowspan="2">학습 내용 요약, 일반화</td></tr>
<tr><td>학습 준비도 향상</td><td>읽기 전략 학습
+
내용이해</td><td>읽기로부터 쓰기로 이환</td><td>쓰기 전략 학습
+
에세이 쓰기</td><td>학습 결과의 종합과 함께</td><td>프로젝트 수행, 발표</td></tr>
</table>

여기에서 보충 학습과 심화 학습에 대한 고려가 없는 점에 눈에 띄는데, 그 이유는 보충·심화 학습은 교과서에 제시하기보다는 교사용 지도서나 온라인 교재, 혹은 모듈형 교재로 제시하는 것이 바람직하다고 보기 때문이다.[16] 평가에 대해서도 역시 교사용 지도서에 기초 자료와 방법, 예시 도구 등을 제시하는 방식을 취하기로 한다. 평가면을 따로 두어 평가하기보다는 교수-학습 활동 과정에 통합하는 것이 바람직하기 때문이다.

14) 각 대단원의 이수 시간은 7(말하기·듣기, 쓰기)~9(읽기) 시간으로 일정하게 정해져 있는데, 사실은 이것도 신축성 있게 편성할 수 있어야 한다. 단원의 성격에 따라 이수 시간을 적게 혹은 많게 배정하는 것이다.

15) 한 학기의 대단원은 학교 교과와 관련하여 도덕·사회과 관련 주제, 수학·과학·실과과 관련 주제, 체육·음악·미술과 관련 주제, 그리고 언어 및 문학과 관련된 주제로 대별해서 접근할 수 있다.

16) 현재 대다수의 교사가 보충 학습과 심화 학습을 의도와 다르게 운영하거나 둘 다 다루고 있는 상황에서, 보충·심화 학습면 설정의 취지는 크게 퇴색했다.

(2) 수업모형-교재의 연계와 관련하여

미래형 교과서는 기본적으로 '교과서의 시스템화'를 추구해야 한다. 이를 위해서는 단원 구성 체제를 몇 가지로 유형화하고 그에 따른 교수-학습 매뉴얼을 상세화한다든지, 온-오프라인 교재가 상호 지원하는 체제를 갖춘다든지, 주요 학습 개념(내용 어휘와 기능 어휘 포함)에 대한 색인(같은 학년뿐 아니라 다른 학년까지)을 붙여서 쉽게 참조할 수 있게 한다든지, 교과서의 제본 자체를 파일 형식으로 해서 재배열할 수 있게 하는 등의 아이디어가 필요하다. 특히 수업모형을 바탕으로 하여 교과서를 시스템화하는 방안이 필요하다.[17)]

다양한 수업모형을 교재로 구현하기 위해서는 다소 거칠더라도 그것들을 몇 개의 유형으로 범주화하는 것이 편하다. 기본 유형을 정해 놓고 그것의 상세화 혹은 변형 방식을 제시하면 교과서 개발과 수업에서 쉽게 활용할 수 있기 때문이다. 그 분류 기준은 ① 목표 요소에 따라(인지 목표, 정서 목표, 기능 목표 등) ② 학습 특성에 따라(전달 학습, 탐구 학습, 체험 학습 등) ③ 학습 형태에 따라(개별 학습, 협력 학습, 경쟁 학습 등) ④ 수업 규모에 따라(일제 학습, 모둠별 학습, 개별 학습 등) 나누는 방식 등이 있겠으나, 이 글에서는 그 중 현실적으로 의미 있는 요소들만 뽑아서 <표 3-1-2>와 같이 범주화하고자 한다. 각각의 범주에 속하는 유형들은 크고 작은 수업 단위에서 적절하게 응용할 수 있다.[18)]

<표 3-1-2: 학습 영역과 수업 모형의 점검표 예>

특성 / 목표	전달 모형	계발 모형	경험 모형	협동 학습 모형	메타 모형
인지 학습(깨치기)					
정서 함양(즐기기)					
기능 숙달(익히기)					

17) 7차 교과서에서 수업모형을 바탕으로 한 교재화를 시도했는데, 일부 단원은 성공적이었으나 대부분의 단원은 큰 효과를 보지 못했다.

18) 모형들 사이에는 계열(sequence)뿐 아니라 위계(hierarchy)적 관계도 이루어진다. 예컨대 '단원 - 차시 - 학습 아이템'별로 각기 다른 모형을 적용할 수 있다. 하나의 모형 안에 다른 모형이 포섭되는 것이다.

(3) 학습 보조 장치와 관련하여

국어 교과서가 자료집의 성격을 벗어나 학습 안내서 성격을 띠게 된 지는 오래되었다. 초등학교의 경우 6차 교육과정에서 도입한 장치가 '날개'와 '처마'로서, 각각 독해에 도움이 되는 질문과 주요 어휘를 제시하여 학습을 보조하게 하였다. 또, 7차 교육과정에서는 '원리 박스'와 '자기 점검'을 두어 메타적인 학습이 이루어지도록 하였다. 단원 학습의 흐름에서는 벗어나지만 '쉼터' 역시 교과서의 활용도를 높이기 위한 방안이다. 학습 목표와 활동 과제를 제시하는 아이콘들 역시 학습에 대한 메타 인식을 가능하게 한다. 이러한 보조 장치들은 교과서의 주요 부분은 아니지만 특히 자율 학습의 효과를 높이는 기능을 한다.

교과서가 교수-학습 과정을 돕기 위한 자료라면 일반적인 읽기 자료나 워크시트, 평가지 등과는 다른 모습을 띠어야 한다. 학습 보조 장치가 필요한 이유도 오로지 학습 목표 달성을 쉽게 하기 위해서이다. 그와 관련하여 프랑스의 교과서를 참조할 수 있는데, 20여 년 전부터 프랑스 교과서에는 색인, 어휘 목록을 싣고 있다. 어휘 목록은 물론 본격적인 사전은 아니지만, 교과서에 나온 단어(개념)를 설명하는 기능을 한다. 색인 또한 필요한 개념을 교과서에서 찾아볼 수 있게 도와준다. 이 교과서에는 한 지면에서 다른 지면으로 연결되는 고리가 있어서, 예를 들어 교과서에 파란 색으로 된 단어는 어휘 목록에서 찾아보아야 한다는 뜻을 가질 수 있고, 빨간 색으로 된 단어는 색인을 통해 다른 몇 쪽을 찾아보라는 뜻을 지닐 수 있다. 때로는 어휘 목록, 혹은 몇 쪽 참조라고 직접 표시할 수도 있다. 교과서가 '앞에서부터 뒤로' 평명하게 흘러가는 것이 아니라, Web처럼 망(網)으로 조직된 구조를 갖게 된 것이다.

현재 중·고등학교의 참고서는 밑줄, 인출선, 다양한 아이콘과 인입 박스, 이단 및 상하 편집, 글꼴·글자 크기와 색깔의 변화 등을 활용해서 많은 학습 보조 장치를 제공하고 있다. 그것들이 대부분 지식 설명에 그치고 있는 것이 문제이지만, 그 기능을 교육적으로 재조직한다면 초등 교과서에서도 충분히 활용할 수 있다. 중요 개념이나 활동은 '알아야 돼요'와 '할 수 있어야 돼요' 등으로 강조하고, 하단이나 단원 말미, 권말에 참고 자료를 충분히 제시하며, 타교과 및 전학년의 학습 내용과 연관되는 부분을 짚어 주는 등의 장치를 통해 학습 효과를 극대화할 수 있는 것이다. 가능하다면 팝업북(pop-up book)의 기법을 취할 수도 있다. 결국 교과서는 유기적 조직을 가진 하나의 계(界)를 이루는 것이다. 또한 학습자는 새 교과서로 공부를 시작하기 전에 그 교과서를 활용하는 방법부터 배워야 한다. 교과서가 너무 복잡하면 안 되겠지만, 잘 정돈된 글과 예쁜 그림만으로 구성된 교과서는 탈피할 필요가 있다.

(4) 체재(體裁) 및 편집과 관련하여

교과서에 마련된 여러 장치 중에서 학습자의 시각을 가장 선명하게 자극하는 것이 교과서 체재이다. 교과서 체재는 교과서를 구성하는 물리적 요인으로서 판형, 글자 크기, 글자 및 낱말 사이의 간격, 글줄 길이와 글줄 사이의 띄기, 지질, 두께, 삽화 및 색도, 여백 처리 등을 말한다. 인쇄 및 제본, 표지 등도 여기에 포함시킬 수 있다. 단원 구성과 같은 교과서의 체제(體制)가 일종의 소프트웨어라면, 교과서 체재는 그에 상응하는 하드웨어라고 할 수 있다.

일반 대중을 상대로 하는 서적과는 달리, 교과서는 연령과 신체의 발달 수준에 따라 체재를 달리해야 한다.[19] 또한 학습 효과를 높일 수 있도록 체재와 편집을 다양화해야 한다. 그런 점에서 보면 현재의 교과서는 편집 디자인의 효과를 극대화한 일반 출판물과 비교해서 진부한 느낌을 지울 수 없다. 비록 예산상의 어려움이 있다고는 해도, 책 자체로서 학습자에 좋은 인상을 주지 못하는 것은 문제가 있다.

---

19) 예를 들어, 정찬섭 외(1993)에 의하면 당시 초등학교 저학년(2학년) 교과서의 활자는 20p.(28급)인데 비해, 실험을 통해 밝혀 낸 적정 크기는 이보다 무려 6p.나 낮은 14p.로 나왔다. 교과서뿐 아니라 우리나라 책들이 전반적으로 외국 책에 비해서 글자가 크고 그림이 많으며 여백이 넓은 것은 사실이다. 그렇게 하면 책이 시원시원해 보이는 장점은 있지만, 과연 가독성도 높아지는지에 대해서는 다시 점검해 보아야 한다. 쪽수가 늘어나면서 책값이 비싸지는 문제도 생긴다.

책의 질을 전반적으로 높이되 Workbook은 소모품으로 사용하고 Reading book은 보관용으로 물려 가며 사용하는 방안도 좋고, 특히 Reading book의 경우 쪽수는 늘리고 활자 크기는 줄이는 시도도 해 볼 필요가 있다. 또, 고학년으로 가면서 삽화의 양을 크게 줄이는 것이 바람직하며, 그림 외에 컷, 일러스트, 사진 등의 자료를 많이 활용해야 한다.

3. 교과서의 활용과 교사용 지도서

(1) 교과서의 재구성 및 활용 가능성과 관련하여

교과서는 절대적인 것이 아니며, 교육과정 목표 달성을 위하여 개발자(현재는 교육인적자원부)가 제안한 하나의 자료일 뿐이라는 견해는 이제 상식이 되었다. 그러나 특별한 동기와 조건을 갖추지 못한 대다수의 교사는 주어진 교과서 내에서 최대한 자율성을 추구하는 정도에 만족하는 것 또한 사실이다. 이러한 이상과 현실의 충돌을 완화하려면 애초에 교과서 자체를 재구성 및 변용에 적합한 방식으로 개발하는 것이 좋다. 예를 들어 교과서를 프로파일 방식으로 구성해서 적절하게 선정, 활용한다든지, 대단원과 대단원의 관계를 계열적이기보다 병렬적으로 설정하여 교사가 자유롭게 순서를 조정할 수 있도록 하는 것은 기계적으로 할 수 있는 방법이다. 또 배정된 시간에 비해 기본 학습량은 줄이고 선택 학습 분량을 늘려서 한 학기 수업의 전개를 자율화한다거나 인쇄 교과서를 중심으로 하여 온라인상에 여러 선택지를 제공하는 방식 역시 가능하다. 요는 교과서에서 필수 학습 요소와 교사 자율 학습 요소를 분명히 하고, 필수 학습 요소는 체계적으로 엄격하게 다루되 자율 학습 요소는 매우 자유롭게 아이디어와 자료만을 제공하는 방식을 취하는 것이 중요하다.

국어과 교과서를 Reading book과 Workbook의 2책 체제로 편찬한다면, 두 책을 시간마다 교차 적용하기보다 몇 시간씩 묶어서 교차 적용하는 방안도 생각해 볼 필요가 있다. 곧, 현재처럼 '말·듣 – 읽기 – 쓰기 – 다시 말·듣'으로 반복하는 것이 아니라 '독서 – 독서 – 독서

– 국어 – 국어 – 국어'의 방식을 취하는 것이다. 이렇게 하면 국어과 학습에 대한 학습자의 혼란을 줄이고 교수–학습의 호흡이 길어지는 효과가 있다.

(2) 교사용 지도서의 성격 및 기능과 관련하여

교사용 지도서는 수업에 필요한 이론 소개, 교수–학습 절차 및 방법에 관한 안내, 학습 내용 해설, 참고 자료 제공, 평가 지침 및 자료 제공 등의 기능을 한다. 현재의 지도서는 교과서 축쇄판을 싣고 수업 과정안 예를 보여주는 데 대부분의 지면을 할애하고, 지도상 유의점, 참고 내용, 더 활용할 수 있는 자료, 평가 계획 등에 나머지를 안배하고 있다. 축쇄판을 제시한 이유는 수업에 임해서 교과서와 지도서를 번갈아 보는 번거로움을 줄여 주고자 한 것이지만, 실제로 지도서를 보면서 수업에 들어가는 경우는 거의 없다는 점에서 지면 대비 효용이 매우 낮다고 할 수 있다. 또한 수업 과정안도 교과서에 제시한 학습 활동의 흐름을 거의 그대로 따라가면서 예상되는 응답 정도를 보여주는 것이기 때문에 현실적으로 큰 도움이 되지 않는다. 과정 중심 교과서를 표방하는 순간에 수업 과정안이 교과서 안으로 들어가 버리기 때문이다.

현재의 교재 체제를 개선하여 미래 지향형의 교재를 개발한다면, 가장 많은 연구를 해야 할 분야가 교사용 지도서의 체제 부분이다. '총론 – 각론 – 부록'으로 되어 있는 전체 체제와, '단원 개관 – 차시별 과정안 – 평가 도우미'로 되어 있는 단원 체제, 그리고 교과서 축쇄판을 싣고 그 여백에 필요한 내용을 부가하는 과정안 체제 모두가 개선 대상이다. 일단은 수업 과정안 제시보다는 현재의 교육과정 해설서와 같은 성격을 취하도록 하는 것이 중요하고, 학년별로 중복되는 내용도 줄여야 하며, 기계적인 반복[20]과 뻔한 응답[21]도 고쳐야 한다. 무엇보다도,

---

20) 예를 들어, 차시별 과정안에서 '도입'과 '정리' 부분은 말만 조금씩 바뀔 뿐 전차시에 걸쳐서 거의 비슷한 활동을 제시하고 있다.

21) 학습 과제에 대해 나올 수 있는 답을 예시하는 경우, 그 대부분은 굳이 지도서를 보지 않아도 뻔히 알 수 있는 일차적인 내용들이다. 그리고 좀더 생각해야 하는 복잡한 답은 지도서에도 나오지 않는다!

교사는 아무것도 모를 것이라고 전제하고 하나하나 모범을 보여주는 계도적 관점부터 버릴 필요가 있다.

이러한 문제의식 아래 교사용 지도서에 실어야 할 내용을 다음과 같이 떠올려 볼 수 있다.

첫째, 교육과정 내용과 관련하여 해당 학령의 언어적·심리적·문화적 발달 특성을 설명한다. 그 기초 위에 단원 목표를 제시하고, 학습 내용들의 유기적 구조를 보여줘야 한다. 이때 단원 목표는 현재와 같은 '내용 – 활동'의 단순 기술이 아니라 성취도 기준과 같은 구체적인 것이어야 한다.

둘째, 학습 내용과 관련한 이론 및 개념들을 설명한다. 이 '내용'에는 국어과 관련 내용뿐 아니라 통합 교과적인 내용이 모두 포함된다. 예를 들어 전기를 제재로 실었다면, 전기문의 텍스트적, 소통적 특성과 함께 해당 개인 및 당대 사회에 대한 정보까지 다뤄야 하는 것이다. 물론, 텍스트에서 다룬 세부 정보도 해설해야 한다.

셋째, 수업모형의 운용에 관한 정보를 제공한다. 관련 목표를 달성하는 데 활용할 수 있는 기본 모형과, 그것의 구체적인 적용 방안, 다른 모형들과의 관련, 예상되는 문제와 해결 방안 등을 보여줘야 한다.

넷째, 수업 전·중·후에 활용할 질문과 지시들, 그리고 그와 관련한 피드백 전략을 제시한다. 현재의 과정안과 가장 비슷한 것이 이 내용들일 터이지만, 굳이 과정안 형식을 밟지 않아도 된다. 여기에는 평가도 포함되고, 필요하다면 숙제도 포함된다.

다섯째, 교과서 재구성 및 활용의 아이디어, 그리고 자료들을 소개한다. 수업 중에 활용할 수 있는 보충 자료, 발전적인 학습 아이디어와 확장 자료들, 전·후 학년 및 타교과 학습 내용과의 관련, 이미 이 교과서로 수업한 결과물들, 그리고 이 단원의 수업에 대한 교사들의 의견과 충고(이것들을 위해서도 교과서를 공간하기 전에 충분한 실험을 해야 한다.) 등을 실어야 한다.

교사용 지도서가 이런 모습을 띤다면, 교사는 그것을 수업에 가지고 들어가는 것이 아니라 수업 준비 과정에서 충분히 읽고 그것을 바탕으로 하여 자기만의 수업 계획을 세울 수 있다.

(3) 교과서 지원 센터와 관련하여

미래 지향형 교과서는 매년 끊임없이 보충, 업그레이드되는 교과서라야 한다. 현재의 기간본 수정 정도의 보완이 아니라, 1년 동안 활용한 결과를 총체적으로 반영하여 자료와 활동을 수정하고 그에 따라 교사용 지도서도 개선할 필요가 있다. 특히 작년에 수업한 자료(수업 계획안, 평가 자료, 학습 산출물 등)를 제공해 주면, 그것을 참조하여 보다 진전된 수업을 계획할 수 있다.

문제는 인쇄된 교과서는 이러한 업그레이드를 하는 데 비용과 신속성 면에서 한계가 있다는 점이다. 그 한계를 보완하기 위해 온라인 지원 센터 개념이 필요하다. 곧, 인쇄 교과서에는 비교적 고정적인 부분(교육과정 관련 부분이나 문학 텍스트, 전형적인 텍스트 등)만을 담고 유동적인 부분(시사적인 텍스트, 평가 관련 등)은 온라인 교과서에 탑재하는 것이다. 교사용 지도서 역시 마찬가지의 방법을 취할 수 있다. 이렇게 하면 인쇄 교과서를 크게 바꾸지 않고도 늘 새로이 업그레이드된 교과서를 활용할 수 있다.

교과서 지원 센터는 교사에 대한 지원 역할도 할 수 있다. 국어교육에 관한 최신 이론 소개, 평가 도구 제공 및 평가 결과 해석과 같은 평가 지원, 교과서 활용에 대한 문답 등이 교과서 지원 센터가 지원할 수 있는 내용들이다. 다만 이를 위해서는 별도의 전담 연구원과 상당한 예산이 필요하다는 문제가 남는다.

Ⅲ. 미래 지향형 국어 교과서 단원 구성의 방안

1. 단원 편성 방법

교과서는 몇 개의 하위 학습 단위로 구성된다. 일단 한 학기를 하나의 완결된 주기로 보면, 한 학기 교과서는 몇 개의 대단원으로, 대단원은 다시 중·소단원으로, 그리고 소단원은 다시 몇 차시로 구성되는 것이 보통이다.22) 여기서 (대)단원을 설정하고 한 학기 안에 그 것을 안배하는 것을 '단원 편성'이라고 부르기로 하자.

초등학교의 경우, 5·6차 교육과정기의 교과서는 소단원 체제를 취하고 있기는 하지만 그것들의 편성에 대해 크게 고려한 흔적은 보이지 않는다. 교육과정 내용을 일정한 비중에 따라 반영하는 데 그칠 뿐이다. 7차 교과서는 대단원 체제를 취하는데, 교육과정 내용에 의거하여 정보 전달, 설득, 친교, 그리고 정서 표현이라는 텍스트 기능을 중심으로 단원을 설정하였다. 이는 4차 이후 중학교에서 취했던 문종별 단원 설정과 유사하지만, 그보다 더 포괄적이다. 중학교와 고등학교의 경우에는 5차교육과정 이후 듣기·말하기·읽기·쓰기의 언어 활동 영역을 중심으로 대단원을 구성하는 방식을 취해 왔다. 그러나 하나의 대단원 안에 여러 활동을 통합하여 집어넣다 보니, 초점이 흐려지고 읽기 영역에 다른 영역이 종속되는 모습을 보인다.

텍스트 기능별 단원 구성은 목표 중심의 교과서 구성 방향과 맞물려 소통 능력을 기르는 데 매우 효과적인 방식이다. 그러나 대단원 내에 비슷한 텍스트를 집중 배치하면 긍정적인 효과와 함께 부작용도 나타나게 되어 있다. '비슷한 글/담화 형식과 활동이 반복된다.'는 불만이 그것이다. 또한 텍스트 기능을 단순히 몇 가지로 대별할 수 있는가 하는 의문과, 과연 그 안에 수록된 제재들이 그런 기능으로 한정되는가 하는 본질적인 질문을 피할 수도 없다.

이 글에서는 단원을 편성하는 방법을 몇 가지로 나누어 살펴보고, 바람직한 대안을 생각해 보기로 한다.

① 텍스트 기능에 따른 편성 : 텍스트의 의사소통적 기능을 바탕으로 하여 단원을 편성한다. 1) 표현 2) 설명 3) 논증 4) 친교 5) 시 6) 묘사와 서사 7) 공연 등으로 대단원을 설정하고 그 안에 하위 텍스트들을 안배하는 방식으로, 현재의 단원 편성 방법을 일부 수정하면 그대로 적용할 수 있다. 이 방식은 앞서 말한 대로 기능 중심으로 텍스

22) 5·6차 교육과정처럼 대단원 없이 직접 소단원으로 들어가는 방법도 있다.

트들을 모아 놓다 보니 학습자의 흥미를 떨어뜨릴 염려가 있다.

② 주제와 소재에 따른 편성 : 텍스트가 다루고 있는 내용을 중심으로 하여 단원을 편성한다. 1) 자아 2) 역사와 사회 3) 자연과 기술 4) 예술 5) 언어와 문학 6) 실용 등으로 대단원을 설정하고 그 안에서 여러 세부 주제를 다루는 방식으로, 3차 고등학교 교과서 등에서 실시한바 있다. 국어교육의 내용 편중이나 지배 이데올로기 편향, 소재주의에의 함몰 등 약점이 있으나, 학습자의 관심과 흥미를 고려하고 통합 교과적인 접근이 가능하다는 장점이 있다.

③ 학습 목표에 따른 편성 : 국어과 학습 목표를 크게 범주화하고 그에 따라 단원을 편성하는 방식이다. 1) 지식 단원, 2) 정서 및 태도 단원, 3) 기능 단원으로 나누는 방식이 대표적인데, 학습 목표가 분명해지고 초점도 모이는 장점이 있다. 그러나 지식 – 정서·태도 – 기능을 분리하기가 쉽지 않다.

④ 언어 활동 영역에 따른 편성 : 음성 언어·문자 언어·매체 언어와 이해, 표현을 고려하여 단원을 설정하는 방식이다. 5~7차 초등학교에서 『말하기·듣기』, 『읽기』, 『쓰기』로 책을 나눈 것을 단원으로 재배치했다고 보면 된다. 1) 듣기·말하기 2) 읽기 3) 쓰기 4) 매체로 단원을 설정할 수 있다. 활동의 초점이 분명해지고 기능을 심도있게 다룰 수 있는 장점이 있는 반면, 언어 활동의 통합성 측면이 약해진다.

⑤ 언어 활동의 분야에 따른 편성 : '분야'라는 용어는 공인된 것은 아니다. 앞에서 본 '영역'보다 넓거나, 다른 관점에서 본 것이라고 받아들이면 된다. 1) 리터러시, 2) 문법, 3) 문학 등으로 단원을 설정할 수 있는데, 이와 유사한 방식은 5·6차 중학교에서 볼 수 있다. 문법과 문학을 특화하고 사고력 및 의사소통 능력, 문화적 소양 등과 관련되는 부분을 모아서 학습할 수 있는 장점이 있다. 초등 단계보다는 중등 단계에 더 적절한 방법으로 보인다.

⑥ 매체에 따른 편성 : 음성 언어와 문자 언어, 매체 언어를 구별하여 단원을 설정하는 방식으로, 특히 매체를 강조하기 위한 편성 방법

이다. 대중 매체, 영상 매체, 컴퓨터와 인터넷, 프레젠테이션 등의 단원을 설정함으로써 미래의 언어 환경에 대비하고 학습자의 흥미도 고취할 수 있다. 그러나 이 방법은 단원 편성의 기본 체제보다는 다른 체제에 부가하는 방식이 더 효과적으로 보인다.

사실, 그동안 50년 넘게 국어교육을 해 오면서 가능한 편성 방법은 거의 다 시행해 봤다고 보는 것이 옳다. 그 각각이 다 장단점을 가지고 있고, 또 어느 하나의 방법만을 적용하기보다는 몇 개의 방법을 종합하여 적용하는 것이 더 효과적이라는 생각도 든다. 결국 국어 교과서 개발의 전체적인 방향과 관련하여 선택할 문제인 것이다. 이 글에서는 학습자의 흥미와 발달 특성, 통합 교과적 접근, 학습 리터러시 및 세계지식 등과 관련하여 주제 중심의 접근을 기본으로 하고 다른 방법을 그 안에 통합하는 방식을 제안한다.

2. 단원 전개 방법

단원 편성이 하나의 책을 구성하는 단원을 어떤 식으로 설정하는가의 문제라면, 단원 전개는 각각의 단원을 어떤 순서로 조직하는가 하는 문제를 다룬다. 국어 교과서의 단원은 단원 학습 목표 및 제재로 활용되는 텍스트의 특성에 따라 다양하게 전개할 수 있지만, 전체적으로는 하나의 일관된 원리를 지키는 것이 좋다. 그럼으로써 교사와 학습자가 수업 과정에서 어려움이나 혼란에 빠지는 것을 피할 수 있기 때문이다.

그에 대하여 Dick과 Reiser(1989)는 교수 과정을 설계하는 데 적용되는 일곱 가지의 원리를 제시하고 있다(여운방 외, 2002에서 재인용). ① 학습자의 동기화(Motivating the learner), ② 학습 목표의 구체화(Identifying what is to be learned), ③ 선행지식의 상기(Reminding learners of past knowledge), ④ 적극적인 학습 활동 참여(Requiring active involvement), ⑤ 학습 지도와 피드백 제공(Providing guidance and feedback), ⑥ 평가(Testing), ⑦ 학습 강화 및 교정 제공(Providing enrichment and remediation)이 그것이다. 곧, 교과서 개발자는 단원 전개 과정에서 이들

활동이 원활하게 이루어지도록 자료를 제시하고 활동을 설계하며 각종 아이디어와 장치들을 배치해야 하는 것이다. 이를 위한 방법으로 다음과 같은 전개 방식들을 생각할 수 있다.

① 과제 중심 접근 : 학습 과제의 해결 단계를 추적하여 단원을 전개한다. 쓰기에서 '아이디어 생산→내용 선정 및 조직→표현→고쳐쓰기' 단계로 단원을 전개하는 것이나, 읽기에서 '읽기 전 활동→읽는 중 활동→읽은 후 활동'으로 전개하는 방식이다. 이를 위해서는 과제 분석을 세밀히 하고, 각 단계별 요구 행동을 자세히 예측해야 한다. 6·7차 교과서의 '과정 중심 접근'이 이를 표방하고 있다.

② 능력 중심 접근 : 학습 목표가 되는 국어 능력을 분석하여 그 위계에 따라 단원을 전개한다. 여기에는 다시 국어 능력을 여러 하위 능력(혹은 전략)으로 분절하여 그것들을 순차적으로 습득·숙달하도록 하는 방식이 있고, 반복 학습을 통해 어떤 기능을 점점 세련시켜 가는 방식이 있다. 교수-학습의 초점과 위계가 분명하지만, 국어 능력이 통합적, 총체적으로 발현된다는 점에서 어려움을 겪는다.

③ 논리적 접근 : 학습 목표로서의 지식이나 기능 습득, 혹은 태도 변화가 일어나는 방식을 추론 과정과 비슷하다고 상정하고 단원을 전개한다. 연역적 전개와 귀납적 전개가 대표적이고, 대립되는 견해나 문제 상황을 주고 의도한 결과를 이끌어내는 변증적 전개도 가능하다. 이는 일반적으로 적용하기보다는 목표의 특성에 따라 그때그때 다르게 적용해야 한다.

④ 학습 경험별 접근 : 국어 활동의 특성을 고려하여 단원을 전개하는 방식이다. 분절적 접근과 통합적 접근, 그리고 범교과적 접근이 가능하며, 대체로 초급 단계에서는 분절적·분석적 접근이, 고급 단계에서는 통합적·총체적 접근이 유리하다. 단원 전개 과정에서는 도입부에 분절적 접근을, 정리부에 통합적 접근을 활용할 수 있다.

⑤ 학습 특성별 접근 : 국어교육의 목표인 지식, 정서 및 태도, 기능 등과 관련하여 학습자가 실제로 무엇을 하기를 원하는지 따져서 그것들들 적절히 조합하는 방식이다. 지식과 관련하여 '알고 깨치기', 정

서・태도와 관련하여 '느끼고 즐기기', 기능과 관련하여 '익히고 하기'를 요구한다면, 그것들의 조합은 다음과 같이 다양하게 나올 수 있다(최영환, 2004).

- 일원 학습 : ① 깨치기 ② 익히기 ③ 즐기기
- 이원 학습 : ④ 깨치기 → 익히기 ⑤ 깨치기 → 즐기기 ⑥ 익히기 → 깨치기 ⑦ 익히기 → 즐기기 ⑧ 즐기기 → 깨치기 ⑨ 즐기기 → 익히기
- 삼원 학습 : ⑩ 깨치기 → 익히기 → 즐기기 ⑪ 깨치기 → 즐기기 → 익히기 ⑫ 익히기 → 깨치기 → 즐기기 ⑬ 익히기 → 즐기기 → 깨치기 ⑭ 즐기기 → 깨치기 → 익히기 ⑮ 즐기기 → 익히기 → 깨치기

하나의 단원을 어떻게 전개하느냐 하는 것은 결국 수업을 어떤 식으로 설계하느냐 하는 문제와 같고, 그 자체가 교과서 개발 과정이기도 하다. 단원 편성과 마찬가지로 단원 전개 역시 교과서 개발의 다른 변수들과 연계되는 문제인데, 이 글에서는 일단 학습 특성에 따라 '깨치기'와 '익히기', '즐기기'를 일원, 이원, 삼원으로 조합하는 방식을 단원 전개의 기본 방법으로 제안한다. 교과서 개발자는 그것을 수업 모형 및 제재 선정과 연계, 통합하는 방안을 탐색해야 한다.

3. 국어 교과서 개발에서의 분기점

교과서는 하나의 이상적인 안이 있다기보다는 교육 현실에 비추어 본 공동체의 합의(타협이라고 해도 좋다)라는 성격이 강하다. 그 때문에 개발 과정에서 고려해야 할 변인들이 더욱 많아지는 점도 있다. 물론 그 중에는 불필요한 것들도 있는데, 그러한 비본질적인 변인을 줄여 나가는 것도 개발진에게 주어진 과제이다. 교과서 개발과 관련한 변인들을 <그림 3-1-1>과 같이 층위를 나누어 살펴보면 고려점이 더욱 선명하게 드러난다.

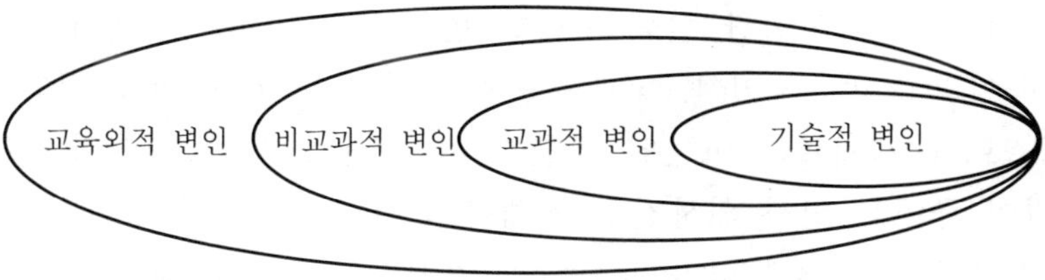

<그림 3-1-1: 국어 교과서 개발에 관여하는 변인들의 층위>

여기서 교육외적 변인은 가장 비본질적인 변인이라고 할 수 있다. 교육 이념이나 '사회의 공공 질서' 등과 관련된 국가의 요구, 여성 단체나 장애인 단체, 문중(門中), 업종별 노조 등 이해 집단의 요구, 경비 및 상품성과 관련되는 출판사의 요구 등이 이에 해당한다. 이러한 변인들은 교육 그 자체를 위해서는 큰 고려 대상이 아니지만, 현실적으로 제일 강한 압력이기도 하다.

교육 일반과 관련되지만 국어교육의 본질과 거리가 있는 비교과적 변인으로는 배당 학년, 단위 수와 주당 시간, 담당 교사의 전문성, 타 교과와의 관련성, 인접 교과와의 연계성 등을 들 수 있다.

국어교육의 본질과 관련되는 교과적 변인으로는 국어학과 문학학(文學學), 심리 · 사회 언어학, 텍스트학과 커뮤니케이션 이론, 문화론, 교육학 등 기초 학문의 연구 결과 수용 문제, 국어 및 국어교육관, 국어 교과서관의 문제, 국어교육의 이론적 경향 등을 거론할 수 있다. 특히 중요한 것은 텍스트 선정의 정당성 문제로서, 심의 과정에서 자주 지적되는 내용이기도 하다.

마지막으로 기술적 변인이 있는데, 이는 국어교육과 교과서의 현실성을 고려한 것이다. 전체 쪽수와 쪽당 원고량, 제재의 분량과 시간 안배, 번역 · 번안의 타당성, 저작권 확인, 시대 · 지역 · 장르 · 성별 · 연배 등의 안배, 레이아웃, 일러스트 등이 그 예들이다. 이들 변인은 사소한 듯이 보이지만, 어느 하나가 걸리면 그대로 텍스트 자체가 제재에서 빠져 버리는 경우가 많다는 점에서 진지하게 고려해야 할 변인이다.

교과서 개발 과정이란 실상 이러한 변인들을 고려한 선택과 타협의 연속이라고 할 수 있다. 교과서를 두껍게 혹은 얇게 만들 것인가, 이 텍스트를 제재로 받아들일 것인가, 이 활동을 넣을 것인가 등을 끊임없이 물어 가면서 의사결정을 해야 한다. 그 각각의 분기점에서 어떤 선택을 하느냐에 따라 교과서의 최종상이 달라질 것이다.

Ⅳ. '좋은' 국어 교과서의 조건

국어교육학의 패러다임 변화를 가장 실감나게 보여주고 실천적으로 가장 큰 영향을 주는 것은 어떤 이론서나 연수 프로그램이 아니라 보급된 국어과 교재 그 자체라는 지적(박인기, 1989)이 있었다. 교육과정이 아무리 바뀌어도 수업은 안 바뀐다는 자조 섞인 비판도 있지만, 그나마 수업 변화를 강제하는 것이 교과서이다. 7차 교육과정 공포와 함께 교사 집단이 개발한 『우리말 우리글』의 성공과 한계에 대해 생각해 보면, 교과서가 할 수 있는 일과 할 수 없는 일이 드러난다. 한편으로 가장 추상적인 수업 형태를 가정해서 보여주고, 다른 한편으로 끊임없이 구체화를 요구하는 것이 교과서이다. 다른 무엇보다도, 교육과정 정신의 구현과 수업에서의 효용성이 교과서 개발의 가장 중요한 두 준거인 것이다.

교과서는 교육공동체의 교육 이념을 바탕으로 교육 목적을 달성하기 위하여 교육과정의 기본 정신에 따라 편집된 학습 자료이다. 또한 교과서는 교육과정 내용을 가장 체계적이고 포괄적으로 다룬 공식적 교재이기 때문에, 그 구성에서 여타의 교재와는 다른 엄밀한 조건을 충족시켜야 한다. 이와 관련하여 교육부에서는 좋은 교과서의 기본 조건으로 다음과 같은 일곱 가지를 들고 있다(함종규, 1987).

① 교육과정에서 제시한 교육 계획과 교과 경영의 기준에 충실해야 한다.

② 학생의 요구 수준과 학습 능력에 부합되어야 한다.
③ 이론과 실제가 결부되는 학습 내용이어야 한다.
④ 교육학적 근거에 의해 구성되어야 한다.
⑤ 확실한 사실, 예증, 경험의 기술 등을 배치해야 한다.
⑥ 학생의 이해력에 맞도록 생생한 언어로 씌어져야 한다.
⑦ 내용의 정확성, 풍부성만이 아니라 위생적, 미학적 만족을 충족시켜야 한다.

이러한 조건은 교과서라면 어느 교과의 것이든 공통적으로 지녀야 할 것으로, 국어과 역시 이에서 벗어나지 않는다. 국어교육의 특성을 고려하여 몇 가지 덧붙인다면 다음과 같은 조건들을 더 들 수 있다.

⑧ 텍스트 특성에 따라 구성, 조직되어야 한다.
⑨ 국어의 다양한 소통 상황을 포괄해야 한다.
⑩ 사고, 의사소통, 문화 등 국어 능력의 여러 국면을 자극해야 한다.
⑪ 국어 능력의 편차에 따른 반응의 개방성을 수용할 수 있어야 한다.
⑫ 내용상 범교과적인 관련성을 지녀야 한다.
⑬ 학습 리터러시를 신장시키도록 계획되어야 한다.
⑭ 언어 활동의 과정과 그에 따른 전략을 명시적으로 다루어야 한다.
⑮ 국어과 수업모형과 상동성을 지녀야 한다.

무엇보다도 교육의 중심은 교사이지 교과서가 아니라는 믿음 아래, 교육과정 및 교과서 개발자와 교사, 국어교육학자가 상호 협력하는 체제를 구축하는 일이 중요하다.

제2장
읽기 교재의 체계화와 활용 원리

Ⅰ. 읽기의 가치와 읽기 교재론의 필요성

읽기는 개인의 측면에서는 정보 습득과 처리를 위한 사고 과정이자, 문자 언어를 통한 발신자와 수신자 간의 의사소통 과정이라 할 수 있다. 또한 읽기는 문자 경험을 통해 읽기 주체의 정서와 가치관이 변해 가는 과정으로 볼 수도 있다. 아울러 공동체의 측면에서는 특정 언어공동체를 단일 문자권으로 통합하는 기제가 되기도 하고, 문자로 표상된 문화의 전파와 전승 과정이 되기도 한다. 곧 읽기는 인간의 문화 현상에서 매우 중요한 부분을 담당하고 있는 하나의 '실체적 현상'이라 할 만하다.

그러나 정작 '읽기란 무엇인가?' 하는 물음에 대한 대답은 그 말을 사용하는 사용하는 사람에 따라, 혹은 상황에 따라 조금씩 다르게 나오는 것을 볼 수 있다. 그 이유는 읽기 이론이 계속 변화, 발전해 가기 때문이지만, 한편으로는 읽기 자체가 본질적으로 다양한 속성을 지니고 있기 때문이기도 하다.

지금까지 학교교육에서 읽기의 개념은 대체로 다음과 같이 다섯 가지 정도로 다르게 사용되어 온 듯하다. 이 차이는 읽기 현상의 장(field)이나 해석자들의 관점의 차이에서 나오는 것이 아니라 읽기 자체의 다층성과 다면성에서 나오는 것이다.

① 읽기는 문자 해독 과정이다.
② 읽기는 텍스트 내용의 이해 과정이다.
③ 읽기는 필자-텍스트와 독자 사이의 의사소통을 통한 의미 구

성 과정이다.
④ 읽기는 텍스트를 기반으로 한 독자의 자아 실현 과정이다.
⑤ 읽기는 텍스트를 매개로 이루어지는 사회적 의미 구성을 통한 가치 구현 과정이다.

여기서 ①은 읽기의 기초 단계로서 사실상 본격적인 읽기라고 하기에는 무리가 있다. 물론 문자 해독 없이는 읽기 자체가 가능하지 않지만, 시각 자극(문자 기호)을 청각 자극(음성 기호)이나 심리적 이미지로 변환하는 능력은 단시일 내에 자동화되는 것으로서, 고등 사고나 어떤 문화적 능력을 필요로 하지 않기 때문이다. 따라서 이 문제는 입문기 문자 교육으로 넘겨줘도 될 성싶다.[1] 그보다 우리가 '읽기'라고 말할 때에는 대개 내적으로 의미·형식 면에서 완결되고 외적으로 언어적·문화적 상관성을 지니는 하나의 텍스트(text)를 전제한다. 곧 ②~④를 중심으로 읽기 개념을 파악하고, 그로부터 읽기의 이론이 전개되는 것이다. 읽기의 기능을 정보 제공, 지적 능력 개발, 바람직한 정서와 가치관 함양, 사회적 유대감과 결속력 강화로 보는 관점(박영목, 1995) 역시 ②~④의 읽기 개념과 일대일로 연결된다.

학교 교육에서 읽기의 중요성은 더욱 강조된다. 읽기 일반의 기능 외에 교육공동체의 이념과 합의에 따라 새로운 기능이 부가되기 때문이다. 거기에는 다음과 같은 것들이 있다.

① 읽기는 교육적 의사소통의 수단이 된다. 학습자는 그들이 습득하거나(=지식) 숙달하거나(=기능) 혹은 함양해야 한다고(=태도) 교육공동체가 기대하는 것들을 텍스트를 통해 접하게 되고, 학습 과정과 결과를 텍스트로 표출한다. 읽기가 없으면 교육에서의 상호 소통은 상당 부분 불가능해진다.
② 읽기는 학습의 기초가 된다. 학습자는 전적으로 '배우기 위해' 읽는다. 학습자는 대부분 읽기를 통해 교육 내용을 파지하며, 교사의 자극과 안내, 설명은 학습을 위한 읽기가 보다 원활히 이루어지도록 보조하는 역할을 할 뿐이다.

---

1) 이 부분을 기초 문식성(basic literacy)으로 개념화하여 심층적인 연구가 이루어지고 있기는 하다. 여기서는 그 부분을 다루지 않는다.

③ 읽기는 범교과적 활동이다. 교육공동체가 선정하고 조직하여 제시하는 교과는 매우 다양하다. 그러한 다양한 교과에 일관되게 나타나는 외적 활동은 언어 활동뿐이며, 특히 읽기는 모든 교과 학습의 기초가 된다.
④ 읽기는 교수-학습의 표준화를 가능하게 한다. 문자 언어로서의 읽기의 특성상, 텍스트로 제시되는 교수-학습 내용, 방법, 절차 등은 외적 변인의 영향을 거의 받지 않는다. 개별적으로 이루어지는 학습을 읽기가 조정·통합하는 것이다.
⑤ 읽기는 중요한 평가 매체가 된다. 지필평가를 포함하여 대부분의 평가는 읽기에 바탕을 두고 이루어진다. 학습자는 읽기를 통해 평가 목표와 과제를 확인하며, 평가 결과를 송환 받는다.
⑥ 읽기는 학습자를 문자 문화 체계로 편입시킨다. 20세기 후반 들어 인터넷과 멀티미디어를 활용한 토탈 정보 시스템이 비약적으로 발전했지만, 아직도 인류 문화는 그 기반을 문자에 두고 있다. 학교교육은 여러 국면에서의 읽기 활동을 통해 학습자를 문화화(culturalization)한다.

이처럼 읽기가 학교 밖에서, 안에서 지니는 의의에 비추어 볼 때, 읽기 교재의 중요성은 재삼 강조할 필요가 있다. 읽기 교재는 읽기 지도의 내용과 방법을 구체화하여 교육과정과 교사, 학습자를 통합하는 매개가 되기 때문이다. 사실상 교사 없는 수업은 상상할 수 있어도 교재(=읽기 활동) 없는 수업은 상상하기 어렵다. 그런 점에서 읽기 교재는 범교과적으로 학습 활동이 성공적으로 이루어지느냐 그렇지 않으냐의 관건을 쥐고 있다고도 할 수 있다.

문제는 읽기 교재 자체가 또 하나의 읽기 텍스트가 된다는 점이다. 다른 교과의 경우, 그 교과 학습에 읽기가 필수적으로 요구되기는 하지만 정작 교수-학습의 목표와 내용은 별도로 존재한다. 비유컨대 손가락으로 달을 가리킨다고 할 때, 읽기는 달이 아니라 손가락에 해당하는 셈이다. 그러나 읽기 학습은 '읽기 능력을 신장시키기 위해 읽기 활동을 하는' 것으로, 달이 곧 손가락이 되고 손가락이 곧 달이 된다. 이 점 때문에 읽기 교재는 다른 교과의 교재에 비해 더욱 세심한 접근이 요구된다. 읽기의 과정, 읽기의 세부 기능, 읽기에서의 전략 등이 정교하게 조직되어, 교재 읽기 활동을 통해 학습자의 읽기 능력 자체가 총체적으로 신장될 수 있도록 조직해야 하는 것이다. 단순히 읽기의 전 과정을 반복 경험하게 하고 다양한 읽기 자료를 제공하는 것으로 읽기 지도가 이루어졌다고 치부할 수는 없다.

여기에서 읽기 교재를 체계화하기 위한 사전 조건을 점검하고 교재의 체계화 및 적용 방안을 모색할 필요성이 생긴다. 곧 읽기 지도가 염두에 두는 숙련된 독자의 특성 및 미숙한 독자를 숙련된 독자로 이끄는 방법을 점검하고, 바람직한 읽기 교재의 모습을 잠정적으로나마 모색할 필요성이 대두되는 것이다. 읽기 지도의 목표와 내용, 방법이 적극적으로 표상된 교재가 제공될 때 효과적인 읽기 지도가 이루어질 수 있는 것은 물론, 범교과적 학습의 효과도 기대할 수 있다.

Ⅱ. 읽기 지도의 관련 개념들

읽기 지도와 읽기 교재의 문제를 탐색하기 전에 먼저 짚고 넘어갈 부분이 있다. 그것은 읽기 지도를 둘러싼 개념들을 명료하게 구별하는 일이다. 기존의 많은 논의들이 읽기 및 읽기 지도의 연구 수준을 높이는 데 크게 기여해 왔지만, 부분적으로는 몇몇 개념들을 서로 구별하지 않고 사용하거나 아예 언급을 하지 않음으로써 후속 논의를 어렵게 만드는 경우도 있었다. 이 글에서는 교재 체계화에 직접 연관되는 개념들만을 간략하게 짚어 보고 그를 바탕으로 논의를 계속하기로 한다.

① 읽기 전략과 읽기 지도 전략 : 많은 경우 읽기 지도의 문제를 다루면서 읽기 과정 혹은 읽기 전략을 탐색하는 데 그치는 경향이 있다. 당연하게도 읽기 전략은 읽기 연구의 핵심이 된다. 하지만 읽기 지도는 읽기 자체와는 또 다른 국면의 문제이며, 읽기 전략은 읽기 지도 연구에서 기초는 될지언정 핵심이 된

다고 보기는 어렵다. 읽기 지도 연구의 핵심은 '읽기 능력을 어떻게 신장시킬 것인가' 하는 지도 전략에 있는 것이다.[2] 마찬가지로 특정 텍스트의 읽기 과정과 그 텍스트를 제재로 한 읽기 수업의 과정 역시 다르다.

② 읽기 전략 지도와 학습 전략 지도 : 읽기가 학습의 기초 교과이자 범교과적인 성격을 띠고 있기 때문에 생기는 혼란이다. 읽기 전략 지도는 그야말로 읽기 능력을 신장시키기 위한 것으로, 학습자는 '읽기를 배우게(learn to read)' 된다. 그에 비해 학습 전략 지도는 학교 학습의 효율성을 높이기 위한 것으로, 학습자는 '배우기 위해 읽게(read to learn)' 된다. 초기 단계에서는 이들이 비교적 명백하게 구별되지만 수준이 높아질수록 점점 구분하기 어렵게 되며, 실제로는 동시에 이루어지게 된다. 하지만 개념적으로는 분명히 다르다는 점을 인식해야 한다.

③ 읽기 지도와 독서 지도 : 읽기 지도가 읽기 능력의 신장을 목표로 한다면 독서 지도는 다양한 안내된 읽기 경험을 제공함으로써 학습자의 사고 및 정서를 발달시키는 것을 목표로 한다.[3] 이들이 많은 부분 겹치는 것은 사실이지만, 전적으로 같은 것은 아니다. 읽기 지도는 분절적인 접근이 가능하지만 독서 지도는 그렇지 않으며, 말하자면 독서 지도는 읽기 지도의 심화 및 발전으로 이해해야 할 것이다.

④ 단원 구성 모형과 단원 전개 모형 : 대부분의 교재론은 단위 단원, 혹은 단위 수업을 어떻게 구성할 것인가에 초점을 두어 논의를 전개해 왔다. 그러나 교재 구성에서 단원 구성 못지않

---

2) 읽기 전략 이론은 대부분의 교과교육학에서 얘기하는 '기초 학문' 혹은 '내용학'에 해당된다고 볼 수 있다. 이것은 인지심리학이나 텍스트언어학, 독서 이론 등과 관련되며, 읽기 지도 전략 이론은 국어교육학에 관련된다.

3) 읽기 지도가 학습자의 사고에 미치는 영향을 박수자(1994)는 Francis의 견해를 인용하여 다음과 같이 정리하고 있다. 곧 첫째, 읽기 지도는 학습자의 지적 변화를 유도한다기보다 학습자의 심리적 표상 능력을 확장시킨다. 둘째, 문자 언어를 익히면 학습자는 세계 지식의 확장이 가능하고 그 지식에 대해 깊이 있는 생각을 할 수 있다. 셋째, 읽기와 읽기의 본질·작용에 대해 알게 함으로써 학습자는 실제 학습에 대해 학습하는 것을 배운다. 넷째, 읽기 학습은 언어의 권위를 배제한다는 것이다. 이는 읽기 학습이 단순히 언어적 사고 능력에만 관계되는 것이 아님을 암시한다.

게 중요한 것은 단원 전개, 곧 단원과 단원의 배열이다. 지금까지 단원 배열이 막연하게 '쉬운 것 다음에 어려운 것'이나 '시후 · 절기에 따라', 혹은 '반복 학습의 원리에 따라' 이루어진 책임의 일단은 이들 개념을 구분하여 면밀하게 천착하지 못한 국어교육학자들에게 있다. 그러나 실제 교과서 개발에서 가장 중요한 일은 읽을 텍스트의 선정과 그 배열이다.

⑤ 교재의 내용 구성과 형식 구성 : 읽기 지도에서는 텍스트의 내용 및 텍스트에 관한 과제의 내용뿐 아니라 텍스트와 학습 과제를 제시하는 형식도 중요하게 다룬다. 예컨대 선행 조직자나 그래픽 조직자의 활용이 그것인데, 그렇다면 읽기 교재 구성에서도 그러한 부분을 고려하지 않으면 안 된다. 지금까지의 교재론은 대부분 내용 구성에 치우친 나머지 문자 언어가 지닌 시각성조차도 포괄하지 못한 감이 있다. 내용과 형식이 통합될 때 바람직한 교재상을 구현할 수 있는 것이다.[4)]

⑥ 교재의 다양성과 효율성 : 어느 교과를 막론하고 교재론에서 늘 강조되는 것이 교사의 자율성 및 교수-학습의 창의성을 위해 다양한 교재를 개발, 보급해야 한다는 내용이다. 특히 읽기 같은 경우는 학습 결과의 파지 및 전이가 특히 강조되기 때문에, 전국적인 단일본 교과서가 지니는 한계는 더욱 뚜렷하다. 그러나 교재의 다양성은 교수-학습의 효율성을 제고한다는 전제 하에서 추구돼야 한다. 더욱이 다양성 추구의 근거로 지역적 특성을 내세우는 것은 매우 조심해야 하는데, 이는 영토가 광대하거나 혹은 상이한 문화적 전통을 가진 여러 집단이 혼재하는 국가에 주로 해당되는 논리이기 때문이다. 사

---

4) 우리 나라의 경우 교과서의 판형과 두께, 색도, 지질 등은 교육부 고시로 규정되어 있다. 글자 크기와 글자꼴, 글자 및 어절 사이, 줄 길이와 줄 사이 등도 마찬가지다. 그러나 단 수와 면 구성, 그래픽 자료의 종류 및 투입 방법은 전적으로 교재 개발자의 재량이다. 읽기 지도에서는 그래픽 조직자를 적절하게 투입하는 것이 가장 효과적이지만, 그 외에도 글자 크기와 색을 바꾼다든지 돋움체 사용, 밑줄과 인출선(화살표로 끌어내서 본문 면 밖에서 설명하는 것) 활용, 획일적인 격자형의 문단 형식에 변화를 주는 식으로 지도의 효율성을 높이는 방안을 찾을 수 있다. 6차 교육과정 이후 초등학교에서는 4학년 이상의 『읽기』 교과서에서 날개와 처마를 활용하고 있고, 모든 국어과 교과서에 교수-학습의 초점에 따라 각기 다른 그래픽 아이콘을 사용하고 있다. 7차 교육과정에서는 중학교와 고등학교 교과서도 이 흐름을 다르고 있다. 교과서의 형식에 대한 연구는 정찬섭 외(1993) 참조.

> 회 영역을 제외하고 우리 나라의 검인정 교과서가 지역적, 계층적 특성을 반영한 예는 그리 많지 않은 듯하다. 교재의 다양성은 교과서 가짓수의 차원이 아니라 시각 및 교재 접근 방법에서 찾아야 할 것이다.

논의 과정에서 읽기 교재를 '교과서'로 한정하는 것도 이상적인 일은 아니다. 국어사용능력 신장이라는 국어과교육의 목표를 고려할 때, 국어 사용과 관련되는 제반 자료(materials)는 모두 교재로 사용될 수 있다. 거기에는 '언어적/비언어적'의 구분이 없으며, 이러한 광의의 교재는 그 생산에서의 교육적 의도나 구조적 완결성 등과는 관계없이 수업에 활용할 수 있다. 그러나 실제 교재는 대부분 교육적 의도와 설계에 따라 선정된 텍스트 및 그에 관한 과제로 이루어진다. 이렇게 시간, 조건, 절차와 방법 등의 측면에서 교육과정의 통제 아래 구성·조직된 교재가 제재(subject) 차원의 교재, 곧 교과서이다(최현섭 외, 2002). 교과서는 '교사-학습자'의 상관 관계 속에 놓이며, 학교 교육 프로그램을 운영하는 단위로서 기능하는 것이다.[5] 열린 교재관에 서면 읽기 교재는 본질적으로 교과서뿐 아니라 교과서 외의 자료도 염두에 두어야 하지만, 그럴 경우 교재의 구성 및 조직이라는 관점보다는 교재의 선정 및 활용이라는 관점이 강해지기 때문에 여기에서는 일단 교과서 외 자료를 적극적으로 다루지 않았다. 그렇다고 해서 교과서만을 읽기의 교재로 인정하는 것은 물론 아니다.

Ⅲ. 읽기 능력과 읽기 지도의 재개념화

1. 읽기 능력의 구조

읽기 지도란 학습자의 읽기 능력을 신장시키기 위한 일체의 계획

5) 자료로서의 교재와 제재로서의 교재 개념은 박인기(1989) 참조. 박인기는 여기에서 이 둘 사이에 텍스트(=언어 텍스트)로서의 교재 개념을 설정하고 있다. 그러나 그래픽 자료를 점차 강조하는 최근 경향을 볼 때 텍스트로서의 교재와 제재로서의 교재를 층위 개념으로 보는 것은 어렵지 않을까 한다.

과 실천을 가리킨다. 여기에는 읽기 지도를 체계적으로 받은 독자와 그렇지 않은 독자 사이에는 어떤 측면에서든 읽기 능력에 차이가 날 것이라는 전제가 숨어 있다. 그러한 의도적 변화 가능성에 대한 믿음 없이는 읽기 지도 자체가 성립할 수 없는 것이다.

읽기 능력의 변화 가능성을 살피기 위해서는 우선 읽기 능력의 구조를 분석하는 작업이 필요하다. 변화시킬 내용을 명확히 인식해야 그에 적합한 처치가 이루어지기 때문이다. 이 글에서는 읽기 능력의 구조를 살피기 위해 먼저 숙련된 독자의 특성을 점검하기로 한다. 숙련된 독자와 미숙한 독자를 비교하여 숙련된 독자가 현저하게 드러내 보이는 특성을 정리함으로써, 읽기 능력의 구조와 그 변화 가능성까지 살펴볼 수 있다. 그런 연후에 과연 읽기 지도를 통해 미숙한 독자를 숙련된 독자로 이끌 수 있는지 자문해 봐야 한다.

숙련된 독자란 무엇인가. 일반적으로 특정 장르나 특정 텍스트 구조와 관련된 읽기의 틀(reading framework), 혹은 전략을 내면화하고 있는 독자는 ① 자신이 읽고 있는 텍스트에 담긴 정보를 체계적으로 위치화하고, ② 정보를 심리적으로 정확하게 표상하며, ③ 중요한 것과 중요하지 않은 것을 선별하고, ④ 덜 조직화되었거나 암시적으로만 조직화된 정보를 조직하며, ⑤ 하나의 텍스트의 여러 곳이나 여러 텍스트에 들어 있는 정보를 통합하고, ⑥ 정보가 텍스트로 처리되고 산출되는 순서를 계열화하여, ⑦ 새로운 정보를 사전 지식과 관련시키고, ⑧ 사전 지식을 재구조화하기 위하여 이 정보를 다양한 방식으로 활용할 수 있다(Jones, B.F. 외, 1993). 숙련된 독자는 또한 ⑨ 읽기 목적 및 텍스트의 특성에 따라 적합한 전략을 구사하고, ⑩ 읽기의 과정에서 부딪히는 장애를 제거하는 방법을 알고 있으며, ⑪ 텍스트 외적 요인들을 적극적으로 활용하고, ⑫ 읽기 과정에서 자신의 전략을 끊임없이 점검하고 조절한다. 나아가 숙련된 독자는 ⑬ 읽기 과제에 대해 능동적이고, ⑭ 자신뿐만 아니라 다른 사람에게도 읽기를 권장하며, ⑮ 읽기로 얻어진 결과를 의사소통의 다른 양식으로 변환할 수 있다.

숙련된 독자의 이러한 특성은 결국 독자가 읽기를 통해 텍스트에서 끌어내야 할 요소가 무엇인가의 문제와 관련된다. 그것은 <그림 3-2-1>과 같이 크게 텍스트 자체에 관한 것과 텍스트의 지시에 관한 것, 텍스트 생산자, 곧 필자에 관한 것, 그리고 텍스트 소통에 관한 것으로 집약할 수 있다. 숙련된 독자는 텍스트를 읽으면서 이러한 요소들에 관한 사실 및 가치를 이해 · 분석 · 종합 · 판단 · 적용하는 능력이 미숙한 독자보다 우월한 것이다.

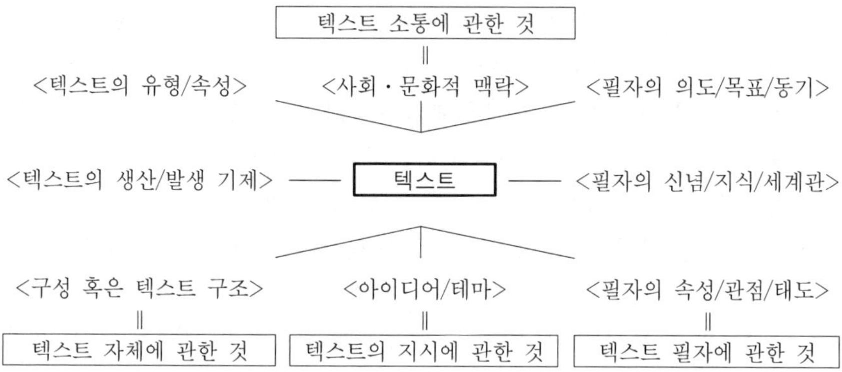

<그림 3-2-1: 읽기에서 이끌어내야 할 요소들>[6)]

그렇다면 우리는 읽기 능력의 구조도 여기에서 유추해 낼 수 있다. 읽기 능력의 구조를 언어 능력, 지능, 지식, 읽기 기능으로 범주화한 논의(이성영, 1995)나 어휘 · 어법 능력, 사실적 사고 능력, 추론적 사고 능력, 비판적 사고 능력, 창의적 사고 능력으로 범주화한 교육과정평가원의 견해 역시 이와 관련지어 재해석할 수 있다.[7)]

---

6) Jones, B.F. 외(1993)의 모형을 바탕으로 하여 필자가 수정한 모형이다. 야콥슨이 그의 유명한 모형에서 의사소통의 요소를 발신자(addresser), 수신자(addressee), 접촉(contact), 전언(message), 규약(code), 맥락(context)으로 정리한 것과 이 모형을 비교해 보면, 읽기에서 수신자로서의 독자가 점검해야 할 요소는 발신자로서의 필자, 전언으로서의 텍스트, 맥락으로서의 지시가 됨을 알 수 있다. 접촉과 규약은 문자적 의사소통의 전제로서, 읽기 과정의 변인이라 하기 어렵기 때문이다.

7) 이성영(1995)의 논의는 읽기 능력의 개념 범주를 지나치게 넓게 잡은 감이 있다.

한편, 읽기 능력은 지식·기능·태도의 문제와 연관된다는 논의도 있다. 곧 읽기 능력이란 읽기에 관한 지식, 읽기의 세부 기능, 그리고 읽기의 태도 및 습관으로 구성된다는 것이다. 이 때 지식은 다시 '무엇(know what)'에 관한 선언적(declarative) 지식, '어떻게(know how)'에 관한 절차적(procedural) 지식, 그리고 '언제/어느 상황에서(know when/where)'에 관한 조건적(conditional) 지식으로 나눌 수 있다.[8] 지식의 활용에서는 언제 어떤 지식을 투입해야 하는지 아는 것(조건 지식)이 그것에 관해 무엇인지(선언 지식), 어떻게 하는 것인지(절차 지식) 아는 것 못지 않게 중요하다. 특히 교육에서는 효과적인 학습을 위한 조건적 지식의 중요성이 점점 더 강조되는데, 초인지 학습, 전략 학습, 자기 주도 학습 등을 그 예로 들 수 있다.

읽기 국면에 따른 기능에 대해서는 보다 자세한 논의가 필요하나, 이 글에서는 보편적인 견해를 받아들여 사실적 읽기와 추론적 읽기, 비판적 읽기로 나누어 접근하고자 한다. 결국 읽기 능력의 구조는 <그림 3-2-2>와 같이 지식·기능·국면의 세 축에 따라 분석할 수 있는 것이다.[9]

지능과 같은 것들은 읽기와 밀접하게 연관되기는 하지만 읽기 고유의 범주는 아니며, 읽기 지도를 염두에 둔다면 더구나 다루기에 애매한 범주이다. 언어 능력도 읽기 능력의 상위 개념 혹은 전제 조건이라 할 만한 것을 읽기 능력의 하위에 배치했다.

평가원의 견해는 읽기 능력에 층위 개념을 도입함으로써 읽기를 보는 시각을 확대하고 있으나, 읽기의 의사소통적 역동성을 담는 데에는 미흡하다. 어휘 능력 역시 읽기 능력의 하위 범주라기보다 기초 범주로 보는 것이 타당하다. 이들 여러 범주화 기준을 통합하려면 평면적 사고가 아니라 입체적인 사고가 필요할 것이다.

8) 사람에 따라 선언적 지식을 인지적, 표상적, 개념적, 명제적 지식 등으로 부르기도 한다. 절차적 지식 역시 수행적, 방법적, 과정적 지식으로도 불리며, 조건적 지식을 맥락적 지식이라고 부르는 경우도 있다. 어떤 맥락과 입장에 서느냐에 따라 각기 다른 용어를 쓰는데, 그 사전적 의미는 크게 다르지 않다.

9) 여기서 태도 및 습관, 가치관의 문제는 명시적으로 드러내지 않았다. 이들은 각각의 국면과 기능의 저변에 전제되는 것으로 보았기 때문이다. 태도와 습관, 가치관이 '능력'의 범주에 속하는가 하는 것은 따로 논의를 전개해야 할 듯하다. 또, 창의적 읽기 기능을 뺀 이유는 아직 그에 대한 논의가 충분히 이루어지지 않았기 때문일 뿐, 그것이 읽기에서 중요하지 않다는 뜻은 아니다.

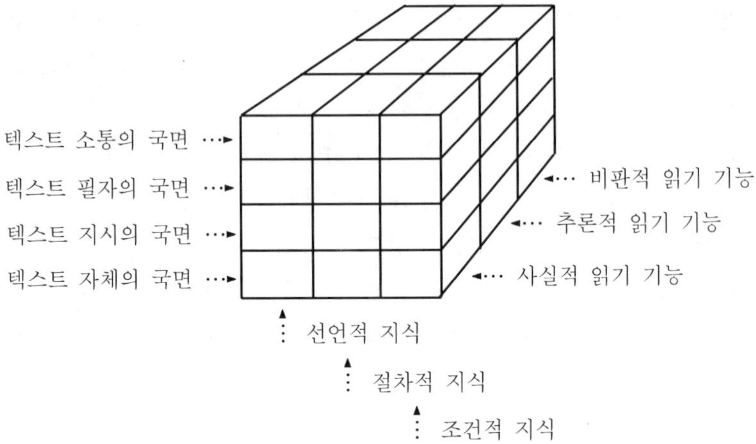

<그림 3-2-2: 읽기 능력의 구조>

2. 읽기의 과정과 전략

텍스트와 사고의 상호작용을 통해 의미를 구성해 가는 과정으로 읽기를 바라볼 때 문제가 되는 것은 텍스트의 선조성과 사고의 입체성 사이의 서로 어긋나는 관계이다. 이는 시간의 지배를 받는 언어적 소통이 언제나 부딪히는 문제로서, 비교적 시간으로부터 자유로운 사고가 읽기의 과정을 어떻게 조절하고 통제하느냐에 따라 읽기 효과가 달라지리라는 점을 예상하게 한다. 이 때 읽기 전략은 텍스트의 선조성을 사고의 입체성으로 변환하는 데 하나의 기능적 틀(functional framework) 역할을 한다.

지금까지의 연구 결과에 의하면 읽기의 과정 활동은 읽기 전 활동과 읽는 중 활동, 그리고 읽은 후 활동으로 구분하여 살펴볼 수 있다.

① 읽기 전 활동 : 읽기 목적을 결정하고 관심 영역을 초점화한다. 텍스트의 정보에 관해 예견을 하고, 사전지식을 활성화한다.
② 읽는 중 활동 : 예견을 확인하거나 수정하며 아이디어를 명료화한다. 텍스트의 소단위 의미를 구성한다.
③ 읽은 후 활동 : 텍스트의 대단위 의미를 구성한다. 읽기 목적

의 성취도를 평가하고, 사전지식을 재구조화하며, 읽기 결과의 일반화 및 적용을 시도한다.

읽기의 목적은 독자의 소통 의도를 달성하는 것이다. 만일 읽기 외의 다른 방법으로 소통 의도가 효과적으로 달성될 수 있다면 굳이 읽기를 하지 않아도 된다.[10] 학습, 정보 처리 및 문제해결, 심리적 긴장과 이완, 사회적 상호작용, 문자적 문화화 등의 소통 의도를 달성하기 위해 독자는 텍스트를 활용하는 것이다. 따라서 독자는 텍스트를 접할 때 가장 먼저 '무엇 때문에 이 텍스트를 읽는가'에 관한 의사결정을 하고 그에 따라 텍스트의 특정 부분에 주목하게 된다.

독자는 또한 읽기 전 활동으로 선행 조직자나 그래픽 조직자, 훑어 읽기 등의 활동을 통해 텍스트의 정보에 관해 사전 예견을 한다. 이 때 텍스트의 정보는 텍스트 자체 및 텍스트의 지시, 필자, 소통에 관한 모든 국면을 포괄하는 것으로, 하향적(top-down) 모델에 따르면 이 사전 예견은 읽기의 전 과정이 얼마나 효율적으로 이루어지는가를 결정하는 기본 조건이 된다. 숙련된 독자는 읽기 목적과 텍스트 특성에 적합한 예견을 하며, 미숙한 독자는 전혀 예견을 하지 못하거나 적합하지 않은 예견을 한다. 적합하지 않은 예견을 할 경우 읽는 중 활동에서 그만큼 장애가 많아질 것은 당연한 일이다. 아울러 예견에 따라 관련 사전지식을 인출하고 활성화함으로써 읽기 전 활동이 완결된다. 이 때 예견과 사전지식 활성화가 계기적으로 일어나는 것이 아니라 동시에, 통합적으로 일어남은 물론이다.

독자는 읽는 중 활동으로서 사전지식을 조회하여 텍스트 정보를 해석하고 예견을 확인하거나 수정해 간다. 이 때가 텍스트와 사고의

---

10) 의사소통의 탈문자화는 굳이 문자 텍스트를 매개하지 않고서도 소통 의도를 달성할 수 있는 다양한 방법이 개발됐기 때문에 가능해졌다. 예술적 의사소통은 별개로 치더라도, 멀티미디어나 그래픽 프레젠테이션(graphic presentation)의 발달은 과거에 문자로 이루어졌던 의사소통의 상당 부분이 이제는 비문자로 이루어진다는 점을 보여준다. 최근에는 역사나 과학, 심지어 문학까지도(주로 서사문학에 한정되지만) 전통적인 의미의 '책'보다는 만화나 영화, 애니메이션으로 접하는 경우가 많아졌다.

상호작용이 가장 활발하게 나타나는 단계로, 예견의 수정이 불가능할 정도로 장애가 많으면 그 읽기는 실패하게 된다. 독자는 또한 이 과정에서 사실적 읽기와 추론적 읽기, 비판적 읽기를 통해 어휘, 문장, 문단과 같은 소단위의 의미를 명료화하게 된다. 이는 상향식(bottom-up) 모형의 가정과 유사하나, 텍스트 의미에 관한 전체적인 예견이 소단위 의미의 상부에서 향도 역할을 한다는 점에서 상호작용적 특성이 더 강조된다.

텍스트의 대단위 의미 구성은 읽은 후 활동으로 이루어진다. 독자는 이 단계에서 텍스트 자체와 텍스트의 지시, 필자, 소통에 관한 정보를 확인하고 그들 간의 관계를 판단하여 글 전체의 내용과 구조를 표상하게 된다. 이 단계에서는 또한 읽기 목적의 성취도를 평가하고, 결과를 피드백하여 사전지식을 재구조화하며, 새로 구성된 지식을 기능으로 전이하여 실제 상황에 적용하는 활동도 이루어진다. 하나의 텍스트 읽기에서 하나의 사고 구성하기로 전환하는 것이다. 이러한 읽기의 과정은 <그림 3-2-3>과 같이 간략하게 살펴볼 수 있다.

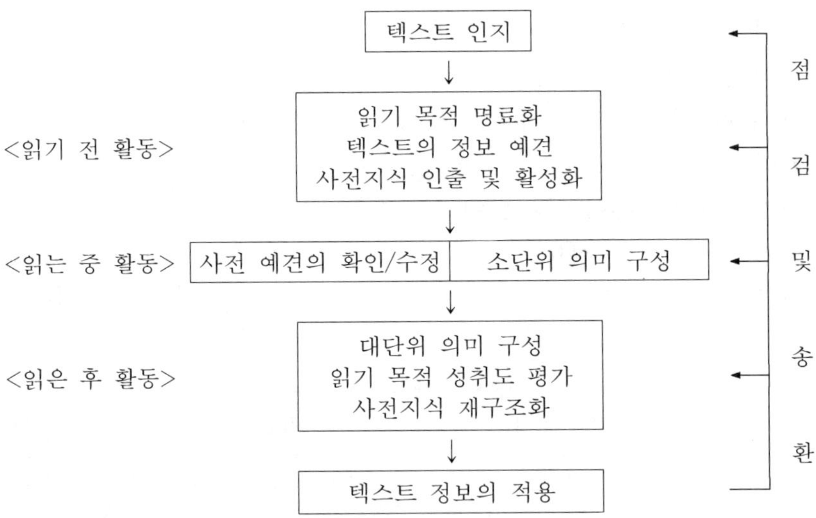

<그림 3-2-3: 읽기의 과정>

독자는 이같은 읽기 과정의 각 단계에서 과제 수행을 위해 다양한 전략을 구사할 수 있다. 전략은 조건적 지식을 바탕으로 절차적 지식을 활용하는 기능적 틀로서, 목적에 따라, 텍스트 특성에 따라 각각 다른 전략들이 동원된다. 읽기의 과제 수행이란 실제로는 전략을 인출하고, 변용하며, 활용하는 과정이라고까지 말할 수 있다. 숙련된 독자는 그때그때 적합한 전략을 매끄럽게 구사하며, 그러한 전략 구사에 관련된 실천적 가능성을 우리는 기능(技能)이라고 부른다.11)

읽기 과정에 따라 동원할 수 있는 전략들에는 다음과 같은 것들이 있다.

① 읽기 전 과제 수행 전략 : 선행 조직자 활용, 그래픽 조직자 활용, 훑어 읽기(survey), 솎아 읽기(skipping), 키워드 활용, 집필 의도 추리, 텍스트 특성 점검, 관련 경험 인출·발표, 예견되는 논제에 관한 질문과 토의 등

② 읽는 중 과제 수행 전략 : 세부 정보 파악, 소단위 구조 파악, 소단위 중심 내용 파악, 함축적·비유적 표현의 해석, 생략·함축된 정보의 추리, 필자의 태도·관점 추리, 추론 방법 파악, 서술 특징 파악, 텍스트 내용에 관한 질문, 정보의 시각화(밑줄 긋기·표시하기·인출선), 메모하기, 문맥 활용, 읽기 보조자료 활용(중간 제목, 캡션, 날개, 주석 등), 사전 활용, 구두 사고(think aloud), 읽기 과정 조정 등

③ 읽은 후 과제 수행 전략 : 대단위 구조 파악, 대단위 중심 내용 파악, 질문하기, 요약하기, 정보의 시각화(맵핑mapping·다이어그램·수형도·흐름도), 2차 텍스트 생산, 문제 해결, 기억 및

11) 기능과 전략의 관계에 대해서는 이론이 있다. 논자에 따라서는 전략을 기능의 활용에 관한 메타적 능력, 곧 주어진 기능을 수행하는 특정한 방식이나 절차로 보는 경우도 있다(박수자, 1993). 그러나 이 관점에 서면, 예컨대 '중심 내용 파악하기 전략'이 다루는 기능이 무엇인지 분명하게 설명하기가 쉽지 않다. 그것은 그대로 전략의 분석이 될 가능성이 크기 때문이다. 그보다는 '중심 내용 파악하기 전략'이라는 메타 전략 아래 세부 전략들이 있는 것으로 보고, 이러한 전략을 활용하여 중심 내용을 파악하는 과제 수행 능력을 기능으로 보는 것이 타당할 것 같다. 이와 관련하여 전략을 의사결정 논리의 반영으로, 기능을 문제해결 논리의 반영으로 대비한 뒤 '목표 지향성'을 전략의 핵심 요소로 파악한 천경록(1995)의 견해를 참고할 만하다.

재인(조직화 · 중요도 평정 · 연쇄 · 연상), 자기 질문, 토의 · 토론, 실행(실습 · 실연 · 實寫) 등

이들 전략은 모든 경우에 유용한 것은 아니며, 어떤 전략을 학습했다고 해서 그것이 실제 텍스트 읽기에서 그대로 활용될 수 있는 것도 아니다. 따라서 언제 어떠한 전략을 투입할 것인가 하는 조건적 지식과 전략을 어떻게 변용하여 구사할 것인가 하는 절차적 지식의 중요성이 다시금 강조된다. 또한 각각의 전략이 어떠한 하부 전략으로 구성되는지에 대해서도 더 깊이 연구할 필요가 있다.

3. 읽기 지도에서의 모형 논의

필자는 앞에서 읽기 지도를 학습자의 읽기 능력을 신장시키기 위한 일체의 계획과 실천으로 본 바 있다. 그리고 읽기 능력은 선언적-절차적-조건적 지식과 사실적-추론적-비판적 읽기 기능, 그리고 텍스트 자체 및 텍스트의 지시, 필자, 소통의 국면이 상호 교차되는 구조로 볼 수 있으며 그 전략은 읽기 과정에 따라 상세화할 수 있다고도 하였다. 이제 읽기 능력의 지도에 관한 문제를 짚어볼 때가 되었다.

사실 논의는 '읽기를 가르칠 수 있는가' 하는 물음에서 출발해야 한다. 그러나 그것은 지나치게 번잡스럽고, 또 불필요한 작업이기도 하다. 어떤 식이든 숙련된 독자와 미숙한 독자의 차별성은 분명히 나타나고, 숙련된 독자의 행동 특성에서 선천적인 요인 이외의 요인을 찾을 수 있기 때문이다. 이는 명시적이든 잠재적이든 지금까지 읽기 지도가 이루어져 왔고, 또 앞으로도 읽기 지도는 가능하다는 점을 보여준다. 문제는 '그렇다면 무엇을 어떻게 가르쳐야 하는가'에 관한 물음으로 집약된다.

이때 읽기 지도의 내용은 두 가지로 살펴야 하는데, 앞에서 본 <읽기 능력의 구조> 모형(그림 3-2-2)과 <읽기의 과정> 모형(그림 3-2-3)이 그것이다. 읽기 능력의 구조 모형에서 각각의 작은 입방체 하나하

나가, 그리고 읽기의 과정 모형에서 각각의 단계 하나하나가 읽기 지도의 내용 영역이 될 수 있다. 물론, 그래도 문제는 여전히 남는데, 예컨대 '읽기수업에서 기능을 가르칠 수 있는가'에 관한 물음 같은 것들이다. 사실상 기능은 습득한다기보다는 연습·숙달하는 것으로, 학습자 스스로 익히는 것이지 가르칠 수 있는 성질의 것이 아니다. 가르칠 수 있는 건 '이럴 때는 이렇게 하라'는 방법, 곧 조건적·절차적 지식일 뿐이다.[12] 이는 바꿔 말하면 읽기 지도에서 교사가 직접 다룰 수 있는 것은 읽기 전략이며, 학습자는 그 전략을 활용하여 읽기의 실제적 기능을 숙달한다는 뜻이 된다.

수업 사태에서 읽기 전략 지도 역시 과정 중심으로 접근할 수 있다. 읽기가 본질적으로 과정에 따른 과제 수행 활동이기 때문이다. 오히려 읽기 전략 지도는 읽기 자체에 비해 과정적 접근이 더 요구된다고 볼 수 있다. 교사는 전략들을 가르치기 위해서 읽기 과정을 분절하고, 각각의 단계에서 활용할 수 있는 전략들을 명시적·조작적으로 다루어야 한다.[13] 이와 관련하여 다음과 같은 논의를 끌어올 수 있다.

① 읽기 전 지도 : 사전지식 조성(어휘 지도, 배경지식 제공, 지식의 유추)

---

12) 전형적인 '기능'이라 할 수 있는 자동차 운전의 경우를 살펴보자. 동력 장치와 조향 장치, 전기 장치 등 자동차의 구조 및 작동 원리를 알고, 교통 신호 체계와 시내 지리에 숙달했다고 해서 운전을 잘할 수 있는 것은 아니다. 운전 학원에 가서 운전을 배울 때에도 여기서 핸들을 몇 바퀴 감고 얼마쯤 가다가 다시 몇 바퀴 풀라는 설명을 듣고 시범을 볼 뿐이며, 실제 기능을 익히는 것은 자기 자신이다. 시내 연수 역시 마찬가지이다. 곧 교사에게 배우는 것은 지식이며, 기능은 학습자가 숙달하는 것이라는 것을 알 수 있다. 학원을 안 다니고, 연수를 안 받고 운전을 잘할 수도 있다. 그러나 지식에 기반을 두었을 때 기능 숙달이 훨씬 쉬워진다.

13) 물론 분절화된 수업, 즉 한 요소를 보다 작은 몇 가지의 하위 요소로 분리시키고 분리된 요소 그 자체를 목표로 가르치는 경우에는 학습이 단편화된다는 주장도 있다. 그러나 이 말은 분절적인 전략 수업을 하지 말아야 한다는 것을 의미하지는 않는다. 오히려, 특정 전략과 어떤 경우에는 하위 전략에 대한 명시적 수업이 필요하다. 그리고 전략 수업이 시범과 계획된 연습을 강조하는 교사 주도 수업에서 출발하여 점차 학생 주도의 수업으로 진행될 때 가장 효과적인 학습이 이루어진다는 점에 어느 정도 합의가 이루어지고 있다. 다만 이를 어떤 방식으로 수행할 것인가 하는 것은 여전히 논란거리이다. Jones, B.F 외(1993) 참조.

사전지식이나 경험을 활성화하기(선행 조직자 활용, 학습 목표 확인, 사전 검사 및 사전 질의 응답 활동)

② 읽는 중 지도 : 질문 삽입하기
스터디 가이드

③ 읽은 후 지도 : 사후 질문
그룹 혹은 전체 토의
읽기 기능 학습[14)]

읽기 지도 방법을 이처럼 읽기 전·중·후로 나누어 각각 다르게 접근하는 것은 단계별 전략 학습에 효율적일 수 있다. 다만 매 수업은 교수-학습의 의도 및 상황, 수행 과제 등의 측면에서 개별성을 띠므로, 어떤 접근 방법이 언제나 통용되는 것은 아니다. 읽기 수업에서 학습자는 읽기 전략을 학습하고 실제 텍스트를 자료로 전략을 구사함으로써 기능을 숙달시키는데, 그 과정에 여러 가지 변인이 개입하는 것이다.

수업 사태에서 읽기 전략 활용상의 변인으로 가장 먼저 들 수 있는 것은 역시 독자/학습자 변인이다. 학습자의 읽기 능력 수준은 모두 다르며, 텍스트에 대한 친숙도 및 읽기에 관한 관심과 취향도 다르다. 이는 동일한 과제 수행을 위해서도 학습자마다 조금씩 다른 전략(혹은 변용 전략)을 구사한다는 뜻이 된다. 전략 구사의 주체로서 독자/학습자는 읽기 과정에 능동적으로 개입한다.

텍스트의 유형, 속성 및 구조 또한 읽기 전략의 구사에 한 변인으로 작용한다. 상대적으로 문학적인 텍스트와 비교해 볼 때 설명·논설문은 집필 의도, 서술 방식, 추론 방법, 글 구조, 문체 등에서 차별성을 지닌다. 설명문과 논설문 사이에도 그런 차이가 나타나며, 같은 설명문인 경우에도 내용 특성이나 텍스트의 복잡도 등에서 차이가 난다. 이는 개별 텍스트에 따라 동원할 수 있는(혹은 동원해야 하는) 전

---

14) 한철우(1994) 참조. 여기서 읽기 기능 학습을 읽은 후 지도 단계에 두었는데, 기능은 읽기의 전 과정에 작용한다는 점에서 각각의 단계에 모두 관련되는 것으로 보는 것이 타당할 듯하다.

략이 각기 다르다는 뜻이 된다. 사실상 모든 유형의 텍스트에서 표준적인 역할을 하는 읽기 모형은 없다고 하는 것이 진실에 가까울 것이다. 따라서 독자는 읽기 전 활동에서 텍스트 특성을 점검하여 그에 적합한 읽기 전략을 활용하여야 한다.

읽기의 목적, 교사와 학습자의 관계, 학습자의 처지 등 텍스트 소통과 관련되는 읽기 상황 역시 마찬가지이다. 컴퓨터에 관한 같은 설명문을 읽는다 하더라도 컴퓨터를 사기 전과 컴퓨터를 산 뒤의 읽기 전략은 다를 수밖에 없는 것이다. 아울러, 텍스트를 수업 사태에 투입하고 학습자의 읽기 과정을 통제하며 그 결과를 확인하는 교육적 의도도 읽기 전략 구사에서 마지막 변인으로 작용한다. 수업 사태에서의 읽기는 무엇보다도 '읽기를 배우기 위하여' 읽는 것이기 때문이다. 결국 읽기 전략의 지도는 <그림 3-2-4>와 같이 여러 변인들이 상호 길항하는 가운데 개별적으로 이루어지는 것이다. 여기에서 단순한 읽기 전략과 읽기 지도 전략을 구분해야할 당위성이 생긴다.

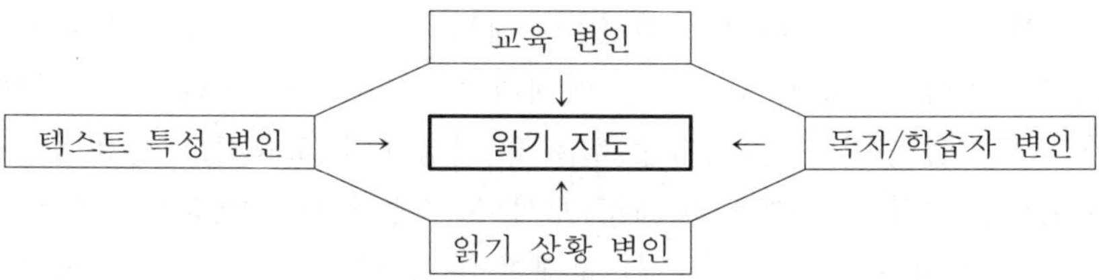

<그림 3-2-4: 읽기 지도상의 변인>

읽기 지도의 모형은 이상에서 간단히 살펴본 읽기 지도 내용, 지도 과정 및 방법, 그 과정에서의 변인들을 모두 고려하여 구안하는 것이 가장 이상적이다. 전통적인 SQ3R모형이나 DRA모형이 교육 변인에 비교적 소홀했다면, DRTA모형이나 KWL모형, 직접교수 모형, 상보적 수업모형과 같은 것들은 그 한계를 극복하고자 한다는 점에서 주목할 만하다. 그러나 이들 모형은 그야말로 '모형'의 의의만을 지니며, 실제 수업 사태에서는 다양한 변인을 고려한 작용(engineering) 구조에

더 유의해야 한다.

Ⅳ. 읽기 교재의 체계화와 적용

1. 읽기 교재 체계화의 조건

교재란 교육과정 목표를 달성하기 위하여 동원되는 일체의 물리적, 표상적 실체를 가리킨다. 교육과정 목표를 달성하기 위한 것이라 함은 그것을 동원함으로써 교수-학습 과정에서 수월성이 확보되어야 한다는 뜻이고, 표상적이라 함은 교육과정 내용을 직접적으로 드러내야 한다는 뜻이며, 물리적이라 함은 교사와 학습자가 지각할 수 있는 대상이어야 한다는 뜻이다(이성영, 1995). 이 중에서 교재의 특성을 가장 잘 드러내는 조건은 표상성으로, 칠판이나 VTR처럼 교수-학습 과정에 동원되기는 하지만 본질적으로 표상적이지 않은 실체는 '매체(media)'라 하여 교재와 구분된다.

읽기 교재는 읽기의 실제와 읽기 지도 사이에 통로를 유지하는 한편, 교육과정과 교사, 학습자를 매개하는 역할을 한다. 곧 교육과정이라는 프리즘을 통해 읽기라는 실체적 현상에서 교육적으로 유의미한 자료를 표집하고, 그것을 매개로 교사와 학습자가 상호 의사소통을 하게 되는 것이다. 읽기 지도에서 교재가 차지하는 이러한 위치는 <그림 3-2-5>와 같이 나타낼 수 있다.

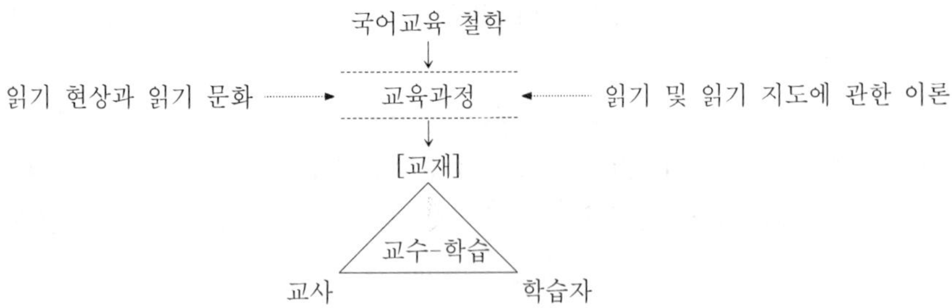

<그림 3-2-5: 읽기 교재의 위치>

교재의 핵심은 교과서다(최현섭 외, 2002). '교과용 도서에 관한 규정(대통령령, 1991)'에 따르면, 교과서는 학교에서 교육을 위하여 사용되는 학생용의 주된 교재를 가리킨다. 곧 교육공동체의 교육 이념을 바탕으로 교육 목적을 달성하기 위하여 교육과정의 기본 정신에 따라 편집된 학습 자료로서, 주로 학생용으로 제공되는 도서를 교과서라고 부르는 것이다.

교과서의 유형은 개발 형식에 따라 개발형/선택형, 국정제/검인정제/자유 발행제 등 여러 가지로 구별되는데, 우리나라의 경우 공통교육과정용은 교육부가 특정 기관에 개발을 위탁해 만든 단일본 교과서를 사용하고, 선택교육과정용은 여러 출판사에서 개발하여 검정을 통과한 교과서를 각 학교에서 채택하는 방식으로 운영하고 있다.

교재의 성격에 따라 읽기 교과서의 유형을 다시 살펴보면 ① 읽기 자료집 ② 학습 내용 해설서 ③ 학습 안내서 ④ 워크북 등으로 나누어 볼 수 있는데, 대체로 4차 교육과정기까지의 교과서가 읽기 자료집의 성격을 띠고 있었다면, 5차 교육과정기 이후 초등학교의 『읽기』 교과서가 분리되면서 절충적 성격을 띠고, 6·7차 교육과정기에는 기능을 분절적으로 다루면서 학습 안내서의 성격을 분명하게 하는 것으로 보인다.

읽기 교과서는 그 본질상 크게 읽기 현상의 특성을 보여주는 문자 텍스트,[15] 사진·그림·아이콘 등의 그래픽 자료, 학습 과제 자료, 그리고 학습 안내 및 설명 자료로 구성된다. 교사와 학습자는 교과서를 매개로 정보를 주고받기도 하고, 문제를 해결하기도 하며, 읽기 전략을 실제 연습을 하기도 하는 가운데 읽기 지도의 목표를 성취하게 된다. 따라서 단순한 자료집의 성격만을 띠어서는 읽기 교과서의 본질을 제대로 구현할 수 없으며, 학습자의 학습 동기를 유발하고 학습

15) 여타의 교과는 이 부분이 없이 그래픽 자료, 학습 과제 자료, 학습 안내 및 설명 자료로만 구성된다. 텍스트는 그 자체가 읽기 지도의 실체적 대상이 된다는 점에서 읽기 교과서를 다른 교과서와 구별하는 가장 큰 특징이 된다. 과거의 교과서가 텍스트 위주의 앤솔로지 형식을 띠었던 것도 나름대로 소이가 있는 셈이다.

전략 및 방법, 절차까지도 제공할 수 있는 도전적인 교과서가 필요하다.

이러한 전제 위에 읽기 교과서 구성에서 실제로 고려해야 할 원리는 텍스트 선정 및 그래픽 자료의 구성, 이들 자료와 관련된 학습 과제 구안, 필요하다면 안내 및 설명, 그리고 단원 전개의 단계로 각각 나누어 살펴볼 수 있다. 물론 이들 단계는 선후 관계라기보다는 교육과정의 전체적인 조망 아래 통합적으로 이루어지는 작업으로 이해해야 한다. 이 글에서는 그 중 텍스트 선정 단계에서 고려해야 할 조건을 중심으로 살펴보기로 한다. 다른 단계에서도 이와 유사한 사고를 할 수 있을 것이다.

① 철학적 적합성 : 읽기 지도의 목적과 목표에 관한 교육공동체의 이념, 의도, 철학에 부합하는 텍스트를 선정한다.
② 심리적 적합성 : 독자/학습자의 흥미, 요구, 문자 경험, 언어 발달 수준 및 사고 수준에 적합한 텍스트를 선정한다.
③ 사회적 적합성 : 교육공동체의 보편적 가치관과 윤리, 사회 구성원으로서 요구되는 언어 수행 능력을 반영하는 텍스트를 선정한다.
④ 담화적 적합성 : 기호들의 체계로서 언어 텍스트가 지니는 담화적 조건, 즉 어휘·문법·문체·구성 및 상호텍스트성 등의 측면에서 정확성과 적절성, 대표성을 지닌 텍스트를 선정한다.
⑤ 학문적 적합성 : 보편성과 객관성, 타당성, 진실성 등의 측면에서 인지심리학이나 텍스트언어학, 독서 이론 등 읽기 지도의 배경이 되는 제반 이론에 부합하는 텍스트를 선정한다.
⑥ 교육과정적 적합성 : 교육과정의 목표, 학년별 내용 및 제재 선정의 기준을 포괄적으로 반영하는 텍스트를 선정한다. 특히 지도 내용과 관련하여 어느 한쪽에 편중되거나, 누락되는 텍스트가 없도록 한다.

여기서 교과서와 보충 자료의 문제를 짚고 넘어가지 않을 수 없다. 교육과정에서도 보충 자료의 활용을 적극 권장하고 있고, 실제로 학교 수업을 교과서만으로 이끌어 가기에는 많은 무리가 따른다. 그러나 다시 한번, 보충 자료가 필요한 교과서가 과연 이상적인 교과서인지 자문해 볼 필요가 있다. 교과서와 보충 자료의 문제는 읽기 지도의 기능 분담이라는 차원에서 접근해야 할 것 같다. 곧 교과서는 텍스트와 학습 과제, 학습 안내의 통합체로서 읽기 전략 지도를 위한 체계적인 수업 접근 체제로 요구되고, 보충 자료는 확장된 텍스트로서 읽기 수업 결과의 적용 및 일반화를 위해 요구되는 것이다. 수업 사태에 보충 자료가 편입될 가능성이 적은 교과서가 이상적인 교과서에 보다 가깝다고 말할 수 있다.

2. 읽기 교재 체계화의 방향

(1) 읽기 교재의 체계 접근 모형

읽기 교재는 읽기의 과정과 전략 및 읽기 지도 모형을 고려하여 체계화할 수 있다. 그 과정에서 읽기 교재로서의 조건을 충족시켜야 함은 물론이다. 하나의 교과로서 읽기 교재를 체계화함으로써 읽기의 교수-학습이 체계화되고 읽기 지도의 목표를 효율적으로 달성할 수 있게 될 것이다.

읽기 교재의 체계 접근 모형은 몇 가지로 나누어 살펴볼 수 있다.

① 과제 중심 모형 : 텍스트와 관련하여 학습자가 수행, 또는 해결해야 할 과제를 기준으로 체계화하는 방안이다. 여기에는 절차 접근 모형과 활동 접근 모형, 반응 접근 모형이 있을 수 있다. 교재는 교수-학습 과정에서 학습자가 수행, 또는 해결해야 할 과제를 분명하게 제시할 수 있도록 구성・조직된다. 이 모형에서는 학습 과제의 체계성과 계열성, 효용성 등이 중시된다.

② 능력 중심 모형 : 텍스트와 관련하여 학습자가 습득, 혹은 숙달해야 할 능력을 기준으로 체계화하는 방안이다. 여기에는 기능 접근 모형, 전략 접근 모형, 사고 접근 모형이 있을 수 있다. 교재는 교수-학습을 통해 학습자가 습득, 혹은 숙달해야 하는 읽기 능력을 조작적으로 다룰 수 있도록 구성・조직

된다. 이 모형에서는 학습 안내 및 설명의 직접성과 전이성, 포괄성 등이 중시된다.

③ 텍스트 중심 모형 : 텍스트의 내용과 형식적 구조를 기준으로 체계화하는 방안이다. 여기에는 주제 접근 모형과 장르 접근 모형, 글 구조 접근 모형이 있을 수 있다. 교재는 이러한 텍스트적 요소들이 명시적으로 드러날 수 있도록 구성·조직된다. 이 모형에서는 텍스트의 다양성과 전형성, 완결성 등이 중시된다.

4차 교육과정기까지의 교과서가 대체로 텍스트 중심 모형에 바탕을 두고 체계화되었다면, 5차 교육과정기는 과제 중심 모형, 6·7차 교육과정기는 능력 중심 모형에 바탕을 두고 체계화되었다고 볼 수 있다. 이 모형들은 각각 고유한 특성을 지니고 있어서 어느 것이 바람직하다고 단언적으로 말하기는 힘들다. 학습자의 발달 수준에 따라 적절한 모형을 변용, 적용하는 것이 효과적일 것이다.[16] 또, 읽기 지도에서 보편적이고 유일한 체계를 의도하기보다는, 교수-학습 목표 및 학습자/텍스트 변인을 폭넓게 수용할 수 있도록 몇 가지의 범주화된 체계를 모색하는 것이 바람직하다.

어떠한 접근 모형을 취하든, 읽기 교재의 체계화에서 실제로 부딪히는 문제는 교수-학습 목표 상세화 및 활동 계획 수립, 그리고 텍스트 선정이다. 그리고 그 결과는 단원 구성과 단원의 전개로 나타난다. 이제 읽기 교재의 체계화 방안을 단원 구성 및 단원 전개의 두 층위로 나누어 살펴보기로 하자.

(2) 단원 구성의 체계화

읽기 교과서의 단원 구성은 외적 형식에 따라 살펴볼 수도 있고, 과제의 적용 과정에 따라 살펴볼 수도 있다. 이미 언급했듯이 읽기 교과서는 문자 텍스트, 그래픽 자료, 학습 과제 자료, 학습 안내 및 설

16) 실험 연구를 비롯하여 더 깊은 검토가 필요하겠지만, 대체로 읽기 지도의 초급 단계에서는 ①의 모형이 효과적이다가 점차 고급 단계로 진행하면서 ②, ③의 모형이 더 효과를 발휘할 것으로 생각된다. 초급 단계에서는 절차 중심으로 읽기 활동에 접근하고, 고급 읽기 지도에서는 이미 습득한 읽기 능력을 바탕으로 다양한 유형의 텍스트를 접하게 하는 것이 이상적이라 여겨지기 때문이다.

명 자료로 이루어지는데, 이것은 외적 형식에 따른 구분으로 볼 수 있다. 곧 교과서를 펼쳤을 때 표면적으로 보이는 자료의 형식들이다. 그에 비해 과정에 따른 단원 구성 방식은 겉으로 보이는 자료의 형식이 아니라, 그 자료들이 어떤 전략에 따라 실제 교수-학습 과정에 투입되는가에 의해 결정된다.

과정 중심 단원 구성의 요소는 단원의 교수-학습 목표 및 동원되는 텍스트의 담화적 특성에 따라 다양하다. 그러나 전체적으로는 하나의 일관된 원리를 지키는 것이 필요하다. 그럼으로써 교사와 학습자가 교수-학습 과정에서 혼란이나 오류에 빠지는 것을 피할 수 있기 때문이다. 읽기 교과서의 일반적인 단원 구성 요소 및 단계별로 요구되는 교사/학습자 행동은 대체로 네 단계로 범주화할 수 있다.

① 도입
- 단원명 확인
- 단원 학습 목표 제시(교수-학습 목표 인지)
- 사전지식 활성화(선수 학습 요소와 사전지식의 인출 및 보충)
- 학습 동기 유발 및 문제의식 고취를 위한 자료 제시(학습 과제에 대한 주의 집중)
- 학습 내용의 개요 제시(학습 내용의 전체적 성격 파악)
- 학습의 방향, 방법 제시(단원 학습 목표에 도달하는 절차 파악)

② 지식·전략 학습
- 주요 학습 내용 제시(단원 학습 목표와 내용의 통합)
- 학습 내용의 설명(개념, 본질, 원리 및 절차 이해 및 습득)
- 학습 과제의 시범(교사 시범을 통한 원리의 이해)
- 질의·응답(상호 작용을 통한 원리의 내면화)

③ 기능 학습
- 학습 자료 제시(문자 텍스트 및, 그래픽 자료 인지)
- 학습 과제 제시(목표 지향적 사고 작용)
- 학습 절차 제시(전략에 따른 학습 과정에의 편입)
- 안내된 읽기 활동 부과(문제해결 과정으로서의 학습 활동 및 연습 : 읽기 전 활동, 읽는 중 활동, 읽은 후 활동)

④ 정리 및 태도 학습

- 학습 내용 요약
- 주요 개념 및 원리의 일반화
- 점검(학습 결과의 평가, 오류 교정)
- 보충(심화, 발전, 내면화)[17]

여기서 보듯이 과정에 따른 단원 구성의 요소는 읽기 지도의 모형과 밀접하게 연관된다. 곧 읽기 교과서는 외적 형식에 따른 요소와 과정에 따른 요소가 치밀하게 조직될 때 비로소 체계적으로 조직되는 것이다. 학습자는 이러한 구성 요소 하나하나에 반응하면서 교수-학습 목표를 달성하게 된다.[18]

(3) 단원 전개의 체계화

읽기 교재를 체계화하는 방안은 단원을 어떤 기준에 따라 배열·조직하느냐 하는 문제와도 직접 연관된다. 여기에는 ① 교수-학습 목표에 따른 전개, ② 텍스트 특성에 따른 전개, ③ 과제의 난이도에 따른 전개, ④ 교수-학습 상황에 따른 전개, ⑤ 역사적 기준에 따른 전개 등이 있을 수 있는데, 3차 교육과정기 이전의 교과서가 대체로 텍스트 특성에 따라 주제·장르 접근 모형을 취하고 있다면 4차 교육과정기 이후의 교과서는 목표에 따라 장르·기능·활동 접근 모형을 취하고 있고 볼 수 있다. 6·7차 교육과정기에는 부분적으로 사고·전략·절차 접근 모형을 채용한 점이 눈에 띈다. 다만 아직도 단원 구성과 단원 전개가 유기적으로 통합되지 않아 선수 단원과 후속 단원 간의 관계가 불분명한 점은 문제로 지적할 수 있다.[19]

---

17) 한국교육개발원(1986)의 제안을 국어과에 적합하게 수정한 것이다.

18) 읽기의 단원 구성에서 과정에 못지 않게 중요한 것이 지면 설계다. 여기에서는 그래픽 자료의 투입 시기 및 방법, 학습 과제 및 학습 안내·설명 자료의 제시 위치와 방법, 글자 모양과 색깔의 활용 방법, 날개·처마·밑줄·아이콘 등 각종 읽기 보조 자료의 활용 방법 등이 문제된다. 종래에는 이런 문제들을 단순히 편집상의 기술 문제로 치부해 버린 경향이 있으나, 면을 어떻게 구성하느냐에 따라 읽기 및 읽기 지도의 효과가 달라진다는 것을 감안하면 그렇게 처리할 문제는 아니다. 이 문제에 관해 별도로 논의할 기회가 있기를 기대한다.

19) 이는 읽기 지도의 특성상 어쩔 수 없이 나타나는 현상으로 볼 수도 있다. 수학의 경우와 비교해 보면 읽기 교재의 단원 전개와 관련된 어려움을 잘 알 수 있다. 예컨대 수학에서는 더하기를 배운 다음에 그를 바탕으로 곱하기를 배우게 되므

교과교육에서 단원이 필요한 이유는 학습 내용을 분절하여 제시함으로써 학습자의 성취 동기를 강화하고, 단원에 따른 교수-학습의 특화가 가능하며, 교수-학습 프로그램을 효율적으로 관리할 수 있기 때문이다. 단원을 평면적으로 나열하는 방식은 바람직하지 않다. 읽기의 경우 단원을 전개하는 방법으로는 다음과 같은 것들을 상정할 수 있을 것이다.

① 과제 중심 모형 : 읽기의 과제 수행 단계를 추적하여 단원을 전개한다. 쓰기에서 '아이디어 생산→내용 선정 및 조직→표현→고쳐쓰기' 단계로 단원을 구성하는 것과 유사하게, 읽기 전 활동 단원, 읽는 중 활동 단원, 읽은 후 활동 단원으로 순차적으로 전개하는 방식이다.[1→2→3→4] 또는 선언적 지식, 절차적 지식(→기능), 조건적 지식(→전략) 그리고 태도 관련 단원으로 전개하는 방식도 가능하다.

② 능력 중심 모형 : 읽기 능력을 분석하여 단원을 전개한다. 읽기 능력을 여러 하위 능력(혹은 전략)으로 분절하여 그것들을 순차적으로 습득·숙달해 가는 방식이 있고[1+1(2)+1(3)+1(4)], 반복 학습을 통해 어떤 기능을 점점 세련시켜 가는 방식이 있다.[1→1′→1′′→1′′′]

③ 텍스트 중심 모형 : 텍스트 특성을 분석하여 단원을 전개한다. 장르나 주제에 따라 범주화하여 전개하는 방식과, 가독성(readability), 아이디어/테마의 심도, 텍스트의 길이, 글 구조의 복잡성 등에 따라 순차적으로 전개하는 방식이 있다.

③ 맥락 중심 모형 : 교사/학습자의 요구나 교수-학습이 이루어지는 상황을 분석하여 단원을 전개한다. 학습자의 관심·흥미를 추적하는 방식과 시후·학교 행사·기념일 등 시기에 따른 방식이 있다.

문제는 역시 단원 전개상의 위계성과 계열성, 통합성이다. 읽기 능

로, 더하기를 배울 때에는 오직 더하기만을 배우면 된다. 그러나 읽기의 경우, 소단위 내용 파악 전략을 배운 '다음에' 그를 바탕으로 대단위 내용 파악 전략을 배우는 것은 아니다. 소단위 의미는 대단위 의미와 밀접하게 결합되어, 상호 규정하는 관계에 있기 때문이다. 물론 읽기가 이러한 특성을 지닌다고 해서 단원 전개의 문제를 외면할 수 있는 것은 아니다.

력의 개념 범주가 매우 포괄적인데다 읽기가 범교과적인 성격을 띠고 있기 때문에 어려움이 더욱 커진다. 이는 교수-학습 프로그램의 단위를 대-중-소로 나누고, 대-중-소단원에 각기 다른 층위의 모형을 적용함으로써 어느 정도 완화할 수 있다. 예를 들어 대단원은 주제 접근 모형에 따라 구성·전개하고 중단원은 전략 접근 모형에 따라, 그리고 소단원은 절차 접근 모형에 따라 구성·전개하는 식이다.

3. 읽기 교재 체계의 적용 방향

읽기 지도의 모형과 관련하여 제기했던 모형 작용(engineering)의 문제는 교재론에서도 마찬가지로 적용된다. 교재 체계화에 관한 논의가 의의를 얻으려면 그 적용, 곧 체계의 작용 양상에 대한 논의가 이어져야 하는 것이다. 이는 더 나아가면 읽기 이론과 읽기 지도 이론, 그리고 읽기 교재 이론의 통합을 요구하는 것이기도 하다.

교재 체계의 적용은 두 층위에서 이루어진다. 첫째는 교재 개발 단계에서 읽기 지도상의 변인을 고려하여 기본 체계를 변용하는 것이고, 둘째는 교재 투입 단계에서 재구성하는 것이다.

교재 개발 단계에서의 적용 범위는 그리 넓지 않다. 교재의 체계화 과정에서 이미 예상 가능한 변인들을 대부분 고려했기 때문이다. 아울러 하나의 교과서에서 어느 정도로 다양한 체계를 동원하는 것이 효과적이냐 하는 문제도 검토해 볼 필요가 있다. 매단원마다 별개의 체계가 동원된다면 오히려 학습의 효율성을 떨어뜨릴 수도 있는 것이다. 따라서 어떻게 보면 이 단계에서는 교수-학습 목표 및 학습자/텍스트 변인에 따라 몇 가지로 범주화한 체계 중에서 선택하는 일만이 가능하다고도 볼 수 있다. 교과서 개발자는 그러한 몇 개의 체계를 염두에 두고 텍스트 선정 및 그래픽 자료 구성, 학습 과제 구안, 학습 안내 및 설명 자료 기술 등에 노력을 투입하는 것이다.

교재 투입 단계에서의 적용 범위는 그에 비해 훨씬 넓다. 교사는 국가에서 제공한 교과서를 바탕으로 하되, 교사의 의도와 수업 특성에 따라 교재를 재구성하여 적용하게 된다. 교재의 재구성이 필요한 이유는 전국적으로 표준화된 교재로서의 교과서가 개개 수업 사태의 요구를 적극적으로 반영하기 어렵기 때문이다. 읽기 수업은 교사의 언어관 및 교육관, 학습자의 선수 학습 능력, 수업이 이루어지는 문화적 배경 및 상황 맥락 등에 따라 다양하게 실현되는데, 전국적인 표준화 교재로서는 그러한 특성이나 그에 따른 요구를 제대로 구현하지 못하는 것이다. 교과서 개발 단계에서 심각하게 고려하지 못한 다른 교과와의 관련성 역시 교재 재구성이 필요한 이유 중의 하나가 된다.

교재 재구성은 교수-학습 자료와 과정의 두 측면에서 이루어진다. 자료의 재구성은 교과서에 제시된 문자 텍스트 및 그래픽 자료의 추가·생략·재조직·대치를 통해 이루어지고, 과정의 재구성은 교과서에 제시된 학습 과제의 추가·생략·재조직·대치를 통해 이루어진다.[20] 그러나 자료의 재구성과 과정의 재구성은 동전의 양면과 같은 것으로, 서로 독립적으로 이루어지는 것이 아니라 밀접하게 연관된 가운데 통합적으로 이루어지는 것이 보통이다.

교재 재구성은 교사의 자율성과 학급의 특성을 최대한 보장하는 차원에서 이루어지지만, 제도교육의 본질상 교육과정의 범위에서 벗어나는 것은 허용되지 않는다. 따라서 단원의 목표나 텍스트의 특성 그 자체보다는, 목표 달성을 위한 학습 과제의 적절성을 기준으로 재구성하는 것이 바람직하다. 목표와 텍스트 특성은 교육과정 전체의 틀 안에서 일정한 기준에 따라 구성·조직된 것이기 때문이다. 마찬가지 이유에서 단원의 전개 역시 재구성에는 일정한 제약이 있다. 말하자면 교재의 체계화와 그 적용은 구심력과 원심력의 길항 관계 위에서 역동적으로 이루어지는 것이다.

20) 교재 재구성의 이 네 가지 전략은 원래 수사학에서 빌려온 것이다. 이러한 차용이 가능한 것은 읽기 교재 체계화의 원리와 수사학의 원리가 텍스트성, 선조성, 목표 지향성, 의사소통성, 메타적 사고 등의 특질을 공유하기 때문이다.

V. 읽기 교재론의 국어교육적 통합

광복 이후 이른바 명문(名文)을 중심으로 한 훈고주석 위주의 자료집 성격에서 출발하여, 읽기 기능(5차)이나 전략(6차), 혹은 문화 요소(7차)를 강조하는 학습 안내서에 이르기까지 읽기 교재는 지속적으로 발달해 왔다. 그러한 발달을 추동하는 힘이 읽기 이론과 읽기 지도 이론, 그리고 읽기 교재 이론의 발달에서 나왔음은 주지의 사실이다.

읽기 교재의 체계화를 위해서는 먼저 읽기 능력의 개념 범주와 그 하위 요소들을 점검하고, 읽기 과정에서의 행동 특성 및 과정별 활용 전략을 분석하는 작업이 필요하다. 이는 읽기 지도 이론이라기보다는 읽기 이론의 범주에 들어갈 터인데, 이러한 기초 작업이 부실하면 지도 이론 또한 공허해질 공산이 크다. 그리고 이어서 숙련된 독자의 이념 아래 읽기 지도의 목표를 분명히 하고, 내용을 확정하며, 지도 및 평가 모형을 탐색하는 작업이 필요하다. <그림 3-2-6>처럼 읽기 지도의 목표와 내용, 방법, 평가가 교재를 매개로 통합되기 때문이다. 읽기 교재 체계화의 조건을 탐색하고, 체계화의 원리 및 방향을 모색하며, 그 적용 방안을 마련하는 것은 그 다음의 일이다. 이 글에서는 여건상 이러한 내용들을 간략하게 두루 다루었지만, 논의의 심화를 위해서는 논제를 명료하게 한정하여 깊이 들어갈 필요가 있다.

읽기 교재 체계화는 단원 구성과 단원 전개의 차원에서 접근해야 한다. 단원 구성은 읽기의 과정과 전략을 고려하여, 단원 전개는 읽기

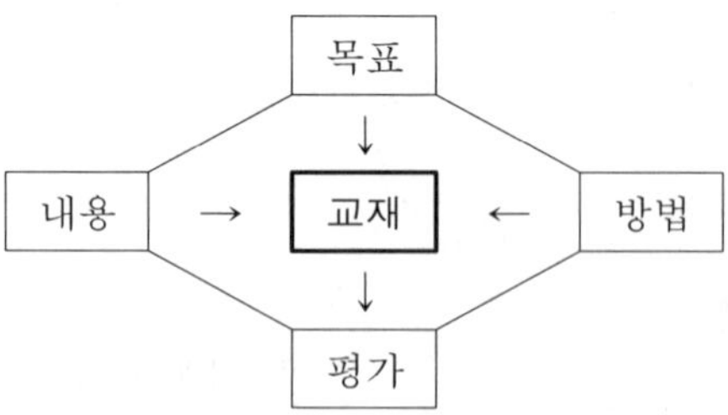

<그림 3-2-6: 교재의 역할>

능력의 위계성과 계열성, 통합성을 고려하여 체계화하는 것이 바람직하다. 단원 구성에서 구성 방식을 몇 가지로 범주화하면 교재 개발과 투입 단계에서 수업 상황을 고려하여 적절히 변용하여 적용할 수 있다.

읽기의 교재를 논의할 때 언제나 유의해야 할 사항들이 있다. 첫째는 '교육적 의사소통의 매체로서의 교재'라는 관점을 일관되게 취하는 일이다. 교재 자체가 의사소통 현상은 아니다. 그러나 교육적 의사소통의 대부분은 교재를 둘러싸고 일어나며, 그러한 점에서 의사소통의 이론을 교재론에 적용할 수 있는 길을 모색해야 한다. 둘째는 글의 장르에 따라, 또는 같은 장르 내에서도, 텍스트 구조에 따라 읽기 과정과 전략이 달라진다는 점이다. 텍스트가 다르면 당연히 교재 체계(또는 그 적용)도 달라야 하며, 이런 점에서 텍스트 특성 점검 능력은 읽기 지도에서 가장 중요하게 다루어야 할 영역이라 할 수 있다. 셋째는 시대상황에 알맞은 읽기 교과서를 만드는 일이다. 정보화·세계화 시대에 언어 소통과 교육 소통의 양상 변화를 교재로 담아낼 수 있어야 한다. 넷째는 읽기 지도 모형과 교재 모형이 상동성을 지녀야 한다는 점이다. 이는 읽기 교재 자체가 또 하나의 읽기 텍스트로서, 교재를 꼼꼼히 읽어 가며 제시된 과제를 수행하면 곧바로 읽기 능력이 신장될 수 있어야 한다는 뜻이다. 다섯째는 현장성과 효용성을 염두에 두는 일이다. 실제 수업에서 교사와 학습자가 흥미를 느끼고 역동적으로 활용할 수 있는 교재가 되어야 한다. 그밖에 읽기 교재론에서 유의해야 할 사항으로는 다음과 같은 것들을 더 들 수 있을 것이다.

① 읽기 지도의 이념과 실천 사이의 매개적 기능을 극대화할 수 있는 방향을 모색하여야 한다.
② 간학문적 접근의 구체적 모델을 개발하고 그 타당성을 지속적으로 보완해 가야 한다.
③ 읽기 지도를 둘러싸고 있는 학교 내적, 학교 외적 환경을 효과적으로 수렴해 내는 탄력성 있는 기제가 되어야 한다.
④ 읽기 교재의 작용 전반을 국어과 교사가 주도적으로 관장할

수 있어야 한다.

⑤ 읽기 교재의 문화 전승적 기능에 대해 보다 심오한 학문적 천착과 노력이 있어야 한다.

⑥ 교재 변용의 원리와 모델이 개발되어야 한다.[21)]

21) 박인기(1992)에서 국어과 교재에 관해 제안한 내용을 읽기로 한정하여 재진술했다.

제 3 장
국어 학습지의 점검과 비판

Ⅰ. 논의의 필요성과 방향

1. 논의가 필요한 이유

현행 법규를 협의로 해석하면 학교에서 부교재를 쓰는 일은 사실상 금지되어 있다. 뿐만 아니라 가정에서 방문 교사에게 지도 받는 일도 원칙적으로 허용되지 않는다.[1] 오로지 대학·대학원 재학생만이 과외 지도를 할 수 있다. 실제로 1998년 4월에 교육부는 학습지 방문 지도를 과외로 간주하여 단속하겠다는 방침을 발표한 적이 있다. 그 방침은 학습지 회사 및 방문지도교사, 그리고 학부모의 반대로 곧 철회되기는 했지만, 여전히 제도 교육권에서는 과외와 학원, 학습지 등의 사교육을 의식적으로 외면하고 있다.

하지만 현실은 어떤가? 이미 학원과 학습지는 엄연한 교육 산업으로서 교육의 일부를 담당하고 있다. 한때 금지됐던 재학생의 학원 수강이 전면 허용되고, 학습지 출판사는 성장을 거듭하고 있다. 과외 교습 역시 합법화되었다.[2] 입시철이 되면 매스컴이 찾아가는 곳 역시

1) 예를 들어 '학원의 설립·운영에 관한 법률' 2조 3항에 따르면 학교, 학원, 도서관 등의 밖에서 이루어지는 교습 행위는 '과외 교습'이 되고, 같은 항과 이어지는 3조에 따르면 친족 이외의 학생에게 과외 교습을 하는 것은 불법이다. 또한 '교과용 도서에 관한 규정' 제 51조에 따르면 학교에서 1·2종 교과서, 인정 도서 등의 교과용 도서 이외의 도서를 수업 중에 사용하는 것도 불법이다.

2) 1980년 7월의 과외 전면 금지 조치 이후 점차 규제가 완화되어, 1989년 6월 재학생의 방학중 학원 수강 허용을 거쳐 1991년 7월에는 학기 중에도 학원 수강이 허용되었다. 또한 1995년 12월에는 대학·대학원생의 과외 교습이 허용되고, 2000년 4월 27일 '학원의 설립·운영에 관한 법률' 3조(과외 금지 항목)가 위헌 판결을 받음으로써 법규를 통해 사교육을 제한하려던 당국의 노력은 무위로 끝났다.

학교가 아니라 학원의 전문가들이다. 특히 논술과 관련하여 학교는 학원에게 '완패'했다고 해도 과언이 아니다.

학습지에 관한 몇 가지 통계를 살펴보면 학습지 산업의 실체를 더욱 잘 알 수 있다. 예를 들어 1992년의 경우 초등학교 6학년의 학습지 구독률이 73%에 이르며, 하루 평균 학습지 학습 시간도 2시간에 달하고 있다(한국소비자보호원, 1992). 또한 대구 지역 일반계 고교의 학습지 단체 구독률이 68%로서(중앙일보 1998.11.27), 세 학교 중 두 학교가 단체로 학습지를 구독하고 있다. 이러한 상황은 현재에도 심화되면 심화되었지 결코 완화되지 않은 실정이다. 이는 이미 학습지가 학교의 안과 밖을 통틀어 한국 교육의 현장에 깊숙이 자리잡았다는 것을 뜻한다.

사실 학습지는 교육 활동으로서뿐 아니라 하나의 전망 좋은 산업으로서 신장을 거듭하고 있다. 예를 들어 학습지 시장 규모는 1989년~1991년 사이에 매출 1,100억 원, 회원 수 161만4천 명에서 매출 2,244억 원, 회원 수 233만6천 명으로 급증하였다. 그에 드는 비용은 학생 1인당 97,418원, 가계당 146,127원 꼴로, 연간 교육비의 21.1%에 해당하는 금액이다(한국소비자보호원, 1992). 1998년의 학습지 시장 규모는 2조1천억 원으로 전체 공교육비의 6.9%에 해당하며, 회원 수는 460만 명에 이른다(http://www.kedi.re.kr). 다른 조사로는 1998년 총교육비 74조8천억 원 중 사교육비가 29조 원으로, 학습지 등 방과 후 교육 활동에 14조2천억 원이 들어간 것으로 보고되었다(한국경제신문, 1999.7.15). 초등 학습지 <눈높이>를 내고 있는 (주)대교의 경우 1998년 매출이 6,000억 원을 돌파했는데, 이는 재계 순위 300위 안에 드는 실적이다(한국경제신문, 1999.7.15). <씽크빅>을 내는 웅진도 매출 1,220억 원, 순이익 172억 원을 기록했으며, 이는 전년에 비해 순이익이 5배 증가한 것이다(한국경제신문, 1999.12.21). 유아 학습지 전문 한솔교육의 경우에는 매출이 1991년 3억 원에서 1998년 1,800억 원으로 600배나 증가하기도 하였다(한국경제신문, 1999.3.25). 이처럼 학습지 출판은 이제 하나의 어엿한 산업으로서 자리를 잡고 있다. 곧, 자체의 자본과 논리, 힘을 갖추게 된 것이다. 인가된 학원과 학습지 회사는 모두 사업 소득에 대해 세금을 내고 수강료와 교재비에 대해 통제를 받으니, 교육부가 애써 외면하는 교육 산업을 재경부에서 오히려 적극적으로 인정하는 셈이다.

자본이 축적되고 시장이 커지면 자연히 인력도 몰리게 되어 있다. 1999년 하반기의 경우 사교육 관련 전체 인력 채용 규모는 15,000명으로 집계되었는데, 언론·광고·출판 업종에서 2,800명을 채용했으며, 그 중 학습지 회사에서 2,000명을 소화했다. 또한 학습지 교사의 연간 채용 규모가 1만 명 선에 이른다는 보고도 있다(한겨레신문, 1999.5.31). 학습지 교사가 기본적으로 대졸 학력을 요구하는 것을 감안하면, 엄청나게 많은 고급 인력이 학습지 시장으로 유입되는 것이다. 실제로 정규직을 얻지 못한 여성 대졸자가 가장 쉽게 찾을 수 있는 직업이 학습지 교사이다.

여기서 '학습지 산업'이라는 말에 주목할 필요가 있다. 곧, 학습지는 교육과 산업의 이중적 성격을 띤다는 것이다. 학습지를 지배하는 논리는 교육 논리와 산업 논리의 이중 논리인데, 문제는 교육 논리보다 산업 논리가 우세하다는 점이다. 학습지 교사만 하더라도 교육 비전문가의 비정규적인 직장으로 인식되는 것이 일반적이고, 학습지 시장에서의 판도는 학습지 자체의 교육적 가치보다 영업에 더 많이 좌우된다. 학습지 회사의 비약적인 성장 이면에는 산업 논리에 압도당한 교육 논리의 초라한 모습이 숨어 있다.

이 글은 이 부분에 대한 문제의식에서 출발한다. 사교육이 교육의 일부를 담당하고 있는 것이 엄연한 현실이고, 학습지가 사교육의 중요한 축을 이루고 있는 것 또한 현실이다. 학습지 산업은 전망이 매우 밝은 산업으로 인식되며, 실제로 대형 출판사들이란 예외 없이 학습지나 참고서를 출판하는 회사들이다. 그런데도 학습지를 점검하고 평가하는 장치가 아무 데도 없는 것이다. 학습지 회사들이 산업 논리를 추구하여 교육 논리를 외면하는 동안, 제도 교육권에서 학습지를 비롯한 사교육 현실 자체를 외면하는 동안, 학습지를 객관적으로 판단할 기준도 경험도 없는 상태에서 그 폐해를 학생들이 고스란히 입게 된다.

이제 우리 교육 담론도 학습지의 실체를 인정하고, 공교육과 사교육이 상호 보완적으로 교육에 임하도록 할 때가 되었다. 전체적인 교육 체제에서의 분담 비율로 보나 자본과 고용이라는 산업으로서의 의미로 보나, 의도적으로 무시하기에는 학습지 산업의 비중이 너무나 커진 것이다. 거기에 관여하는 집단도 학부모와 학생뿐 아니라 학교의 교사와 학습지 교사(전업이든 파트타임이든), 학습지 출판사 및 유통 조직, 학습지 연구원과 집필자, 교육과정 및 교재 개발자, 그리고 교육 당국 등 매우 다양하게 걸쳐 있다. 또한 앞으로의 교육은 학교라는 폐쇄된 공간에서 벗어나 '언제 어디서나(Anytime-Anywhere)' 교육이 이루어지는 개방형 교육이 될 것이라는 전망이 지배적인데, 그 과정에서도 학습지는 중요한 역할을 할 수 있다. 이처럼 거대하고 중요한 체제에 대해 객관적이고 비판적인 점검이 지금까지 없었다는 사실이 이상할 정도이다.

2. 누가 무엇을 위해 논의하는가

학습지 평가가 필요한 이유는 여러 가지이다. 궁극적인 목적은 학습지의 질 관리이고, 현실적인 출발점은 학습지가 산업 논리에 빠져서 교육 논리를 외면하기 때문이다. 다시 몇 가지 자료를 보자.

우선 학습지 소비자 가격의 구성비를 보면, 원가중 원고료는 7.2%, 연구개발비는 3.5%에 불과하다. 교재 개발의 소프트웨어 구성에 쓰이는 돈이 10%도 안 되는 것이다. 그 대신 유통마진이 49.2%나 된다. 30,000원짜리 학습지를 구매하면 그 중 15,000원은 유통 단계에서 붙은 돈이다. 학습지 회사의 인적 구성도 관리직이 35.1%, 영업직이 28.5%인 데 비해 연구·개발직은 4.4%, 학생들의 질문에 답해 주거나 학부모와 상담하는 상담직은 3.7%에 머문다. 그 결과 학습지 내용이 매우 부실해지게 되는데, 단적인 예로 1년간 학습지에서 오자·오답을 발견했다는 반응이 54.1%에 달하고 학습지를 구독한 후의 효과에 대해서도 '향상되기는 하였지만 느낄 정도는 아니다'가 65.6%를 점했다. 또한 55.2%가 학습지를 구독하다가 중간에 다른 학습지로 교체한 경험을 가지고 있는데, 2회 이상 교체한 경험도 47.4%나 됐다(한국소비자보호원, 1992).

이 보고는 무엇을 뜻하는가? 대다수의 학습지가 내용보다는 영업에 승부를 걸고 있고, 또한 대다수의 학생과 학부모가 학습지에 대해 불만을 품고 있다는 사실이다. 미취학 아동의 경우 학습지를 활용한 지도는 그림책 등을 이용한 학부모나 교사의 지도보다 언어 능력 발달에 효과가 떨어진다는 보고도 나와 있다(유향선, 1994).

이처럼 학습지에 대한 신뢰도가 낮음에도 불구하고 대다수의 학생들은 여전히 학습지를 구독한다. 공교육만으로 만족하지 못해서이기도 하고, 일반화된 흐름에서 벗어나지 않기 위해서이기도 하다. 아무튼 학습지로 공부하기로 한다면 여러 가지 학습지 중에서 한 가지를 선택해야 하는데, 선택의 기준 또한 막연하여 객관적이라고 보기 어렵다. 조사에 따르면 학습지의 구매 주도는 주로(86.8%) 어머니가 하며(우동환, 1991), 학습지 선택은 '부모가 한다' 46.2%, '자녀가 한다' 25.4%로 나왔다(한국소비자보호원, 1992). 그리고 그때 고려하는 요소는 '자녀가 원하는 것' 42.1%, '주위에서 많이 사용하는 것' 22.8%의 순이다(최명주, 1996). 곧, 학습지에 대한 전문가의 진단과 평가가 없는 상태에서 그저 학부모와 학생의 막연한 인상에 따라 학습지를 선택하는 것이다. 학습지의 수준, 학습지의 특성과 경향, 학습지 활용 방법 등에 관한 고려는 비집고 들어갈 여지가 없다. '(사)학습자료협회'가 학습지 인증을 해 주지만 자율 사항이라서 구속력이 없고, 또한 판매에 대한 인증일 뿐 질에 대한 평가는 이루어지지 않고 있다.

학습지에 대해 논의하는 주체는 학습지 관련 집단 모두가 될 수 있다. 하지만 학습지 생산과 유통의 주체(학습지 회사와 총판)는 객관적 관점에서 학습지를 평가하기 어렵다. 중이 제 머리 못 깎는 논리와 똑같은 이유에서이다(현재의 '학습자료협회'가 그러하다.). 교육 정책을 입안하는 사람도 공식적으로 학습지를 논의하기 어렵다. 아직까지는 공교육과 사교육을 한데 묶어서 논의할 틀도 의사도 없기 때문이다. 교육 당국의 입장에서 학습지는 우호적 파트너라기보다 통제하고 감시해야 할 대상이고, 더 정확히는 눈앞에서 보이지 않았으면 좋은 존재다. 학부모나 학생은 학습지의 수용자로서 이 문제에 가장 민감하지만, 현실적으로 객관적인 평가 능력이 부족하다.

그렇다면 누가 학습지를 평가하는가? 필자는 궁극적으로 교사가 학습지를 평가해야 한다고 본다. 무엇보다도 교사는 직접 학생들과 대면하는데, 그 학생들이 학습지로 무장한 상태라면 교사는 당연히 그 학습지에 대해 자세히 알아야 하기 때문이다. 교육 전문가로서, 학생들을 직접 가르치는 주체로서, 학습지와의 경쟁자로서, 교사가 먼저 학습지를 평가할 권리와 의무를 진다. 그런데 현실은 그렇지가 못해서, 참고서에 정통한 고등학교 교사의 경우를 예외로 하면, 대다수의 교사는 학생들이 각자 공부하는 학습지에 대해 잘 알지 못한다. 특히 초등학교 교사의 경우 자기 자녀가 초등학생이 아니라면 학습지에 대해 거의 관심을 두지 않는다. 그렇지만 학생 입장에서 보면 학교에서 배우는 내용과 집에서 학습지 등을 통해 배우는 내용을 통합해서 하나로 이해해야 하므로, 학습지 교사가 학교교육에 대해 모르는 것과 마찬가지로 학교 교사가 학습지에 대해 모르는 것은 견디기 어려운 일이 된다. '학교에서 배울 내용을 학습지에서 미리 다 다루기 때문에 교육을 망친다.'고 불평할 게 아니라, 학습지가 학교에서 배울 내용과 조화를 잘 이루는지 평가해서 학생들에게 피드백하는 일이 중요하다. 만일 교사가 이 역할을 제대로 수행하지 못하거나 수행하기 어렵다면, 따로 전문적인 안목과 기준으로 학습지를 평가하고 질을 관리할 주체가 있어야 한다.

바로 이 부분에 이 글의 문제의식이 있다. 학습지 평가의 결과는 학습지 관련 집단 모두에게 송환된다. 학생뿐 아니라 교사 자신, 학부모, 학습지 교사와 학습지를 만드는 회사, 학습지의 연구·집필진들에게도 평가 결과가 송환된다. 그럼으로써 학습지의 질 관리가 이루어지고, 수요자는 객관적 정보를 바탕으로 자기에게 가장 적합한 학습지를 선택할 수 있을 것이다. 그 동안 학습지는 평가와 관리의 사각 지대에서 기형적으로 커 왔는데, 이제 그를 대상으로 한 평가 체제를 구안하는 일이 필요한 때가 되었다. 학습지 평가의 주체, 평가 목표와 준거, 평가 결과의 송환 기제 등에 관한 연구가 이루어져야 하는 것이다.

Ⅱ. 국어 학습지 평가를 위한 기초 작업

1. 학습지의 의의와 문제점

일반 출판사에서 발간하는 보조 교재는 학습지, 자습서, 참고서, 문제집 등의 여러 가지가 있다. 이들을 세밀하게 구별하는 것은 이 글의 주된 관심사가 아니므로, 이 글에서는 학습지만을 개념적으로 정의하기로 한다. 일단 그것은 인쇄 매체로 전달되고, 정기적으로 배부되며, 자율 학습을 하되 주기적으로 피드백을 해 주는 일체의 학습 보조 자료로 이해할 수 있다. 월간 학습지나 주간 학습지, 일일 학습지가 여기에 포함되지만, 오로지 평가만을 위한 것(개별 모의 고사 등)은 제외된다. 일반적인 학습지에서는 교과 내용의 '학습'과 그에 관한 '평가'가 모두 다루어진다.

학습지가 문제가 되는 이유는 그것이 학교교육과 일정 부분 상관성을 지니면서 상보적으로 기능하기 때문이다. 학교교육과 학습지 교육은 투입되는 시간과 장소는 다르지만 학습자 안에서 서로 통합된다. 그것은 긍정적 기능과 부정적 기능을 모두 지니는데, 이제 그것들을 차례로 살펴보자.

우선 긍정적인 기능으로, 첫째, 학습지는 개인별, 수준별 학습을 가능하게 한다. 한 학급이 적어도 30~40명 이상 되는 학교교육에서 고려하지 못하는 언어 수준과 흥미를 학습지는 고려할 수 있다. 단계, 또는 영역별로 세분된 학습지는 목표 중심의 분절적 학습이 가능하고, 반복 학습이나 필요한 경우 속진도 가능하다.[3] 수준별·능력별 학습의 이상과 잘 맞아떨어지는 것이 학습지 학습이다.

둘째, 학습지는 다양성 면에서 교과서의 부족한 부분을 보충해 줄 수 있다. 교과서가 지면상 혹은 시간 운영상 싣지 못한 읽기 자료들을 실을 수 있고, 교과서가 쓰지 못하는 다양한 매체를 활용할 수도 있다. 또한 일상에서의 언어 자료 특성을 반영할 수도 있다. 판형, 글자 크기와 글꼴, 편집, 일러스트 등의 측면에서 교과서가 누리지 못하는 자유를 학습지는 누릴 수 있다. 자연히 학생들에게 인상 깊고 매력적인 교재를 만들 수 있음은 물론이다.4)

셋째, 학습지는 대단위의 표준화 검사를 가능하게 한다. 이는 언뜻 보면 학습지가 개별성을 추구한다는 점과 모순되는 것 같은데, 실제로는 이 두 특성이 절묘하게 맞아떨어질 수 있다. 학습지 회사가 전국에 걸쳐서 모은 정보를 한데 모아 분석할 수 있기 때문이다. 현재 공적으로는 대학수학능력시험과 한국교육과정평가원에서 실시하는 국가수준학업성취도평가를 통해 전국 단위의 정보를 얻을 수 있지만, 그렇게 해서 얻은 정보를 활용하는 데에는 미흡한 부분이 많다. 지역간・학교간 학력 차이라든지 서열화 조장과 같은 미묘한 문제가 있기 때문이다. 그에 비해 학습지의 세분화된 단계와 전국 단위 평가를 결합한다면 전체 모집단에 비추어 본 학생 개개인의 능력과 수준을 비교적 투명하게 알 수 있다.

넷째, 학습지는 교과서에 비해 운영상 융통성이 많다. 학교교육이 연간 계획표와 주간 시간표에 의해 꽉 짜여져 운영되는 데 비해, 학습지는 학생이 원하는 시간, 원하는 장소에서 원하는 분량만큼 학습할 수 있다. 필요하다면 몰아서 할 수도 있고, 아예 건너뛸 수도 있다. 운영상의 융통성은 개별화 학습을 하는 데에 필수적인 요소이다.

---

3) <눈높이>나 <완전 국어> 등이 영역별로 단계를 세분한 것으로 정평이 나 있다. 이들 학습지는 진단 평가를 통해 학생을 적절한 단계에 배치하고, 반복 학습으로 필요 지식이나 기능을 충실하게 습득시킨다. 대신 단순 사고나 기능에만 치우친다는 비판도 받고 있다.

4) 교과서가 학습지와 경쟁이 안 되는 부분이 이 부분이다. 학습지의 풍부한 내용과 화려한 외형을 교과서가 따라갈 수 없다면, 적절한 역할 분담이 필요한 것으로 보인다.

다섯째, 학습지는 자율 학습이 가능하고 기본 학력 습득에 효과적이다. 개별 학습에 맞게 단계와 과제가 세분되어 있기 때문에 교사의 안내나 조력 없이 스스로 학습할 수 있는 것이 학습지이다. 또한 분량이나 시간의 제한이 없어서 필요한 내용을 충분히 학습하고 넘어갈 수 있기도 하다. 필요한 경우에 학부모가 조금만 도와주면, 방문교사는 가끔 와서 결과만 체크해도 학습 효과를 얻을 수 있다.

그에 비해 학습지의 부정적 기능도 만만치 않다. 무엇보다도 먼저 제기할 수 있는 것은 학습지가 학교교육과 조화를 이루지 못하는 경우가 많다는 점이다. 개별화 학습을 강조하다 보니, 혹은 영업의 의도에서 학교 교육과정 내용보다 앞질러 배우는 경우가 많으며,[5] 어떤 경우에는 불필요한 내용이나 지나치게 자세한 내용을 다루기도 한다. 그 결과 학생들은 학교에서 배우는 내용과 학습지를 통해 배우는 내용을 유기적으로 통합하지 못하고 학교 따로 학습지 따로 공부하는 결과를 낳는다. 초등학교 저학년 단계에서 학습지를 한 학생이 학력이 월등하게 뛰어난 이유도 여기에 있고, 고학년으로 가면서 학습지의 효과가 잘 나타나지 않는 이유도 여기에 있다. 학습자 안에서 통합되지 않으면 교육의 효과가 반감되기 때문이다.

둘째 문제도 그 못지 않게 중요한데, 그것은 학습지의 일반적인 방향이 국어교육의 철학과 배치되는 경우가 많다는 점이다. 5차 교육과정 이래 국어교육은 사고 중심, 기초 기능 중심, 전략 중심의 국어교육관을 취해 왔고, 최근에는 거기에 덧붙여서 문화 중심, 가치 중심의 국어교육을 추구하고 있다. 그런데 이런 요소들은 단시일 내에 눈에 보이게 신장되는 것이 아니라 장기간에 걸쳐 잠재적으로 형성되는 것들이다. 그에 비해 대부분의 학습지는 단시일 내에 효과를 볼 수 있는 부분, 예를 들면 명제적 지식 요소나 단순 기능 요소에 치중하고 보다 본질적인 측면은 소홀히 하는 경향이 있다. 이는 영업의 요

---

5) 통상 학습지를 꾸준히 하는 학생의 경우 정규 교육과정보다 한 학기 정도를 앞질러 가게 되고, 일 년 이상 앞지르는 경우도 있다. <빨간펜> 같은 경우는 학교 교육과정에 맞추어 교과 내용을 다루어 줌으로써 다른 학습지와 차별화를 꾀하고 있다.

인 때문이기도 하고 학습지 연구·개발진의 한계이기도 한데, 자연히 학습지를 오래 한 학생은 학교교육의 본류를 따라가기 어렵게 된다. 시를 읽으면 무조건 재미있는 말을 찾으려 하고 의성·의태어나 첩어가 없으면 재미있는 말이 없다고 반응하는 식의 왜곡된 학습 전략과 태도를 지닌 학생들을 양산한 것이 학습지의 폐해이다.

셋째 문제는 학습지가 다루는 내용의 검증이 이루어지지 않다 보니 내용상 오류나 편견이 드러날 소지가 많다는 점이다. 학습지는 국어학이나 국문학, 교육학, 심리학 등의 이론에 비추어 지나치게 낡았거나 근거 없는 내용들을 다루는 경우가 많은데, 이는 전적으로 학습지 회사가 연구·개발에 투자를 소홀히 하기 때문이다. 교과서가 개발진-연구진-집필진-검토진-심의진을 거치면서 철저하게 검증하는데도 불구하고 심심치 않게 오류가 발견되는 데 비하면, 학습지가 지금 정도의 정확성을 유지하는 것조차도 놀라운 일이다.

넷째는 교수-학습의 책임이 불분명해지고 교사가 소외되는 문제를 지적할 수 있다. 학습지를 하게 되면 점차 학교 교사의 역할이 학부모에게 전가되고, 그것이 다시 방문 교사에게 전가되는 현상을 볼 수 있다. 학생들이 학교에서 배우기보다 집에서 배우는 내용이 더 많아지는 것이다. 그러나 방문 교사의 역할에 한계가 있는 만큼 결국 학습의 책임은 학생 자신에게 돌아오고, 마지막에는 결국 방기되고 만다. 학부모가 관심을 가지고 지도하는 경우에는 덜하지만, 그렇지 못한 경우에는 방문 교사가 올 때까지 학생 혼자서 아직 배우지도 않은 내용을 가지고 끙끙거리거나 해답집을 보고 답을 써 넣어 버리는 일이 생기는 것이다.

다섯째는 학습지의 본질상 문자 활동에 치중하고 상호작용의 경험이 취약해진다는 점을 들 수 있다. 최근 들어 CD롬 타이틀이나 카세트테이프 등을 제공하는 학습지가 많아졌지만, 아직은 대부분의 학습지가 인쇄 매체만으로 구성되고 있는 형편이다. 설사 멀티미디어 교재가 주어진다 하더라도 교실에서 교사·친구들과 상호 작용하면서 학습하는 것과 집에서 혼자 컴퓨터나 녹음기를 상대로 학습하는 것

사이에는 차이가 있을 수밖에 없다. 사회구성주의나 협동 학습의 이론을 들지 않더라도, 학습지 학습이 음성언어 활동이나 상호작용적 활동에 약하다는 점은 학교교육을 따라잡기 어려운 부분이다.

추가로 한 가지 더 지적한다면 과중한 학습량을 들 수 있다. 이것 역시 영업적인 고려가 강한데, 대다수의 학습지는 매일 일정 시간을 학습지에 투자해야 해결할 수 있을 정도의 양으로 구성된다. 그리고 그 안에 매우 다양한 글감과 활동들을 집어넣는다. 하지만 그 내용 중 상당 부분은 반복 학습이며 무의미 학습이다. 대다수의 학생들이 학습지가 밀리는 경험을 하는데, 그 이유는 학습량에 관한 학습지 회사와 학부모 사이의 묵계 때문이다. 학습지 회사는 양을 늘리고 외양을 화려하게 하여 상품성을 높이고, 확실한 판단 기준이 없는 학부모는 그저 많이 공부시키는 게 좋다는 생각에서 그런 학습지를 선택하는 것이다. 그러나 그 결과는 대부분 학습 의욕 감소로 나타난다.

학습지의 의의와 문제점은 상황에 따라 다르게 적용될 수 있다. 예를 들어 시간 운영의 융통성은 어느 면에서는 장점이지만 미뤄 뒀다가 '몰아서' 할 수도 있다는 점에서 단점이 된다. 또 학교의 장점이 학습지의 단점이 되고 학교의 단점이 학습지의 장점이 되는 것도 아니다. 개별화 학습 부분에서는 학교가 가진 한계를 학습지가 보완해 줄 수 있겠지만, 내용의 정확성이나 문자 학습에의 치중 같은 것은 학교교육과 학습지 교육이 다같이 지니는 문제들이다. 다만 어느 것이 상대적으로 더하냐 덜하냐의 문제일 뿐이다. 따라서 학습지의 의의와 문제점은 학교교육과 상호 조회해 보는 가운데 학생의 상황과 특성에 따라 판단해야 한다. 학습지가 효과적인 학생이 있고 그렇지 않은 학생도 있으며, 같은 학생이라도 학습지가 유용한 시기, 영역이 있고 그렇지 않은 경우가 있다.

2. 논의 가능한 영역과 내용

학습지를 분석하고 평가하기 위해서는 우선 교육 산업으로서 학습지의 메커니즘을 점검해야 한다. 그 구성 요인과 작용 기제를 바탕으로 할 때 효과적인 평가가 이루어질 수 있을 것이다. 먼저 학습자를 둘러싸고 있는 제반 교육 현상의 작용상을 보자.

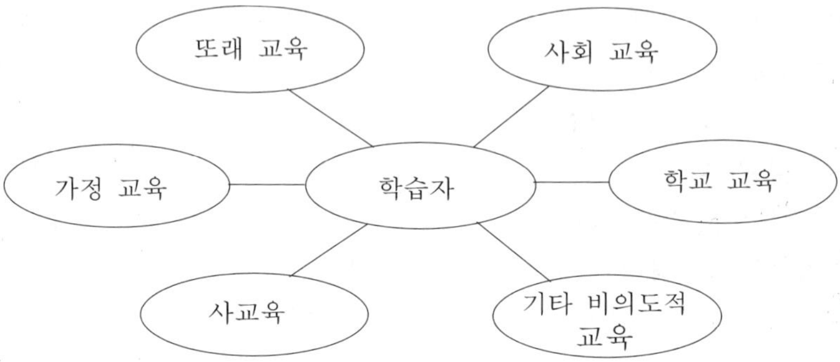

<그림 3-3-1: 학습자를 둘러싸고 일어나는 교육 현상의 여러 국면>

<그림 3-3-1>에서 보듯이, 학습자는 가정 교육과 학교 교육을 중심으로 또래 집단 사이에서 자연스럽게 이루어지는 교육, 대중 매체나 지역 사회를 통한 사회 교육, 과외 · 학원 · 학습지 등의 사교육, 기타 비의도적인 교육이 복합적으로 작용하는 가운데 교육적 변화를 겪는다. 이들 제영역은 부분적으로 겹치는 부분도 있고 어떤 국면에서는 상충되기도 하지만, 그들은 모두 학습자 안에서 하나로 통합되어 잠재적인 교육 효과로 남는다. 학습지에 대한 논의는 무엇보다도 이러한 전체 교육 체제 안에서 학습지가 얼마나 효율적으로 기능하는지에 대한 분석부터 시작해야 한다.

이번에는 그 중심을 학습지로 바꾸어 놓은 <그림 3-3-2>를 보자.

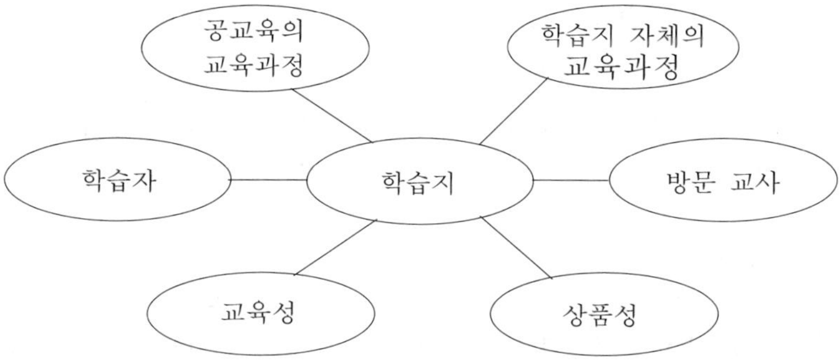

<그림 3-3-2: '학습지 현상'의 제변인>

곧, 학습지는 공교육과 사교육에 걸치는 제층위의 교육과정을 참조하되 교육성과 상품성의 두 관점에서 생산, 유통된다. 물론 학습지를 직접 다루는 주체는 교사와 학습자로서, 이들의 요구 또한 중요한 변수가 된다. 산업 논리에 따른다면 상품성과 경제성의 분석이 우선하겠지만, 교사의 입장에서는 교육성에 대한 관심이 우선할 것이다.

학습지는 이러한 외적 구조를 지닐 뿐 아니라 하나의 교재 혹은 상품으로서 내적 구조도 지닌다. 이는 공교육에서 사용하는 교과서와 상당 부분 유사하면서도 학습지 특유의 변인을 지니게 되는데, 대체적인 영역은 다음과 같다.

① 형식상의 측면 : 판형, 분량, 지질, 색도, 활자 크기와 글꼴, 행간과 행장, 디자인과 편집, 일러스트, 인쇄 및 제본 상태, 표지, 포장
② 내용상의 측면 : 교육과정, 단원 설정, 단원 간의 관계, 단원 실라버스, 제재, 학습 활동, 참고 및 보조 자료, 학습을 위한 보조 장치, 평가
③ 체제상의 측면 : 학습지의 성격, 학습지 편제, 교과간의 관계, 학년 간의 관계, 학생 배치, 학습지 투입 방법, 지도 방법, 피드백
④ 운영상의 측면 : 학부모 상담, 교사 교육과 평가, 성적 관리, 가격

이는 학습지의 내적 구조에 대한 논의 영역이 생각 외로 많다는 것을 보여준다. 형식상의 측면이나 운영상의 측면에 대해서도 교과 전문가로서 평가할 영역이 많지만, 이 글에서는 일단 내용상의 측면과 체제상의 측면을 중심으로 평가 내용을 살펴보기로 하자.

① 교육과정 :
학습지 자체의 교육과정이 체계화되어 있는가?
교육과정이 교육 필요성과 가능성에 따라 타당하게 조직되었는가?
교육과정 구성상 계열성과 위계성이 고려되었는가?
교육과정은 주기적으로 갱신되는가?
교육과정 구체화에 관한 원리가 제공되는가?

② 단원 설정 :
기능 중심, 주제 중심, 텍스트 중심 등, 단원 설정의 원칙이 합리적인가?
대단원-소단원-단위 활동 간의 관계를 합리적으로 고려하였는가?
단원에 배당된 시간과 분량이 적당한가?

③ 단원 간의 관계 :
단원 간에 계열성이 고려되었는가?
단원 조직에서 반복, 심화의 원리를 구현하였는가?

④ 단원 실라버스 :
단원 내에서 학습 단계가 효율적으로 전개되는가?
단원 목표를 중심으로 단위 활동들이 유기적으로 통합되는가?
단원의 특성에 따라 실라버스가 융통성 있게 구성되는가?
단원의 성격과 각 단계 및 요소의 성격이 분명한가?

⑤ 제재 :
언어 활동의 제국면으로 고루 반영하는가?
학생의 발달성, 관심과 취향을 충분히 고려하였는가?
매력 있고 다양한 주제를 다루었는가?
내용이 정확하고 정당한가?
길이와 구성이 적절한가?

⑥ 학습 활동 :
단원 목표 달성에 충분히 효율적인가?
학습자의 능력과 흥미를 고려하였는가?
자율 학습과 학부모·교사 보조 학습이 잘 안배되었는가?
학습 활동의 다양성을 보장하는가?
학습의 절차와 단계별 과제가 분명히 제시되었는가?

⑦ 참고 및 보조 자료 :
단원 목표 달성에 직접 도움이 되는 내용인가?
지나치게 많거나 부족하지 않은가?
오히려 정상적인 학습을 방해하지는 않는가?

⑧ 학습을 위한 보조 장치 :
기능적으로 설계되었는가?
학습 과정에 불필요하게 개입하지는 않는가?

⑨ 평가 :
평가 목표와 준거가 분명한가?
시기와 분량은 적절한가?
내용이나 방법이 한쪽으로 편향되지는 않았는가?
구체적인 정보를 줄 수 있도록 설계되었는가?
평가 결과의 해석과 송환을 위한 원리가 마련되었는가?

⑩ 학습지의 성격 :
학교 학습과의 관계가 효율적으로 설정되었는가?
기초 학습과 심화 학습, 능력별 학습과 단계별 학습, 교과 학습과 기본 능력 학습 등의 성격이 분명한가?

⑪ 학습지 편제 :
종합 학습지 또는 교과 전문 학습지의 장점을 살리고 있는가?
교사용·학부모용·학생용 자료가 구분되어 효과적으로 제공되는가?
학습 과제와 학습 안내, 해답 등이 효율적으로 안배되었는가?

⑫ 교과 간의 관계 :
타교과와 상보적으로 기능할 수 있게 설계되었는가?
통합 교과적 활동이 체계적으로 이루어지는가?

⑬ 학년 간의 관계 :
전-후 학년 학습 내용을 고려하여 설계하였는가?
선수 학습에 대한 확인과 보완 절차가 충분한가?
⑭ 학생 배치 :
진단평가에 따른 학생 배치가 타당한가?
속진이나 지진에 대한 대처 방안이 마련되어 있는가?
⑮ 학습지 투입 방법 :
월간·주간·일간 등의 장점을 살리고 있는가?
우편·통신·직접 배달 등의 장점을 살리고 있는가?
회수가 잘 되는가?
⑯ 방문 지도 방법 :
자율 학습, 1:1 학습, 소그룹 학습 등의 장점을 살리고 있는가?
방문 교사의 수업 시간과 내용, 방법이 합리적인가?
주교재와 보조 교재는 충분히 활용되는가?
학습 및 평가에 대한 피드백이 잘 이루어지는가?

사실 이런 영역에 대한 평가 내용은 끝이 없이 나올 수 있다. 문제는 평가 내용과 방법의 타당성으로, 객관적이고 신뢰로운 평가 기준을 마련하지 않으면 학습지 출판사는 물론 학부모에게도 설득력을 지닐 수 없다. 일반적인 교재평가의 기준과, 하나의 상품으로서 학습지가 운영되는 부분에 대한 평가 기준을 통합적으로 마련하는 일이 필요하다.

Ⅲ. 학습지에 대한 논의의 의의

1. 이상적인 학습지의 지향점

학습지 논의를 제대로 꾸려 가려면 바람직한 학습지에 대한 잠재적 모델을 가지고 있어야 한다. 마치 우리가 현실에는 존재하기 어려운 이상적 인간을 상정하고 그에 견주어 가며 교육을 하듯이, 결코 존재할 수 없는 이상적인 학습지라 할지라도 어떤 지향점을 정하는 것이 좋다. 그렇지 않으면 상황 논리나 상대주의에 빠져서 정작 중요한 것을 놓치게 될 것이다. 여기서 상식적으로 생각할 수 있는, 바람직한 학습지의 모습을 한번 그려 볼 수 있다.

(1) 국어 능력과 국어 학력을 조화시키는 학습지

학교교육은 학교의 논리를 따른다. 그것은 대한민국 국민이면 누구나 일정 기간 동안 이수해야 하고, 1년이 지나면 예외 없이 진급하며(아주 특수한 경우를 빼고), 자신의 의사나 성취도에 관계없이 수업 연한이 지나면 졸업해야 한다. 그것은 우리 사회에서 살아가는 데 필요한 기초적인 자질과 능력을 기르는 데 주안점을 둔다. 사회를 유지하고 발전시키는 근본 동력이 학교에서 나오기 때문에 모든 국민은 스스로 교육비를 부담하는 데에 기꺼이 동의한다. 하지만 바로 그 점 때문에 또한 학교교육은 많은 제약을 가진다. 전국민(교육비를 부담하는)의 보편 가치를 충족시켜야 한다는 강박 관념 때문에 관료화되고 평균화되며 언제나 소극적일 수밖에 없는 것이 학교교육이다.

학습지는 학교교육이 태생적으로 담당하지 못하는 부분 — 자유로운 역동성과 개별적인 요구 충족을 맡아야 한다. 그를 위해서 학부모가 공교육비 외의 추가 비용을 부담하는 것이다. 국어과의 경우 학교에서 상정한 국어 학력(이는 다분히 공동체 지향적이고 보수적인데)을 포괄하는, 넓은 의미의 국어 능력을 기르는 데 기여해야 한다. 그렇지 않고 학습지가 국어 학력의 범주 안에 안주하려고 하면 그야말로 '수련장' 수준을 넘어서지 못할 것이다.

(2) 개별화 학습의 이상을 실현하는 학습지

역시 비슷한 이유에서, 학교교육은 대규모 일제 학습으로 이루어질 수밖에 없다. 교육 당국은 끊임없이 학생 수를 줄이려 노력해 왔고 실제로 과거에 비해 학급당 학생수가 현저히 줄어들었지만, 어느 한도 이상은 줄일 수 없는 임계선이 있다. 또한 현재의 학교 제도(일정 시간과 일정 장소에 학생을 묶어 두는) 하에서는 무작정 학생 수를 줄이는 것만이 능사가 아닐 수도 있다. 또래 학습의 효과를 높이고 협동 학습 전략을 구사할 수 있을 정도의 규모는 필요하다는 뜻이다. 그렇다면 이상적인 개별 학습은 학교에서는 이루어지기 어렵다는 뜻이다. 학습지는 이 부분을 채워 줄 수 있다. 그러나 지금처럼 일주일분 교재를 던져 주고 방문 교사가 5분 점검하는 방식으로는 개별 학습이라고 말하기가 면구스러울 정도다. 그렇다고 독선생 붙이듯이 매일 방문 교사가 들락거릴 수도 없다면, 그러한 효과를 얻을 수 있는 학습지 체제가 새로이 구상되어야 한다.

(3) 언어활동의 총체성을 복원하는 학습지

여기서의 총체성은 학생들이 언어로부터 소외되는 현상을 극복한 상태를 가리킨다. 학생들이 교사의 언어로부터 소외되고 신문·방송이나 부모의 언어로부터 소외된 상태라면 결코 바람직한 언어 주체가 될 수 없다. 특히 국어 수업 시간에 사용하는 언어와 일상 생활에서 사용하는 언어가 달라진다면, 국어교육의 목적을 달성했다고 보기 어렵다. 그러나 학교교육은 본질적으로 공식적인 상황을 가정하여 이루어지고, 거기서 사용하는 어휘나 표현법은 하나의 특수한 방언을 이루고 있다. '주제 파악'이나 '문단 나누기', '생각이나 느낌 말하기'와 같은 언어들이 교실을 벗어나면 그 순간 생명을 잃는 현상을 어떻게 볼 것인가? 이 부분에서 학습지가 학교의 언어와 일상의 언어를 매개하는 역할을 할 수 있다. 그러한 총체성을 통해 거꾸로 학교교육에 영향을 미칠 수 있는 것이 학습지이다.

(4) 학생들을 언어 애호가로 기르는 학습지

국어 학습지는 국어 교과서나 국어 수업에서 다루지 못하는 많은 것을 다룰 수 있다. 국가 교육과정이나 교육 정책, 교육의 지배 이데올로기로부터 자유로울 수 있다는 사실은 학습지 회사와 방문 교사들에게 무한한 가능성을 열어 주는 일이다(실제로는 그 자유를 스스로 반납하는 경우가 많지만.). 마주보기 체제로 해서 모든 제재를 짝수 페이지로 맞춰야 하는 제약도 없고, 특정 지역이나 집단, 내용을 피해 가기 위해서 좋은 글을 버려야 하는 일도 없다. 편찬자의 철학과 능력에 따라 얼마든지 다양하게 만들 수 있는 것이 학습지이다. 그 결과가 학생들을 언어 애호가로 기르는 것이 아니라면, 학습지 회사들은 기본적인 의무와 자유를 방기한 것이 된다. 참된 언어 애호가란 언어에 대한 풍부한 지식과 기능을 갖추고, 지식과 기능을 탐구하려는 자세를 지니며, 다양한 언어 경험을 쌓고, 진정 즐거워서 언어 생활에 동참하는 자이다. 케이블 T.V나 웹사이트 중에서 수요자층이 가장 안정돼 있는 것이 바둑 T.V, 바둑 사이트인데, 그 이유는 바둑 애호가층이 매우 두텁게 형성되어 있기 때문이다. 밥때도 놓쳐 가며 바둑을 두고 좋은 기보나 맞수를 보면 그 당장 두어 보아야 성이 풀리는 그들처럼, 책을 잡으면 침식을 잊고 환담과 토론으로 날을 지새우며 글쓰기를 통해 자신을 돌아보는 언어 애호가가 필요하다. 학습지가 자기에게 주어진 융통성을 충분히 발휘한다면 그런 방향으로 직접 나아갈 수 있다.

(5) 학생이 스스로 만들어 갈 수 있는 학습지

국어 교과서는 전국 단위의 단일본 교재이다. 이에 대해 비판도 많지만, 그래도 교육부가 개발 및 보급권을 가지고 있는 현재로서는 학생에게 교과서 선택권이 없다. 교사마저도 '주어진' 교과서로 수업해야 하며, 겨우 고등학교 선택 과목에서만 몇 종의 검정 교과서 중 한 가지를 선택할 수 있을 뿐이다. 하지만 앞에서도 보았듯이 국가가 공급하는 교과서란 태생적으로 교실 현장의 요구를 제대로 수용하기가 어렵다. 교육의 개별성, 자율성, 다양성보다는 통일성, 균질성, 항존성 등을 중시하기 때문이다. 그런 상태에서 학습지는 학생 개개인의 관심을 반영하고 피드백이 즉각 이루어질 수 있기 때문에 학생의 요구와 관심을 반영해서 다채롭게 만들어질 수 있다. 이미 만들어진(ready-made) 교재 중에서 선택하는 것이 아니라, 자신의 필요에 따라 변형하고 새롭게 구성하고 만들어 가는(pre-made) 교재가 되는 것이다. 현재로서는 학생의 수준에 따른 개별화 학습 정도만 가능한데, 궁극적으로는 학생의 관심과 사전 경험을 고려한 개별화 학습이 이루어질 수 있어야 한다. 웹 기반의 가소성(可塑性) 있는 교재가 만들어진다면 얼마든지 가능한 일이다. 똑같은 학습 활동이라도 각기 다른 제재를 가지고 학습하는 일이나 같은 제재를 놓고 다른 활동을 하는 일이 가능한 것이다. 나아가 선택 학습의 폭도 넓힌다면, '주어지는' 교재가 아니라 '내가 구성한' 교재로 배울 수 있게 된다.

실상 이러한 학습지는 현실에서 만들어지기 어렵다. 교육 논리와 산업 논리 사이에서 적당히 타협하다 보면 가장 보편적인 학습지를 만들거나, 적어도 실패하지 않는 학습지를 만들 가능성이 크다. 바로 그 때문에라도 학습지 분석과 평가 작업이 이루어져야 한다.

학습지 평가의 원리는 이상적인 학습지 모델을 구상해 보는 가운데 평가 가능한 영역을 살펴봄으로써 끌어낼 수 있다. 학습지의 외적 구조에 관한 평가의 장에서는 체제 접근적인 원리를 고려할 수 있고, 내적 구조에 관한 평가의 장에서는 정적·동적 요인에 따라 각기 다른 원리가 나오게 된다. 문제는 위계성이니 통합성이니 하는 추상적이고 선언적인 원리가 아니라 '학생-학교교육-학습지'의 관계를 고려한 구체적이고 명료한 원리의 탐색이다. 예를 들어 '학습지에서 자율 학습을 하는 부분은 이미 학교에서 익힌 학습 전략을 사용해야 한다.' 든지 '교과서에 실린 제재를 학습지에서 다룰 때에는 학교 학습 후에 발전 학습 개념으로 다루어야 한다.' 또는 '능력별 개별화 학습을 지향하는 학습지라 할지라도 반복·심화의 원리에 따라 학교교육과 상보적인 관계를 유지해야 한다.'와 같은 원리들이다. 학습지의 이상형을 탐색하는 일이 논의의 출발이라면 각각의 영역에 적합한 원리를 구안하는 일이 논의의 중간 작업이라 할 수 있다. 그리고 논의의 결말은 현실 학습지가 학습지의 이상형에 가까워질 수 있는 방안을 제공하는 일이 될 것이다.

2. 학습지를 공적 담론으로 끌어들이기

학습지 산업은 4차 산업으로서의 지식 기반 산업에 속한다. 1차 산업이 천연 자원을 자연 상태에서 인간이 사용할 수 있는 상태로 변환함으로써 부가 가치를 높인다면 2차 산업은 거기에 인공적인 조작을 가해 새로운 가치를 부여하는 역할을 한다. 또한 3차 산업은 유통과

서비스를 통해 부가 가치를 높여 가는데, 실상 이들은 모두 물질적 재화에 관련되는 사업이다. 그에 비해 지식 기반 산업은 인간의 정신 활동에 관한 사업으로, 지식의 생산, 가공, 유통을 통해 지식의 부가 가치를 높여 가는 사업이라 할 수 있다. 문화 산업이나 교육 산업이 전형적인 예로서, 그 특징은 새로운 상품의 창출 후에도 원자료가 그대로 남아 있다는 점이다. 지식은 아무리 퍼내어도 마르지 않는 샘과 같다고 했던가. 산업으로서 이런 산업은 적은 투자로 큰 과실을 얻을 수 있는, 아주 매력적인 산업이다. 다만 문제는 원자료가 없어지지는 않지만 금방 피로가 와서(낡은 지식이 되어) 사실상 없어지는 것과 비슷하다는 점인데, 그 피로도를 낮출 수 있는 방법만 찾으면 그야말로 화수분과 같은 전주(錢主)를 만난 셈이 된다.

왜 이런 얘기를 하는가. 그 이유는 현재의 학습지 사업이 지식을 소비하는 데에만 주력하고 피로도를 낮추어 지식 생산성을 높이는 데에는 소홀히하기 때문이다. 또한 지식 기반 산업의 중요성과 가능성을 잘못 재서 3차 산업 정도의 마인드를 가지고 접근하기 때문이다. 예를 들어 (주)재능교육의 영어·수학 학습지가 중국에 진출했다고 화제를 모은 적이 있는데(한국경제, 1999.3.11; 한겨레신문, 1999.5.4), 이는 시장의 양적 확대는 될지언정 질적인 차원 상승은 되지 못한다. 중국 시장의 규모만 보기보다는 중국의 사고 및 교육 특성에 주목해야 하는 것이다. 서구의 교수-학습 이론이 우리 풍토에 적응하지 못하고 폐기되거나 변형되는 이유를 생각할 필요가 있다.[6]

이런 부분에 관한 고민은 일차적으로 학습지 개발자들의 몫이지만, 그들보다 먼저, 더 넓게, 더 깊이 볼 수 있는 집단이 교사들이다. 아무리 교실 붕괴를 걱정하고 교사의 권위 실추를 한탄하더라도, 여전히 교육의 중심은 학교이고 교사이기 때문이다. 교사의 관점에서 학습지를 비판적으로 진단하고 방향을 탐색하는 일이 필요한 까닭이 여기에 있다.

---

6) 속단할 수는 없지만, 재능교육이 중국에 진출할 때의 화려함에 비해 그 후의 성과에 대해서는 뒷소식이 별로 없는 것도 이와 관련될 듯싶다.

그런 시각에서 학습지와 관련해서 앞으로 해결해야 할 과제를 살펴보자. 이 중에는 교사가 해야 할 일도 있고 학습지 출판사가 해야 할 일도 있으며, 교육 행정가 또는 교육 이론가가 해야 할 일도 있다. 그 기본 전제는 물론 학습지가 우리 교육의 일부를 떠맡고 있는 현실을 인정하는 일이다.

첫째, 공교육과 사교육의 상호 조회 채널을 확보하는 일이 시급하다. 현재처럼 공교육 쪽에서는 사교육을 의도적으로 외면하고 사교육 쪽에서는 끊임없이 공교육에 대한 불신을 부채질하는 현상은 양쪽 모두를 위해 바람직하지 않다. 수레의 바퀴들처럼 학습자를 둘러싼 여러 교육 체제가 상호 협조하는 길을 모색해야 한다.

둘째, 학습지의 질 관리를 할 수 있는 시스템이 필요하다. 학습지 회사의 과장된 자기 선전이나 막연한 인상에 의한 입소문만으로 학습지가 평가되는 방식으로는 안 된다. 누가, 무엇을, 어떤 기준에서 평가하는지, 평가 결과를 어떻게 처리할지 등에 관한 논의를 바탕으로 실질적인 평가와 관리가 이루어질 때가 되었다. 그를 위해 지속적인 학습지 모니터링도 필요하고, 학습지에 대한 인증이나 등급제도 고려할 만하다.

셋째, 이를 위해 학습지 평가의 이론 개발 및 공정·타당한 평가 방법 개발을 위한 연구가 필요하다. 지금까지의 교과교육 연구가 대부분 학교교육을 염두에 두고 이루어졌는데, 교육 현실을 고려하면 그것은 전체 교육의 일부분만을 연구 대상으로 삼은 셈이다. 아직 우리 학문계에 동양적 전통이 많이 남아 있어서 대중적이거나 상업적인 영역에 대해서는 연구의 잣대를 들이대지 않는 경우가 많은데, 그런 세태 속에 학습지가 왜곡된 모습으로 정착된다면 그 책임은 결국 연구자들에게 돌아올 수밖에 없다.

넷째, 교재 개념을 확장하고 시장을 분화할 필요가 있다. 이미 정규 학회에서 시중 학습 참고서를 세밀하게 분석한 사례가 있거니와(이삼형, 1998; 박종훈·유동엽, 1999), 교과서나 교사가 개발한 보조 교재만을 대상으로 한 교재론에서 모든 학습 자료에 관한 교재론으로 대상 범위를 넓혀야 한다. 아울러 학습지 시장도 수준, 지역, 성, 국어과의 영역, 매체·방법 등 다양한 기준에 따라 세분하고 학습자는 자신의 필요에 따라 꼭 알맞은 것을 선택할 수 있어야 한다. 사실 현재의 학습지 시장 실태를 보면 국가가 제공하는 교과서가 획일적이라고 비판하는 학습지 업계의 주장도 그다지 설득력이 있어 보이지 않는다. 학습지 회사 자체가 워낙 대형화·관료화된데다 서로 장점을 모방하다 보니, 수요자 입장에서 선택의 폭이 그리 넓지 않기 때문이다. 이른바 '다품종 소량 생산'에 의한 맞춤형 학습지가 필요한데, 그렇게 되면 매우 많은 종류의 학습지가 나올 것이고, 그때 어느 학습지를 선택할 것인가 하는 문제에 도움을 주기 위해서라도 학습지 평가가 필요하다.

다섯째, 학습지 출판사의 경영 방향을 개선해야 한다. 관리·영업직 중심의 인력 운용에서 연구·개발·상담직 중심의 인력 운용으로 바꿔야 하고, 교사 채용 및 재교육 시스템도 강화해야 하며, 무엇보다도 학습지 사업이 지식 기반 산업으로서 새로운 종류의 부가 가치를 창출하는 산업이라는 점을 인식해야 한다. 현재의 대형 사립 대학들이 어떻게 자리잡아 왔는지를 살펴보면 대략의 시사를 얻을 수 있으리라 본다.[7)]

여섯째, 학습지 전문가를 양성해야 한다. 개발 전문가뿐 아니라 활용 전문가, 관리 전문가, 평가 전문가 등이 이에 속한다. 굳이 학습지 회사 직원만이 아니라 대학이나 연구소의 연구자, 일선 학교 교사, 교육 관료, 전문직 학부모 등의 집단에서 학습지에 관해 전문성과 경험을 갖춘 인력 풀이 구축된다면, 학습지 교육의 위치가 더욱 공고해질 것이다. 학습지 회사 입장에서도 이 부분에 소홀히 하면 언제 또 1998년과 같은 정책이 나올지 모르는 일이다. 아울러 이들 학습지 전

---

7) 이른바 '우골탑(牛骨塔)'이라는 말이 생길 정도로, 초기의 신설 사립 대학들은 입학과 출석, 졸업 과정에서 비리와 부정이 많았다. 그러나 그런 과정을 통해 몸집을 키우고 전략적인 분야에 투자한 결과, 오늘날 그들 사립 대학은 전통적인 명문 사학은 물론 유수의 국립 대학에도 뒤지지 않는 경쟁력을 갖추게 되었다. 초기의 양적 성장 위주에서 질적 성장 위주로 성공적으로 전환한 것이다.

문가들에게 학습지 인증 내지 평가권을 맡기는 것도 좋다.

일곱째, 미래 지향적인 학습지관이 필요하다. 정보 인프라가 급격히 확충되는 시점에서 사이버 과외가 학습지를 대체할 가능성도 있으며, 그 이전에 이미 멀티미디어 교재가 시장을 지배할 수도 있다. 현재 학습지의 큰 약점 중 하나인 면 대 면 지도 시간 부족을 메우기 위해 다양한 방법이 모색되는 와중에, 과거와 같은 기능 위주의 반복 학습식 학습지는 점차 매력을 잃고 있다.

무엇보다도 시급한 일은 국어과 학습지를 제대로 평가할 만한 이론과 잣대를 갖추는 일이다. 그래야만 산업 논리에 의해 왜곡된 학습지 산업을 교육 논리 쪽으로 이끌 수 있기 때문이다. 연구자나 행정가들도 지금까지 사교육에 대해 일정하게 거리를 두던 자세에서 벗어나 학교교육과 상대되는 개념으로서 사교육을 꼼꼼하게 점검할 필요가 있다. 학회 차원에서 학습지 평가 및 인증 작업을 할 수도 있지만, 그러려면 우선 그에 관한 구체적인 아이디어와 방법이 마련되어야 할 것이다. 이 글은 그러한 작업의 필요성을 제기하고 나름대로 방향을 제시하는 선에서 그치고자 한다.

제 4 부
국어 능력 평가의 점검

제 1 장
국어 능력 평가의 구조와 원리

Ⅰ. 국어교육 평가론의 성과와 한계

이 글은 교육평가 일반론을 국어교육 평가론으로 재구성하고자 하는 의도에서 쓰여졌다. 각 교과의 평가론이 평가 일반론과 따로 존재한다고는 생각하지 않지만, 평가 일반론이 다루지 못하는, 교과마다 조금씩 다른 특성은 있으리라고 본다. 그러한 차이는 물론 교과의 내용 차이에서 오는 것이다. 내용과 (교수-학습)방법, 평가에 관한 이론이 교육과정의 틀 안에서 체계 있게 작용함으로써 교과교육이 발전한다고 볼 때, 국어교육 내용에 관한 논의는 어느 정도 이루어졌으므로 이제 방법과 평가에 관한 논의가 이루어질 필요가 있다.[1)]

그 동안 국어교육 평가에 대한 논의가 이루어지지 않은 것은 아니다. 그 경향은 크게 둘로 나누어 볼 수 있는데, 첫째는 국어교육 평가의 방향에 관한 거시적인 연구이고(강명자, 1984; 노명완, 1990; 한철우 외, 1990; 박영목 외, 1991; 이삼형, 1996; 이인제 외, 1997; 박인기 외, 1999; 백순근 외, 1999; 최미숙, 1999a), 둘째는 국어과 하위 영역의 평가 방법에 관한 미시적인 연구이다(김봉순, 1992; 김정자, 1992; 노명완, 1992; 박영목, 1992; 민병곤, 1996; 박인기, 1996; 박인기, 1997; 이도영, 1997; 김창원, 1998; 김정희, 1999; 곽지순, 1999; 최미숙, 1999b).[2)] 전자가 다분히 이론적인 연구라면 후자는 보

---

1) 서울대 국어교육연구소를 예로 들면, 1995~1997년에 걸쳐 국어과 각 영역의 내용 체계화 연구를 수행했고(김광해 외, 1995; 우한용 외, 1996; 손영애 외, 1996; 박영목 외, 1997; 노명완 외, 1997), 이어서 1998년부터 평가에 관한 연구를 시작했다(김종철 외, 1998; 임지룡 외, 1998).

2) 김봉순, 천경록, 이은희, 우한용이 참가한 1999년의 한국국어교육연구회 봄 학술발표대회와 천경록, 이경화, 이도영, 최영희, 이순영, 박종훈·유동엽이 참가한 『독서연구』 4호 특집도 국어교육 평가에 대한 실제적 관심의 결과물이다.

다 실제적인 연구라 하겠다. 현장에서 경험적으로 발달한 평가 방법론과 함께 이들 연구가 있음으로 해서 국어교육 평가의 큰 틀이 발전해 왔다.

그러나 이들 연구는 각기 일정한 한계를 지니고 있다. 특히 거시적·이론적 연구와 관련해서는 평가 일반론의 논의를 반복한다거나 다른 교과의 평가론과 크게 구별되지 않는다는 지적이 있어 왔다(박영목 외, 1991). '목적 지향-규준 지향', '진단평가-형성평가-총괄평가', '타당도/신뢰도/객관도', '지필평가-수행평가', '주관식-객관식' 등과 같은 개념들이 국어교육적 변용 없이 그대로 쓰인다는 것이다. 물론 국어교육 평가도 평가의 큰 범주에서 벗어나지 않으니만큼, 평가에서 기본이 되는 개념을 바탕으로 하는 것이 당연하다. 하지만 국어교육에 고유하거나, 적어도 국어교육적으로 특화된 개념이 없다면 국어 교과의 정당성을 확보하기 어려울 것이다. 바로 이 점이 이 글이 주목하는 부분이다.

국어교육 평가의 보편성과 고유성을 온전히 드러내려면 평가 이론의 개발과 평가 방법의 개발이 상호 보완적으로 이루어져야 한다. 그러나 한 편의 글에서 모든 것을 기대하기는 어려우므로, 이 글에서는 평가 일반론의 개념들을 국어교육적으로 재해석하는 데 초점을 두기로 한다. 특히 평가의 실천 과정에서 고려해야 할 원리들을 국어교육의 관점에서 재점검함으로써 국어교육 평가론의 필요성과 가능성을 탐색하는 데 주력했다. 이러한 논의들이 쌓일 때 교과별 평가 이론이 정립할 수 있을 것이다.

Ⅱ. 국어교육 평가의 구성 요인과 특성

국어교육 평가의 특성을 구체화하기 위해 우선 (학습자)평가의 일반 구성 요인을 살펴보기로 하자. 모든 평가에는 평가자와 피평가자가 있다. 또한 평가 목표와 내용이 있고, 평가가 이루어지는 상황이 있다.

이들이 평가 도구로 수렴해서 구체적인 평가 행위로 나타날 때 우리는 평가의 실체를 볼 수 있게 된다. 이는 <그림 4-1-1>과 같이 도시된다.[3]

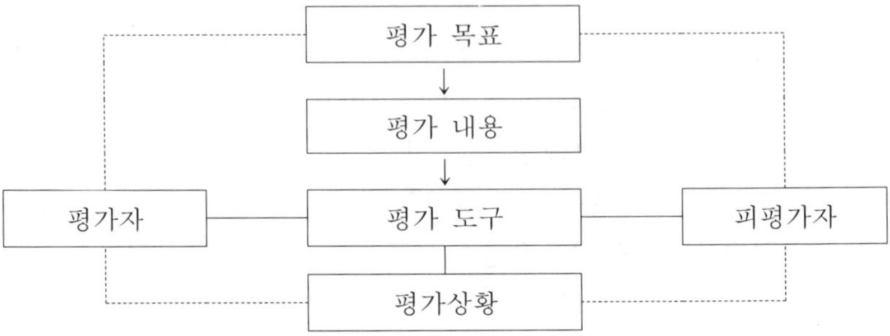

<그림 4-1-1: 평가의 일반 구성 요인>

그렇다면 국어교육 평가론은 이러한 평가의 요인들을 국어교육적으로 재개념화하고 그 특성을 살피는 데서 출발해야 할 것이다.

먼저 평가 목표를 살펴보자. 일반적으로 평가는 진단, 판정, 관리 등을 위해 교과 학습과 관련된 정보를 수집하는 것을 목표로 한다(김호권 외, 1990; 강승호 외, 1996).[4] 국어교육 평가도 마찬가지여서, 피평가자의 이른바 '국어 학력'에 관계되는 정보 수집이 목표가 된다. 그러나 국어교육은 그 본질상 언제나 또 다른 층위의 목표를 수반한다. 지능 측정이나 학습 준비도 판단과 같은 기초 능력 평가가 그 하나이고, 국어 생활을 중심으로 한 일반 언어 능력 평가가 또 다른 하나이다. 국어 학력의 범주를 넓게 잡아서 이것들까지 그 안에 포함시킨다면 문제가 다르지만, '수학과 학습을 위한 기초 능력'도 국어 학력인지에 대해서는 논란의 여지가 있다. 말하자면, 단순히 '국어 학력'으로

3) 이 그림은 교육평가를 하나의 의사소통 상황으로 보는 관점에서 만들어졌다. 여기서 평가 도구는 자료와 매체, 방법이 결합된 형태로 제시되고, 목표와 내용이 어우러져서 평가 준거를 마련해 준다. 그리고 평가 상황에는 시·공간과 집단 구성이 포함된다.

4) 여기서 '평가 목표'의 개념을 짚어 볼 필요가 있다. 기존의 평가 연구/실천이 평가 목표와 성취도 기준을 혼동하는 경우가 잦기 때문이다. '정보간의 관계를 파악하며 들을 수 있다.'와 같은 명제는 성취도 기준인데도 불구하고, 흔히들 평가 목표로 인식한다. 이와 관련한 평가 목표는 '정보간의 관계를 파악하며 듣는 능력의 진단/측정'이 될 것이다.

한정해서는 국어교육 평가의 목표를 충분히 달성했다고 보기 어렵다는 뜻이다. 국어교육 평가의 교과적 성격과 초교과적 성격을 함께 고려할 때 도구적 평가나 통합교과적 평가가 가능할 것이다.[5)]

다음으로 평가자와 피평가자를 살펴보자. 국어교육은 '언어로써 언어를 평가하는' 교과이다. 그런데 매우 제한된 시기와 영역(초등학교 저학년/문자 언어)을 제외하면 대부분의 국어교육 평가는 평가자-피평가자가 다같이 유창한 국어 사용자라는 특징을 지닌다. <그림 4-1-2>를 놓고 볼 때 평가자의 언어와 피평가자의 언어는 서로 중첩되며, 평가는 평가자의 언어 수준(a)과 피평가자의 언어 수준(c) 사이에서 이루어진다.

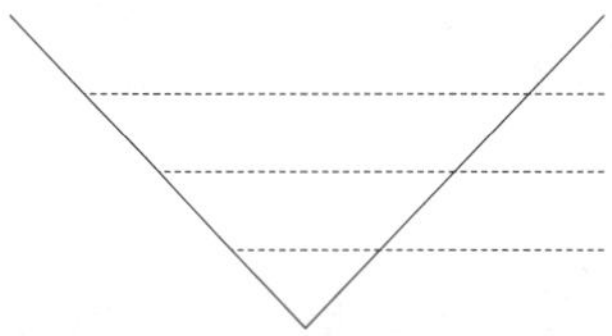

<그림 4-1-2: 국어교육 평가에서 평가자와 피평가자의 언어>

여기서 문제는 a-b-c의 관계가 명시적·위계적이지 않다는 점이다(수학이나 과학과 비교해 보라.). a가 c보다 명백히 우월하다고 말할 수 있는 부분은 지식뿐이며, 그나마도 학년이 올라가면서 차이는 미세해진다(애니메이션이나 게임 등에 관한 내용이라면 거꾸로 c가 a보다 우월하다.). 따라서 국어교육에서 평가자-피평가자의 관계는 언어적 지위의 문제가 아니라 평가 운영상의 역할 문제로 한정된다. 이는 세밀한 평가 기술과 평가에 관한 상위인지가 그만큼 중요하다는 뜻이다.

평가 도구에서 자료의 측면을 살펴보자. 일반적으로 지필평가는 언어 자료와 비언어 자료로 구성된다. <자료 4-1-1>[6)]을 보면, 여기에

5) 그래서 국어교육을 좁게 보는 관점에서는 성취도 기준 평가가 불가능하다는 입장을 취하기도 한다. 교과 학습에 따른 성취도보다는 교과 외에서 습득한 국어 능력의 비중이 훨씬 높기 때문이다. 일례로, 영어나 한문과에서는 학습용 어휘/글자의 수가 제한되어 있어서 '어휘력'의 성취도 기준을 명확히 제시할 수 있지만, 국어과에서는 그것이 어렵다.

는 [1] 평가 방법과 절차를 제시하는 언어(큰 지시문) [2] 평가용 자료 언어(지문) [3] 평가 과제를 부여하는 언어(문두) [4] 평가를 정교화하기 위한 언어(보기, 답지) [5] 비언어적 자료(표, 그림), [6] 기타 자료(해제, 해설)가 포함된다.7)

<자료 4-1-1: 일반적인 국어 능력 평가의 예>

[1] 다음 글과 그림을 바탕으로 물음에 답하시오.

[2]

(가) (…생략…)

(나) 이 그림은 단원(檀園) 김홍도(金弘道)가 만년에 그린 것으로 추정되는 <선상관매도(船上觀梅圖)>*이다. 이 그림에는 "늘그막에 꽃을 보니 마치 안개 속에서 보는 듯하네(老年花似霧中看)."라는 제시(題詩)가 있다. 그리고 김홍도는 이 그림에 표현된 풍경과 정서를 다음의 시조로 그려 내어 우리의 감상을 돕는다.

봄 물에 배를 띄워 가는 대로 놓았으니,
물 아래 하늘이요 하늘 위가 물이로다.
이 중에 늙은 눈에 뵈는 꽃은 안개 속인가 하노라.

[6] * 선상관매도(船上觀梅圖): 배 위에서 매화를 보는 그림

[5]

[3] 1. 다음은 (가)를 읽고 난 뒤, (나)의 <선상관매도>를 감상하면서 한 이야기들이다. 잘못 이해한 것은?

[4] ① 주제와 관계없는 것들은 과감히 생략해 버렸구나.
② 인물과 매화를 각기 다른 위치에서 보는 것처럼 그렸는데!
③ 사람이 참 입체적으로 보이는데, 우리 옛 그림에서는 명암 표현을 중요하게 여겼구나.
④ 멀리 있는 매화를 배보다 크게 그린 걸 보니, 이 그림이 왜 <선상관매도>인지 짐작이 되네.
⑤ 배와 매화 사이의 여백에서 '매화꽃이 안개 속에서처럼 아련하게 보인다.'는 시정(詩情)이 느껴지는 듯한데.

---

6) 대학수학능력시험 언어영역 1999학년도의 문제. 지문 속에 그림과 주석이 모두 들어간 사례이다.

7) 수행평가 같은 경우는 [1]과 [3], [6]만 주고 [2], [4], [5]는 피평가자 스스로 마련해야 한다.

여기서 [1], [3], [6]은 피평가자의 언어 수준(c) 내에, [2], [4], [5]는 평가 목표 수준(b) 내에 위치해야 한다(시험이 어렵다고 반응하는 학생들의 대다수가 '문제 자체를 이해 못하겠다.'고 말하는 현상은 평가자가 이 둘을 구별하지 않았기 때문이다.). 그렇다면, '공부 시간에 이미 배운 글'은 어디에 위치할까? 아마 학습하기 전에는 (b)에 속해 있다가 학습 후에는 (c)에 속하는 것이 정상일 터인데, 실상 (c)는 평가를 위한 자료 언어로서는 의미가 없는 수준이다. 수능시험이 '교과서 밖'에서 평가 자료를 끌어오는 이유가 여기에 있다. 그러나 이미 지적했듯이 b와 c의 경계가 모호한 상태에서 적합한 자료를 선택하기란 매우 어렵다. '언어로써(수단 언어) 언어를(목표 언어) 평가하는' 국어교육 평가에서 지문 선택이 평가의 성패를 좌우하는 이유이다.

평가 상황에 관해서는 국어교육 평가가 현실에 대응되는 모의 상황을 설정한다는 점을 지적할 수 있다. 교수-학습 상황도 마찬가지이지만, 평가시의 국어 활동은 평가를 위한 일종의 시뮬레이션 상황이 된다. 물론, 다른 교과도 평가에서 시뮬레이션을 사용한다. 그러나 국어교육에서는 시험 상황 자체가 다시 하나의 현실이 된다는 점에서, 현실과 가상이 뒤섞이는 양상을 보인다.[8] 곧 평가라는 상황 자체는 모의 국어 활동이지만, 그러면서 동시에 실제 상황이기도 한 것이다. 이 점에서 타교과와 달리 국어과의 평가는 교수-학습과 구별되지 않고, 나아가 실생활과도 구별되지 않는다고 볼 수 있다. 또한 피평가자의 국어 능력은 평가가 이루어지는 그 순간에도 평가 자체를 통해 신장된다. 말하자면 평가를 시작할 때와 평가가 끝날 때의 국어 능력이 다르기 때문에, 평가는 끊임없이 연기되는 셈이다.[9] 이러한 평가의 '안'과 '밖' 사이의 모호한 경계는, 엄밀한 평가 도구를 갖추지 않고서

8) 가장 단순한 예로 '사과가 세 개 있는데 하나를 먹었다. 몇 개 남았을까?'를 들 수 있다. 이것은 수학적 상황의 시뮬레이션이 되겠지만, 그 자체가 현실화되지는 않는다. 곧, 끝까지 가상의 상황에서 문제를 푼다. 그러나 국어교육 평가에서 문제를 풀기 위해 글을 읽는 상황은 자체로서 이미 현실이다.

9) 다른 교과에서도 평가 과정 자체를 통해 피평가자의 능력이 신장된다. 그러나 국어교육에서는 '일상의 국어 활동 — 교수-학습에서 이루어지는 국어 활동 — 평가에서 이루어지는 국어 활동'의 관계가 더욱 긴밀하다.

도 일상적인 국어 생활 속에서 평가가 이루어질 수 있는 현상을 설명해 준다(아무 교육적 의도 없는 일상 생활에서 수학 평가나 과학 평가가 가능한 부분을 생각해 보라.).

마지막으로 평가 내용을 살펴보자. 이 부분은 국어교육 평가의 고유성을 가장 강하게 반영하는 요인으로, 국어 활동의 영역(듣기/말하기/읽기/쓰기/보기/만들기), 층위(음소/자소-어휘-문장-글/이야기-화용), 범주(표현적/설명적/설득적/심미적/사교적), 과정(사전-중간-사후), 수준(미숙한-숙련된) 등의 제국면을 포괄적으로 고려해야 한다. 이는 그대로 교육과정 내용론과 겹치는 조건으로서, 평가에서도 국어 활동의 구인에 대한 고려가 필요함을 의미한다. 나아가 그를 바탕으로 내용의 유의도 판정이 이루어질 때[10] 평가가 시작될 수 있다.

이러한 점을 고려하여 구성 요인별로 국어교육 평가의 특성을 간단하게 정리하면 <그림 4-1-3>과 같이 된다. 기본적으로 평가 일반론의 틀을 따르되, 국어교육에서 유의해야 할 점들을 표나게 드러내는 작업이 더 필요할 것이다.

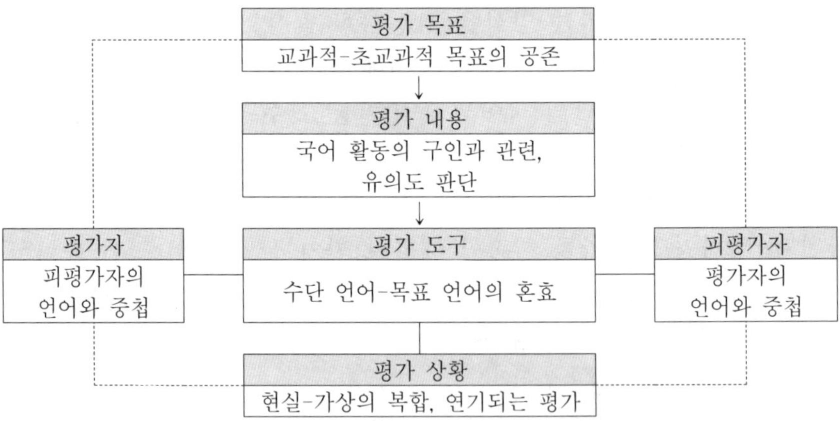

<그림 4-1-3: 평가의 구성 요인에 비추어 본 국어교육 평가의 특성>

---

10) 예를 들어, 발음 평가에서 'ㅏ'의 발음 평가는 'ㅔ'와 'ㅐ'의 발음 평가보다 유의도가 떨어질 것이다. 교육과정 내용이 평가 내용으로 그대로 들어올 수 없는 이유이다.

Ⅲ. 국어교육 평가의 과정과 변인

평가의 일반 과정은 크게 <그림 4-1-4>와 같이 평가 전의 설계 단계, 평가 시행 단계, 그리고 평가 후의 결과 해석 및 활용 단계로 나누어 살펴볼 수 있다(배호순, 1991; 강승호, 1996). 평가 전에는 평가 목표 설정, 예비 평가, 평가 내용 요소 추출과 성취도 기준 산정, 평가 상황 및 조건 결정, 평가 도구 제작 등의 활동이 이루어지고, 평가 중에는 평가 절차와 방법 설명, 평가 도구 투입, 평가 시행과 조절 등의 활동이 이루어진다. 또 평가 후에는 채점과 결과 해석, 송환이 이루어진다. 이러한 일반 과정이 각 교과의 평가 목표와 상황에 적절하게 변용 되면서 구체적인 평가가 이루어지게 된다.

평가 설계 →	평가 시행 →	결과 해석 및 활용
평가 목표 설정 예비 평가 평가 내용 요소 추출 성취도 기준 산정 평가 상황 및 조건 결정 평가 도구 제작	평가 절차와 방법 제시 평가 도구 투입 평가자-피평가자 상호작용 평가 과정 조절	채점 평가 결과 해석 종합적 기술 송환 평가에 대한 평가

<그림 4-1-4: 평가의 일반 과정>

국어교육 평가 역시 평가의 일반 과정에 따라 이루어진다. 그러나 단계별로 국어교육의 본질에 따른 변인들이 개입하고, 그럼으로써 국어과의 고유성이 드러나게 된다. 여기서 평가에 관해 일반적으로 고려해야 할 변인과 별도로, 국어교육 평가의 특징적인 변인들을 살펴볼 필요가 있다.

1. 평가 설계상의 변인

평가 설계 단계에서 고려해야 할 첫째 변인으로 피평가자의 사전 언어 능력을 들 수 있다. 평가란 단순하게 말하면 피평가자의 현재 수준을 성취도 기준에 견주어 보는 것일텐데, 그 '현재 수준'이라는 것이 요소에 따라 평가를 통해야만 알 수 있는 것이 있는가 하면 굳이 평가를 거치지 않고도 미루어 알 수 있는 것이 있다. 예를 들어 '문자 해득'의 경우, 유치원이나 초등학교 저학년 단계에서는 평가를 해 봐야 알 수 있는 요소이지만 초등학교 고학년 이상이 되면 특별한 경우를 제외하고는 평가 요소로서 유의미하지 않다. 또, 사람마다 다른 언어 환경 — 부모의 직업, 가족 구성, 계층과 거주 지역 등 — 에 따라 사전 언어 능력이 달라지기도 한다. 말하자면 피평가자의 사전 언어 능력은 발달 수준과 언어 환경, 개인의 언어적 경험 등에 따라 각기 다른 양상을 보이며, 평가에서는 이러한 개인차(적어도 평가 집단의 차)를 고려해야 한다. 이는 교육과정에 학습 내용으로 제시된 전영역을 하나하나 다 평가할 필요는 없다는 뜻이다. 평가를 통해 유의미한 정보를 얻으려면 평가가 필요한 내용 요소를 추출해야 하고, 그러기 위해서 사전 언어 능력에 대한 이해가 필요하게 된다. 평가 이전에 예비 평가가 필요한 이유가 여기에 있다.

피평가자의 사전 언어 능력에 따라 평가 요소를 추출하고 성취도 기준을 산정했다면, 둘째 변인으로 평가 자료로서의 언어를 고려해야 한다. 이미 앞에서 국어교육 평가는 언어로써 언어를 평가한다는 점을 지적했고, 그 때문에 다른 교과와 구별되는 국어과의 특수성이 나온다고 하였다. 실제로 '내용 간추리기'와 같은 간단한 평가 과제라 할지라도 자료의 성격에 따라 결과는 다양하게 나올 수 있다. 서사적 텍스트의 내용은 잘 간추리면서 논쟁적 텍스트는 그렇게 하지 못하는 경우가 있는가 하면, 그 반대의 경우도 있을 수 있다. 따라서 평가 도구를 구성하기 위해서는 언어 자료의 복잡도(내용과 구조 양면에서), 주제와 글감, 길이, 표현 방식 등에 대한 세밀한 사전 점검이 필요하다. 이는 텍스트를 고려하지 않고 단순하게 국어 능력의 구성 요인에 따라 평가를 설계할 경우 자칫 무의미한 결과를 얻을 수도 있다는 뜻이 된다.

평가 설계상의 셋째 변인은 평가의 시·공간과 (언어적)환경이다. 학생들은 깨어 있는 시간의 대부분을 언어와 함께 생활한다. 학교 수업도 언어 활동의 일부이며, 평가도 그 안에서 이루어진다. 따라서 국어교육 평가는 피평가자의 일상적 언어 환경과, 일련의 장·단기 수업 과정에서의 언어 활동(굳이 국어과에 한정되지 않는다), 그리고 평가 시점의 시·공간 구성에 강하게 영향을 받는다. 언제 평가하는지, 그 동안 어떤 식으로 교수-학습이 이루어져 왔는지, 그 때 다른 교과에서는 무엇을 다루는지, 그리고 매스컴이나 광고, 베스트셀러와 같은 언어적 환경은 어떠한지에 대한 고려가 없으면 평가는 생동감을 잃어 '평가를 위한 평가'에 머물고 말 것이다.

예를 들어보자. <표 4-1-1>은 고등학교 수업·평가의 연간 계획서인데, 이것을 보면 교수-학습에서 강의법과 발표법, 토론법을 고루 사용하며, 그 과정에서 학생들은 학습할 내용뿐 아니라 강의·발표·토론의 방법도 자연스럽게 익히게 된다(다른 교과에서의 수업 방식도 국어과에 영향을 미친다.). 그렇다면 관찰법이나 토론형의 평가는 교사의 수업 형태에 영향을 받지 않을 수 없고, 이는 교수-학습의 내용뿐 아니라 순서, 방법도 평가에 직접 영향을 미친다는 뜻이 된다. 이 표에

<표 4-1-1: 국어과 연간 수업 및 평가 계획서 예(최미숙, 1999a)>

학년별		1학년					
분기별		1/4분기				2/4분기	
교육 내용 (단원)		(상)권 1. 읽기의 본질	2. 문학의 즐거움	3. 언어와 국어	4. 읽기와 어휘	5. 문학의 유형	…
교육 기간 (주차)		2주차	4주차	6주차	8주차	10주차	…
교수 방법		대화적 교수법, 발표법	강의법, 발표법	강의법, 발표법	강의법, 토론법	강의법, 발표법	…
평가 방법	수행 평가	서술형(10%) ※ 대화적인 글 읽기	연구 보고서 (10%)	서술형(5%), 관찰법(5%)	토론형 (10%)	토론형(5%), 서술형(5%)	…
	선택형	15%	20%	10%	15%	20%	…
평가 시기 (주차)		2주차	4주차	6주차	8주차	10주차	…

타교과 활동을 포함한 피평가자의 포괄적인 언어 환경을 포함시킨다면 더욱 정교한 평가 설계가 이루어질 수 있을 것이다.

2. 평가 시행상의 변인

평가 설계에 따른 구체적 시행 단계에서는 먼저 평가의 외적 형식이 변인으로 작용한다. 여기에는 평가 시간과 평가 집단 구성이 포함된다. 예를 들어 시간의 경우, 주어진 평가 과제를 10분만에 마치는 학생이 있는가 하면 20분은 걸려야 하는 학생도 있을 수 있다. 만일 국어교육 평가가 속도 평가라면 두 사람 사이에는 유의미한 차이가 있겠지만, 역량 평가라면 그 차이는 의미가 없을 수도 있다. 또, 여럿 사이에서 말을 잘하는 학생이 있는가 하면 독화(獨話)는 잘하는데 여럿이 얘기하게 되면 입을 닫는 학생도 있을 수 있다. 자기들끼리는 토론을 잘하다가 교사 앞에서는 그렇게 못하는 경우도 다반사다. 이러한 차이는 교육과정에 제시된 국어 능력의 요소들이 국어 활동으로 그대로 전이되지 않기 때문에 나타나는 현상이다. 곧, 평가자가 이론적으로 상정한 국어 능력과 실제 상황에서 필요한 국어 능력이 약간 다른 것이다. 이 차이에 대한 고려가 없으면 유의미한 평가가 이루어지기 어렵다(평가가 일종의 시뮬레이션이라는 점을 상기하라.).

또 하나의 변인은 평가에 동원되는 도구의 효율성 문제다. 언어가 중심이 되는 국어교육 평가의 특성상, 평가 도구 자체의 물리적 특성(음성과 문자, 비언어적 매체도 포함하여)이 중요한 변인이 될 수 있다. 예를 들면 지필평가지의 가독성, 듣기 평가에서 평가자의 발성과 발음(수능시험에서 듣기 평가 시간에는 비행기도 뜨지 못하게 하는 이유가 여기에 있다.), 보고서법에서의 프레젠테이션 기술(손으로 쓴 보고서보다 깨끗하게 출력한 보고서에 더 호감이 간다.), 포트폴리오 평가에서 자료철 구성 방식 등이 그러하다. 특히 학교 평가의 대부분을 차지하는 지필평가에서, 대다수의 평가지는 학생들이 일상 생활이나 학교 수업에서 거의 접하지 않는 형식으로 되어 있어(2단 편집, 책보다 훨씬 짧은 행장(行長), 반 페이지를 넘지 않는 분량 등), 극단적인 경우 실제적인 국어 능력과는 별개의 '국어 시험 능력'이 가능한 정도이다. 따라서 실제의 국어 활동 상황과 최대한 가까우면서 평가 목표를 타당하게 반영할 수 있는 도구가 투입되도록 유의해야 한다.

국어교육 평가가 여러 층위, 여러 영역의 언어가 뒤섞여 이루어지는 데서 오는 간섭 현상도 고려할 필요가 있다. 여기에는 일반적인 문항 간의 간섭뿐 아니라(앞문항이 뒷문항에 힌트를 준다.) 평가상의 순수 언어적 요소와 언어외적 요소의 간섭 현상(예를 들어, 읽기 능력 평가를 하는데 마침 제재가 컴퓨터에 관한 글이어서 피평가자의 컴퓨터 능력이 섞여든다면?), 국어 활동의 통합적 성격 때문에 일어나는 간섭(듣기 평가가 읽기 평가와 뒤섞이는 경우), 수단 언어가 목표 언어에 간섭하는 경우(문두와 답지가 피평가자의 반응을 유도한다.) 등이 포함된다. 면접이나 토론법 같은 경우에는 평가자가 무의식중에 내뱉은 말이 평가에 영향을 미치는 경우도 있다. 이러한 간섭 현상은 평가의 투명성을 흐리게 하고 평가 목표 달성에도 장애를 준다. 국어과는 다른 교과에 비해 간섭 현상이 특히 심하므로, 이 부분에 대한 고려가 있어야 한다.

3. 결과 해석 및 활용상의 변인

평가 결과의 처리에서 처음 이루어지는 작업이 채점(또는 결과 기록)이다. 채점은 그 이후에 이루어지는 결과 해석과 활용의 기초 자료를 제공한다는 점에서 매우 중요한 작업이다. 그런데 선택형이나 단답형의 경우에는 별 문제가 없지만, 기술형이나 수행평가와 같은 경우에는 채점 기준의 문제가 중요하게 떠오른다. 채점에서 어느 정도의 주관성이 개입되기 때문이다(대학수학능력시험의 수리 영역에서 '주관식'을 낸다고 하지만, 그 채점은 '객관식'의 경우와 똑같다.). 빈칸메우기 평가를 예로 들어 보면, 비교적 단순한 단어 수준의 빈칸메우기일지라도 정확 단어 채점과 허용 단어 채점이 서로 대립되며, 문장 수준이나 문단 수준의 빈칸을 메우도록 하면 사실상 '정답'의 개념은 소용없게 된다. 곧, 국어교육 평가에서는 평가 도구 설계 못지 않게 채점 기준 설정이 중요한 변인이 되는 것이다. <표 4-1-2>와 같은 자료도 (국가 기준으로 제시한 사례인데도 불구하고)채점 기준이 막연하고 성취도 기준과도 구별되지 않는 것을 알 수 있다. 나아가 수행평가로 가게 되면 사실상 채점 기준은 대략의 가이드만을 제시하는 데 그치게 된다(이른바 '모범 답안'이라는 용어에 이에 관한 고민이 담겨 있다.). 평가 결과가 제대로 해석되고 유의미하게 송환되려면 이 부분에 대해 더 많은 연구가 있어야 한다.

<표 4-1-2: 성취 기준 및 채점 기준 기술의 예>[11)]

성취 기준	언어가 사회와 문화를 반영한다는 것을 설명하는 글을 쓸 수 있다.	
평가 기준	상	언어가 삶에 있어서 유용하고도 필수적인 도구임(도구적 성격)과 동시에, 문화적 요소들을 반영하고 있음(문화적 성격)을 구체적 예와 관련지어 정확하게 설명한다.
	중	언어의 도구적 성격과 문화적 성격을 이해하지만, 구체적인 예를 들어 설명하지는 못한다.
	하	언어의 성격에 대한 이해가 분명하지 않거나, 기본적인 예를 적용하여 설명하지 못한다.
채점 요소	언어의 사회적, 문화적 성격 이해	
채점 기준	상	언어는 문화를 반영하고, 상호 밀접한 관계가 있음을 주어진 구체적인 예를 통해 설명하고 있다.
	중	주어진 구체적인 예를 이용하여 설명하고 있지만, 언어가 문화를 반영하고, 문화와 상호 밀접한 관계가 있음을 설명하는 데는 다소 어려움이 있다.
	하	주어진 구체적인 어휘들이 언어의 성격 중 언어와 문화의 상호 밀접한 관계에 대한 예가 됨을 알지 못하고 있다.

평가 후 활동에서의 둘째 변인은 채점에 이은 결과의 기술 방법이다. 평가 결과를 총점으로 제시하든, 요소별로 수치화하든, 또는 다단계 평정이나 절대 기준에 의한 기술 방식을 도입하든, 피평가자의 국어 능력을 객관적으로 타당하게 기술하는 데에는 늘 모자라게 마련이다. 총괄평가에서 100점 맞은 학생이 해당 학년에서 달성해야 할 국어교육 목표를 100% 달성했다고 보기도 어렵고, 또 50점 맞은 학

11) 백순근・최미숙(1999:209-210)의 두 표를 재구성하였다.

생보다 국어 능력이 두 배 뛰어나다고 볼 수도 없으니만큼, 평가 결과를 어떤 식으로 나타낼 것인가 하는 문제는 결과 활용을 위해서 심각하게 고려해야 할 문제이다. 기술식의 평가를 해도 마찬가지여서, '어휘력은 뛰어나나 표현력이 다소 부족함'과 '표현력은 다소 부족하나 어휘력은 뛰어남'은 분명히 다른 의미를 지니는데, 현재의 평가 결과 기술 방식으로는 이러한 미세한 차이를 나타낼 수가 없다. 평가 결과를 어떤 방식으로 기술하느냐가 결과 해석에 결정적인 영향을 미친다는 점에서 이 부분에 대해서도 더 연구가 있어야 한다.[12)]

또 하나의 변인은 평가 결과 송환의 계(界) 문제이다. 국어 능력이 교과 학습의 기초가 되고 일상 생활에서 중요한 기능을 한다는 점에서, 국어교육 평가 결과의 송환은 학습자의 삶 전반에 걸쳐 일어나게 된다. 좁게 보면 국어과 교수-학습으로의 송환이 가장 자주 일어나겠지만, 타교과와의 통합적 송환도 가능하고, 교실 밖 국어 활동으로의 확장적 송환도 가능하다. 이럴 경우 송환의 기제를 어떻게 볼 것이냐에 따라 활용도는 달라질 수 있다. 예를 들어 '단어의 문맥적 의미 이해 능력'에 대한 평가 결과는 모든 교과의 교과서 읽기, 신문이나 잡지 읽기, 개인적인 이야기나 글 읽기, 심지어 피평가자 자신에 대한 평가 결과 읽기에까지 다양하게 송환된다. 그러한 송환은 명시적으로 통제되지도 않고 또 즉각적이지도 않은데, 그렇다고 해서 내버려두거나 송환이 확실히 이루어지는 좁은 계로 제한하는 것은 바람직하지 않다. 따라서 평가 내용 요소의 특성과 평가 결과를 종합적으로 고려해서 송환의 계와 역가를 결정하는 일이 필요하다.

이러한 점을 고려하여 평가 과정에 따라 국어교육 평가에서 고려해야 할 변인들을 정리하면 <그림 4-1-5>와 같이 된다. 앞서 본 구

12) 현재의 기술식 평가는 '평가 요소 + 판정'의 형태로 되어 있다. '어휘력이(평가 요소) 매우 뛰어남(판정)'과 같은 방식이다. 이 방식은 피평가자의 국어 능력을 분석적으로 보여주기는 하나, 여전히 결과만을 보여준다는 한계를 벗어나지 못하고 있다. 의미 있는 기술이 되려면 여기에 '해석'이 덧붙여져야 하며, 특히 성취도 기준에 미달한 경우에 더욱 그러하다. '한자어 활용 능력이 떨어져(해석) 어휘력이(평가 요소) 다소 부족함(판정)'과 같은 방식은 어떨까.

성 요인별 특성과 과정에서의 변인들이 상호 교차하여, 국어교육 평가 원리를 탐색하는 사고틀이 되어 줄 것이다.

평가 설계 →	평가 시행 →	결과 해석 및 활용
ㅇ피평가자의 사전 언어 능력 ㅇ평가 자료가 되는 텍스트의 특성 ㅇ평가의 시·공간과 언어적 환경	ㅇ평가 시행의 외적 형식 ㅇ평가 도구의 효율성과 물리적 특성 ㅇ평가 과정에서 여러 언어들 간의 간섭 현상	ㅇ채점 기준 ㅇ평가 결과 기술 방법 ㅇ평가 송환의 다양한 계(界)에 따른 송환 기제

<그림 4-1-5: 평가 과정에 따른 국어교육 평가의 변인>

Ⅳ. 국어교육 평가의 단계별 원리

국어교육 평가의 구성 요인과 과정을 중심으로 특성과 변인을 살펴보았으니, 이제 실천에서의 구체적 원리를 탐색해 볼 차례다. 평가 일반론에서 원리로 가장 자주 언급하는 것이 타당도와 신뢰도, 객관도의 문제이고(평가 도구 설계 차원에서), 거기에 덧붙여서 실용도와 난이도, 변별도(평가 운용과 문항 분석 차원에서) 등도 중요하게 거론된다(강승호 외, 1996). 국어교육 평가에서도 이러한 요인들이 기본 원리로 작용하지만, 일반적인 개념이 그대로 적용되지는 않는다. 어떤 부분은 재해석되고, 어떤 부분은 축소되며, 또 어떤 부분은 새로 추가해야 할 요인도 있을 것이다. 그러한 부분들을 면밀하게 점검해 낼 때 평가 일반론이 국어교육 평가론으로 몸을 바꾸게 된다. 이 글에서는 앞에서 짚어 본 평가 과정에 따라 단계별로 몇 가지 원리를 살펴보기로 하자.

1. 평가 설계의 원리

모든 평가에는 해당 교과의 목적과 본질에 관한 철학이 담겨 있다.

교수-학습/평가에 관한 철학도 마찬가지이다. 국어교육 평가에도 국어 교과와 평가에 관한 철학이 담겨 있으며, 또 그래야 마땅하다.

국어교육 평가는 국어 교과 및 평가에 관한 철학의 구체적 실천 장면이라 할 수 있다. 이는 국어교육 평가가 국어 교과란 무엇이고 다른 교과와는 어떻게 구별/관련되는지, 진정한 교육 평가는 무엇이고 그렇지 않은 것은 무엇인지, 전체 교육의 틀(개인적/사회적 측면에서 모두) 안에서 어떤 위치에 있는지에 대한 관점을 충실하게 반영해야 한다는 뜻이다. 평가 설계 단계에서부터 추구해야 할 이러한 원리를 '지향성의 원리'라고 부를 수 있다.

국어교육 평가의 지향성은 '국어 능력(학력)이란 무엇인가'에 관한 질문에서부터 시작된다. 의사소통적 관점에서 접근할 수도 있고, 문화적 관점에서 접근할 수도 있다. 또는 학문적 관점도 가능하다. 『두시언해』 초간본과 중간본의 차이를 묻는 것은 의사소통적 관점에서는 하등의 의미도 없는 평가이지만, 학문적 관점에서 보면 매우 중요한 요소이다. 근대 문인들의 '현해탄 체험'을 짚어 보는 것도 마찬가지이다. 논술을 둘러싼 국어교육학계와 철학계의 영역 다툼도 넓게 보아 지향성과 관련되는 문제이다.

여기에서 중요한 것은 국어 교과를 둘러싼 언어와 사고, 문화, 그리고 학습에 대한 관점이다. 그리고 국어 능력을 구성하는 요인들의 분석이다. 국어교육의 목표와 관련해서 국어교육 내용에 대한 비판적 점검이 이루어질 때 평가도 제대로 이루어질 수 있다는 뜻이다. 이는 그대로 평가 내용 선정과 조직의 문제로 이어지는데, 평가 일반론에서 얘기하는 (내용)타당도가 이것과 관계된다. 이를 '타당성의 원리'라고 해 보자.

국어교육 평가의 설계에서 타당도를 고려해야 한다는 점은 이론의 여지가 없다. 그러나 국어교육 평가에서 말하는 타당도는 어떤 식이었나? 혹시 우리는 '가르친 내용을 빠뜨리지 않고 모두 평가하기'를 놓고 타당도라고 말해 온 건 아닌가? 평가 설계에서 고려하는 타당도는 가르쳐야 할 내용과 가르친 내용, 그리고 학생이 배워야 할 내용과 배운 내용이 서로 길항하는 가운데 확보돼야 할텐데, 평가 이론에서는 '배워야 할 내용' 쪽에 초점을 맞추고 평가의 실천에서는 '가르친 내용' 쪽에 초점을 맞추는 것이 그 동안의 현실이었다. 하지만 평가 설계에서 중요한 것은 평가가 필요/가능한 부분을 찾고, 평가를 통해 얻는 정보가 무의미한 것이 되지 않도록 하는 일이다. 평가 결과에 대한 예측 없이는 설계도 가능하지 않다는 뜻이다. 타당도 대신 굳이 타당성의 원리라는 말을 표나게 내세우는 이유가 여기에 있다.

평가 설계 단계에서 타당성의 원리가 구체화되는 모습을 살펴볼 수 있는 것이 이원목적분류표이다. 국어교육에 고유한 이원목적분류표가 나오지 않는다면 국어교육 평가의 고유성도 얘기하기 어렵게 될 것이다. <자료 4-1-2>를 보자.

<자료 4-1-2: 일반적인 이원목적분류표의 예>

<table>
<tr><th colspan="20">▣ 객관식 정답 및 배점</th></tr>
<tr><th rowspan="2">내용
(단원)</th><th rowspan="2">번호</th><th rowspan="2">정답</th><th colspan="3">행동 영역</th><th colspan="3">난이도</th><th rowspan="2">배점</th><th rowspan="2">내용
(단원)</th><th rowspan="2">번호</th><th rowspan="2">정답</th><th colspan="3">행동 영역</th><th colspan="3">난이도</th><th rowspan="2">배점</th></tr>
<tr><th>지식</th><th>이해</th><th>적용</th><th>상</th><th>중</th><th>하</th><th>지식</th><th>이해</th><th>적용</th><th>상</th><th>중</th><th>하</th></tr>
<tr><td rowspan="2"></td><td>1</td><td></td><td></td><td></td><td></td><td></td><td></td><td></td><td></td><td rowspan="2"></td><td>21</td><td></td><td></td><td></td><td></td><td></td><td></td><td></td><td></td></tr>
<tr><td>·
·
·</td><td></td><td></td><td></td><td></td><td></td><td></td><td></td><td></td><td>·
·
·</td><td></td><td></td><td></td><td></td><td></td><td></td><td></td><td></td></tr>
</table>

<table>
<tr><th colspan="10">▣ 주관식 정답 및 배점</th></tr>
<tr><th rowspan="2">내용
(단원)</th><th rowspan="2">번호</th><th rowspan="2">정 답</th><th colspan="3">행동 영역</th><th colspan="3">난이도</th><th rowspan="2">배점</th></tr>
<tr><th>지식</th><th>이해</th><th>적용</th><th>상</th><th>중</th><th>하</th></tr>
<tr><td></td><td>1</td><td></td><td></td><td></td><td></td><td></td><td></td><td></td><td></td></tr>
<tr><td></td><td>·
·
·</td><td></td><td></td><td></td><td></td><td></td><td></td><td></td><td></td></tr>
</table>

이 자료는 전형적인 이원목적분류표의 예이다. 가로축은 행동 영역으로서 '지식-이해-적용'으로 나누고(블룸식이긴 한데, 아주 간략화 되어

있다.), 세로축은 교육과정이나 교재에서 다룬 내용들을 나열하게 되어 있다. 어떤 분류표가 어느 과목인지 알려면 세로축에 제시된 내용들을 보면 된다. 그러나 내용간의 위계나 유의도는 알 수 없으며, 무엇보다도 결과 해석에 관한 정보가 담겨 있지 않다. 그렇다면, <자료 4-1-3>은 어떤가?

<자료 4-1-3: 국어교육 평가를 위한 이원목적분류표의 예>

문항	단원명	평가내용(개념)	행동 분류			출제근거	난이도			정답 분포					배점	답지 반응				정답률(%)	오류경향	개선 및 분석결과 반영
			지식	이해	표현		상	중	하	객관식				주관식		1	2	3	4			
										1	2	3	4									
1																						
⋮																						

이 자료는 현장 국어 교사가 국어교육의 특성을 고려해서 수정한 이원목적분류표이다. 행동 분류를 '지식-이해-적용'이 아닌 '지식-이해-표현'으로 재구성하여 국어교육의 영역을 반영하려 하였고,[13] '오류 경향'과 '개선, 분석 결과 반영'란을 두어 결과 해석과 활용에 관한 아이디어를 담도록 하였다. 앞의 일반 이원목적분류표가 그 안에 내용이 채워지기 전까지는 어느 교과에서 활용될 것인지 알기 어려운 반면, 이 자료는 그 자체로 국어교육의 이원목적분류표라는 것을 어느 정도 짐작할 수 있다. 그러나 여전히 세로축의 구성 원리는 미완인 채로 남아 있다. 이번에는 또 다른 자료를 보자.

---

13) 앞에서의 '이해'와 뒤에서의 '이해'는 다른 개념이다. 전자는 '몰이해'와 짝이 되어 개념과 상황의 파악을 뜻하고, 후자는 '표현'과 짝이 되어 언어 정보의 해석과 의미 구성을 뜻한다.

<자료 4-1-4: 대학수학능력시험의 언어영역 출제를 위한 분류표>

행동 영역 / 내용 영역		어휘 · 어법	사실적 사고	추론적 사고	비판적 사고	창의적 사고
듣 기						
쓰 기						
읽기	인문 · 사회					
	과학 · 기술					
	문학 · 예술					
	생활 · 언어					

<자료 4-1-4>는 대학 입시와 관계되기 때문에 현장(고등학교뿐 아니라 초 · 중학교까지도)에 미치는 영향이 매우 큰 분류표이다. 여기서는 가로축을 사고 중심으로 구성하고, 세로 축은 언어 활동의 영역 — 듣기, 쓰기, 읽기 — 과 제재의 특성을 동시에 고려했다(결과적으로 분류 기준은 세 개를 적용한 셈이다. 그 때문에 '이원'이라는 말을 쓰지 않았다.). 국어 교과에 한정되는 것은 아니지만, 사고와 언어의 관계를 중심으로 언어 활동의 제국면을 포괄하고자 한 점에서 국어교육의 특성을 충실하게 반영한 것으로 보인다. 그러나 실제로 인문 · 사회/과학 · 기술/예술 및 언어 지문의 경우 다루는 내용은 다르지만 형식과 표현에서 거의 차이가 없다는 점에서, 분류 기준으로서 타당하고 효율적인지에 대해서는 질문의 여지가 있다(인문 지문을 잘 읽는 학생이 사회 지문도 잘 읽는다면, 국어교육 평가의 관점에서는 굳이 인문과 사회를 따로 둘 필요가 없다.).

이런 문제점을 해결하고 타당성의 원리를 더욱 섬세하게 반영하려면 기존의 가로-세로 축에 의한 '이원'목적분류표가 아니라 새로운 형태의 '다원'목적분류표가 필요한 것으로 보인다. 예를 들어 <표 4-1-3>처럼 '삼원'이라면, <축 1>에는 국어 활동의 제국면을 평가 목표에 따라 재구조화한 내용 요소가 제시되고(여기에 이미 국어교육 내용으로서의 지식-기능-태도는 반영된다.), <축 2>에는 사고 특성에 따른 행동 요소가 제시되며, <축 3>에는 텍스트 특성(제재, 담화 유형, 표현 방식

등)에 따른 과제 요소가 제시되는 식이다. 맥락 특성(문화/상황)이 또 다른 축으로 제시될 수도 있다. 이러한 국어교육적 관점이 없다면 평가 설계에서의 타당성을 담보하기 어렵다.[14)]

<표 4-1-3: 국어교육 평가를 위한 다원목적분류표 예>[15)]

<table>
<tr><th colspan="2" rowspan="2">평가 내용</th><th colspan="5">어휘력</th><th>사실적 사고</th><th>추론적 사고</th><th>비판적 사고</th><th>창의적 사고</th></tr>
<tr><th>표현 텍스트</th><th>설명 텍스트</th><th>설득 텍스트</th><th>심미 텍스트</th><th>사교 텍스트</th><th>· · ·</th><th>· · ·</th><th>· · ·</th><th>· · ·</th></tr>
<tr><td rowspan="2">지식 요소</td><td>인 지 적</td><td></td><td></td><td></td><td></td><td></td><td></td><td></td><td></td><td></td></tr>
<tr><td>수 행 적</td><td></td><td></td><td></td><td></td><td></td><td></td><td></td><td></td><td></td></tr>
<tr><td rowspan="3">기능 요소</td><td>이 해</td><td></td><td></td><td></td><td></td><td></td><td></td><td></td><td></td><td></td></tr>
<tr><td>표 현</td><td></td><td></td><td></td><td></td><td></td><td></td><td></td><td></td><td></td></tr>
<tr><td>상호작용</td><td></td><td></td><td></td><td></td><td></td><td></td><td></td><td></td><td></td></tr>
<tr><td rowspan="2">태도 요소</td><td>가 치 관</td><td></td><td></td><td></td><td></td><td></td><td></td><td></td><td></td><td></td></tr>
<tr><td>습관 · 태도</td><td></td><td></td><td></td><td></td><td></td><td></td><td></td><td></td><td></td></tr>
</table>

평가 설계의 셋째 원리로 들 수 있는 것이 '통합성의 원리'이다. 이는 국어 활동의 통합성에 기인하는 것으로, 지식-기능-태도의 통합, 듣기-말하기-읽기-쓰기의 통합, 언어와 행위의 통합 등을 강조하는 원리이다. 대체로 평가의 기술적 문제 때문에 분절적 · 분석적 평가 방식이 많이 활용되는데, 피평가자는 결국 전인적인 언어 주체이고 평가 결과의 송환도 전인적으로 이루어진다는 점에서 늘 총체적 · 통

14) 이처럼 교육과정 내용과 텍스트 유형을 함께 고려해서 안배하는 방식은 교과서 편찬 과정에서 이미 써먹고 있다. 교과서에서는 거기에 주제와 소재까지 고려한다. 그런데 평가를 위한 설계에서는 왜 그런 요소를 고려하지 않는가?

15) 이 표의 하위 항목들은 일단 7차 교육과정과 대학수학능력시험의 분류를 원용하였다. 또, 편집의 편의상 정답(모범 답안), 난이도, 배점, 정답률, 오류 경향, 오답에 대한 해석 등과 관련된 내용은 표시하지 않았다. 그럼에도 불구하고 표가 매우 복잡한데, 이는 평가 목표와 내용 분석, 예비 평가를 통해 유의도가 떨어지는 항목을 삭제함으로써 해결할 수 있다. 그렇지 않으면 '실용도'라는 큰 원리와 배치될 것이다.

합적 평가에 대한 관점을 유지해야 한다. 앞에서 살펴본 평가목적분류표에서도 통합성을 담보할 수 있는 항목을 마련해야 할 것이다.

국어교육의 통합적 평가를 위해 비선형적 다중 평가 개념을 구축하는 일도 필요하다. 일반적인 평가는 교수-학습의 맥락에서 벗어나서 독립적으로 이루어지는 경우가 많은데, 그런 평가는 선형적, 일의적 평가의 성격을 띤다. 그러나 국어교육 평가가 그런 방식으로만 이루어지는 것은 바람직하지 않으며, 국어 활동의 양상에 따라 얼마든지 회귀나 점프가 가능하고, 하나의 평가 사태에 다양한 경로로 접근하는 방식이 마련되어야 한다.(국어 교육과정이 나선형의 반복·심화형임을 생각하라. '시 쓰기'에 관한 평가는 1학년에서 12학년까지 계속 반복된다.) 또한 매체 환경의 변화를 반영해서 컴퓨터나 비주얼 자료(드라마·영화·비디오, 만화·애니메이션 등)를 활용하는 측면도 고려해야 하며, 이러한 고려 사항은 모두 국어교육 평가의 통합성을 높이는 데 기여한다.

2. 평가 시행의 원리

국어교육 평가는 국어에 관한 지식·기능·태도와 상위 전략을 다루지만, 그 실천은 언어 수행을 통해 이루어진다. 곧, 지식과 기능, 태도는 언어 수행으로 구체화돼서 나타나고, 평가자는 피평가자의 언어 수행 양상을 살핌으로써 지식·기능·태도를 짐작하는 것이다. 따라서 평가의 시행에서는 '수행성'이 중요한 원리가 된다.

여기서 수행성의 원리가 곧 수행평가를 의미하는 것은 아니다. 수행평가를 "평가자가 피평가자들의 학습 과제 수행 과정이나 결과를 직접 관찰하고 관찰 결과를 전문적으로 판단하는 평가 방식(허경철, 1999:10)"으로 본다면, 수행성은 그것을 뒷받침해 주는 이론 혹은 방향성이라 할 수 있다. 굳이 국어 활동 장면이나 결과를 직접 관찰하여 평가하는 방식(최미숙, 1999a:6)이 아니더라도 수행성을 추구할 수는 있다는 뜻이다(대학수학능력시험에서의 쓰기 평가가 이런 생각을 바탕으로 한다. 실제로 쓰게 하지는 않지만, 쓰기의 수행 능력을 평가하고자 한다.). 곧, 여기서의 수행성은 듣고, 말하고, 읽고, 쓰는 외적/직접적 수행뿐 아니라, 그러한 수행 과정을 반영하는 내적/간접적 수행까지도 포괄하는 개념이다. 쓰기의 절차에 대해 많이 아는 것이 실제 쓰기에 도움이 된다면 쓰기 절차에 관한 지식도 수행성으로 범주화할 수 있다.[16)]

평가 시행에서의 수행성은 지필평가냐 수행평가냐에 따라 좌우되는 것이 아니라, 평가 도구와 평가 상황에서의 수행성이 얼마나 보장되느냐에 따라 좌우된다. 평가 도구가 일방적으로 피평가자에게 과제를 부여한 뒤 과정에는 관심을 안 두고 결과만 중시한다면, 평가의 수행성은 확보되기 어렵다(이른바 단순 지식을 묻는 문제가 이런 꼴이다.). 국어 활동의 실제 맥락을 생략한 채 마치 실험실과 같은 상태에서 혼자서 과제를 해결하라고 하는 경우도 마찬가지다. 국어교육 평가의 수행성은 비록 가상적이기는 하나 구체적 의사소통 상황을 설정하고 그와 관련된 지식·기능·태도를 묻는 데서 달성되며, 그 때 필요한 또 하나의 원리가 '상호성의 원리'이다.

상호성의 원리는 평가 과정 자체가 하나의 의사소통 과정이라는 점을 인식하는 데서 출발한다. 국어 능력은 고립되고 고형화된 상황에서 평가할 것이 아니라 포괄적인 소통 현상 속에서 평가해야 하며, 아울러 평가 과정에서 피평가자를 축으로 다양한 상호작용을 끌어들여야 한다. 피평가자 입자에서 볼 때 평가자와의 상호작용, 동료 피평가자와의 상호작용, 평가 과제나 평가 상황과의 상호작용 등은 모두 평가 결과에 영향을 미친다. 면 대 면의 수행평가에서 이러한 영향이 특히 강하겠지만(면접법, 관찰법, 토론법과 같은 경우), 장기적이고 자율적인 수행평가(보고서법, 포트폴리오 같은 경우), 나아가 전형적인 지필평가에서도 상호성은 개입한다. 문제를 내고 푸는 과정 자체가 하나의 의사소통이기 때문이다. 이는 평가 시행 과정에서 특히 교사(평가자) 요

16) 지식을 인지적 지식(cognitive knowledge. 접근 방법에 따라 표상적, 개념적, 선언적 지식으로도 부른다)과 수행적 지식(performative knowledge. 이 역시 절차적, 방법적, 과정적 지식으로도 부른다)으로 나누어 보는 견해가 이 관점을 지지한다. 인지적 지식은 그렇다 치더라도, 수행적 지식은 명백히 언어 수행과 관련을 맺고 있다. 이른바 'know how'가 그것이다. 문제는 이 두 지식의 경계가 상당히 모호하다는 점으로, 어떤 지식이 수행성을 지니느냐 지니지 않느냐 하는 문제는 지식이 생산·활용되는 맥락을 고려해서 판정해야 한다.

인이 중요함을 뜻하고, 아울러 집단 구성과 같은 피평가자 상호간의 관계도 중요하다는 것을 뜻한다. 따라서 평가의 구체적 시행 과정은 언제나 상호성을 고려해서 조절해야 한다.

국어교육 평가 시행의 원리로 또 하나 들 수 있는 것이 '재귀성의 원리'이다. 이는 언어로써 언어를 평가한다는 국어교육 평가의 특성을 고려한 것으로, 수단 언어와 목표 언어, 그리고 평가를 위한 언어 자료 사이의 조율에 관한 관점을 제공해 준다.

재귀성의 원리는 평가 자료가 교수-학습 자료의 역할을 할 수 있도록 구성하는 데서 출발한다. 그리고 평가 과정이 그대로 교수-학습 과정이 되도록 유도하는 데서 구현할 수 있다. 앞서 지적한 '연기되는 평가'는 평가 자체의 논리로서는 취약한 특성이지만, 국어교육의 큰 틀에서 보면 오히려 유리한 특성일 수도 있다. 교사의 언어와 학습자의 언어, 교수-학습의 언어와 평가의 언어, 일상의 언어와 수업의 언어가 서로 조응하는 가운데 포괄적인 국어 능력 신장이 이루어질 수 있기 때문이다. 따라서 평가자는 평가 시행 과정에서 끊임없이 언어를 조절하고 기왕의 평가 도구를 수정하여, 계속 변하는 피평가자의 국어 능력에 타깃을 맞추도록 해야 한다.

3. 결과 해석 및 활용의 원리

문항 분석과 관련하여 평가 일반론에서는 난이도(곤란도라고 부르기도 한다.)와 변별도를 자주 거론한다. 실제로 평가의 사후 처리 작업에서 가장 중요한 것이 난이도와 변별도이지만, 이는 판정이나 관리를 위한 원리일 뿐 학습자에 대한 정보 수집과 의사 결정을 위해서는 별다른 기능을 하지 못한다(특히 변별도가 그렇다.). 애초에 평가 목표가 교수-학습 개선과 학습자 진단에 있었다면, 교수-학습과 학습자에 관해 유의미한 정보를 얻는 것이 결과 활용의 당면 목표가 된다. 더욱이 수준별 학습을 염두에 둔다면 '유의성의 원리'가 더욱 중요하게 떠오른다.

수준별 교육과 관련하여, 국어교육 평가에서 결과 활용은 '언어 진단과 치료'라는 관점에서 접근해야 한다. 이 때의 '치료'란 언어 장애나 부진과 같은 중증의 문제뿐 아니라 학습 지진, 특별한 영역에서의 곤란함, 언어 경험의 결핍과 같은 경증의 문제까지 포괄해서 가리키는 말이다. 평가 결과를 해석해서 피평가자에게 송환하려면 문제의 원인과 처치 방법에 대한 정보를 이끌어내야 하고, 이런 점에서 평가는 의사의 진단과 같은 성격을 띠는 것이다. 평가 결과를 기술할 때도 처방전처럼 구체적인 원인과 처치 방향을 제시하고, 그에 따라 유의미한 송환이 이루어져야 한다.

물론, 국어교육 평가가 전적으로 학습자 진단을 위해 존재하는 것만은 아니다. 전국적인 표준화 검사나 입학·졸업의 자격 시험, 집단 배치를 위한 사전 점검 등은 판정과 관리에 적합한 평가를 요구한다. 곧, 학습자 관리, 학급 및 학교 관리와 관련하여 평가 결과를 총체적으로 써먹을 수 있어야 하는 것이다. 그러기 위해서는 국어교육 평가 결과의 송환 범위를 국어 교과 내에 한정하지 않고 학습자의 학교 활동 전반, 또는 일상 생활에까지 확장할 경우가 생긴다. 이 때 필요한 원리를 '연계성의 원리'라고 해 보자.

연계성의 원리는 국어교육 평가 결과를 포괄적인 국어 능력의 관점에서 해석하여, 언어의 다른 영역이나 일상의 국어 활동으로 전이할 뿐 아니라, 차후 교육과정 운영이나 타교과, 학부모 등과 연결할 수 있는 고리를 제공하는 데 유용하다. 예를 들어 국어교육 평가 결과가 피평가자의 사회성 부족이나 전반적인 학습 부진 이유를 설명해 줄 수 있는데, 이런 경우도 연계성의 원리로 설명할 수 있다. 말하자면 연계성은 국어교육 결과를 실제적인 용도로 이끌어 가는 원리라 할 수 있다.

'메타성'도 평가 결과 해석 및 활용의 원리로 중요하게 작용한다. 학습자 평가가 수업 개선, 특히 교사 평가, 수업 평가와 관련하여 활용되어야 한다는 점은 췌언의 여지가 없거니와, 그 결과 해석도 수업 평가, 교사 평가, 평가에 대한 평가라는 관점에서 접근하는 자세가 필요하다. 아울러 국어과 평가의 관점에서 타교과의 평가도 점검하는 일이 가능하다.

타교과보다 국어교육 평가에서 메타성을 유난히 강조하는 이유는 역시 그것이 언어를 다루는 교과이기 때문이다. 평가도 언어로 이루어지고, 평가 결과도 언어로 기술되며, 결과 해석도 언어로 이루어지는 상황에서, 일련의 언어에 대한 상위 인지가 없다면 국어교육의 체제 안에 평가가 유의미하게 통합될 수 없다. 또한 평가 결과의 기술과 해석, 활용 단계에서의 언어 활동이 평가 이론을 발전시키고 평가의 실제를 정교화하는 점도 간과할 수 없다.

이러한 점을 고려하여 평가 단계별로 국어교육 평가의 원리들을 <그림 4-1-6>처럼 도시할 수 있다. 이 원리들은 평가 일반론에서 제시하는 원리와 부분적으로 겹치기도 하고 또 상당히 원론적이기도 한데, 그럼에도 불구하고 국어교육 평가의 고유성을 드러내는 데 참고할 만한 가치가 있다고 본다. 이 원리들을 관통하는 것은 물론 국어교육의 본질이고, 평가를 바라보는 철학이다.

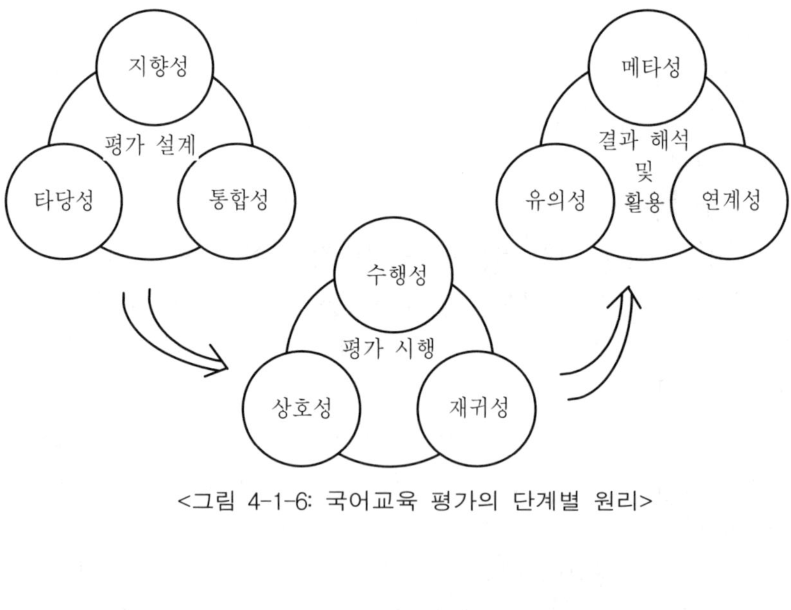

<그림 4-1-6: 국어교육 평가의 단계별 원리>

Ⅴ. 국어교육 평가론에 대한 기대

서두에서 밝혔듯이, 이 글은 교육 평가 일반론을 국어교육 평가론으로 재구성하고자 하는 의도에서 쓰여졌다. 그러나 여전히 평가 일반론의 자장에서 벗어나지 못하는 한계를 지닌다. 이는 '교과'의 원심력과 '평가'의 구심력 사이의 문제 때문이기도 하고, 국어교육 평가론의 수준 때문이기도 하다. 그러나 이런 과정을 밟아 가며 국어교육 평가론이 발전해 갈 수 있을 것이다.

이 글에서 강조한 것은 국어교육 평가의 세부 기술 개발 문제가 아니라, 국어교육 평가를 바라보는 큰 관점과 국어교육 평가론 개발의 기초 원리이다. 기본적으로 국어교육과 교육평가에 관한 철학이 요구되는 문제이고, 그러면서 이론과 실제를 동시에 고려해야 하는 문제이다. 국어과가 기본 교과이자 도구교과의 성격을 띠고 있는 것과 비슷한 맥락에서, 국어과 평가는 다른 어느 교과보다 변수들이 많고 외적 요인들의 영향을 많이 받는다. 그러한 특성을 정확히 간취하면서 국어교육의 본질을 보여줄 수 있는 평가 이론이 필요하다.

제2장
국어능력검정시험의 방향과 체제

Ⅰ. 국어능력검정시험의 개념과 성격

1. 국어능력검정시험의 개념

국어능력검정시험은 국어에 대한 이해를 높이고 국어수행능력을 신장시키기 위해 객관적인 기준에 따라 국어 능력을 종합적으로 측정하여 그 수준을 판별하는 시험이다. 이 시험은 입시나 입사와 같은 구체적인 기능(機能)을 의도하지 않고, 학교 교육과 유관하되 학교 교육과정만을 지향하지 않으며, 국어에 관한 특수 능력이 아니라 보편 능력을 측정하고자 한다는 점에서 기존의 시험과 구별된다.[1] 또한, 국어능력검정시험은 대한민국의 국어 문화 및 국어 현상에 의존한다. 이는 국어 문화 및 국어 현상의 변화에 따라 시험의 실체가 계속 변화할 수 있다는 뜻이다.

국어능력검정시험은 '국어 기본법'에 기반을 둔 국가(혹은 법률) 차원의 제도로서, 시험뿐 아니라 국어 문화의 발전 및 국어 관련 자료의 축적도 함께 추구한다. 국어능력검정시험을 통해 국민의 일반적인 국어 능력을 정확하게 측정하고 현대 국어의 경향과 국어 수행상의 특성을 이해할 수 있는 것이다. 이와 관련하여 국어능력검정시험의 목적을 좀더 자세하게 살펴보면 다음과 같다.

① 국어와 국어 문화의 정체성 확립
② 개인과 집단의 종합적인 국어 능력 측정

---

1) 학교의 국어(관련) 시험, 대학수학능력시험, 공직적성시험(PSAT), 각종 자격고시, 입사 시험 등의 목표나 성격과 비교하면 국어능력검정시험의 특성이 잘 드러난다.

③ 정보화, 개방화 시대의 언어 문화 선도
④ 올바른 어문교육을 위한 기초 자료 제공
⑤ 21세기 문화 선진국을 향한 방향 제시

이러한 목적을 달성하기 위해서는 누가 시험을 출제·관리하고, 어떤 내용을 어떤 방법으로 측정하며, 누가 어떤 목적에서 이 시험에 응시하는가 등이 분명해야 한다. 곧, 모든 평가에는 평가자와 피평가자가 있으며, 평가 목표와 내용이 있고, 평가가 이루어지는 상황이 있다. 이들이 평가 도구로 수렴해서 구체적인 평가 행위로 나타날 때 우리는 평가의 실체를 볼 수 있게 된다.

이 글에서는 이와 관련하여 국어능력검정시험의 구성 요소들을 다음과 같이 규정한다.2)

① 평가자 : 국가, 혹은 국가가 위임한 전담 기관
② 피평가자 : 대한민국 국민 혹은 국어 능력을 객관적으로 검정 받고자 하는 외국인
③ 평가 목표 : 응시자의 국어 능력에 대한 종합적 기술과 판정
④ 평가 내용 : 일상적인 수준에서의 현대 국어 능력
⑤ 평가 도구 및 상황 : 지필평가를 비롯하여 표준화가 가능한 각종 평가 방법

2. 국어능력검정시험의 기본 성격

국어능력검정시험은 국어 문화 및 국어 수행에 관하여 충분한 교양을 갖춘 한국인이 일상적인 상황에서 국어로써 사고하고 소통하며 바람직한 문화를 형성해 가는 능력을 측정하는 시험이다. 앞에서 언급했듯이 이 시험은 기존의 국어 관련 시험과 성격을 달리한다. 무엇보다도 국어능력검정시험은 국민의 보편적인 국어 능력을 측정하는 일반 시험이라는 데 그 특색이 있다. 따라서 국어 교과에 관한 능력(국어 학력)이나 문학에 관한 능력, 이해력이나 표현력의 특정 영역, 한자·한문 능력과 같은 영역 기반(domain-based) 능력과는 일정하게 거

2) 이 평가 요소들에 대해서는 4부 1장 참조.

리를 둔다. 대신 국어 수행에서의 숙련도(proficiency)와 유창성(fluency), 정확도(accuracy)가 관건이 된다. 동시에, 국어능력검정시험은 일상 생활에서의 구체적인 수행 능력을 중시한다. 정보의 기록과 관리, 의사소통, 문제해결, 의사결정 등 언어와 관련된 실제 능력을 강조하는 것이다. 따라서 학문이나 예술과 같은 특수 분야의 언어는 최소한으로 다루게 된다.

이러한 전제 아래 국어능력검정시험의 성격을 개괄하면 다음과 같다.

① 국어와 관련된 사고력, 의사소통능력, 문화 능력을 종합적으로 측정하는 시험이다.
② 국어를 모어로 사용하는 사람들을 대상으로 하는 시험이다.
③ 언어를 통한 문제해결과 의사결정능력을 측정하는 시험이다.
④ 보편적인 학교 교육과 일상 생활을 통해 얻은 국어 능력을 측정하는 시험이다.
⑤ 국어 수행에 관한 기능뿐 아니라 국어에 대한 이해, 국어 문화 경험의 폭까지 포함하는 시험이다.
⑥ 폭넓은 언어 경험과 깊이 있는 사고력이 있으면 유리한 시험이다.
⑦ 음성언어와 문자언어와 매체언어, 실용적 자료와 학문적 자료와 문학적 자료, 맥락 의존적 자료와 맥락 독립적 자료 등의 다양한 자료를 다루는 능력을 측정하는 시험이다.
⑧ 현재의 국어 능력뿐 아니라 잠재력, 앞으로의 발전 가능성까지 측정하는 시험이다.
⑨ 시험을 통해 자신의 국어 능력상 특징을 알고, 국어 능력을 계발할 방향을 이해할 수 있는 시험이다. 이를 위하여 국어 능력을 분절적·분석적으로 보여주는 동시에 통합적으로도 보여줄 수 있도록 한다.
⑩ 지역, 성별, 직업 등 언어 외적 요인의 영향을 최소화한 시험이다.
⑪ 시험 결과를 응시자 혹은 그것을 필요로 하는 기관에서 다양한 목적으로 활용하기에 적절한 시험이다.

3. 국어능력검정시험 개발을 위한 사전 점검

국어능력검정시험이 소기의 목적을 달성하려면 국어 능력 평가의 본질과 검정시험으로서의 기능, 그리고 시험 운영의 실제적 효율성을 조화시켜야 한다. 그를 위하여 우선 이들 변인과 관련되는 기본 개념과 명제들을 살펴볼 필요가 있다.

(1) 국어와 국어 능력(korean efficiency), 언어 사용 능력(ability of language use), 언어 사용 기능(language skills)

'국어'의 본체(substance)에 대해서는 몇 가지의 관점이 있을 수 있다. 첫째 관점은 음운 체계와 어휘, 어법의 범위를 한정하는 실체적인 관점이다. 국어를 '한국인이 사용하는 한국어'로 보는 소박한 관점이다. 둘째는 국어를 구체적인 상황 맥락에서 의미 구성 및 전달 과정으로 보는 관점이다. 이는 국어로 사고하고 국어로 관계를 맺는 사용(use) 혹은 수행(performance)을 강조한다. 다른 한편으로, '국어'에는 언어의 공통 속성 위에 민족적 정서와 한국적 사고를 담아 내는 모어(母語)라는 의미가 내포된다. 즉 국어는 오랜 역사를 거쳐 발전해 온 한국인의 언어로서, 민족 의식과 문화를 담아 내고 정서를 표현하며 전통을 계승하는 언어이다.

지금으로서는 실체보다는 사용 혹은 수행으로 이해하는 견해가 우세한 듯하다. 그러나 이 견해는 개인 혹은 내포적(involved) 개인 간의 표현과 전달에 치중하는 한계를 보인다. 국어의 가치, 국어 공동체 등과 관련되는 부분을 외면한 것이다. 국어는 언어 자체의 측면과 인간의 수행적인 측면, 그것을 가능하게 하는 기능들, 그리고 문화적인 측면을 모두 아우르는 개념으로 써야 한다. 국어 능력 역시 이러한 국어 개념과 연관됨은 물론이다.

(2) 일반 언어 능력과 전문 언어 능력

지능과 마찬가지로 언어 능력 또한 일반적인 능력과 문학 창작과 같은 특정 영역의 능력으로 나누어 볼 수 있다. 특히 학생 대상의 국어 능력 평가는 일반 언어 능력과 교과 언어 능력을 동시에 다루어야 한다. 여기서 일반 언어 능력이란 일상 생활에서 언어로 의사소통하고 정보를 조작하며 삶의 질을 개선하는 제반 활동에 관계된다. 그에 비해 교과 언어 능력은 학교 학습에 필요한 기초 능력과 학습의 결과로 얻어진 특수한 능력을 가리킨다. 예를 들어 교과 어휘에 관한 지식, 교육 정전 경험 등이 그것이다. 학교 교육을 받지 않은 사람이라도 일반 언어 능력은 뛰어날 수 있지만, 교과 언어 능력은 학교 교육과 별개로 발달할 수 없다. 전문 언어 능력은 법률이나 경제, 의학, 공학과 같은 특정 분야에서 요구되는 어휘 및 텍스트 체계를 강조한다.

(3) 평가(Evaluation)와 측정(Assessment), 판정(Measurement), 그리고 시험(Test)과 인증(Proof)

평가가 피평가자의 능력 기술에 관한 일반적이고 보편적인 개념으로 사용되는 데 비해, 측정은 문제해결과 의사결정을 위한 제반 정보 수집 과정으로서 마치 의사의 진단과 같은 기능을 한다. 한편으로 인증은 대상의 능력에 대한 판별 작업으로, 등급화와 판정으로 구체화된다. 일반적인 평가의 경우에는 관찰평가나 수행평가와 같은 비형식 평가가 가능하지만, 인증을 위해서는 구체적이고 실질적인 형식 평가로서의 시험이 필요하며, 시험 관리에 관한 계획과 시스템이 요구된다.

(4) 평가관

국어 능력의 평가는 기본적으로 속도 평가(speed test)가 아니라 역량 평가(power test)가 되어야 한다. 속도 평가가 대체로 정보 처리의 양(量)과 관계된다면, 역량 평가는 양보다는 질을 추구한다. 그렇다고 해서 국어 능력 평가가 질적 평가 위주로 가야 한다는 뜻은 아니다. 국어 능력은 질적 평가와 양적 평가가 조화를 이루는 것이 바람직하다. 또한 절대적인 국어 능력과, 동질 집단 내에서의 상대적 위치에 관한 정보를 모두 제공해 주어야 한다.

넓은 의미의 평가와 관련해서는 피평가자의 상태를 기술하기 위한 본질적 평가와 선발, 진단과 치료 등을 위한 기능적(機能的) 평가를 구별할 수 있다. 국어능력검정시험이 개인의 국어 능력 측정을 위해 쓰인다면 본질적 평가를 추구해야 하지만, 입시·입사 전형 등을 위해 쓰인다면 기능적 평가의 역할도 맡아야 한다.

또한 국어 능력 평가는 발달을 위한 정보 수집에 치중하는 발달적 평가와 현상태의 기술에 치중하는 기술적(記述的) 평가로 구별할 수도 있다. 발달적 평가는 분절적·분석적인 데 비해 기술적 평가는 분석적일 수도 있고 종합적일 수도 있다. 대체로 학교용의 시험은 발달적 평가 쪽에, 일반용의 시험은 기술적 평가 쪽에 치우치게 된다.

(5) 국어 능력 평가와 국어 적성 평가, 국어 교과 평가

국어 능력 평가는 포괄적인 언어 능력(language ability)에 관련된 평가로서, 숙련도와 유창성, 정확도가 주요 기준이 된다. 학교용이라면 그 때까지의 학업 결과를 측정하는 성취도 평가의 성격을 띠고, 일반용이라면 의사소통과 관련된 실천적 능력(efficiency)을 강조한다. 이는 현재의 성취도나 능력보다는 미래의 성취에 대한 예언 타당도를 강조하는 국어 적성 평가(예컨대 SAT)와 비교된다. 그에 비해 국어 교과 평가는 국어 학력과 관련되는 것으로, 이들 셋은 서로 관계가 깊기는 하나 성격이 다르다고 할 수 있다.

Ⅱ. 국어능력검정시험의 개발 원리

국어능력검정시험의 구조를 개발하기 위해 점검할 요인은 크게 네 가지이다. 첫째 하위 과목 혹은 영역을 어떻게 설정할 것인가, 둘째 평가 내용 요소의 체계를 어떻게 정할 것인가, 셋째 문항 수와 시험 시간 등 외적 조건을 어떻게 정할 것인가, 넷째 평가 도구는 어떤 형식으로 개발할 것인가 하는 문제가 그것이다. 이들 각각의 문제는 시험의 목적과 성격에 따라 다른 선택이 가능하고, 어떤 선택을 하든 장점과 단점이 있으며, 한번 정하면 항상성이 생겨서 계속 그 방향을 유지해야 하기 때문에 신중하게 결정해야 한다.

1. 과목 혹은 영역 설정

국어능력검정시험의 하위 과목 혹은 영역은 국어 능력의 구성 요소를 차질 없이 반영하여 설정하는 것이 가장 이상적이다. 그러나 국어 능력의 여러 하위 요소들 중에는 평가해야 할 필요성이 높은 것이 있는가 하면 굳이 평가할 필요가 없는 것도 있다. 또한 실제로 평가할 수 있는가 하는 문제로 넘어가면 문제는 더 복잡해진다. 국어 능력의 많은 부분은 객관적이고 신뢰성 있는 평가가 어렵기 때문이다.

국어능력검정시험의 과목 혹은 영역을 선정할 때 기준이 되는 첫째 요소는 물론 '국어'이다. 따라서 앞에서 살펴본 것처럼, 우선 '규칙 체계로서의 언어', '행위로서의 언어', '기능적 결과물로서의 언어'가 그 기준이 될 수 있다. 물론 이들 각각에는 '지식, 수행력, 경험, 태도'라는 능력 요인이 내포된다. 국어와 관련되는 세 가지 양상 중에서 가장 핵심이 되는 것은 역시 '행위로서의 언어'이다. 언어의 실체적 모습이기 때문이다. 행위로서의 언어와 관련되는 능력을 잠정적으로 '표현·이해 능력'으로 부르기로 한다. 표현·이해 능력은 다시 하위 분류가 가능하며, 하위 기능들 각각의 통합에 의한 복합 기능도 가능하다. 그런데 표현과 이해의 바탕에는 '규칙 체계로서의 언어'가 작용한다. 국어의 규칙 체계에 어긋나는 표현·이해 행위는 그 기능을 제대로 수행할 수 없기 때문이다. 이런 점에서 규칙 체계로서의 언어도 국어능력검정시험의 주요한 과목 혹은 영역이 되어야 하며, 이 범주를 잠정적으로 '기초 능력'이라고 부르기로 한다. 한편 표현·이해의 언어 활동은 그 결과로서 텍스트 혹은 담화를 구성하며[3] 이는 특정의 사회·문화적 기능을 수행한다. 이러한 '기능적 결과물로서의 언어'와 관련되는 국어 능력의 범주를 잠정적으로 '사회·문화적 능력'이라고 부르기로 한다. 이러한 관계를 <그림 4-2-1>과 같이 정리할 수 있다.

---

3) 표현 활동의 경우에는 외부적으로 구성되며, 이해 활동의 경우에는 내면적으로 구성된다.

<그림 4-2-1: 국어능력검정시험을 위한 국어 능력의 재구조화>

<그림 4-2-1>에서 보듯이 국어 능력의 핵심은 표현 · 이해 능력이다. 따라서 국어능력검정시험의 과목 혹은 영역 구성의 기본은 표현 · 이해 활동이 되어야 한다. 그리고 기초 능력 역시 과목 혹은 영역의 한 부분을 차지해야 한다. 바른 국어 생활 혹은 효과적인 국어 생활의 기초가 되기 때문이다. 물론 표현 · 이해 활동을 통해서 기초 능력을 평가할 수 있는 부분도 있지만(가령 텍스트 구성력 등), 그렇지 못하거나 설혹 가능하다고 해도 이러한 간접적 평가 방식으로 기초 능력의 전모를 파악하는 데에는 한계가 있다. 이에 비해 사회 · 문화적 능력은 표현 · 이해 활동을 통해서 충분히 평가할 수 있다. 곧, 설득하는 말하기, 묘사하는 글쓰기, 설명하는 글 읽기, 친교적인 말 듣고 반응하기 등과 같이, 표현 · 이해 활동의 구체 양상은 언제나 사회 · 문화적 측면을 고려하여야 하기 때문이다. 따라서 국어의 사회 · 문화적 능력 측면은 독립된 대영역으로 내세우기보다는 표현 · 이해의 하위 영역으로 설정하는 것이 더 낫다.[4] 이렇게 하는 것이 표현 ·

4) 이것은 결국 사회 · 문화 능력 범주가 이원목적분류표의 한 축이 되어야 함을 의미한다. 이와는 별도로 사고 범주 또한 고려해야 한다. 표현 · 이해의 바탕에는 언제나 사고가 작용하기 때문이다. 논리적 · 비판적 · 창조적 사고로 구분할 수 있는 인지적 조작력, 가치 · 관점 · 태도 · 취향 등을 포함하는 정의적 성향, 주체 인식이나 화제 조절 그리고 상황 맥락 등에 대한 메타적 사고 전략 등이 이에 해당한다.

이해 활동의 실제성(authenticity)을 높이는 길이기도 하기 때문이다.

실제 시험이 이해와 표현 활동 중심으로 이루어진다고 할 때, 시험의 하위 과목 혹은 영역은 <표 4-2-1>과 같이 설정할 수 있다. 이들 각각을 시험의 하위 영역으로 삼아 한 과목만으로 시험을 구성할 수도 있고, 좀더 확대하여 각각을 별도의 과목으로 설정하여 시험 전체를 여러 과목 체제로 설계할 수도 있다. 물론, 어떤 방식을 택할 것인가 하는 것은 별도 조사를 통해 결정해야 한다.

<표 4-2-1: 국어능력검정시험의 과목 설정 예>

기초 영역		기본 영역			확장 영역
어휘	어법	말하기·듣기	읽기	쓰기	미디어

이러한 영역 구분은 논리적인 관계에서 도출된 것이라기보다는 시험 구성 및 운영상의 편리에 바탕을 둔 것이다. 여기서 '어휘, 어법, 읽기'의 세 영역에 대한 평가는 선택형 지필평가가 가능하기 때문에 시험 설계상 큰 어려움은 없다. 그러나 '말하기·듣기, 쓰기, 미디어' 영역은 지필평가나 선택형 평가로는 그 능력을 측정하는 데 어려움이 있다. 따라서 표준화 및 형식화가 가능한 평가 방법을 개발할 필요가 있다.

또한, 이들 각 영역 혹은 과목의 비중, 곧 점수 배분 문제가 중요한 문제로 대두된다. 이와 관련해서는 '국어 능력'을 바라보는 관점과 함께 시험 구성의 실천 가능성도 고려해야 한다.[5] 잠정적으로 '매우 중요함', '중요함', '기본적으로 다루어야 함'으로 분류하여 적절하게 배분할 필요가 있다.

물론, 영역이나 과목별로 따로 점수나 등급을 내는 경우에는 각각의 비중이 큰 의미를 가지지 않을 수 있다. 영역별로 능력을 기술하

5) 가령 일반인들의 실제 국어 생활에서는 읽기에 못지 않게 말하기·듣기 능력도 중요하지만, 평가 기법 및 실천상의 문제로 인해 그 비중이 낮아질 수밖에 없다. 물론 적은 문항이지만 배점은 동일하게 조절하는 것은 가능하다.

고, 활용하는 쪽에서 적절하게 활용하면 된다. 하지만 통합적으로 점수를 내거나 등급을 판정하는 경우에는 영역/과목별 비중이 매우 중요한 의미를 지니게 된다. 어떤 영역/과목이 어느 정도의 비중을 차지하느냐에 따라 동일한 수험자의 등급이 달라질 수 있기 때문이다.

장기적으로 시험 주관 기관에서는 영역/과목별로 같은 비중으로 점수를 내거나 등급을 판정하고, 활용하는 쪽에서 필요에 따라 가중치를 부여하는 방안이 이상적이다. 이 경우에는 문항을 출제하고 시험을 시행하는 쪽에서는 부담이 가중되는 문제가 남는다. 각 영역/과목별로 완성된 형태의 시험지를 구성하여야 하기 때문이다.

2. 평가 내용 체계화

구체적인 시험 구성을 위해서는 평가 내용의 상세화가 필요하다. 어떤 능력을 평가하는지에 대한 구체적인 틀이 마련되어야 시험을 출제, 시행하는 기관과 시험을 준비하는 개인 모두 목표 중심으로 분명한 과제를 세울 수 있기 때문이다. 이는 통상 '이원목적분류표'로 제시되는데, 교육과정평가원에서 주관하는 시험들의 문항 분류표를 예로 들면 <자료 4-2-1> 및 <자료 4-2-2>와 같다.

<자료 4-2-1: 대학수학능력시험의 언어영역 출제를 위한 분류표>

행동 영역 / 내용 영역		어휘 · 어법	사실적 사고	추론적 사고	비판적 사고	창의적 사고
듣 기						
쓰 기						
읽기	인문 · 사회					
	과학 · 기술					
	문학 · 예술					
	생활 · 언어					

<자료 4-2-2: 의 · 치의학교육입문검사 출제를 위한 분류표>

행동 영역 / 내용 영역	어휘 · 어법	분 석	추 론	비 판	종 합
인 문					
사 회					
과학 · 기술					
문학 · 예술					

이들 자료에는 분명히 나타나 있지 않지만, 평가 내용은 기본적으로 세 개의 축을 갖추어야 한다. 첫째는 언어 활동의 제 국면을 고려한 축이고, 둘째는 그와 관련되는 사고의 측면을 고려한 축이며, 셋째는 그것들을 포함하는 문화의 측면을 고려한 축이다. 이는 언어 활동이 언어와 사고, 문화의 통합적 작용상이라는 점에 근거를 두고 있다. 이들을 각각 언어 영역, 사고 영역, 문화 영역이라 이름붙이고, 그 각각의 자세한 내용을 살펴보면 다음과 같다.

1. 언어 영역
  가. 어휘 · 어법
    (1) 어휘력
      ① 어휘의 지시적 · 문맥적 의미를 이해하고 사용하는가
      ② 어휘의 비유적 · 관용적 의미를 이해하고 사용하는가
      ③ 어휘 간의 관계를 이해하고 사용하는가
      ④ 어휘의 짜임과 의미 변화를 이해하고 탐구하는가
    (2) 어법
      ① 어법에 맞게 언어를 사용하는가
      ② 문맥과 문체에 적절한 표현을 사용하는가
      ③ 언어 규범과 예절에 맞게 언어를 사용하는가
      ④ 문장과 문단을 바르게 이해하고 언어를 사용하는가
  나. 말하기 · 듣기
    (1) 말하기 · 듣기의 원리

① 목적, 대상, 상황 등에 맞게 내용을 생성하고 조직하는가
② 목적, 대상, 상황 등에 맞게 이해하고 표현하는가
③ 목적, 대상, 상황 등에 적절한 전략을 이해하고 구사하는가
④ 사용 과정에서 부딪히는 문제에 효과적으로 대응하는가

(2) 말하기·듣기의 실제
① 독화(獨話)와 대화(對話)를 효과적으로 수행하는가
② 여러 가지 보조 자료를 효과적으로 활용하는가

다. 읽기

(1) 단어, 문장, 문단 읽기
① 글에 나오는 단어와 문장, 문단의 의미를 파악하는가
② 부분의 내용을 종합하여 통합된 의미를 구성해 내는가
③ 지식이나 경험, 문맥 등을 활용하여 의미를 상세화하는가

(2) 글 전체 읽기
① 글의 내용을 이해하고 주제와 의도를 파악하는가
② 글의 전개 방식과 구조적 특성을 파악하는가
③ 글의 표현상 특징을 이해하고 감상하는가

(3) 읽기 과정의 인식
① 읽기에 필요한 사전 활동을 이해하고 효과적으로 활동하는가
② 글의 내용과 특성에 적합한 방식으로 읽는가
③ 읽기의 결과를 적절하게 활용, 발전시키는가

라. 쓰기

(1) 계획하기
① 문제를 발견하여 내용을 생성하는가
② 논지 전개에 필요한 자료를 수집하고 해석, 평가하는가
③ 적절하게 개요를 구성하는가

(2) 표현하기
① 문장과 문단을 바르게 쓰는가
② 내용 전개의 타당성과 효과를 고려하며 글을 쓰는가

③ 여러 형식의 문장 표현을 이해하고 바르게 사용하는가
④ 적절한 문체와 표현 전략을 사용하는가

(3) 조정하기
① 글 주제를 고려하여 구조와 내용, 표현 등을 고치는가
② 글의 효용성과 가치, 독자를 고려하며 글을 고치는가
③ 쓴 글을 다양한 방식으로 표현, 전달하는가

마. 미디어

(1) 미디어의 이해
① 의사소통에서 미디어의 중요성을 이해하는가
② 다양한 미디어의 특성과 활용 원리를 이해하는가

(2) 미디어를 활용한 이해 활동
① 미디어의 특성을 바탕으로 하여 미디어의 정보를 이해하는가
② 미디어로 전달되는 정보를 비판적으로 수용하는가

(3) 미디어를 활용한 표현 활동
① 미디어의 특성을 바탕으로 하여 표현하는가
② 미디어를 활용하여 창의적으로 표현하는가

2. 사고 영역

가. 분석적 사고

(1) 내용의 분석
① 세부 정보를 정확하게 확인하고 이해, 표현하는가
② 정보간의 관계를 정확하게 이해하고 표현하는가
③ 전체의 내용과 핵심을 체계적으로 이해하고 표현하는가

(2) 구조의 분석
① 구조의 단위와 그 관계를 정확하게 이해하고 표현하는가
② 구조적 특징이 화자/필자의 의도 및 텍스트의 내용과 맺는 관계를 이해하는가

나. 추론적 사고

(1) 내용의 추론
① 언어 또는 사실을 근거로 내용을 미루어 아는가
② 언어 또는 사실을 구체적인 상황에 적용할 줄 아는가

③ 연역 추론과 귀납 추론의 과정과 규칙에 맞게 사고하는가

(2) 구조의 추론

① 텍스트 구성에 관련된 요소를 적절하게 추리·상상하는가

② 언어 표현에 관련된 요소를 적절하게 추리·상상하는가

(3) 과정의 추론

① 결론이 도출되는 과정을 추론하는가

② 사건이 발생하게 된 과정을 추론하는가

③ 논지 전개에서의 문제와 그 해결 과정을 이해하는가

다. 비판적 사고

(1) 내적 준거에 따른 비판

① 내용의 정확성과 내용 전개의 적절성 기준에 따라 이해하고 표현하는가

② 구조와 표현의 적절성 기준에 따라 이해하고 표현하는가

(2) 외적 준거에 따른 비판

① 타당성의 기준에 따라 이해하고 표현하는가

② 효용성의 기준에 따라 이해하고 표현하는가

③ 상대에 대한 호소력의 기준에 따라 이해하고 표현하는가

라. 창의적 사고

(1) 내용의 창의적 수용과 생성

① 새로운 정보를 효과적으로 발견하거나 생성하는가

② 주어진 정보를 효과적으로 응용하거나 새롭게 활용하는가

③ 목적, 대상, 상황 등에 적절한 언어 활동 계획을 세우는가

(2) 구조의 창의적 수용과 생성

① 텍스트의 구성 요소를 창의적으로 수용하고 변용하는가

② 같거나 비슷한 구조를 활용하여 새로운 텍스트를 구성

해 내는가
③ 목적, 대상, 상황 등에 적절한 구조를 생성하고 활용하는가
(3) 표현의 창의적 수용과 생성
① 개성적이고 참신한 표현을 이해하고 표현하는가
② 여러 가지 수사법을 이해하고 효과적으로 활용하는가
③ 목적, 대상, 상황 등을 고려하여 같은 내용을 여러 가지로 다르게 표현하고 이해하는가

3. 문화 영역
가. 언어 문화
(1) 언어의 형식 문화
① 주제와 내용에 적합한 형식을 이해하고 이를 바탕으로 언어 활동을 하는가
② 상황이나 목적에 따라 형식을 적절하게 변형하여 활용할 수 있는가
(2) 언어의 소통 문화
① 화제와 맥락에 적합한 표현 방식을 이해하고 활용하는가
② 언어 관습에 적합한 이해와 표현 활동을 하는가
③ 상황과 대상에 적합한 예절을 이해하고 이를 바탕으로 하여 언어 활동을 하는가
나. 예술 문화
① 언어의 미적 자질을 이해하고 이를 바탕으로 하여 언어 활동을 하는가
② 문학의 장르적 특성을 바탕으로 수용과 창작을 하는가
③ 문학의 역사적 맥락을 이해하고 이를 바탕으로 하여 언어 활동을 하는가
다. 지식 문화
① 다양한 학문 체계의 문법을 이해하고 이를 바탕으로 하여 언어 활동을 하는가
② 교양인으로서 갖추어야 할 기본적인 지식을 바탕으로 하여 언어 활동을 하는가

3. 평가 도구 개발과 사정

시험을 위한 평가 도구(문항)의 형태는 평가의 목적, 평가 과목이나 영역, 평가에 투여할 수 있는 인력이나 재정 등에 따라 좌우된다. 일반적으로 국어 능력을 평가하는 방법에는 선택형 평가와 수행평가를 활용할 수 있다. 국어 능력의 전모를 타당하게 파악하기 위해서는 서답형, 발표형, 과제 수행형, 포트폴리오 등과 같은 수행형 평가가 적당하지만, 국어능력검정시험이 표준화 검사의 성격을 띠는 한 이들 수행형 평가는 시행에 한계가 있다. 따라서 가장 손쉽게 활용할 수 있는 평가 도구의 형식은 정오답형과 연결형, 택일형, 합답형(合答形), 배제형 등의 다양한 선택형 문항이 될 것이다. 그러나 부분적으로 단답형이나 서술형 등과 같은 서답형 형태도 가능하다. 일반적으로 선택형과 같은 대단위 표준화 평가는 시험의 효율성과 경제성 면에서 유리하지만 국어 능력의 본질을 구현하는 데에는 한계가 있다. 그에 비해 발표형, 서답형 등 수행형 문항은 상대적으로 타당한 평가를 할 수 있지만 비용이나 노력 면에서 문제가 있다. 이는 시험 시행 기관의 정책 결정에 따라 결정할 문제다. 서술형은 대학입학논술고사에서, 선택형은 대학수학능력시험에서 그 예를 볼 수 있다.

한편, 수험자들의 능력을 사정하는 방안은 여러 가지이다. 우선 '점수제'와 '등급제'가 가능하고, 각각은 다시 전체 점수를 통합해서 내는 '통합형'과 영역별 점수를 따로 내는 '영역별형'이 있을 수 있다.

점수제는 일반적으로 단일 종류의 시험으로 수험자들의 능력을 사정한다. 따라서 한 가지 시험으로 여러 층위의 수험자 능력을 한꺼번에 사정할 수 있다는 점에서 경제적인 방법이라고 할 수 있다. 대신, 이 경우에는 한 가지 종류의 시험 안에 쉬운 문항과 어려운 문항이 고루 잘 분포되어 있어야 한다. 그래야만 서로 차이가 나는 수험자들의 능력을 골고루 판정해 낼 수 있기 때문이다.

점수제라 해도 전체 점수만을 산정하는 방법도 있지만, 각 영역(어휘, 어법, 읽기, 쓰기, 말하기·듣기 등)별로 점수를 산정하는 방안도 있다. 총점과 영역별 점수를 함께 산정하는 방안도 있는데, 이 경우 총점은 입학이나 입사 등 선발에 효율적으로 활용할 수 있고, 영역별 점수는 응시자 자신의 차후 학습 계획에 도움을 줄 수 있기 때문에 효용 가치가 클 것으로 예상된다.

등급제를 선택하는 경우, 각 등급별로 문항의 수준을 다르게 출제하는 방안도 있고, 한 가지 수준의 시험으로 점수에 따라 등급을 나누는 방안도 있다. 등급에 따라 문항의 수준을 다르게 하여 출제하는 것은 우선 출제 분량 많아 부담이 막중할 뿐 아니라, 각 등급 수준에 적합한 난이도의 문항을 차별적으로 개발하는 것 역시 쉽지 않을 것이기 때문에 시험 시행 초기부터 당장 실시하는 것은 무리일 것으로 판단된다. 그러나 어느 정도 자리가 잡힌 뒤에는 시도해 봄직한 방안으로 생각되는데, 이 때에는 각 등급별로 전혀 다른 문제로 출제하는 것보다는 등급별로 일부는 중복 문제로 출제함으로써 부담을 줄일 수 있을 것이다. 가령, 한 단계 낮은 등급이 문항 중에서 어려운 문항들을 상위 등급으로 가져가는 방안도 가능하고, 아니면 1등급 문항과 3등급 문항을 별도로 제작한 다음, 2등급 문항은 1등급 문항과 3등급 문항을 반씩 가져와서 재구성함으로써 출제 부담을 줄일 수 있다. 한 종류의 시험으로 2~3 등급을 판정하는 방안도 가능하다. 가령, 전체 6등급이라면 비교적 쉬운 문항으로 구성된 시험(A형)과 비교적 어려운 문항으로 구성된 시험(B형) 2벌만을 마련한 다음, B형에서 1, 2, 3급을 나누고 A형에서 4, 5, 6급을 나누는 방식이다.

국어능력검정시험은 점수제가 되었건 등급제가 되었건 시험 간 문항의 난이도를 동일하게 통제하는 일이 무엇보다 중요하다. 동일한 능력을 지니고 있는 사람이 시험의 난이도 차이에 의해 이번 시험에서는 2등급으로 판정되었는데 다음 시험에서는 4등급으로 판정되면 안 되기 때문이다. 따라서 난이도의 균질성을 확보하기 위해 문항의 난이도를 결정하는 요인, 난이도를 고르게 통제하는 평가 기법 등에 대한 지속적인 연구가 필요할 것이다. 그리고 난이도를 판정하는 절대 기준을 정하기 어려운 경우에는 수험자들 간의 상대 평가 방안으로 활용하여 등급을 산정할 수도 있다. 수험자의 수가 대단위화 될 경우, 매 시험마다 등급 판정의 기준 점수를 연동하여 등급의 비율을 일정하게 통제하는 방안이다.

Ⅲ. 국어능력검정시험의 활용 원리

국어능력검정시험의 평가 결과는 다음과 같은 다양한 국면에서 활용할 수 있다.

① 국민의 국어 의식 및 국어 능력의 현황에 대한 객관적인 자료 수집
② 각급 학교의 입시 및 일반 회사의 입사에 필요한 사정 자료 제공
③ 국어 능력 관련 각종 시험에 대한 평가 기준으로 활용
④ 한국어의 교육 및 보급에 관한 일반적 지침 제공(교육 내용, 비중 등)
⑤ 국어교육 및 국어 정책의 방향 수립에 활용

그런데 국어능력검정시험이 이러한 역할을 제대로 수행하기 위해서는 다음과 같은 선행 조건들이 충족되어야 한다.

1. 평가 결과의 기술과 후속 관리 체제 개발

국어능력검정시험의 결과를 효율적으로 활용하고 시험의 치지를 확산시키기 위해서는 평가 목표에 따라 자세하게 기술하고, 절대적·상대적 기준에 따라 등급을 부여하며, 그에 따라 앞으로의 국어 능력 계발 방향을 제시하는 통보 모델을 개발해야 한다. 또한, 시험 결과를 데이터베이스로 구축하여 개인별·집단별 국어 능력을 상세하게 축적하고, 그를 바탕으로 하여 국어 교육 및 국어 정책에 관한 아이디어를 도출하며, 시험 발전의 방향 수립에 피드백할 원리도 개발해야 한다. 아울러, 시험 결과를 대학 전형 자료, 학점 인정 자료, 채용 시험 사정 자료, 각종 자격 부여의 근거 등으로 활용할 수 있는 하드웨

어와 소프트웨어를 개발해야 한다.

이와 관련해서는 기존의 사설 국어능력검정시험과 한자·한문검정시험, 한국어능력시험 등을 참조할 수 있다. 예를 들어 (재)한국언어문화연구원에서 실시하는 국어능력인증시험(TOKL)에서는 절대평가 방식으로 성적을 산출하며, 산정된 점수는 평가 영역별 점수와 총점으로 나누어 통보한다. 평가 영역별 점수는 해당 평가 영역에서 피평가자가 획득한 점수로서, 이를 통해 개인의 국어 능력을 좀더 구체적으로 확인할 수 있다. 급수 인증은 평가 결과를 객관화하기 위한 것으로서, 총점에 따라 1~5등급의 수준을 판정하여 표시한다. 1등급이라면 <자료 4-2-3> 정도의 점수 및 특성을 보여야 한다.

<자료 4-2-3: 점수별 등급 판정의 예(TOKL)>

급수	특 성
1급	매우 우수한 국어 사용 능력의 소유자. 고급의 독해 능력을 지니고 있으며, 국어 관련 어문 규정을 거의 완벽하게 숙지하고 있다. 또한 자신의 생각과 느낌을 문자 언어를 통해 논리 정연하고 통일성 있게 표현할 수 있는 능력을 지니고 있다. 1급 인증을 획득한 사람은 언론인, 방송인, 저술가, 작가, 국어 과목의 교육자, 기업의 기획 및 홍보 업무 담당자로서 갖추어야 할 언어 능력을 충분히 갖추고 있는 사람이라 할 수 있다.

그런데 이 자료는 등급 판정의 일반 예시에 불과한 것으로, 피평가자에게 평가 영역별로 자세한 정보를 주지는 못한다. 평가 영역과 요소에 따라 자세한 기술 및 판정이 이루어져야 하며, 이와 관련해서는 한국교육과정평가원이 한국어능력시험(TOPIK)을 위해 마련한 등급별 기술이나 일본의 한글능력검정시험이 마련한 방법 등을 참고할 수 있다. 물론 이들은 모두 외국어로서의 한국어 능력 등급 기준이기 때문에, 국어능력검정시험은 이러한 내용을 자국어 상황에 맞게 변환하여 더 자세한 정보를 주어야 한다. 이를 위해 <자료 4-2-4>, <자료 4-2-5>와 같이 평가 영역별, 요소별로 상세한 채점 기준을 마련해야 한다.

<자료 4-2-4: 일본 한글능력검정시험의 평가 영역별 인정 기준 예>

등급	말하기·듣기	읽기	쓰기
1급	고도한 내용의 발언을 이해하고, 자신의 의도나 의견을 구두로 표현할 수 있다.(연설, 토의, 절충, 통역, 영화나 TV, 라디오 방송을 듣고 이해하며, 대의를 전달할 수 있다. 자신의 전문 분야에 대해 정확히 전달할 수 있다.)	사전의 도움을 거의 받지 않고도 고도의 문장(신문의 논설이나 평론, 논문, 현대 문예 작품, 상용문서, 일반적인 내용의 서적)을 읽을 수 있다.	고도의 내용의 문장을 적절한 문체로 써서 표현할 수 있다. 자신의 생각을 충분히 표현하는 것이 가능하다. 회의, 강연의 요지 기록, 일본어 문장을 정확히 번역하는 것이 가능하다.

<자료 4-2-5: 한국교육과정평가원 주관 한국어능력시험(TOPIK)의 등급별 기술 예>

등급	총괄 기준	영역	평가 기준
1급	자기 소개하기, 물건 사기, 음식 주문하기 등 생존에 필요한 기초적인 언어 기능을 수행할 수 있다. 또한 자기 자신, 가족, 날씨 등 매우 사적이고 친숙한 소재와 관련된 간단한 내용을 이해하고 표현할 수 있다. 약 800개의 기초 어휘와 기본 문법에 대한 이해를 바탕으로 간단한 문장을 생성할 수 있다. 또한 간단한 생활문과 실용문을 이해하고, 구성할 수 있다.	어휘·문법	•일상 생활에 필요한 가장 기본적인 어휘를 이해하고 사용할 수 있다. (예 : 사물, 수, 동작, 상태 관련 어휘) •사적이고 친숙한 소재와 관련된 기본적인 어휘를 이해하고 사용할 수 있다. (예 : 가족, 날씨, 음식 관련 어휘) •기본적인 문장 구조와 문장의 종류를 이해하고 바르게 사용할 수 있다. •기본적인 조사와 연결 어미를 이해하고 바르게 사용할 수 있다. (예 : '이/가', '을/를', '-고', '-지만') •시제, 부정문, 자주 쓰이는 불규칙 활용('ㅡ', 'ㅂ', 'ㄹ')을 바르게 사용할 수 있다.
		쓰기	•정형화된 표현이나 외운 표현을 사용하여 대화를 구성할 수 있다. •기본적인 문장 구조를 이해하여 간단한 문장이나 대화를 구성할 수 있다. •일상적이고 친숙한 소재에 대해 짧은 생활문을 쓸 수 있다. •글자 구성 원리를 이해하여 맞춤법에 맞게 글씨를 쓸 수 있다.
		듣기	•한국어의 기본적인 음운(자음, 모음, 받침)을 식별할 수 있다. •일상 생활과 관련 있는 간단한 질문을 듣고, 대답할 수 있다. •일상 생활과 관련 있는 간단한 대화를 듣고, 내용을 파악할 수 있다. •사적이고 친숙한 소재에 관한 매우 간단한 이야기를 듣고, 내용을 파악할 수 있다.
		읽기	•기본적인 표지나 표지어의 의미를 이해할 수 있다. •짧은 서술문을 읽고, 소재를 파악할 수 있다. •일기, 편지 등 간단한 생활문을 읽고, 내용을 파악할 수 있다. •메모, 영수증 등 간단한 실용문을 읽고, 정보를 파악할 수 있다.

또한 등급을 부여하는 방식으로는 <자료 4-2-6>과 같은 총점 기준보다는 <자료 4-2-7>처럼 총점과 평가 영역별 점수를 동시에 고려하는 방식이 더 바람직할 것으로 보인다. 영역별 점수가 표시될 때 피드백의 폭이 넓어지기 때문이다.

<자료 4-2-6: 총점 기준 등급 부여의 예(TOKL)>

200~185점	184~169점	168~153점	152~137점	136~121점	비고
1급	2급	3급	4급	5급	200점 만점

<자료 4-2-7: 총점+영역별 점수 병행식 등급 부여의 예(TOPIK)>

<table>
<tr><th>급별</th><th>영역</th><th>배점</th><th>합격기준</th><th>급별</th><th>영역</th><th>배점</th><th>합격기준</th><th>급별</th><th>영역</th><th>배점</th><th>합격기준</th></tr>
<tr><td rowspan="5">1·2급</td><td>읽기</td><td>100</td><td rowspan="5">총점의 60% 이상 득점</td><td rowspan="5">3·4급</td><td>읽기</td><td>100</td><td rowspan="5">평가 영역별 배점의 30% 이상 득점과 총점의 60% 이상 득점</td><td rowspan="5">5·6급</td><td>읽기</td><td>100</td><td rowspan="5">평가 영역별 배점의 60% 이상 득점</td></tr>
<tr><td>쓰기</td><td>100</td><td>쓰기</td><td>100</td><td>쓰기</td><td>100</td></tr>
<tr><td>듣기</td><td>100</td><td>듣기</td><td>100</td><td>듣기</td><td>100</td></tr>
<tr><td>어휘 및 문법</td><td>100</td><td>어휘 및 문법</td><td>100</td><td>어휘 및 문법</td><td>100</td></tr>
<tr><td>계</td><td>400</td><td>계</td><td>400</td><td>계</td><td>400</td></tr>
</table>

2. 국어능력검정시험의 이론적·실천적 타당성 확보

국어능력검정시험이 사회 곳곳에서 효율적으로 활용되고 탄탄한 이론적·실천적 기반 위에서 발전해 나가기 위해서는 해결해야 할 과제가 매우 많다. 이 글에서는 그에 관하여 예측하고, 잠정적인 대안을 모색하고자 한다. 대강의 내용은 다음과 같다.

(1) 국어 능력 평가에 대한 사회의 기대치 조절

일반적으로 국어 능력 평가는 국어국문학 및 국어교육학 전문가의 고유 영역인 것으로 인식되어 있다. 그러나 국어능력검정시험의 평가 결과를 활용할 분야는 대학, 기업체, 정부 부처 등으로서, 이들 분야에서는 정보 처리 및 의사소통과 같은 일반 국어 능력뿐 아니라 해당 전문 영역과 관계된 구체적이고 실제적인 국어 능력을 요구한다. 이는 시험을 주관하는 그룹과 결과를 활용할 그룹 사이에 기대치가 다를 수 있다는 뜻이다. 따라서 '올바른' 혹은 '교양 있는' 국어와 '효율적인' 혹은 '실용적인' 국어 사이의 차이를 처리할 수 있는 장치가 필요하다.

(2) 평가 목적의 포괄성과 평가의 효용성 조절

국어능력검정시험은 일반인들의 일반적인 국어 능력을 검정하는 것을 목적으로 한다. 따라서 국어능력검정시험은 다양한 국어 현상들을 수렴할 수 있어야 한다. 그런데 이러한 평가 목적은 너무 포괄적이어서, 평가 결과를 어디에 어떻게 활용해야 할지가 막연해지는 문제가 생긴다. 사회의 각 영역마다 사용하는 어휘와 문법, 문체 등이 다를 뿐 아니라 아예 기본 발상과 표현 과정, 의사소통 맥락 등에서 현저하게 다르기 때문이다. 좀더 구체적으로 말하면, 언론사 입사용의 인증 시험과 대학에서의 교양 국어 학점 인정을 위한 인증 시험은 달라야 한다는 것이다. 이와 관련하여 캠브리지대학 교육평가원(UCLES)이 목적에 따라 다양한 성격의 영어능력시험을 준비해 놓은 것을 참조할 수 있다. <자료 4-2-8>이 그것인데, 국어능력검정시험도 장기적으로는 이러한 방향으로 나가야 할 것이다.

<자료 4-2-8: UCLES 주관 영어능력시험의 성격과 목적>

시험	공식 명칭	시험의 성격과 목적
KET	Key English Test	일상적 상황에서 가장 기초적인 의사소통의 필요를 만족시킬 수 있는 언어적 능력을 평가하기 위하여 개발됨
PET	Preliminary English Test	FCE보다 낮은 수준의 시험에 대한 요구를 충족시키기 위해 개발됨
FCE	First Certificate in English	초급 영어 실력을 평가하기 위해 개발됨
CAE	Certificate in Advanced English	전문 직업이나 학업을 목적으로 하는 사람을 위한 높은 수준의 영어 의사소통능력을 평가하기 위해 개발됨
CPE	Certificate of Proficiency in English	대학 및 대학원의 입학과 영어를 쓰는 전문 기관에 필요한 영어 능력 수준을 평가하기 위해 개발됨
CYLET	Cambridge Young Learners English Tests	영어를 외국어로 배우는 초등학생을 평가하기 위해 개발됨

BEC	Business English Certificate	어휘와 선택된 지문 유형, 그리고 그 임무들에서 나타나는 상황에 대한 대응을 평가하기 위해 개발됨
BULAT	Business Language Testing	기업이나 조직체의 내부에서 사용하기 위하여 개발됨
IELTS	International English Language Testing System	영어를 매개로 하는 교육 기관에서 공부하거나 기타 전문 기관에서 전문 영역을 추구하는 필요한 영어 능력을 평가하기 위해 개발됨

(3) 언어 능력 등급화의 타당성 확보

모국어 능력의 경우 어휘량, 어법/문법에 관한 지식, 언어 표현의 복잡도 등 일부를 제외하고는 많은 경우 그 요소들을 위계화하기가 어렵다. 예를 들어, 논리적이고 분석적인 텍스트는 잘 다루면서 함축적, 상징적인 텍스트는 어려워하는 사람과 그 반대 성향을 보이는 사람이 있을 경우, 누구에게 상위 등급을 줄 것인가? 아니면 쓰기 능력은 뛰어나지만 읽기 능력은 떨어지는 사람과 그 반대 성향을 지닌 사람 중 누구에게 더 상위 등급을 주어야 하는가? 이와 관련하여 미국 국방언어능력시험(DLPT)의 한국어시험 등급 판정 기준인 ILR Scale을 참조할 수 있다. 이 시험은 언어의 네 하부 기능(듣기·말하기·읽기·쓰기)에 대하여 매우 상세하게 등급 기준을 제시하고 있는데, 이러한 노력이 있어야 국어능력검정시험의 공신력을 높이고 국어 능력의 발달성에 관한 인식도 제고할 수 있을 것이다.

(4) 시험의 신뢰도와 타당도 확보

국어능력검정시험이 새로 시행될 경우, 시험 실시 경험이 전무할 뿐 아니라 문항 축적량이 적어 공신력을 확보하는 데 많은 시간이 걸릴 것이다. 국어능력검정시험은 표준화 검사라는 점에서 특히 신뢰도 확보가 문제되는데, 한국어능력시험의 예를 보더라도 등급이 올라갈수록 신뢰도가 낮아지는 경향을 보이고 있다. 타당도에 관해서도 역시 문제가 예상되는데, 구인 타당도나 내용 타당도는 평가 계획과 문항 설계를 세심하게 함으로써 어느 정도 확보할 수 있을 것이다. 하지만 국어능력검정시험은 사후 성취도 평가라기보다는 사전 적성 검사의 성격을 띠는 시험의 본질상 예언 타당도가 가장 중요할 터인데, 이와 관련한 연구가 필요할 것이다.

(5) 기존 국어 능력 관련 시험들과의 관계 조절

현재 국어 능력과 관련해서 응시자도 가장 많고 관심도도 가장 높은 것이 대학수학능력시험이고, 학생들을 대상으로 하는 전국 단위의 성취도 평가도 수시로 실시되고 있다. 이들 시험과 국어능력검정시험 사이의 관계를 정립하고 차별성을 확보하는 일이 또 하나의 과제가 된다. 예를 들어 검정 결과를 대학에서 입시 전형 자료로 활용할 경우, 수능 언어영역 시험과의 관계는 어떻게 될 것인가? 국어 능력의 본질을 추구하는 방향으로 나아가고 있는 학교 국어교육의 추이에 비추어 볼 때, 국어교과 평가와 국어능력검정시험은 상당 부분 겹칠 가능성이 있다.

(6) 문제 은행 D/B 구축과 운영

국어능력검정시험이 공신력을 갖고 효과적으로 운영되려면 질 좋은 문제들이 체계적으로 축적된 문제 은행을 갖추어야 한다. 문제 은행을 운영하기 위해서는 최소 20~60배수의 문항이 필요하다는 것이 정설이거니와, 그 안에서 평가의 내용 요소 차원에서 문항의 유형화와 다양화를 동시에 추구하고, 평가 내용의 수준 차원에서 세분화를 도모하며, 문항 형식 차원에서 계속 참신성을 유지하는 것은 쉬운 일이 아니다. 막대한 시간과 자본, 그리고 연구가 필요한 것이다. 특히 D/B를 효과적으로 운용하기 위한 태깅 작업을 위해서는 별도의 연구가 필요하다.

(7) 시험의 활용 범위 조절

국어능력검정시험은 대학과 기업체, 정부 기관 등에서 여러 용도로 다양하게 활용할 수 있다. 이 시험의 정착과 발전을 위해서는 시험의 활용 범위와 중요도를 계속 높여 가려는 노력이 필요하다. 앞에서 언급한 DLPT가 중요시되는 이유도 이 시험에서 높은 등급을 받으면 근무 여건이나 연봉 등에서 여러 혜택을 받기 때문이다. 또한 이로

인하여 응시생의 수가 증가하고, 그것이 제도 발전에 긍정적으로 작용함으로써 선순환의 고리를 형성하게 된다. 아울러, 활용 범위를 국내로만 한정할 것이 아니라 외국의 한국어 학습과 연관짓는 일도 중요하다.

(8) 시험의 기술적 문제

앞에서 국어 능력의 구성 요소에 관해 상당히 장황한 언급을 하고도 정작 시험의 내용 분류표는 매우 단순화되는 모습을 보았다. 이는 말하기나 매체와 관련되는 능력을 '시험'의 형태로 평가하는 데서 오는 방법적 한계 때문이다. 듣기 평가를 보강한다고는 하지만, 면접이나 토의·토론, 실제 쓰기 등이 배제된 채 선택형·단답형·단문 기술형으로 이루어지는 지필평가는 언제나 반쪽짜리 시험이라는 비판에서 벗어날 수 없다.

한편으로는 출제와 채점의 공정성, 객관성도 문제가 된다. 전문적인 출제자/채점자 훈련이 이루어지지 않은 상태에서 등급을 인증하고 그 결과가 입시나 고시 등에 활용된다면 자칫 반발과 부작용을 낳을 수 있다. 사실 국어 능력 평가의 본질 추구와 시험의 공정성, 객관성 문제는 서로 부적(負的) 관계에 있는 것으로 보인다. 하지만 '문제의 소지를 없애기 위해' 단순 지식이나 기능 측정, 혹은 선택형·단답형 문항으로 일관하는 모순은 극복해야 한다.

Ⅳ. 부 연

국어능력검정시험의 과제는 대학수학능력시험이나 한국어능력시험, 민간의 국어능력시험 등 기존 시험들이 지닌 기능적 한계를 극복하여, 종합적인 관점에서 총체적 국어 능력을 평가하고 결과를 객관화하는 방법을 개발하는 데 있다. 일단 국어 능력 평가의 일반 모델을 완성하면 특수 영역에서의 국어 능력 평가의 준거가 되고, 국어교육과 국어 발전에도 발전적인 방향을 제시할 수 있다. 그 다음 단계는 다양한 목적에 적절하게 활용할 수 있는 목표/분야 중심의 평가 모델을 완성하는 일로서, 그를 위하여 한편으로 국어 능력 평가의 이론을 개발하고 다른 한편으로 평가의 실제에 관한 자료를 축적해 가야 한다. 이 과정에서 중요한 일은 이러한 작업을 지속적으로 해 나갈 인력 풀의 구축이다. '국어 전문가'를 '국어 능력 평가 전문가'로 끌어올리는 일이야말로 가장 시급히 필요한 일이다.

제3장
대학수학능력시험의 대안적 점검

Ⅰ. 수학능력시험 개선의 필요성과 전제

1. 개선의 필요성

대학수학능력시험(이하 '수능시험')은 1994학년도에 기존의 대학입학 학력고사를 대신하여 도입되었다. 그동안 몇 가지 변화(시험 횟수 축소, 총점과 문항 수 및 시간의 조정, 표준 점수제와 등급제 도입 등)와 부분적인 불만(난이도 조절 실패, 정답 시비, 기출 문제 논란 등)은 있었지만, 시험 자체의 정당성에 대한 이의는 거의 없었던 편이다. 이는 수능시험의 언어영역시험(이하 '언어영역')이 학생들의 언어 능력에 관한 전국 단위의 표준화 평가로서 신뢰도와 타당도를 인정받고 있다는 증좌로 보인다. 하지만 이 시점에서 언어영역에 대한 발전적인 재검토가 필요하게 되었는데, 그 이유를 몇 가지로 나누어 보면 다음과 같다.

(1) 언어 및 지식 환경의 변화

지식 정보 사회에 접어들면서 언어 환경과 지식 환경이 급격하게 변화하였다. 지금까지 고급 정보가 대부분 문자로 생산·저장·유통된 데 비해, 디지털과 온라인, 멀티미디어, 하이퍼텍스트, 실시간 양방향 소통 등으로 대표되는 새로운 언어 환경이 구축되면서 문자매체의 우월적 지위가 사라진 것이다. 아울러 지식 역시 가치 평가의 준거가 흔들리고 지식을 둘러싼 권력 관계가 재편되면서 그 생산과 유통 질서가 변하게 되었다. 자연히 전범화된 텍스트를 꼼꼼하게 읽고 내용을 암기하며 그를 바탕으로 새로운 지식을 창출한다는 전통적인 학문의 개념이 바뀌게 되고, 그에 따라 언어영역의 초점도 바꾸어야 한다는 견해가 제기되었다. 그 방향은 대체로 비판적 사고와 창의적인 문제해결로 귀결되고 있다.

(2) 문화 및 교육 환경의 변화

오늘날 수능시험에 응시하는 학생들은 가치관, 행동 양식, 문화 형성 방식 등에서 과거의 학생과는 비교하기 어려울 정도로 다르다. 또한 학교 교육도 과거의 방식과는 다르게 이루어지고 있는바, 언어영역도 그러한 변화를 반영할 필요가 있다. 특히 자율성과 창의성, 개성을 강조하는 시대의 흐름을 언어영역이 선도하거나, 적어도 함께 발맞추어 가야 할 것이다.

(3) 대학·사회의 요구 변화

학력고사에서 수능시험으로 바꾼 이후 교과 내용에 통달한 학생보다는 문제해결과 의사결정 능력이 뛰어난 학생들이 높은 평가를 받게 되었다. 그러나 그 이후 다시 10여 년이 지나면서 대학 간, 학문 간 경쟁이 심해지고 사회에서도 실무 능력과 잠재적 발전 가능성이 높은 인재를 요구함에 따라, 언어영역도 그에 맞추어 개선할 필요성이 생겼다. 특히 수능시험의 변별력이 떨어지고 언어영역이 대학수학능력을 과연 타당하게 예언하는가에 대한 이견도 있는 만큼(김창원, 2004), 수요자(대학과 사회)의 입장에서 언어영역의 효용도를 다시 한번 돌아볼 필요가 있다.

(4) 언어 및 사고력 관련 이론의 정교화

국어교육학계를 중심으로 최근 20여 년간 언어·사고 관련 이론이 크게 발전했으며, 언어영역도 그러한 이론을 받아들여 개선할 필요성이 생겼다. 국어국문학의 전통적 이론 체계 대신 의사소통, 사고, 언어 문화 등에 관한 새로운 이론이 널리 퍼졌고, 학교 교육도 그러한 변화를 긍정적으로 수용하고 있기 때문이다. 이는 시험 전체의 틀을 재점검해야 한다는 뜻도 된다.

(5) 그동안의 시험 운영을 통해 본 실제적 요구

언어영역은 수능시험의 다른 영역에 비해 지금까지 체계상 큰 변화 없이 시행돼 왔는데, 그 과정에서 실제적인 문제가 쌓여 왔다. 예컨대 지문 선정, 세트 구성, 문항 유형 등이 패턴화되고, 출제진 구성과 출제 과정 등이 관료화 되며, 시험 외적인 제약들이 당연한 조건으로 정착되었다. 특히 수능시험은 어쩔 수 없이 우리나라 교육의 특이점 역할을 하게 되므로, 대학과 고등학교를 포함한 학교 교육과의 관계 설정, 이 시험을 통해 걸러지는 학생들의 특성, 다음 세대에 대한 사회의 요구 등을 고려해서 끊임없이 조절, 재개념화해야 한다. 이러한 문제의식 없이는 시험 자체가 고식화 되어 답보와 정체 상태에 머물게 될 것이다.

2. 개선에 관한 논의의 전제

수능시험에 대한 논의는 무엇보다도 그 목적을 재확인하는 데서 출발해야 한다. 한국교육과정평가원(이하 '평가원')에서 공시한 수능시험의 개념은 아래와 같다(www.kice.re.kr).

> 대학수학능력시험은 대학 교육에 필요한 수학 능력을 알아보기 위하여 고등학교 교육과정의 내용과 수준에 따라 언어, 수리・탐구, 외국어(영어) 영역별로 통합교과적 소재를 바탕으로 사고력을 측정하는 발전된 학력고사로서
> ㅇ대학 수학 적격자의 선발 기능을 제고하고
> ㅇ고교 교육 정상화에 기여하며
> ㅇ학교 선발에 공공성과 객관성이 높은 자료를 제공하는 데 목적이 있음

여기에서 보는 조건은 '대학 수학 능력', '고교 교육 정상화', '통합교과적 소재', '사고력 측정'으로 압축할 수 있다. 이 중 통합교과적 소재와 사고력 측정은 일맥상통하는 것으로 둘 사이에 상위가 없지만, 대학 수학 능력과 고교 교육 정상화의 관계는 다소 미묘한 점이 있다. 이 점에 대해서는 뒤에 상술할 것이다. 다시 평가원의 공시를 보면, 언어영역에 관한 내용은 아래와 같이 구체화되어 있다.

> 언어영역 시험은 대학에서 원만하고 능률적으로 수학하는 데 필요한 우리말 사용에 관련된 능력을 측정하기 위하여, 학교 내외에서의 경험과 훈련을 통해 습득한 읽기, 듣기, 쓰기의 언어 능

력을 범교과적인 제재들을 사용하여 측정하는 시험이다.

여기서도 조건은 비슷한데, 다만 그 주안점이 '언어와 관련하여 대학에서의 수학 능력을 측정'하는 데 있음을 알 수 있다. 그러면서도 고등학교에서의 언어 학습을 외면하지 않는다. 말하자면 수능시험은 교육공동체의 철학과 정책 구현에 관련된 포괄적 목적 아래 대학 수학 적격자 선발과 고교 교육 정상화 유도라는 두 축으로 구성됨을 알 수 있다.

이처럼 수능시험이 복합적인 목적을 갖고 있기 때문에, 언어영역의 성격도 다양한 모습을 보인다. 대표적인 몇 가지 접근 방식을 보자.

① 일반 모형과 교과 모형 : 모든 교과(또는 학문) 활동에 공통되는 기본 능력을 다루는가 국어 교과 활동으로 초점화하는가.
② 학업 적성 모형과 학업 성취도 모형 : 미래(대학)의 학업에 관한 가능성 예측을 강조하는가 과거(고등학교)의 학업 성취도를 판단하는 데 주력하는가.
③ 수렴 모형과 확산 모형 : 주어진 텍스트 안에서 해결하도록 하는가 관련되는 지식을 요구하는가.
④ 기타 분석적 접근과 통합적 접근, 역량 검사(power test)와 속도 검사(speed test), 최소 능력 모형과 상대 능력 모형 등.

문제는 이들 대립되는 접근 방식이 절충이나 지양으로 해결되지 않고, 명확한 관점에 따른 선택을 요구한다는 점이다. 이 선택은 정책 방향과 교육공동체의 합의에 따라야 하겠지만, 필자의 견해로는 언어영역은 일반 모형을 바탕으로 대학에서의 수학 능력을 예측하는 학업 적성 모형을 취하는 동시에 학생의 배경 지식과 독서 경험을 강조하는 확산 모형으로 가는 것이 바람직하다고 본다. 수능시험의 일차적 목적을 '대학 수학 능력'의 측정으로 보기 때문이다.

3. 개선의 기본 방향

언어영역 개선의 방향은 개선의 필요성과 궤를 같이한다. 기본적으로 그 동안 언어영역이 축적해 온 노하우와 방향을 유지하면서 새로운 변화와 요구에 응답하는 방향으로 바꿔야 할 것이다. 시험의 항상성을 보장하면서 부분적인 개혁을 추구하는 것이 개선의 기본 방향이다.

(1) 변화하는 언어 및 지식 환경과의 조응 추구

최근 10여 년 사이에 일어난 언어·지식 환경의 변화로 가장 두드러진 것은 매체의 강화라 할 수 있다. 정보·통신 기술이 발달하면서 지식이 축적, 공유되는 양상이 달라졌고, 의사소통의 양상 또한 변화하였다. 아울러 학문의 지형도 또한 달라진바, 이러한 점을 새로운 시험에 반영해야 한다.

(2) 살아있는 청소년·언어 문화의 활용

언어영역은 고등학교 학업에 대한 성취도 평가의 성격뿐 아니라 당면한 문제에 대한 해석과 의사결정 등, 매우 실제적인 적성 시험의 성격도 가지고 있다. 학생의 장기적 성취를 예측하기 위해서는 '지금 여기'의 살아있는 문화 자료와 문제 상황을 적극 활용하는 것이 바람직하다. 따라서 인류 문화의 정수로 자리잡은 전통뿐 아니라 대학 학업 및 일상 생활의 실제와 관련되는 상황, 자료, 문제 의식 등을 적극 활용해야 한다.

(3) 대학·사회가 요구하는 고급 언어 능력 지향

새로 산출되는 정보량이 많아지고 지식의 변화 속도가 빨라지면서 대학과 사회는 깊이 있고 세밀한 언어 활동 외에도 빠르고 다양한 언어를 요구하게 되었다. 또한 각 학문마다 고유한 언어 체계를 발전시켜, 각 영역 담론의 특성을 이해하는 것도 중요한 능력이 되었다. 이러한 점을 평가 틀에 반영하기 위한 노력이 필요하다.

(4) 고등학교 교육의 내실화 유도

언어영역은 범교과적인 주제와 소재를 활용하여 출제하는 것을 기본 방향으로 삼는다. 이러한 방향은 한편으로 고등학교 <국어> 교과를 약화시킨다는 평가도 있지만, 전반적으로 교과서 중심의 분석적 수업을 지양하고 다양한 사고를 바탕으로 한 문제 해결적 수업을 정착시켰다는 평가를 받는다. 언어영역이 긍정적 영향을 줄 수 있는 고등학교 교과를 '공통교육과정의 <국어> → 선택교육과정의 선택 과목들 → 언어를 매개로 교수-학습이 이루어지는 제반 교과'로 점차 확산시킬 수 있는 방안을 강구해야 한다.

이러한 점을 고려하여 언어영역의 일반적인 개선 방향을 정리하면 다음과 같다.

① 실제적인 언어 활동 능력, 곧 언어와 관련된 사고력, 의사 소통 능력, 문화적인 능력 등을 균형있게 반영한다.
② 음성언어/문자언어/매체언어, 언어 표현/언어 이해 등, 언어 활동의 제국면을 종합적으로 반영한다.
③ 고급 언어 활동의 기초가 되는 기능적인 문식성(funtional literacy)과 언어 활동의 규범을 강조한다.
④ 언어 생활의 질과 관련되는 문학적 언어에 관한 능력, 창조적이고 비판적인 언어 능력을 평가할 수 있도록 한다.
⑤ 급격하게 변화하는 언어·지식 환경의 변화를 고려하여, 미래 지향적인 언어 능력을 평가할 수 있도록 한다.
⑥ 언어 활동과 관련되는 사고력의 제층위를 합리적으로 반영한다.
⑦ 고등학교 교육과정의 목표와 내용, 수준을 반영하며, 학교 교육을 통해 성취한 다양한 언어 능력을 평가할 수 있도록 한다.
⑧ 대학과 사회에서 필요한 다양한 분야의 제재를 통해 언어 체험의 폭과 깊이를 평가할 수 있도록 한다.
⑨ 대학 교육을 받는 데 필요한 보편적인 능력뿐 아니라, 현대 사회에서 교양과 전문성을 발휘할 수 있는 기본 능력으로서의 언어 능력을 평가할 수 있도록 한다.
⑩ 평가 결과를 해석하고 피드백하기 쉽도록 영역과 수준을 세분한다.
⑪ 학생의 언어 능력을 분절적·분석적으로 보여주는 동시에 통합적·총체적으로도 보여줄 수 있도록 한다.

Ⅱ. 시험의 개선과 관련되는 문제들

1. 평가 철학에 관련된 문제

(1) 수능시험과 고교 교육과정의 관계

다시 한번 수능시험의 목적을 떠올려 보자. 대학 수학 적격자 선발과 고교 교육 정상화 유도라는 두 마리의 토끼를 다 잡으려면 고교 교육과 대학 교육의 성격이 완전히 일치해야 한다. 고교 교육이 전적으로 대학 준비 과정이 되어야만 고교 교육과정에 맞춘 평가와 대학 수학 능력 평가가 어긋나지 않는다는 뜻이다. 대다수 학부모와 고등학교 당국이 원하는 바도 그것이다. 하지만 고교 교육을 대학 준비 과정으로 규정하는 것은 많은 문제가 있다. 고교 졸업자가 모두 대학에 진학하는 것도 아닐 뿐더러, 보통 교육으로서의 고교 교육은 그 자체로 추구해야 할 가치와 목적이 있기 때문이다. 그렇다면 고교 교육은 고교 교육대로 수행하고 대학 선발 시험은 대학의 이념에 맞추어 그것과 별도로 이루어져야 하는가?

필자는 그래야 한다고 본다. 고교 졸업 시험과 대학 선발 시험은 그 목적과 기능, 강조점이 다르기 때문이다. 사실 언어영역과 고등학교의 교과, 특히 국어과와의 관련성은 제도 도입 이래 늘 문제가 돼 왔다.[1] 하지만 수능시험이 이전의 학력고사를 대치할 때의 대전제가 범교과적·통합교과적 사고력 측정이라는 부분이었다. 수능시험이 특정 교과 내용을 다루게 되면 이 전제가 무너진다. 또한 종합생활기록부와 수능 점수가 입시 사정의 양대 기준이 되는 구조에서, 생활기록부에 이어 수능시험까지 교과 내용을 반영한다면 결국 교과 성취도가 종합생활기록부와 수능시험에 두 번 적용되는 셈이다. 그렇다면 수능시험은 고등학교의 수준 차이에 따른 생활기록부의 한계를 보완

1) 예를 들어 김광해(2000)의 문제 제기를 들 수 있다. 수능시험이 교육과정이나 교과서의 주요 내용을 다루지 않기 때문에 고교 교육이 교과서를 외면하고 파행적으로 이루어진다는 지적이다.

하는 기능밖에 하지 못한다. 수능시험이 과거에 본고사가 하던 역할의 일부를 떠맡아야 하는 현실에서 수능시험을 고교 교육이나 교과의 틀 안에 가두면 안 된다.

(2) 요구 지식의 양과 질

현재의 언어영역은 깊이 있는 지식이나 탐구 능력보다는 잡다한 일반 상식을 갖춘 학생에게 유리하게 되어 있다. 인문・사회・과학・기술・예술의 각 분야에서 개괄적이고 평이한 지문만을 다루다 보니 나타난 현상이다. 전형적인 예가 자연과학 분야로, 주로 과학사나 과학 철학과 관련된 에세이 성격의 글만 다루고 수학・물리・화학・생물・지학・의학・농학・공학의 고급 텍스트들은 외면하고 있다. 수능시험이 지식 평가가 되어서는 안 된다는 강박 관념 때문인데, 그 결과 학생들은 이 글 저 글을 조금씩 읽는 박이부정(博而不精)의 읽기에 길들여진다. 박(博)과 정(精)을 겸한 읽기 주체를 기르려면 수능시험이 지식을 바라보는 관점을 재정립할 필요가 있다.

(3) 고급 능력과 기본 능력의 관계

현재 언어영역에 대한 불만 중 자주 듣는 것이 언어의 기본 능력을 다루지 않는다는 지적이다. 실제로 언어의 기본 능력은 어휘와 어법일 터인데, 특히 어법에 관한 평가가 지식을 다루면 안 된다는 제약과 교육과정의 틀에 묶여[2] 단순화되고 있다. 어법을 자주 다루어 온 쓰기 영역 평가에서도 표현보다는 표현 이전의 사고 과정에 더 주안점을 두고, 읽기 평가에서는 어휘를 조금 다룰 뿐, 문장이나 문단에 관한 기본 능력을 거의 다루지 못하고 있다. 현저하게 저하된 대학생의 언어 수준은 그만두고라도, 기본 능력 없이 고급 능력이 발달하지 못한다는 점을 고려할 때 언어영역에서 언어의 기본 능력을 어떻게

2) 언어영역은 시험의 공평성을 위하여 공통교육과정 내에서 시험을 출제하도록 하고 있다. 예컨대『문법』교과서에 나오는 내용은, <문법> 과목을 선택하지 않은 다수 학생들에게 불리할 수 있기 때문에 출제하면 안 된다는 것이다. 그러다 보니 고등학교 3학년 학생들을 평가하면서 2~3학년 때 배우는 선택 과목의 내용은 다 빼 버리고 1~2학년 때(대다수는 1학년 때) 배운 내용만을 다뤄야 한다는 모순이 생긴다.

처리할 것인지에 대해 재검토해 보아야 한다.

(4) 시험의 형평성

수능시험과 같은 표준화 검사는 형평성의 유지가 큰 과제가 된다. 우리나라에서 형평성에 가장 민감한 영역이 남녀 차이일 터인데, 현재 언어영역의 경우에는 여학생이 남학생보다 점수가 높아서 문제화되지 않고 있다. 하지만 엄밀하게 따지고 들어가면 남녀 학생의 점수 차는 지금보다 더 날 수 있다고 본다. 출제위원과 검토위원이 거의 전원 남성으로 구성된 것은 차치하고라도, 다루는 지문의 주제와 언어적 특성이 남성적 텍스트들로 채워져 왔기 때문이다. 아울러 지역적 형평성도 문제될 소지가 많은데, 특히 도시 지역 학생들에 비해 읍면 지역 학생들이 불리할 것으로 예상할 수 있다. 장애아에 대한 배려도 부족하다. 시각 장애와 청각 장애아를 위해 녹음과 점자 문제지를 제공하지만, 역량 검사와 속도 검사를 겸하고 있는 현상황에서 불평등을 충분히 해소할 수는 없다. 이러한 문제는 지금까지 크게 다루어지지 않았지만, 현재와 같은 체제가 계속되는 한 언젠가는 불거질 문제이다. 그들의 낮은 점수가 낮은 수학 능력을 의미하는 것은 아니기 때문이다.

(5) 읽기 능력과 문학 제재의 관계

언어영역에서 문학 제재는 4세트 21~22문항으로 전체의 30%를 넘는 비중을 차지한다. 사실 문학 영역과 읽기 영역의 관계 설정은 수능시험 도입 단계부터 논란이 됐던 문제다. '대학 수학에 문학이 무슨 관계가 있는가?' 하는 질문에 대해 '문학 작품 언어와 사고의 최고 수준을 보여준다.'는 답이 되풀이되면서 지금까지 흘러왔을 뿐, 그 구체적인 관계상에 대해서는 점검한 적이 없다.[3)] 인지적 사고와 정의적 사고를 구분하지 않고 접근하려는 최근의 경향에서 보면 문학 텍스

---

3) 박인기, 김창원, 최병우, 등이 참가한 문학과교육연구회의 특집(1997)이 이 문제를 정면으로 다루고 있다. 여기서 박인기는 '현실적으로 어쩔 수 없이 결합되어 있는 어떤 불협화음의 구조'를 인정하면서, 언어영역의 통로를 통해 문학교육이 발양될 수 있는 국면과 언어영역 기제에 의존하지 않고 실천해 나가야 할 국면을 아우르고자 한다.

트를 자료로 고급 언어 능력과 심미적·윤리적·창의적 사고를 평가하려는 시도는 일단 의미 있어 보이지만, 그렇다 하더라도 비중이나 출제 방향 등은 재점검할 필요가 있다. 특히 문학 제재와 다른 읽기 제재를 통합적으로 보는 관점이 필요하다.

2. 시험 설계 및 문항 개발에 관련된 문제

(1) 세트 구성의 다양성

최근의 언어영역은 하나의 지문을 주고 그와 관련해 4~5문항의 문제를 내는 방식을 취한다. 초기에는 지문이 짧고 그에 따른 문항 수도 3문항 정도로 적은 단문소문항형(短文少問項型)과 긴 지문에 7~8문항 이상을 다루는 장문다문항형(長文多問項型)이 등장한 적도 있지만, 점차 현재와 같은 방식으로 고정되었다. 하지만 읽기의 상황이 다양하고 문제마다 요구 능력이 다른 상황에서 모든 세트가 비슷한 형식을 취하는 것은 바람직하지 않다. 또한 지문이 짧으면 문항 수가 적고 지문이 길면 문항 수도 많아야 한다는 관점 또한 상투적인 것으로 보인다. 짧은 글을 요모조모로 뜯어 보는 단문다문항형이나 긴 글을 읽고 핵심을 단번에 짚어 내는 장문소문항형을 비롯해서 다양한 세트를 구성할 필요가 있다. 더 나간다면 읽기 세트에서 반드시 읽기만을 평가할 필요도 없다고 본다. 읽기 지문을 놓고 표현 능력을 평가하는 유연한 자세가 필요하다.

(2) 문제의 전형성과 유형화

모 출판사에서 언어영역의 '유형'을 광고 카피로 내세워 선풍을 일으킨 적이 있다. 이는 언어영역이 사고 영역의 일부에 편중되고(주로 사실적 사고와 추론적 사고) 스테레오타입화했기 때문인데, 사실 이 문제는 옳다 그르다 한번에 판정하기 어려운 점이 있다. '이 글의 내용에 일치하는/일치하지 않는 진술 찾기'는 어떤 글이든 가장 기본적으로 짚고 넘어가야 할 문제로서, 유형화를 피한다고 해서 이런 문제까지 피해 갈 수는 없는 법이기 때문이다. 이 점에서 평가 내용의 유형화는 오히려 더 강조해야 할 것으로 보인다. 특히 문제 은행을 운영할 경우 평가 내용의 상세한 유형화는 매우 중요한 조건이 된다.

그 대신 문제의 형태를 다양하게 시도함으로써 유형화가 지니는 문제를 피해갈 수 있지 않을까 한다(최지현, 2000). 예를 들어 수능시험은 5지 선택형으로 하면서 '정답 없음'이나 복수 정답도 가능하다고 했는데, 실제 평가에서 그런 문제가 나온 적은 없다. 나아가 반드시 5지 선택형으로만 해야 하는지도 의문이다. 그 조건 때문에 출제 과정에서 억지로 답지를 만들어 넣기도 하지만, 그런 답지는 답지로서의 매력이 떨어지기 때문에 사실상 3지나 4지 선택형과 마찬가지가 된다. 여건상 수행평가나 서술식 평가는 어렵다 하더라도, 지필평가에서 상식처럼 되어 있는 단답형이나 연결형, 진위형, 순서 배열형, 조합형과 같은 방식을 도입할 수 있고, 답지 숫자의 제한을 풀어 3지에서 6지 이상까지 다양화할 수 있다. 이러한 방식들은 답안 카드 형태만 개발하면 당장에라도 가능한 일이다.

(3) 말하기 평가의 가능성

그 동안 언어영역은 언어 수행의 4대 기초 영역 중 말하기 영역에 대해 아무 대책을 세우지 못했다. 지필평가에서 말하기 능력을 평가한다는 것이 사실 쉬운 일은 아니다. 하지만 필자는 이제 말하기 평가의 수용 가능성을 검토할 때가 되었다고 본다. 그 방향은 일단 쓰기와 결합한 표현 평가로 가는 것이다. 처음 수능시험을 도입할 때 쓰기 평가가 가능할 것인가 하는 질문이 나오고, 지금도 언어영역의 쓰기 평가는 진정한 쓰기 평가가 아니라는 비판이 심심치않게 나오는 실정이다. 하지만 그동안 언어영역은 제한적이긴 하지만 간접 평가 방식을 써서 선택형 문항으로도 쓰기 능력을 평가할 수 있다는 가능성을 보여주었다. 필자는 말하기 평가도 그와 유사한 방식으로 할 수 있지 않을까 한다. 어떻게 보면 쓰기와 말하기를 통합하여 표현 평가로 가는 방식이 더 이상적일 수도 있을 수 있다.

(4) 지문의 성격 다양화

언어영역은 단선적이고 단성적인 설명 텍스트를 주로 다루고, 다른 방식의 텍스트에는 매우 인색한 면을 보인다. 논증 텍스트가 가끔 등장할 뿐, 대상에 대한 객관적 묘사나 서사, 메타 텍스트 등에 대한 고려가 부족하고, 대화적인 텍스트, 혹은 여러 목소리가 내재한 다성적 텍스트는 거의 다루지 않았다. 이는 언어영역의 초점을 텍스트를 꼼꼼히 읽고 그 내용을 파악하는 1차적 읽기로 한정하는 문제를 낳는다. 하지만 다양한 텍스트 구성 방식을 다루는 능력이 없다면 원활한 대학 수학을 기대하기는 어렵다.

(5) 매체 확장에 관한 요구

현재의 수능시험의 틀은 1990년대 초의 언어 환경에 맞춰져 있다. 10년이 넘는 동안 언어 자체의 변화는 미미할지 몰라도 매체는 현격하게 변화하였다. 음성언어, 문자언어에 이은 제3의 언어로 전산, 매체, 혹은 통신 언어가 폭넓게 확대되고, 일상 생활이나 대학 수학에서도 그런 종류의 언어가 지니는 비중이 높아졌다. 당연히 새로운 수능시험은 언어를 둘러싼 매체 환경의 변화를 반영해야 한다. 그 동안 순수하게 문자만으로 구성된 문제보다는 시각 자료를 활용한 문제가 좋은 평가를 받았던 점도 환기할 필요가 있다. 물론, 그렇게 하는 데에는 기술적인 어려움이 따른다. 가장 쉬워 보이는 방송 활용조차 기기 고장으로 문제를 일으킬 정도이다.[4] 이 부분은 평가의 하드웨어와 소프트웨어가 동시에 개선되어야 할 것으로 본다.

(6) 한자 능력의 필요성

수능시험에 <외국어> 영역을 설정한 것은 외국어와 대학 수학의 유관성을 인정했기 때문이다. 그렇다면 대부분의 개념어와 학술 명제들이 한자어로 이루어진 상태에서 한자에 관해서도 마찬가지 사고를 할 수 있다. 문자 정책의 문제가 아니라 학문의 기초 능력이라는 관점에서 이 부분에 대한 점검이 있어야 할 것이다. 그 동안 어휘 의미와 사자성어 영역에서 한자를 제한적으로 다루었지만 현장에서는 아무도 그것을 한자로 인식하지 않고 있다. 한자 관련 문제의 초점을 학문과 관련되는 개념어로 바꾸어야 할 것이다.

---

4) 2001학년도부터 듣기 평가용 방송을 EBS 지상파 방송에서 녹음 테이프를 이용한 학교 방송으로 바꾼 이유가 여기에 있다.

Ⅲ. 개선을 위한 대안 모색

1. 평가 철학과 관련하여

(1) 수능시험과 학교교육의 분리

언어영역에 대한 비판 중 가장 널리 퍼져 있는 것이 '언어영역이 국어교육을 망쳤다.'는 내용일 정도로, 이 부분은 민감한 부분이다. 하지만 앞에서 이미 말했듯이 수능시험이 고등학교 교육과정을 그대로 다룬다면 내신을 중심으로 한 종합생활기록부와 수능시험 사이에 차별이 없어진다. 국어 교사가 언어영역 준비를 담당하고 언어영역에 국어 교과서의 지문이 출제되는 것이 현실이지만, 그것은 부분적 필요성일 뿐 전체적인 방향은 아니다. 국어 교사가 언어영역을 맡는 것은 그가 언어에 가장 민감하기 때문일 뿐 '국어' 선생이기 때문은 아니다. 같은 교사라 할지라도 국어 시간의 '그'와 언어영역 대비 시간의 '그'는 다른 것이다. 필자는 오히려 현재처럼 언어영역과 국어교과가 느슨하게 연결되기보다, 그 관계를 과감히 끊고 '국어는 국어, 수능은 수능'으로 분리하는 것이 둘 다 사는 길이라고 본다. 언어영역 출제에 국어·국어교육 전문가를 중심으로 다양한 전공자가 참여하는 것처럼, 언어영역 준비도 국어 교사를 중심으로 다양한 교과의 교사가 참여하는 것이다. 그렇게 가르쳐야 수능 점수가 올라가고 국어 교사 혼자 맡아서는 점수가 올라가지 않는다는 사실이 널리 인식되면, 자연히 국어 시간도 국어 교과 본래의 모습을 되찾게 될 것이다. (물론 그 국어 학력은 내신에 반영된다.) 마찬가지로 언어영역도 국어과의 틀에서 벗어나 자유롭게 이상을 실험할 수 있게 된다. 이 문제는 논술 시험과 관련해서도 똑같이 이야기할 수 있다.

(2) 읽기를 보는 관점의 개선

읽기와 관련하여 언어영역을 개선하기 위해서는 우선 읽기를 보는 관점을 재정비해야 한다. 단순하게 말하면 형식주의적 관점과 구성주의적 관점의 통합이 그것이다. 그 동안 언어영역이 형식주의적 관점으로 시종한 것은 아니지만, 텍스트와 독자의 상호 작용을 통한 의미 구성이라는 관점을 적극적으로 추구한 것도 아니었다. 사실 이 부분은 객관적인 평가 문항으로 만들어 내기가 어려운 점이 있기는 하다. 그러나 이론과 실제 양면에서 이미 보편화한 읽기 및 읽기 지도 이론이 언어영역에 반영되지 않는 것은 문제가 있다. 나아가서 글의 이해 능력과 함께 탐구 능력을 중시하는 방향으로도 변화가 이루어져야 한다.

또 하나의 중요한 관점이 읽기 개념의 확장 문제이다. 옹(1995)이 이미 말한 대로 구술 문화에서 문자 문화를 거쳐 다시 새로운 구술성이 강조되고 있는 시대에, 언어영역은 전적으로 문자 읽기에 한정해 왔다. 영상 읽기나 컴퓨터 읽기, 멀티미디어 읽기와 같은 능력은 실제 생활뿐 아니라 대학 수학에서도 매우 중요한 능력이다. 물론 글을 읽고 이미지를 떠올리거나 그림에 적용하는 문제들이 이미 나왔지만, 그러한 부분을 더욱 확장, 강조해야 한다.

(3) 독서 교육과의 연계

앞에서 수렴 모형과 확산 모형을 거론한 바 있는데, 현재 언어영역은 수렴 모형, 곧 '주어진 지문 내에서' 모든 것을 해결하는 방식으로 되어 있다. 그러나 실제 읽기 능력은 텍스트에 종속되는 것이 아니며, 대학에서의 학업도 해당 교재나 논문 안에서 이루어지는 것이 아니다. 따라서 언어영역은 장기적인 독서 교육과 연계해서 이루어지는 것이 바람직하다. 곧, 어느 책, 혹은 어떤 지식은 이미 알고 있으리라고 전제하고 문제를 내는 것이다. 이 방식은 문학 영역에서 우선 도입할 수 있고, 장기적으로 수능시험 전영역에서 도입하는 것이 가능하다. 바칼로레아도 그렇게 하고 있거니와, 고등학교 졸업 수준에서 꼭 읽어야 할 책의 목록을 미리 정해 준다면 그리 어려운 일도 아니다. 간혹 그럴 경우 일어나는 부작용, 예를 들면 필독 도서 목록에 들어가기 위한 저작권자의 로비나 '수능 필독서' 출판 사태에 대해 우려하기도 하는데, 이 역시 본질과 거리가 있는 부수적인 문제일 뿐이다.

(4) 교과 통합적 문제의 강화

언어영역은 교과 통합적 문제를 낸다고 언명되어 있다. 하지만 실제로 교과 통합적 문제를 내기란 쉬운 일이 아니다. 인문 제재든 과학 제재든 출제되는 문제 유형은 비슷하다는 사실이 이를 반증한다. 하지만, 사회탐구영역의 문제를 검토해 보면 별다른 수정 없이 그대로 언어영역으로 끌어올 수 있는 문항들이 많이 있다. 경험적인 수치이기는 하지만 사회탐구영역 문제의 1/4 정도는 언어영역과 밀접하게 연관된다. 이것은 곧 교과 통합 문제를 낼 수 있는 여지가 아직도 상당히 많다는 뜻이다. 인문・사회・과학・기술・예술 지문이 단순히 제재상으로만 구분되는 것이 아니라 텍스트 특성, 사고와 추론 방식, 언어를 부리는 방법에서 차이가 난다면, 그 차이를 분명히 반영해 줌으로써 교과 통합의 문제를 해결할 수 있다.

2. 시험 설계 및 문항 개발과 관련하여

(1) 실제적인 텍스트(authentic texts) 활용

언어영역의 출제 과정은 바로 윤문 과정이라 해도 과언이 아니다. 시험이 학생들의 언어 능력을 측정하는 동시에 그 자체로 교육적 효과를 줄 수 있도록 완성도 높은 지문을 요구하기 때문이다. 그러나 실제 언어 생활은 그렇게 완벽한 텍스트만으로 이루어지는 것이 아니다. 불완전하거나, 왜곡됐거나, 미완성의 텍스트들도 얼마든지 접할 수 있으며, 오히려 그러한 자료들이 완벽한 텍스트보다 더 많을 것이다. 이는 지문을 윤문하지 말고 그대로 제시하는 것이 더 낫지 않을까 하는 생각으로 이어진다. 곧, 문학과 마찬가지로 지문을 원문 그대로 제시하고 출전을 밝힘으로써 실제 읽기와 같은 상황을 만들어 주는 것이다. 언어영역이 요구하는 것이 단순한 읽기 능력이 아니라 의사결정력, 문제해결력과 같은 종합적인 고급 능력이라면, 만들어진 상황이 아니라 실제 상황에서 능력을 평가하는 것이 바람직하다. 그렇게 하면 출제를 위한 시간과 노력이 상당히 줄어드는 효과도 있다.

(2) 외국 번역문의 수용

언어영역에서는 번역문을 지문으로 다루지 않는 것이 원칙이다. 간혹 외국의 원전을 다룰 경우에는 출제 위원이 철저하게 윤문을 해서 우리 식의 표현 방식에 맞는 글로 바꾸어 제시했다. 그러나 학생들은 실제 언어 생활에서 번역문을 수없이 접하는데도 언어영역이 그것을 반영하지 않는 것은 지나치게 수세적인 태도라고 밖에 볼 수 없다. 시험에 제시되는 지문이 모범문의 역할을 하는 것을 반대할 이유는 없지만, 그렇다고 해서 실제의 언어 상황과 너무 떨어지는 것도 바람직하지는 않다. 번역문을 그대로 실으면서 학생들의 언어 감각을 다스릴 수 있는 방법이 있다면 번역문을 지문으로 다루는 것도 고려해야 한다. 나아가서 원어와 번역문을 병치한 지문도 가능하다. 그런 자료를 통해 오히려 우리 식의 표현 방식을 더 분명하게 인식할 수 있을 것이다.

(3) 세트 구성의 초점화

다소간 이의가 있기는 하지만, 그래도 언어영역이 지문 중심의 세트형 구성으로 가는 것은 어쩔 수 없는 선택이다. 따라서 학생들은 하나의 텍스트를 읽고 그와 관련해 여러 활동을 하는 것이 보통이다. 그런데 이 때 하나의 세트에서 언어 능력에 관한 모든 것을 평가하려고 하면 무리가 따르게 마련이다. 그보다는 목표 중심으로 세트를 구성하고, 그 목표에 대해 다양한 방법으로 접근하도록 하는 것이 바람직하다. 곧, 지금까지처럼 한 지문을 놓고 어휘-사실-추론-비판을 다 물어보는 것이 아니라, 사실적 사고가 중요한 텍스트는 사실적 사고력을 요구하는 다양한 활동을, 심미적 사고와 창의적 사고가 강조되는 텍스트는 그를 위한 여러 활동을 물어보는 것이다. 그래야만 핵심에서 벗어난 문제를 억지로 만들어 내지도 않고, 텍스트의 특성에 가장 적합한 평가를 할 수 있다. 이 말은 하나의 지문에 여러 문항을 주기보다는 핵심적인 소수의 문항을 주라는 뜻이다.

(4) 소통 맥락의 활용

텍스트를 둘러싼 맥락은 그것이 상황 맥락이든 문화 맥락이든 언어 행위에서 중요한 변인이 된다. 그런데 지금까지 언어영역에서 고려한 맥락은 그러한 맥락이 아니라 텍스트 내부의 문맥(또는 화맥)뿐이었다. 필자나 읽기 상황, 배경 문화 등을 고려하는 고급 능력을 평가하기 위해서는 텍스트와 함께 읽기 상황을 주는 방식을 고려할 수 있다. 예를 들면 역사적으로 중요한 선언문을 그것이 나오게 된 배경, 선언의 주체, 그 효과 등과 함께 제시하는 것이다. 그럼으로써 단순히 문자 읽기가 아닌, 포괄적인 맥락 읽기의 능력을 평가할 수 있게 된다.

(5) 언어Ⅰ과 언어Ⅱ의 세분

수능시험에서 언어영역을 전계열 공통으로 설정한 이유는 언어가 모든 사고와 학문의 기초라는 인식 때문일 것이다. 그러나 실제로 대학에서 언어 생활을 하다 보면 분명히 발상이나 표현, 글쓰기의 관습 측면에서 전공 영역에 따른 차이를 느낄 수 있다. 말하자면 언어 능력은 어떤 공통 분모 위에 내용 영역별로 독특한 개성을 지니고 있는 것이다. 그것은 경향일 수도 있고 수준일 수도 있으며 사고 방식의 차이일 수도 있다. 이런 점을 인정한다면 언어영역도 수리나 사회 탐구, 과학 탐구, 직업 탐구처럼 계열별로 특화하는 방안이 가능하다. 크게 인문 계열, 자연 계열, 예·체능 계열로 나누거나 혹은 기본 수준의 언어Ⅰ, 고급 수준의 언어Ⅱ로 나눈다면 그에 맞추어서 보다 정교한 평가를 할 수 있다. 물론 계열을 나누더라도 계열간에 상당 부분의 내용과 문제를 공유할 수 있다. 기초·기본 사고력과 언어 능력에 해당하는 부분이 그럴 것이다. 계열별로 따로 출제해야 할 내용은 내용 영역(학문 체계)에 직접 관계되는 요소들이지만, 이 역시 타학문과 기본적인 의사 소통이 가능할 정도의 공유 지분은 가진다. 만일 이렇게 된다면 대학에서 학과나 계열별로 특정 언어영역 점수를 요구하거나 가중치를 부여할 수도 있다.

Ⅳ. 개선 과정에서 고려해야 할 요인과 과제

이상에서 현행 수능 언어영역 시험의 문제점을 몇 가지 짚어 보고 그 개선 방안을 생각해 보았다. 필자가 가지고 있는 대전제는 '언어영역은 수능시험이다.'라는 점이다. 모든 평가에는 그것을 실시하는 목적과 목표가 있는데, 수능시험의 경우에 가장 중요한 것은 대학에서의 수학 능력을 예측하기 위해 평가한다는 점이다. 그러므로 언어영역은 대학 수학 적격자 선발(→적성 시험)과 고교 교육 정상화 유도(→성취도 시험)라는 두 가지 목표를 균등하게 달성해야 한다. 이는 평가 틀 개선에서 특정 학문 영역에 치우치거나, 고등학교 교육에 지나치게 의존하지 않도록 유의해야 한다는 것을 뜻한다. 언어 능력 일반과 학교교육 사이에서 본질적인 목적을 추구하는 균형 감각이 필요하다. 특히 읽기의 경우 대학 학업 적성에 관한 예언 타당도를 확보하는 데 최선을 다해야 한다.

이러한 전제는 수능시험 개선을 위해서 먼저 평가의 성격을 분명히 해야 한다는 요구를 낳는다. 언어영역은 국어국문학에 기반을 둔 교과 학력 중심의 국어과 평가나 의사소통의 정확성과 유창성에 초점을 둔 외국어 평가와는 다른, 고급의 언어적 사고력을 측정하는 시험으로서 고유성을 확보해야 한다. 이 부분이 명확하게 준비돼야 '수능에 어떻게 대비해야 하는가?'에 관한 현장의 질문에 답할 수 있다.

필자가 주장하는 대로 수능시험과 교과를 분리한다면 당장 현장 교사와 학부모의 반발이 터져 나올 수 있다. 하지만 그러한 반발은 공교육과 교사에 대한 불신, 수능시험의 성격 자체의 모호함, 입시 산업계의 생존 전략 등에 기인하는 것으로, 부수적인 문제는 될지언정 본질을 가릴 만한 현상은 아니다. 오히려 고교 교사에게는 입시 대신 학교 교육과정에 충실할 수 있는 진정한 교육권을 제공하고, 대학측에는 고유한 선발권을 확보해 주는 효과를 얻을 수 있다. 이를 위해 수능시험과 학교 교육의 관계 정상화를 위한 연구 학교 운영이 필요하며, 최소한 고교 교육-수능시험-대학 교육의 상호성에 관한 체계적 연구라도 시급히 이루어져야 한다.

언어영역 개선의 실질적 과제는 전체적인 시험 설계와 문항 개발일 것이다. 시험 설계의 개선은 이원목적분류표를 재정리하는 데서 출발해야 한다고 보는데, 그 과정에 언어와 사고에 관한 최근의 연구 성과를 반영해야 할 것이다. 문항 개발과 관련되는 작업의 중요성도 새삼 강조할 필요가 없다. 다만 수능시험이 선발과 관계되는 평가이니만큼 문항의 타당도와 신뢰도 못지 않게 변별력 확보도 중요한데, 특히 진학 가능성이 높은 상위 집단에서의 실질적 변별력을 어떻게 확보하는가 하는 문제가 끊임없이 실무자를 괴롭힐 가능성이 있다.

한 가지 강조하고 싶은 것은, 언어영역이 독해 기능 테스트로 떨어지지 않기 위해 읽기가 본원적으로 지닌 인문학적 성격을 고려해야 한다는 점이다. 이때의 인문학이란 文·史·哲로 집약되는 학문 체계로서의 인문학이 아니라, 인간과 인간 사이에서 인간으로 살아가기와 관계되는 포괄적인 개념에서의 인문학이다. 중심 내용 간추리기나 새로운 정보 구성하기, 필자의 의도 추리와 같은 구체적 활동은 인문학적 소양과 결합할 때 비로소 가치를 가질 수 있게 된다.

아울러, 언어영역에 관해 권위를 인정할 만한 기관에서 기본 학습 자료와 학습 방법을 제공해 줄 것을 제안한다. 지금까지 언어영역을 위해서는 폭넓은 독서 경험과 기출 문제의 유형 숙달, 주의 깊은 언어 생활 태도 등, 막연하거나 지엽말단적인 대책만이 이야기되었다. 학생들은 실제 시험에서 어떤 종류의 지문이 나올지 모르니 만큼 이것저것을 조금씩 많이 읽는 방식으로 공부해 왔고, 그로 인한 불안감을 문제 풀이의 테크닉으로 달랬다. 가장 공신력이 있다는 교육방송의 강의조차 "우선 오답이 확실한 것부터 제쳐놓고 따져 봐라."든지 "답지끼리의 관계를 분석하라."는 식의 요령을 알려주는 데 치중한다면, 다른 사설 학원이나 개인 과외에서 어떻게 공부할지는 불문가지의 일이다. 그러므로 시험 당일 문제만 던져 놓고 그에 대한 대비는 학교나 개인이 알아서 하라는 식의 정책보다는, 무엇을 평가하며 무엇을 중시할 것이니 어떤 점에 유의하여 어떤 방식으로 공부하라는 지침 정도는 제시해 주어야 할 성싶다.[5] 섭렵해야 할 기본 자료를 정해 주는 것도 중요한 일이다. 물론 이런 지침이 학생들의 공부 방향을 한쪽으로 몰아 가리라는 염려도 들겠지만, 진정 중요한 것이 무엇인가를 따져 본다면 이런 염려는 부차적일 뿐이라는 것을 알 수 있다.

수능시험의 개선은 그 자체뿐 아니라 우리나라 교육의 근간을 모두 바로잡는 일이다. 교육과 언어를 보는 관점이 언어영역에 반영되는데, 이와 관련하여 제도 도입 후 10년 넘게 축적된 노하우와 연구 성과를 이제 활용할 때가 되었다고 본다. 물론 급격한 변화보다는 점진적인 개선을 추구해야 하겠지만, 제도 운영이 아니라 평가 철학과 설계, 출제 기술 등에 관련되는 문제라면 때를 가리지 말고 과감하게 바꾸는 것이 좋다. 그것이 학교와 교육을 살리는 길이기 때문이다.

5) 그 동안 대학별 고사(논술)를 위해 각 대학이 예시 문항과 예시 답안, 채점 기준 등을 미리 제공해 온 것과 같은 맥락이다.

제 5 부
국어교육의 외연 확장 — 싱가포르의 사례 연구

제 1 장
해외 한국학교의 국어교육 프로그램 진단

Ⅰ. 논의의 필요성과 방법

이 글은 싱가포르 한국학교의 사례를 바탕으로 하여 해외 한국학교의 국어교육 프로그램을 개선하기 위한 방안을 찾아본 글이다. 이를 위하여 싱가포르 한국학교의 국어교육 실태를 점검하고, 유사 학교들과 비교하며, 관련되는 사람들의 의견을 청취하여 논의 과제를 이끌어냈다. 그리고 검토 결과를 일반화하여 해외 한국학교 국어교육 프로그램의 본질과 특성을 살펴보고, 거기에 얽힌 문제들을 짚어보았다.

해외 한국학교는 재외 동포들의 국적 교육을 위하여 한국 교육과정을 바탕으로 하여 한국 및 현지 교육부의 인가를 받아 운영하는 정규 학교를 말한다. 국제교육진흥원에 따르면 현재(2005.6.31) 개설된 정규 한국학교는 총 25개로서, 그 중 중국이 9개교(홍콩, 타이완 포함)로 가장 많고, 일본에 4개교, 사우디아라비아에 2개교가 있으며, 동남아시아에는 싱가포르・자카르타・방콕・호치민시에 각각 1개교씩 개설되어 있다.[1)] 2005년 6월 7일의 교육인적자원부 국정 브리핑에서는 해외 한국학교 재학생을 7,267명이라고 밝히고 있지만, 워낙 학적 변동이 심하기 때문에 상당한 오차가 있을 수 있다.

싱가포르 한국학교는 1993년 개교하여 정규 초등학교와 부설 토요학교 및 야간 한글반(외국인 대상)을 운영하고 있으며, 2005년 6월 현

1) 해외 한국학교 현황에서 두드러진 점은 북미와 서유럽에 정규 한국학교가 하나도 없다는 것으로, 그 이유는 현지 학교의 흡인력이 높아서 학부모들이 한국학교의 필요성을 느끼지 못하기 때문이다. 영어를 공용어로 쓰는 나라에 세워진 한국학교는 싱가포르 한국학교가 유일하다.

재 교직원(파트타임 포함) 35명과 학생 400여 명(정규 학교와 토요학교)이 근무/재학하고 있다. 토요학교는 초등반과 중등반으로 나뉘어 있으며,[2] 국제결혼 자녀를 위한 한국어반이 별도로 있다.

싱가포르 한국학교의 국어교육 실태를 알아보기 위한 방법으로는 정규 초등학교 교사(6명)를 대상으로 하여 기초 조사를 하고, 전문가 면담과[3] 학생·학부모를 대상으로 한 비공식적인 면담을 실시하였다.[4] 또, 정규 학교와 토요학교 수업을 참관하였으며(2005.6.1/6.11), 한국학교에서 사용하는 교과서와 학습지 등 학습 자료를 검토하고, 학생들의 글과[5] 게시물도 살펴보았다. 사례수가 적어서 면담과 관찰은 매우 자유롭게 이루어졌다.

싱가포르는 동남아시아의 중추 도시로서 경제적 영향력이 크고, 최근 조기 유학 바람으로 말레이지아·인도네시아와 함께 학생들의 유학이 급속히 늘고 있는 지역이다. 싱가포르의 사례만으로 재외 동포 교육 전부를 예단할 수는 없겠지만, 지리적·정서적으로 가까운 아시아 지역이면서 우리나라와 마찬가지로 인적 자원을 기반으로 한 수출주도형 국가라는 점을 고려하여 한국학교의 특성을 분석한다면 일반적인 재외 동포 국어교육에 긍정적인 시각과 정보를 제공할 수 있을 것이다. 이 글에서는 정규 초등학교에 초점을 맞췄지만, 앞으로는 토요학교까지 넓혀서 분석과 논의를 할 필요가 있다.

---

2) 90년대 중반까지만 해도 고등반이 있었으나, 이후 수요가 줄어서 현재는 폐지되었다. 수요가 준 이유는 싱가포르 교민들의 평균 연령이 낮아지면서 고등학생 자녀를 둘 만한 연령대의 교민이 줄어든 것과, 대학 준비의 부담에서 찾을 수 있다.

3) 전문가 면담은 2005.3.9~6.11까지 공식·비공식 합하여 총 10회에 걸쳐 이루어졌다. 면담에 응해 주신 싱가포르 한국학교의 장용희 교장선생님과 여러 선생님들, 싱가포르 한인회의 배광세계 사무국장, 주싱가포르 대사관의 오용진 영사와 박성호 서기관에게 감사드린다.

4) 학생 면담은 전문가 면담 기간에 수시로 이루어졌고, 학부모 면담은 수업 참관일에 이루어졌다. 학교 밖에서는 주로 싱가포르 한인교회를 통해 정보를 얻었다.

5) 학생 글은 2005.5.28에 열린 싱가포르 한인회 주최 백일장 심사를 맡아서 접할 수 있었다. 이 백일장에는 한국학교 재학생 이외에도 싱가포르 거주 학생들이 자유롭게 참가하였다. 한국학교 학생들은 같은 주제로 교내 백일장을 가졌는데, 그 심사도 필자가 하였다.

Ⅱ. 싱가포르 한국학교의 개황

1. 학교의 인문지리적 배경

싱가포르는 ASEAN의 창설 멤버이자 동남아시아의 경제 중심지로, 1965년 독립한 이래 아시아에서 가장 국제화된 국가로 발전해 왔다. 리콴유(李光耀) 총리의 집권 기간 중 자유무역항으로 비약적인 경제 발전을 이루었고, 현재도 관세 장벽이 거의 없어 주요 다국적기업의 아시아 전진 기지로 활용되고 있다. 세계은행 자료에 따르면 2004년 싱가포르의 1인당 GDP는 20,690 USD로서, 일본을 제외하면 홍콩과 함께 아시아 최고 수준이다(한국은 11,400 USD). 이러한 발전의 원동력은 물론 인적 자원으로서, 싱가포르의 교육 수준은 세계적으로도 상위권이라 할 만하다. 그 정점에는 국립싱가포르대학(National University of Singapore)과 난양기술대(Nanyang Technological University), 싱가포르 경영대(Singapore Management University)가 있다.[6)]

한국과 싱가포르는 1975년 대사급 외교 관계를 맺은 이래 상호 상위 10위권 내의 교역 상대국으로서 밀접한 관계를 맺어 왔다. 싱가포르는 중국·미국·일본·홍콩·대만·독일에 이어 우리나라의 7대 수출 시장(2004년의 경우 US$ 54.5억 달러)이며, 한국은 싱가포르에게 8대 시장(2004년의 경우 US$ 43.2억 달러)이다.[7)] 또, 싱가포르는 한국에 150억 USD 이상을 투자한 주요 투자국이기도 하다. 2004년에 두 나라 사이에 자유무역협정이 체결되어 교류가 더욱 확대될 것으로 기대하고 있고, 2005년은 싱가포르 건국 40주년이자 한-싱 수교 30주년이 되는 해로서 양국에서 대대적인 행사를 열었다.

싱가포르에는 2002년 현재 74개에 달하는 한국 기업이 진출해 있

6) NUS는 세계 대학 평가에서 동경대·북경대·서울대를 제치고 줄곧 20위권 이내를 유지하고 있다. NTU와 SMU 역시 아시아 최상위권이다.

7) 양국 간 교역 액수에 대해서는 두 나라의 추정치가 서로 다르다. 두 나라가 각기 다른 방식으로 계산하기 때문이다. 여기서 제시한 수치는 주싱가포르 한국대사관이 밝힌 통계이다.

고, 7,000명 이상의 교민이 거주하고 있다(대사관 추정치). 특히 최근 들어 싱가포르가 한국 기업들의 동남아시아 진출 거점 역할을 함에 따라 많은 기업이 주재원을 파견하고 있으며, 이들이 싱가포르 교민 사회의 중추 역할을 하고 있다. 2005년 현재 NUS와 NTU에 20여 명의 한국인 교수가 있고, 두 대학의 한국인 유학생도 100명을 넘어서고 있다.

싱가포르는 중국인(76.5%), 말레이인(13.8%), 인도・파키스탄인(8.1%), 기타 유럽과 아시아인이 각기 다른 언어와 풍속을 유지한 채 공존하는 다문화 사회이다. 종교도 불교・도교(51%), 이슬람교(14.9%), 기독교(14.6%), 힌두교(4.0%) 등으로 다양하며, 영어・중국어・말레이어・타밀어의 네 언어를 공용어로 사용하고 있다. 이에 따라 교육과정에서도 언어 교육을 중시하여, 각 인종의 고유 언어(모어) 외에 영어를 필수로 이수토록 하여 모든 시민이 2개 언어 이상을 사용하는 다중 언어 사회를 이루고 있다(말레이・타밀어 사용자들은 영어・중국어까지 3개 언어를 하는 경우가 많다.). 싱가포르 한국학교도 국어 이외에 영어와 중국어를 필수로 선택하여, 학생들이 세 가지 언어에 익숙해지도록 하고 있다.

싱가포르의 교육 제도는 주로 영국 모형을 따르고 있으며, '6(4+2) - 5 - 2(또는 3)' 학제를 기본으로 하여 이 과정을 마치면 5개의 기술학교(Polytechnic)나 3개의 대학교(University) 중 하나에 진학하게 된다. 외국 대학의 분교와 외국인 유학생 유치에 적극적이어서, 2004년 현재 싱가포르에 유학 중인 학생은 60,000명에 이르는 것으로 추산된다. 외국인학교/국제학교는 자국의 교육과정을 따르는 것이 보통이며, 역시 영국계가 대종을 이루고 있다. 싱가포르 한국학교는 규모나 역사면에서 소규모 학교에 속하고, 자주 교류하고 있는 일본학교와 비교해도 여건이 좋지 않다.[8)]

싱가포르 한국학교의 학생은 현지에서 직업을 가지고 있는 교민

---

8) 싱가포르 일본학교는 1912년부터 있던 보습학교를 1966년에 정규 학교로 개편한 것으로, 현재 3개 캠퍼스에 1,700명이 넘는 학생이 재학중이다.

자녀와 기러기 형태로 와 있는 조기 유학생이 대다수를 점하고 있다. 싱가포르에 단기간 체재하는 주재원, 파견 공무원 등은 보통 국제학교에 자녀를 보낸다. 짧은 기간 동안 영어(와 중국어)를 익히고자 하는 동기가 강하기 때문이다. 중학교 이상의 자녀를 가진 학부모는 한국학교에 중등 과정이 없기 때문에 어쩔 수 없이 현지 학교나 국제학교를 보내야 하고, 초등학교 고학년에도 그 영향이 미친다. 싱가포르 한국학교는 싱가포르와 대한민국의 교육 체제 속에 어색하게 끼어 있는 것이다.

2. 학교 연혁과 구성원

<표 5-1-1: 싱가포르 한국학교 연혁>

1993년 3월	개교(학생 58명, 교원 6명) 초대 이사장 강장렬, 초대 교장 박호남
1995년 2월	제1회 졸업식(16명)
2003년 7월	제4대 최병섭 이사장 취임
2004년 2월	제5대 장용희 교장 취임
2004년 12월	제11회 졸업식(11명. 누계 95명)

싱가포르 한국학교는 1993년 개교한 이래 11년 동안 매년 평균 8.6명의 졸업생을 배출하였다(<표 5-1-1> 참조). 이는 싱가포르의 교민 규모를 볼 때 매우 적은 숫자로서, 중등학교가 설치되지 않은 데서 그 이유를 찾을 수 있다. 중학교를 현지 학교로 가야 하는 부담 때문에 초등학교 고학년이 되면 현지의 초등학교로 미리 옮기는 것이다.[9] 싱가포르 일본학교나 자카르타 한국국제학교, 호치민시 한국학교 등이 초·중·고 과정을 연계하여 운영하는 것에 비하면 매우 안 좋은 상황이다.

9) 한국학교에 중등 과정을 설치하려 해도, 싱가포르 교민의 주류인 주재원과 현지 취업 교민들이 대부분 초등학생 자녀만을 두고 있기 때문에 수요가 없다고 한다. 대신 한국학교에서는 5·6학년을 대상으로 하여 방과 후에 주 6시간의 영어 교육을 제공하고, 토요 중등학교를 운영하고 있다.

<표 5-1-2: 재학생 현황>

구분	1학년	2학년	3학년	4학년	5학년	6학년	계
남	13	8	12	11	11	17	72
여	6	6	2	6	7	5	32
계	19	14	14	17	18	22	104

<표 5-1-2>에서 알 수 있듯이,[10] 싱가포르 한국학교의 학급당 학생 수는 평균 17.3명으로 교사와 학생 · 학부모의 관계가 매우 가깝고, 개별화된 수업이 이루어질 수 있다. 특히 국어과의 경우, 학생들의 국어 수준이 많이 벌어져 있는 것을 감안하면 비교적 합리적인 수준별 교육이 이루어지고 있음을 볼 수 있었다. 특기할 점은 여학생에 비해 남학생의 비율이 현저하게 높은 것으로, 그렇게 된 가장 큰 이유는 조기 유학생이 대부분 남학생이기 때문이다. 또, 여학생의 경우 현지 적응이 빨라서 한국학교 재학 기간이 짧은 점도 무시할 수 없다.

<표 5-1-3: 교직원 현황>

구 분	한국인	외국인	계
파견 교장	1	·	1
정규 초등학교 교사	6	·	6
정규 외국어 교사(영어 3, 중국어 1)	0	4	4
시간 강사(체육, 컴퓨터, 태권도)	3	1	4
토요 초등학교 교사	9	·	9
토요 중등학교 교사	5	·	5
행정 직원	2	1	3
기능 직원	·	3	3
계	26	9	35

<표 5-1-3>에 따르면 35명의 교직원 중 정규 초등학교 교사는 남

10) 학교 홈페이지에는 99명(남 70, 여 29)으로 나와 있다(2005.4.15). 상해 한국학교의 653명이나 호치민시 한국학교의 555명, 자카르타 한국국제학교의 1,448명에 비하면 매우 적은 편이다. 토요학교에 대해서는 일단 논외로 하였다.

교사 2명 여교사 4명이고,[11] 연령 분포는 30~44세로서 평균 36.7세였다. 교직 경력은 7년차 ~21년차에 걸쳐 있으며 평균 13.1년의 경력을 지니고 있었다. 싱가포르 한국학교에서 근무한 평균 연수는 1년 5개월로, 2년차가 5명 3년차가 1명이었다.[12] 모국어 · 국적 교육에 대한 교사들의 관심은 높은 편이었으나 그와 관련한 전문성을 갖췄다고 자신 있게 말하지는 못하였다. 정규 초등학교 교사와 토요학교 교사들의 교류는 제한적인 것으로 보였다.

통계에서 보듯이 싱가포르 한국학교의 규모는 매우 영세한 편이다. 그 이유는 여러 가지가 있겠으나, 현지 학교의 교육 수준이 높고 국제학교가 많다는 데에(30여 개가 있다) 첫째 이유가 있다. 이 현상은 서유럽과 북미 지역에 한국학교가 없는 것과 일맥상통한다. 또한 한국학교가 싱가포르의 동남쪽에 치우쳐 있어 거리상 보내지 못하는 경우도 많았다. 하지만 본질을 깊이 파고들면, '싱가포르까지 와서 한국학교를 보내야 하는지'에 대한 확신이 없기 때문이라고 말할 수 있다. 특히 조기 유학생은 한국학교를 현지 학교나 국제학교에 들어가기 위한 일종의 적응 기간으로 삼는 경우가 많다.

Ⅲ. 싱가포르 한국학교의 국어교육 실태

1. 국어 및 국어교육 환경

싱가포르 한국학교 학생들의 국어 능력 수준은 매우 다양하다. 부모의 관심에 따라 집에서 미리 준비한 경우나 한국 유치원(대개 교회에서 운영한다.)을 다닌 경우에는 비교적 상황이 낫고, 그렇지 않은 경우 심하면 토요학교나 한국어반에 해당하는 능력을 가진 경우도 있다. 하지만 미리 준비한 경우라도 의외로 모르는 낱말이 많고, 말하기 ·

11) 상해 한국학교는 정규 초 · 중등 교사가 50명(교장 · 교감 제외), 호치민시 한국학교는 30명이다(교장 · 교감 · EFL 교사 제외).

12) 초빙 기간은 기본이 2년이고 연장이 가능하다. 2005년 현재 정규 교사 중 초빙 교사가 5명이고 1명은 현지 채용 교사이다.

듣기는 어느 정도 되나 읽기와 쓰기 준비도가 낮은 경우가 많다.

재외 동포 자녀들의 국어 능력은 거의 전적으로 부모의 관심과 교육 방침에 따라 결정된다. 면담 내용에 따르면, 1990년대까지는 싱가포르 교민들 사이에 모국어·국적 교육에 대한 관심이 높았다고 한다. 정규 한국학교 없이 토요학교만 있었음에도 불구하고 그에 대한 호응이 매우 높았으며, 한국학교도 그러한 관심을 바탕으로 하여 세워졌다. 그러나 초기 교민들이 노령화하고 교민 사회의 평균 연령이 낮아지면서 국어에 대한 관심은 점차 약해지기 시작했다. 대신 생존 전략으로서의 영어와 중국어에 대한 관심이 높아져, 주재원 등의 단기 교민과 조기 유학생은 국제학교를 선호하고, 싱가포르에 장기적으로 정착할 사람들은 현지 학교를 선택하는 현상이 나타났다. 대사관 직원과 한국학교 교사들이 그 자녀를 국제학교에 보내는 것도 같은 맥락에서 이해할 수 있다. 최근 들어 다시 국어의 중요성을 재인식하고는 있으나, 그 깊이는 그리 깊지 않다.

이러한 맥락 아래 싱가포르 한국학교의 국어 및 국어교육 환경을 알아보기 위하여 국어교육과 관련한 기초 조사를 실시하였다(2005년 5월).[13] 그 결과 중 의미 있는 것을 살펴보면 다음과 같다.

<표 5-1-4: 싱가포르에서의 거주 형태>

거주 형태	학생 수	비율(%)
부모와 함께 생활	82	78.8
부모 중 한 사람과 함께 생활(기러기)	15	14.4
부모 이외의 보호자(가디언)와 생활	6	5.8
무응답	1	1.0
계	104	100.0

<표 5-1-4>를 통해 한국학교 재학생의 거주 형태를 살펴보면, 싱가포르에서 부모와 함께 살고 있는 학생은 78.8%이고, 20.2%는 부모

13) 기초 조사는 정규 초등학교 재학생 전원을 대상으로 하여 2005년 5월에 담임 교사를 통해 실시했다.

(한 쪽 또는 모두)와 떨어져 있는 유학생이었다. 특히 6학년은 22명 중 14명이 유학생이어서, 최근의 조기 유학 실태를 보여주고 있다. 이러한 수치는 국어교육을 할 경우에 교민 자녀와 유학생의 두 경우로 나누어서 접근할 필요가 있음을 보여준다.

<표 5-1-5: 싱가포르에서의 거주 이력>

거주 이력	1학년	2학년	3학년	4학년	5학년	6학년	계	비율(%)
싱가포르에서 출생	1	4	4	1	1	1	12	12
초등학교 입학 전에 싱가포르로 이주하여 싱가포르에서 입학	18	9	4	3	4	3	41	41
초등학교 2학년 이후 싱가포르로 이주	0	3	2	13	11	18	47	47
계	19	16	10	17	16	22	100	100

<표 5-1-5>에 따르면, 거주 이력을 밝힌 학생 100명 중 싱가포르에서 출생한 학생이 12%, 싱가포르에서 출생하지는 않았지만 싱가포르에서 초등학교에 입학한 학생이 41%이다(재적 수와 조사 대상 수가 다른 이유는 조건이 겹치는 경우가 있기 때문이다.). 그 나머지인 47%가 초등학교 2학년 이후 싱가포르로 이주한 학생으로서, 결국 50% 이상이 초등학교 입학 이전에 싱가포르로 온 셈이다. 이처럼 일찍 싱가포르에 온 학생은 현지 교민이나 주재원 자녀인 경우가 많고, 고학년이 되어 온 학생은 대부분 유학생들이다.

이 표를 <표 5-1-4>의 <거주 형태>와 연결 지어 보면 싱가포르 한국학교의 학생은 크게 두 부류로 나뉨을 알 수 있으며, 그들의 언어 환경과 국어 능력은 매우 다르다. 이를 편의상 그룹 '가'(싱가포르 교민 자녀로 싱가포르에서 태어나거나 유치원을 다녔고, 대부분 부모와 함께 생활한다)와 그룹 '나'(조기 유학생으로 초등학교 중·고학년 때 싱가포르에 왔고, 대부분 어머니와 함께 생활하거나 가디언의 보호를 받고 있다)로 나누어 보면, 그룹 '가'는 대체로 이중언어 환경에서 자라서 국어(특히 문자 언어)에 취약한 모습을 보이는 데 비해,[14] 그룹 '나'는 기초적인 국어 문

식성을 갖춘 상태에서 교실 밖의 영어 환경에 적응하는 데 어려움을 겪고 있다. 나중에 살펴보겠지만 그룹 '가'는 한국학교의 모국어·국적 교육에 적극적인 동기를 가지고 있는 반면, 그룹 '나'는 현지 적응이 되면 곧바로 현지 학교나 국제학교로 옮기는 경향이 있다. 따라서 그룹 '가'에 대해서는 외국어 환경 속에서 국어 능력을 신장시키는 데 초점을 두어야 하고, 그룹 '나'에 대해서는 이미 습득한 국어 능력을 유지하고 발전시키는 데 초점을 두어야 한다.

<표 5-1-6: 일반적인 언어 구사 능력>

언어 능력	1학년	2학년	3학년	4학년	5학년	6학년	계	비율(%)
국어를 더 잘 한다	17	13	9	16	15	20	90	87.4
영어나 다른 외국어를 더 잘한다	2	1	5	1	2	2	13	12.6
계	19	14	14	17	17	22	103	100

<표 5-1-6>을 보면, "국어와 외국어 중 어떤 말을 더 잘 하는가?" 하는 질문에 대해 12.6%가 국어보다 외국어(영어)를 더 익숙하게 사용한다고 답하였다. 그러나 "가정에서 어떤 언어를 쓰는가?" 하는 별도의 질문에 대해서는 전원이 국어를 사용한다고 답하여, 그들의 외국어 능력은 가정보다는 유치원·개인 교습·또래 집단·대중 매체 등을 통해 습득된 것임을 알 수 있다. 수업 시간과 쉬는 시간 공히 학생들끼리 국어로 대화하는 것을 볼 때, 모든 학생이 일상 생활에 필요한 음성언어 능력은 갖추고 있는 것으로 보였다.[15]

---

14) 예컨대 2004학년도 2학년의 경우, 당시 재학생 9명 중 6명이 싱가포르에서 출생한 학생이었다. 이들은 국어의 기초 능력이 부족하여 받아쓰기나 기초적인 문장 구성에 자주 어려움을 겪었다. 교과서 글을 읽을 때에도 한국 문물과 문화에 대한 이해가 부족하여 깊이 있는 독해가 불가능했다.

15) 그에 비해 토요학교 학생들은 자기들끼리 얘기할 때는 영어를 사용하는 경우가 종종 있었다. 토요학교에는 싱가포르에서 태어나 현지 학교나 국제학교에 다니면서 체계적인 국어교육을 받지 못한 학생들이 많기 때문이다. 토요학교에 대한 국어교육 전략은 북미 및 서유럽의 한글학교에 대한 연구와 묶어서 거시적으로 진행할 필요가 있다.

<표 5-1-7: 지금 당장 귀국할 경우의 국어 능력 수준>

국어 능력	1학년	2학년	3학년	4학년	5학년	6학년	계	비율(%)
국내 학생과 별 차이가 없다.	13	12	9	13	6	12	65	62.5
처음에는 조금 어렵겠지만 노력하면 곧 따라잡을 수 있다.	4	2	4	2	7	3	22	21.2
일상 생활은 되더라도 학교 학습을 하는 데에는 어려움을 느낄 것이다.	2		1	1	2	2	8	7.7
귀국자 자녀를 위한 특별 프로그램에 들어가야 한다.				1	3	3	7	6.7
외국인(국제) 학교에 들어가야 한다.						2	2	1.9
계	19	14	14	17	18	22	104	100

<표 5-1-7>에 의하면, 담임 교사의 주관적 판단이 개입된 것이기는 하지만, 지금 당장 귀국한다면 16.3%의 학생이 보편적인 학교 학습을 하는 데에 어려움을 느끼고, 심하면 일반 학교에는 적응하기 어려울 것으로 예상되었다. 특기할 점은 그 수가 고학년으로 갈수록 많아지는 것으로, 조기 유학생이 아닌 경우에는 싱가포르에서 오래 살수록 국내 학생과의 국어 능력 격차가 벌어진다는 것을 짐작할 수 있다. 그럼에도 불구하고 "별도의 국어 과외를 받고 있는가?" 하는 질문에는 모두가 받지 않는다고 대답했는데, 이것은 학부모들이 조만간 귀국할 의사가 없으며, 초등학교 단계에서는 한국학교에 다니는 것으로 국어교육이 충분히 된다고 생각하기 때문으로 보인다. 그러나 다른 면담을 통해 중·고등학생의 경우에는 국어(논술) 과외를 받는 학생이 있음을 알 수 있었다.

2. 교육과정 편제

거의 모든 한국학교가 그렇듯이, 싱가포르 한국학교도 기본적으로 본국의 교육과정에 맞춰 운영한다. 그러나 현지의 요구에 따라 영어와 중국어를 증치하여, <표 5-1-8>과 같이 주당 35시간을 이수하도록 하고 있다.

<표 5-1-8: 주당 이수 시간>

1학년		6학년	
제7차 교육과정	싱가포르 한국학교 교육과정		제7차 교육과정
바생 2, 슬생 3, 즐생 6	바생 1, 슬생 3, 즐생 3	•	도덕 1
말・듣 2, 읽기 3, 쓰기 2	말・듣 2, 읽기 3, 쓰기 2	말・듣・쓰 2, 읽기 3	말・듣・쓰 3, 읽기 3
수학 4	수학 5	수학 4	수학 4
-	-	사회 3, 과학 3	사회 3, 과학 3
-	-	•	실과 2
-	-	음악 1, 미술 2, 체육 1	음악 2, 미술 2, 체육 3
•	영어 12, 중국어 2	영어 12, 중국어 2	외국어 2
재량 2, 특별 1	컴퓨터 1, 태권도 1	컴퓨터 1, 태권도 1	재량 2, 특별 2
25 시간/주	35 시간/주	35 시간/주	32 시간/주

<표 5-1-8>을 보면 국내 학교와 달리 1학년과 6학년의 이수 시간이 같으며, 외국어를 14시간씩 편성하고 있는 것도 두 학년이 같다. 그러다 보니 고학년에서 도덕과와 실과과를 없애고 일부 시수를 조정하였다. 그러나 국어과는 고학년의 <말・듣・쓰> 시간이 1시간 적은 것을 제외하면 국내 학교와 시수가 같다. 외국어와 체육, 컴퓨터, 태권도는 전담 교사가 있으므로 담임 교사가 맡은 수업 시수는 주당 저학년 19시간, 고학년 18시간씩이 된다.

국어교육으로 좁혀서 보면, 싱가포르 한국학교와 국내 학교는 외형상 큰 차이가 없는 듯이 보인다. 그러나 기본적인 국어 능력과 언어 환경이 다르기 때문에 단순히 시수만으로 비교할 수는 없는 일이다. 교사들이 어려워하는 것은 이런 상황에서 어쨌든 한국 교과서의 진도를 모두 '나가 줘야' 한다는 점이다. 학생들의 국어 능력과 여건이 따라 주지 못하는 상황에서 국내 학생들과 똑같은 교육과정을 운영하다 보니 '진도 맞추기'에 급급한 실정이다.[16] 그 결과 고학년이 되

면서 독서 흥미를 잃는 경우가 많고, 국어에 대한 이해가 피상적으로 흐르게 된다. 더욱이 초등학교의 국어교육이 중등학교로 이어지지 않기 때문에 교육 결과가 지속될 수 없다.

3. 국어교육의 양상

국어교육은 '국어 시간'에 이루어지는 좁은 의미의 국어교육과 다른 교과 수업 및 학교 생활을 통해 이루어지는 넓은 의미의 국어교육으로 나누어 살펴볼 수 있다. 해외 한국학교에서는 국내 학교에 비해 넓은 의미의 국어교육이 중요한 비중을 차지하며, 특히 교사는 국어 활동의 모델 역할까지 수행해야 한다.

싱가포르 한국학교에서도 교사들은 시간에 관계없이 끊임없이 학생들의 언어에 대하여 신경을 쓰고, 잘못된 점이 있으면 그때그때 바로잡아 주려고 노력하고 있었다. 그러나 아무래도 국어 시간 이외에는 언어에 대한 민감성이 떨어져, 교사 자신이 틀리거나 적절치 않은 언어를 사용하는 경우도 자주 관찰되었다. 국어과 이외의 시간에는 이해를 빠르게 하기 위해 교수 언어로 영어를 사용하는 경우도 간혹 있었지만,[17] 전체적으로 국어로 수업하는 데에 큰 어려움은 없었다.

국어 수업의 외형은 국내의 수업과 크게 다르지 않았다. 다만, 학생들의 국어 수준이 다양하기 때문에 전체적인 목표 수준을 다소 낮춰 잡고, 개별화 활동을 많이 하고 있었다. 그러나 개별화 활동을 위한 별도의 학습 자료는 없고, 그때그때 학생의 반응에 따라 개인적으로 지도하는 정도였다.

교과서 역시 한국의 초등학교 교과서를 그대로 쓰고 있다.[18] 그러

16) 이러한 상황은 토요학교가 더 심하다. 주당 3시간 수업으로 국어과의 모든 교과서를 한 번 '떼 주어야' 하는데다, 정규 학교에 비해 학급당 학생 수가 많아서(최대 30명) 바람직한 교수 전략이나 학습 과정을 고려하기 어렵다. 자연히 학원식의 문답식 수업이 많아지고, 국내에서 발행한 학습지를 자주 활용한다. 그 과정에서 흥미를 잃은 학생들은 자연히 출석률이 떨어지게 된다.

17) 어떤 학생이 특정 단어(주로 개념어)를 모를 경우에는 교사가 설명하기 전에 다른 학생이 영어로 말해 주기도 하였다. 이 현상은 토요학교에서 더욱 두드러진다.

나 교과서 이외의 보조 자료는 매우 드물어, 학생들에게 다양한 언어 경험을 제공하는 데 어려움을 겪고 있었다. 한국 신문이 들어오고 동남아 지역의 한인 신문도 있지만 교육과는 큰 관련이 없고, 대형 서점이나 도서관에도 한국 책은 거의 없다(비록 일본계 회사이기는 해도, 최대 서점인 Kinokuniya에 일본 서적 매장이 따로 있는 것과 비교된다.). 교사와 학부모가 개인적으로 한국 학습지를 들여다가 시키는 것과 인터넷으로 자료를 다운받아 사용하는 것이 보조 교재의 전부이다. 다만 에듀넷 활용이 두드러졌는데, 그런 점에서 볼 때 재외 동포의 국어교육을 위해서는 인터넷이 가장 열려 있는 매체임을 알 수 있었다.

해외 한국학교의 한국 학생들은 가정과 학교에서 국어로 대화할 기회는 그런대로 많으나 읽고 쓸 기회는 그리 많지 않다. 특히 자기 생각을 글로 쓸 기회는 학교가 아니면 거의 얻기 어려운 형편이다. 그래서 싱가포르 한국학교에서도 일기 쓰기 활동을 권장하며, 백일장을 중요한 행사로 치른다.

이와 함께 학교 교사와 학부모 모두 중요하게 여기는 것은 읽기 영역으로, <말하기·듣기>와 <쓰기>에 배당된 시간을 <읽기>로 돌리는 경우가 자주 있다. 그렇게 해도 학생들의 언어 경험·환경과 교과서의 맥락이 다르기 때문에 깊이 있는 독해보다는 표층적인 의미 이해에 멈추는 경우가 많다. 이런 문제를 해결하기 위하여 학교측에서는 4,000여 권의 책을 마련하여 독서 지도에 임하고 있으며,[19] 2006년까지 5,000권을 확보하되 매년 1,000권씩 새 책으로 교체하는 것을 추진 중이었다. 관심 있는 학부모는 자녀의 도서 대출 현황과 독후감 쓰는 상황을 점검하기도 한다.

"국어과에서 어려운 점은 구체적으로 무엇인가?" 하는 질문에는 학생과 교사 모두 시 단원이 어렵다는 이야기를 했다. 이는 학생들이

18) 이는 토요 초등학교도 마찬가지다. 단, 한국어반은 교육부와 국제교육진흥원에서 보급하는「한국어」교과서를 사용한다.

19) 도서관에서 주 2회 3권씩 대출하고, 방학 중에는 5권씩 대출한다. 또, 연 2회 독서왕을 선발하여 시상하고 있다. 한인회 사무실에도 도서를 비치하고 있지만, 교육용은 아니다.

삶에 대한 이해와 경험이 부족한 상태에서 텍스트에 정서적으로 반응하기가 어렵기 때문에 나오는 반응으로 보인다. 시 이외에도 학생들이 어려워하거나 자주 틀리는 내용은 높임법, 조사(특히 보조사) 사용, 파생과 합성, 호응과 조응(특히 부사어) 등이었다. 이러한 오류는 국내의 학생에게도 자주 나타나는 것으로서, 언어의 정교성을 구현하기가 그만큼 어려움을 방증한다.

Ⅳ. 해외 한국학교의 국어교육 프로그램 개선에 주는 시사

1. 해외 한국학교 국어교육의 본질과 방향

재외 동포를 위한 국어교육은 상황에 따라 각기 다른 목적을 추구한다. 현지에서 태어나서 국어를 거의 제2언어처럼 익혀야 하는 경우가 있는가 하면, 유・소년기에 출국하여 그때까지 익힌 모국어를 잊지 않도록 유지해야 하는 경우도 있다. 귀국 예정이 잡힌 경우라면 단기간 내에 국어 능력(= 학습 능력)을 회복하도록 하는 교육이 필요하기도 하다. 한국학교는 이처럼 다양한 학생들의 요구를 수용하고 해결해 줘야 한다.

싱가포르의 경우에도 학생들의 가정적・언어적 배경이 다양하여, 부모 중 한쪽이 외국인인 경우도 있고, 싱가포르에서 출생한 학생과 아주 최근에 싱가포르로 이주한 학생들이 섞여 있으며, 집에서 사용하는 언어도 국어 전용, 국어・영어 공용(국제 결혼 가정이거나 외국인 가정부가 있는 경우 특히 그렇다.), 영어 전용으로 각기 달랐다. 나아가, 조만간 귀국해서 한국 교육 체제로 돌아갈 학생들과 그렇지 않은 학생 사이에도 교육에 대한 요구는 다를 수밖에 없다. 결국 재외 동포의 국어교육은 현지어와의 관련 및 학생 개인의 장기 교육 계획을 고려하여 설계해야 하는 것이다.

어느 경우든, 재외 동포를 위한 국어교육은 외국어로서의 한국어교육에 비해 '정교화'와 '문화화'의 원리를 더 강조해야 한다. 정교화가 국어를 정확하게 구사하는 데 초점이 있다면, 문화화는 한국 문물과 문화에 대한 이해를 바탕으로 하여 맥락에 맞는 풍부한 국어를 구사하는 데 주안점을 둔다. 국어 능력에 따라 초기에는 정교화에 치중하다가 점차 문화화로 나아가게 되겠지만, 그 경계가 분명한 것은 아니다.

정교화와 관련하여, 한국학교에서 주로 치중할 내용은 어휘력과 문장 표현이다. 어휘의 문제는 친족어에서 그 전형적인 예를 발견할 수 있는데, 부모-자녀만으로 구성된 가족이 외국에 동떨어져 살면서 '이모'와 '고모'를 구별하지 못하는 사례도 있었다. 일기나 백일장용 글에서 단문 위주로 문장을 나열하는 것은 표현의 문제이다. 한국학교가 국내용의 교과서를 사용하는 한 이와 관련한 문제를 해결하기 어려우므로, 정교한 국어를 지도할 수 있는 보조 자료가 필요하다.

문화화와 관련해서는 언어 경험과 세계지식이 문제가 된다. 학생들이 싱가포르와 한국 사이에서 어정쩡하게 문화화되면서 국어 사용에 혼란을 겪는 경우가 많았고(언어 예절 문제가 가장 두드러졌다.), 싱가포르에 오래 산 학생과 최근까지 한국에 살던 학생 사이에 가지고 있는 지식 체계가 서로 달라 소통에 애를 먹는 경우도 있었다(특히 국사와 사회 관련 내용을 어려워했다.). 이 문제는 독서와 매체 경험으로 어느 정도 완화할 수 있지만, 근본적인 해결책은 못 된다.

싱가포르의 사례를 볼 때, 외국에서의 국어교육은 학교보다는 가정(부모·형제)과 또래 집단, 그리고 그가 속한 커뮤니티의 언어 환경에 강하게 영향을 받음을 알 수 있다. 학생들은 가정과 학교(수업 중/수업 외), 교회·한인회 등의 한인 커뮤니티, 그리고 일상 생활(특히 대중 매체)에서 각기 다른 언어 환경을 경험한다. 그들의 충돌을 조정하고 통합하는 일은 초등학생에게는 인지적 부담이 큰 일이다. 한국학교는 그러한 부담을 줄이고 국어 능력을 일정한 수준까지 끌어올리는 데 국어교육의 목표를 두어야 한다. 이는 국어교육을 학생의 전인적 발달과 단기적인 기능 신장이라는 두 가지 관점에서 바라봐야 한다는 뜻이다.

2. 한국학교의 국어교육과 관련된 쟁점과 난점

해외 한국학교는 비한국어 환경에서 국어를 가르쳐야 하는 상황이기 때문에 필연적으로 많은 어려움을 겪게 된다. 학생들의 낮은 국어 수준, 학습 자료 부족, 미흡한 교수법, 그리고 본국의 지원 미비 등이 맞물려 국어교육의 수준을 높이는 데 장애가 되고 있다. 이와 관련하여 Häußler(1998)는 베를린 한인학교의 사례를 살펴보면서 한인학교 국어교육의 문제점으로 교사들의 전문성 부족, 독일어와 한국어의 언어적 차이, 적은 시수, 학생들의 흥미 부족과 다양한 한국어 수준, 적절한 교재 부족을 든 적이 있다. 이는 비록 한글학교에 관한 내용이지만, 정규 초등학교에도 대부분 적용되는 지적이다. 싱가포르의 경우 이러한 문제는 영어·중국어 중심의 생활 언어의 압박, 학교의 언어 환경과 학교 밖의 언어 환경의 차이, 중학교를 국내와 현지 중 어디로 진학할 것인지에 대한 고려로 인해 더욱 첨예화되고 있다. 그에 따라 국어교육의 방향이나 교수법에 대해서도 일반적인 국어교육 방법에서 외국어로서의 한국어교육 방법에 이르기까지 상황에 따라 다양하게 접근하고 있었다.

사실, 해외 한국학교의 교육은 늘 국적 교육의 당위성과 외국에서 살아야 한다는 현실 사이에서 갈등을 겪게 된다. 이는 싱가포르 한국학교를 처음 세울 때부터 고민했던 문제였고, 어쨌든 현지 적응 교육이 중요하다는 생각에서 영어의 비중을 높이게 되었다. 그러면서도 국어 시간만큼은 가급적 충분히 확보하여 모국어교육과 현지어교육의 균형을 취하려고 하였다. 그에 따라 도덕과와 실과과를 희생시켰지만, 국적 교육과 현지 적응 교육 모두 학부모가 원하는 만큼의 수준에 이르렀는지에 대한 평가는 유보적이다.

싱가포르 한국학교에 대한 수요는 크게 두 종류로 나뉜다. 첫째는 장기적인 안목에서 국적 교육이 필요하다고 보는 경우이고, 둘째는 싱가포르에 처음 오거나 한국으로 돌아갈 때의 적응 또는 준비 과정으로 보는 경우이다. 현실은 둘째 경우가 훨씬 많아서, 학생들의 평균 재학 기간은 3년 미만이고, 학부모들 사이에 중학교에 진학하려면 4학년 2학기에 현지 학교로 옮기는 것이 좋다는 이야기가 널리 퍼져 있기도 하다. 한국학교가 본국의 교육과정을 바탕으로 운영하는 것이 현지에서 중학교를 보낼 학부모에게는 늘 불안한 것이다. 이 문제는 한국학교를 국제학교로 만들거나(홍콩과 자카르타의 한국학교가 그렇게 하였다.), 한국학교를 현지 교육 체제에 맞춰 운영하거나, 한국학교에 중·고등학교 과정을 두어 국내 대학 진학과 연계하는 방법으로 해결할 수 있지만 모두 실현 가능성은 낮다.

결국 문제는 한국학교의 교육을 국내 교육의 연장으로 볼 것인지, 아니면 가급적 현지 교육 체제에 맞게 변용할 것인지 하는 데서 출발한다. 이 갈등은 다른 교과보다 특히 국어과에서 날카롭게 드러나는 바, 국어교육과 외국어교육의 관계를 상생적으로 조화시키는 방안을 찾는 일이 시급한 과제로 떠오른다. 그러지 않고 이 둘을 서로 충돌하는 것으로 본다면 문제를 풀기 어렵다.[20]

3. 한국학교의 국어교육 프로그램 개선을 위한 과제

(1) 여건 조성 및 지원

해외 한국학교의 국어교육을 개선하기 위한 정책으로 파견·초빙 교사의 선발 방법을 개선하고 연수를 강화하는 방안이 많이 거론된다. 또, 교재 지원과 온라인 콘텐츠 제공, 도서 기증 등도 자주 등장하는 메뉴이다.[21] 이 중 해외 한국어 교사 연수는 한글학회를 중심으로

20) 이와 관련하여 한 전문가는 최근 들어 "어차피 한국 사람은 한국 사람들 사이에서 먹고살게 되어 있는 것 아닌가."하는 생각이 교민들 사이에 퍼지고 있다고 말했다. 현지에 정착한 교민들 중 전문직이 아닌 사람들은 한국 관련 사업(음식업, 유학원, 여행사 등)을 할 수밖에 없다는 것이다. 그러려면 국어와 현지어의 양날개가 모두 필요하다.

21) 2004년 11월에 황우여 의원을 단장으로 한 국회 교육위원단이 EBS의 지원을 받아 호치민 한국학교와 자카르타 한국국제학교를 방문한 적이 있다. 그때 이루어진 간담회에서 한국학교 발전과 재외 동포 교육 개선을 위해 여러 가지를 약속했는데, 그 중 국어교육과 직접 관련되는 것이 이 내용들이다.

시행되고 있고(2005년 현재 제8회), 교재와 도서 기증도 한국국제교류재단, 국제교육진흥원 등을 통해 주기적으로 이루어지고 있다. 비록 충분치는 못하나 이렇게 관심과 개선 노력이 끊이지 않음에도 불구하고 상황이 좋아지지 않는 이유는 무엇인가?

학령기의 자녀를 데리고 싱가포르에서 산다면 세 가지의 선택지 중에 골라야 한다. — 한국학교를 보낼 것인가, 아니면 현지 학교나 국제학교를 보낼 것인가. 개인마다 상황이 다르기 때문에 일정한 가이드라인을 제시하기는 힘들다. 그러나 한국학교를 선택했을 때 그 선택에 대한 응답은 분명하게 해 줘야 한다. 그러려면 현실적으로 모든 교육의 축이 대학 진학을 중심으로 움직이고 있는 만큼, 그 문제를 논의의 장으로 끌어들일 필요가 있다.[22] 학부모는 여기에서 다시 세 가지 중 하나를 선택해야 한다 — 싱가포르에서 대학을 보낼 것인가 국내의 대학을 보낼 것인가, 아니면 미국 등 제3국으로 보낼 것인가. 어느 경우든 한국학교는 중심축에 있지 못하다. 표면적인 이유는 중·고등학교가 없기 때문이지만, 근본적인 이유는 한국학교의 교육 초점이 불분명하기 때문이다. 설사 중·고등학교가 있다 하더라도, 한국학교를 나와서는 싱가포르와 국내, 혹은 제3국 어느 나라의 대학도 가기가 어렵다는 데 문제가 있다.[23]

이 문제를 해결하기 위해서는 양방향에서의 노력이 요구된다. 첫째는 학부모의 인식 제고로서, 모국어·국적 교육에 대한 낭만적인 환상이 아니라, 자녀의 미래상과 연관된 교육 철학을 가질 수 있도록 도와줘야 한다. 학부모 본인의 필요에 의해서든 자녀 교육을 위해서든, 일단 외국으로 온 이상 그들에게 가장 중요한 것은 현지에서의 생존과 함께 '국내에 있는 것보다 그래도 낫다'는 자기 확신이다. 따

22) 이와 관련하여 싱가포르 일본학교의 사례를 참고할 수 있다. 싱가포르 일본학교를 졸업하면 싱가포르는 물론 일본의 유수한 대학에 진학할 수 있기 때문에 일본인은 굳이 다른 학교를 찾을 이유가 없다.

23) 중·고등학교 과정을 두고 있는 호치민 한국학교와 자카르타 한국국제학교도 사정은 비슷하다. 하지만, 베트남·인도네시아의 경우에는 한국학교와 경쟁할 만한 현지 학교가 적고 국제학교는 수가 적은데다 교육비가 비싸서 한국학교로 학생들이 모이게 되어 있다.

라서 학부모 자신의 각성과 함께 정부와 민간 차원에서 그러한 철학을 심어 주기 위한 노력이 있어야 한다. 그를 위한 노력이 둘째 과제로서, 해외 한국학교를 제도적으로 안정시키는 작업이 필요하다. 한국학교를 다녀도 자녀의 미래에 아무 불이익이 없다는 신뢰를 주어야 한국학교가 살고, 더불어서 국어교육도 활성화되는 것이다.

국어교육 쪽에서 생각할 수 있는 지원책은 한국학교와 국내 기관의 연결을 들 수 있다. 현재 해외 한국학교는 국제교육진흥원, 한글학회 등에서 국어교육 관련 지원을 받고 있으나, 교재 이외의 다른 지원은 기대하기 어려운 실정이다. 이때 기관 간에 협약을 체결하여 해당 학교의 국어교육을 국내 전문 기관이 이론적·실질적으로 지원해 준다면 국어교육의 어려움을 크게 덜 수 있다. 국내의 국어교육·한국어교육 전문 기관(대학 포함)이 해외 한국학교의 숫자보다 많으니만큼 1:1 방식의 지원이 가능하다.

더 체계적인 해외 한국학교 지원을 위해서는 '한국학교 지원센터'와 같은 기구를 두어 국어교육을 포함한 전반적인 지원 및 관리를 하는 방안도 추진할 수 있다.[24] 재외 동포 교육과 관련된 사업을 하고 있는 국제교육진흥원, 한국국제교류재단, 한국교육개발원, 혹은 한국교육과정평가원에 전문 부서를 두어 파견 교사 연수, 교재 개발과 보급, 학력(學歷) 및 학력(學力) 관리, 출국 및 귀국 도우미, 공동 평가, 온라인 상담 등을 할 수 있도록 해야 한다. 한국학교의 수가 많기는 하지만 학생 수가 상대적으로 적기 때문에 단위 교육청보다 적은 인력과 예산으로 운영이 가능할 것으로 본다.

(2) '해외 한국학교용 국어교육 프로그램' 개발

해외 한국학교의 국어교육을 개선하기 위해서는 한국학교용 국어교육 프로그램을 별도로 개발하는 것이 급선무이다. 그런데 한국학교가 본국의 교육과정을 따른다는 대전제를 지키는 이상 교육과정 자

---

24) 현재 교육인적자원부에는 재외 동포 교육을 담당하는 인력이 2명뿐이어서 행정적인 관리만 가능할 뿐 교육의 질을 높이기 위한 지원은 사실상 불가능한 형편이다.

체를 손대기는 어려우므로, 결국 교사와 교재, 평가가 프로그램의 주요 축을 이루게 된다(수업은 교사와 교재를 통해 간접적으로 통제할 수밖에 없다.). 이 자리에서 교사 교육 문제까지 다루기에는 너무 버거우므로 교재와 평가에 한정하여 개발 과제를 살펴보기로 하자.

재외 동포를 포함하여 한국어교육에서 실제로 부딪히는 가장 어려운 문제가 적절한 교재가 없다는 것이다. 지역별・수준별・용도별로 특화된 교재가 없기 때문에[25] 교사 나름의 판단에 따라 여기저기서 적절하게 선택, 편집하여 쓰는 것이 보통이다. 한국학교의 경우에는 본국의 교과서를 가져다 쓴다는 원칙이 있기 때문에 그 문제는 일단 비켜선 것으로 보이지만, 국내 학생용으로 개발한 교과서가 해외 한국학교 학생에게 맞을 리 없다는 것은 누가 봐도 자명한 일이다. 그럼에도 불구하고 우선은 그렇게 해서 무리가 없고, 또 귀국해서 국내 학교에 들어갈 준비를 해야 하는 사정과도 맞물려서 관습적으로 사용하고 있다. 이 역시 현지화 된 교과서가 필요하다는 당위론과 국내 교과서를 쓸 수밖에 없는 현실론이 충돌하는 지점이다.

현실적인 해결 방법은 별도의 교재를 개발하는 것보다 국정 교과서를 현지에서 사용할 수 있도록 도와주는 것이다. 한글학교도 마찬가지이지만, 특히 정규 한국학교는 본국의 교육과정이 제시한 목표와 내용 테두리를 넘어서기 어렵고, 본국과의 학생 교류가 잦은 실정에서는 더욱 그러하다.

그 방법은 크게 네 가지로 나누어 살펴볼 수 있다. 첫째, <말하기・듣기>, <읽기>, <쓰기>, <말하기・듣기・쓰기>의 각 교과서 해설본을 만드는 일이다. 싱가포르의 사례를 보면 학생들이 교과서에 나오는 어휘의 뜻을 알지 못하고,[26] 활동 지시문을 잘 이해하지 못하며,

25) 예를 들어 수준을 고려할 때, 아동용/성인용과 초급/고급은 판단 기준이 다르다. 그들을 x-y 축으로 교차하여 '성인-초급', '아동-고급'과 같은 방식으로 접근해야 한다. 용도도 마찬가지여서, '생활 한국어'와 '실무 한국어'는 다를 것이다.

26) 사전적인 의미를 설명해 주더라도 그에 관한 맥락을 이해하지 못하는 경우가 많다. 예를 들어 "추석 차례상에 감, 밤, 대추 등을 올린다."고 할 경우, '차례상', '감', '밤', '대추', '올리다'라는 단어들이 전부 추상적으로만 다가올 뿐이다.

학습 능력에 비해 학습 과제가 너무 많은 현상을 보게 된다. 그렇다고 해서 교과서 내용을 일부 빼고 지나가는 것은 현실적으로 어려우므로,[27] 학습을 도울 수 있는 보조 장치를 마련해 주는 것이 좋다.[28] 교과서의 편집을 그대로 유지하면서 밑줄, 박스, 인출선 등을 활용하여 개념을 설명해 주고, 삽화를 대폭 삭제하고 그 자리에 관련되는 시각 자료를 제시하며, 각 학습 과제에 예시 자료나 활동을 보여주는 것이다. 가능하면 국어와 현지어 두 가지로 제시하면 더욱 좋다. 이렇게 하면 교과서의 겉모습은 시중 자습서와 비슷한 모습이 될 터이나, 의도가 다르기 때문에 그 안에 담기는 내용도 다르다.

둘째, 지역별・수준별 학습 보조 자료를 만드는 일이다. 해외에서 국어를 가르칠 경우 보조・보충 자료가 부족한 경우를 많이 당하게 된다. 인터넷에서 자료를 찾아 활용하기는 하지만, 디지털화 된 자료의 한계가 있기 때문에 아쉬운 대로 넘어가는 실정이다. 특히 같은 목표-내용이라 하더라도 지역과 학생 수준에 따라 필요한 자료가 다른데, 그런 아쉬움을 채워 줄 자료가 있으면 더 쉽게 가르칠 수 있을 것이다. 한국학교의 개설 분포에 따라 크게 중화권, 동남아시아권, 아랍・아프리카권, 중・남미권 등으로 나누고, 저학년/고학년별로 초급-중급-고급으로 특화된 보조 자료가 필요하다. 이 자료는 현지의 교과서와 비교하면서 학생이 현지에서의 일상 생활과 연관지어 국어를 학습할 수 있도록 꾸며야 한다.

셋째, 국어교육을 뒷받침할 수 있는 기초 자료를 개발, 보급하는 일이다. 초등학교 수준에 맞게 시각 자료를 첨부한 기초・기본 어휘집 (국어과 교과서의 말뭉치가 이미 구축돼 있으므로 조금만 노력을 기울이면 만들 수 있다), 발음과 글씨쓰기에 관한 기초・기본 기능 연습 자료집, 그리

27) 이는 국내에서 '보충・심화 학습'을 운영할 때도 나타나는 현상이다. 교과서 편찬자들은 학생들의 능력에 따라 적절히 취사선택하여 지도하도록 했지만, 많은 교사들은 교과서에 제시된 모든 활동을 빼놓지 않고 하고 있다. 교과서의 의도를 모르는 것이 아니라, 현실이 그렇게 하도록 강제하는 것이다.

28) 6차 교육과정부터 <읽기> 교과서에 '처마'와 '날개'를 도입하여 주요 어휘・표현과 읽기 전략 학습에 도움을 주고자 하였는데, 그 의도를 더 심화한 것이라고 보면 된다.

고 각종 어법과 표현을 연습할 수 있는 용례집이 필요하다. 이런 자료는 학생뿐 아니라 한국학교의 교사에게도 필요한 자료들이다. 역시 국어와 현지어 두 가지로 만들거나, 대역본으로 만들어야 한다.

마지막으로, 늘 강조되는 것이지만, 독서・매체 리스트를 정련하고 자료를 보급하는 일이다. 지금까지도 이와 관련된 노력을 많이 해 왔지만, 대체로 현지의 사정을 고려하지 않고 국내의 기준, 혹은 선정자/선정기관의 교육 철학에 맞추어 자료를 선정한 경향이 있다. 그러나 국어교육을 위해 필요한 것은 현지에서 국어 능력을 신장시키는 것이므로 선정 기준을 달리할 필요가 있다. 예를 들어 현지에서 널리 알려진 작품의 한국어 번역본을 보내 주면 원문과 번역문을 비교하며 읽을 수 있어서 효과적이다.

해외 한국학교의 국어교육을 돕기 위한 평가 체제는 두 가지로 나누어 살펴볼 수 있다. 첫째는 현지화 된 평가 자료의 개발이다. 지역별・수준별로 특화된 평가 자료가 없이는 학생들의 국어 능력에 관한 정보를 정확하게 얻을 수 없을 뿐 아니라, 국어가 단순하거나(학생의 인지 수준에 비추어 평가 목표나 내용이 너무 쉬운 경우) 아니면 너무 어렵다는(학생의 국어 수준보다 본국에서 요구하는 능력 수준을 앞세울 경우) 인식만 심어 줄 가능성이 크다. 예를 들어 받아쓰기로 기초 문식성을 평가할 경우, 종성이 없는 일본어 환경의 학생과 조사・어미가 없는 중국어 환경의 학생에게 같은 자료를 줄 수는 없다.[29)]

또 하나는 재외 동포 자녀를 위한 국어능력검정제도의 도입이다. 현재 교육과정평가원에서 주관하는 한국어능력시험(TOPIK)과 한글학회가 콘텐츠를 제공하는 세계한국말인증시험(KLPT)이 있지만, 이것들은 본질적으로 성인을 대상으로 하여 제2언어로서의 한국어 능력을 측정하는 시험이다. 또, 한국언어문화연구원에서 주관하는 국어능력인증시험(TOKL)이나 교육과정평가원에서 실시하는 기초학력평

29) 국어 능력이 상대적으로 떨어지는 토요학교 학생들에게 받아쓰기를 많이 시키는데, 국내에서와 마찬가지로 <읽기> 교과서에서 '가장 어려운' 단어나 문장을 과제로 제시하고 있었다. 학습 목표별로 초점화 된 활동이 필요하다.

가는 국내용이다. 해외에서 국어를 배우는 학생들이 어느 수준에 있고 어떤 부분이 취약한지 알기 위해서는 그쪽으로 특화된 평가가 필요한 것이다(국어기본법에서 근거를 끌어올 수 있다). 일단 25개 한국학교에서 공동으로 시험을 치르고, 전세계의 한글학교로 범위를 확대해 나갈 필요가 있다.

V. 부 연

필자는 이 글에서 싱가포르 한국학교의 국어교육 실태를 개괄적으로 살펴보고, 해외 한국학교의 국어교육 개선을 위해 추진할 수 있는 과제를 교재의 현지화와 검정 방안 중심으로 살펴보았다. 나아가, 해외 한국학교 교육을 총괄적으로 지원할 '한국학교 지원센터'의 추진과, 한국학교용 국어교육 프로그램의 개발을 제안하였다. 이러한 작업은 '해외 한국학교'라는 특별한 공간에서의 국어교육에 대한 점검이 부족하고, 설사 있다 하더라도 구체화와 거리가 멀다는 문제의식에서 출발하였다. 국가 규모가 작고 사회적으로 안정된 싱가포르의 사례가 보다 범위가 넓고 유동성이 많은 지역에 대해 일종의 시금석 역할을 할 수 있으리라는 기대도 있었다.

이 글에서는 정규 초등학교의 사례를 주로 살펴봤지만, 싱가포르 한국학교만 하더라도 정규 학교 학생보다 2배 이상 많은 토요학교 학생들이 있다. 이들은 국어교육의 측면에서 정규 학교 학생보다 훨씬 어려운 상황이므로 그들을 위한 연구도 심화해야 한다. 아울러, 한국학교도 토요학교도 안 다니는 학생들은 국어교육의 사각 지대에 있는 셈인데, 그들에 대해서는 실태 조사조차 되어 있지 않은 상황이다.[30] 일단 정규 한국학교와 비정규 토요학교·한글학교를 구별해서 접근하고, 그 외곽에 있는 학생들을 위하여 별도의 대책을 마련해야

30) 싱가포르 한인교회 중등부를 예로 들면, 100여 명의 학생 중 현지 학교와 국제학교의 재학생으로서 토요학교에 나가는 학생은 1/5 미만이다.

한다.

여기서 무엇보다 중요한 것은 국어교육에 대한 학부모의 인식 제고이다. 이를 위하여 장기적으로 국제 사회에서 한국어 자체의 위상을 높이고, 국내 교육 체제에서 해외 한국학교의 위상을 확실히 자리매김할 필요가 있다. 학부모와 학생들이 외국에 살면서도 장래에 대한 불안감 없이 국어교육을 받을 수 있는 여건을 조성해야 하는 것이다.

제 2 장
다중언어사회의 특성과 21세기 언어문화교육

Ⅰ. 논의의 이유

이 글은 싱가포르의 언어문화현상을 분석하고 그것이 우리 언어문화교육에 시사하는 바를 찾아보는 데 목표가 있다.[1] '언어문화'의 개념과 본질에 대해서는 여러 이론이 있을 수 있지만, 여기서는 일단 '언어 활동의 기반이자, 그 수준오름(shift-up)을 이끄는 일체의 앎과 행동 양식의 체제'라고 규정하고 시작한다. 거기에는 한국어와 관련한 표현문화, 소통문화, 전통문화, 예술문화가 모두 포함된다.

언어문화와 그 교육이 왜 중요한가? 이 물음에는 실용적인 답과 생태학적인 답을 모두 댈 수 있다. WTO 체제에 압축적으로 담겨 있는 세계화, 자유경쟁체제 등의 외적 조건과 관련하여 언어문화와 국가 경쟁력의 관계를 밝힘으로써 그 가치를 드러내는 방법이 첫째에 해당한다. 그와 달리 국가 또는 민족의 고유한 정체성과 언어 다양성의 관점에서 언어문화의 가치를 강조하는 방법은 둘째라 할 수 있다. 어느 경우든 언어문화는 그 언어공동체의 정체성을 반영하고, 정체성은 그대로 그 공동체의 정치 · 경제적 생존력을 담보하며, 언어문화교육의 개선이 공동체 구성원의 삶의 질을 높이는 데 기여한다는 논지는

---

1) 필자는 한국학술진흥재단과 경인교육대학교의 지원으로 2005년 3월부터 2006년 2월까지 싱가포르 국립교육학원(NIE; National Institute of Education)의 교육문제연구소(CRPP; Center for Research in Pedagogy and Practice)에서 방문연구원으로 근무했다. NIE는 싱가포르의 교사 양성을 전담하며, CRPP는 싱가포르의 교육 개혁과 관련한 연구를 수행한다.

공통된다. 이러한 관점에서 볼 때 모국어교육은 좁은 의미의 의사소통(technical language) 교육에 그칠 수 없고, 한 단계 높은 언어문화(cultural language) 교육으로 나아갈 필요가 있다.

서울보다 조금 큰 면적(640km^2)에 인구도 420만 명밖에 안 되는 싱가포르가 아시아의 경제 선진국으로 부상할 수 있었던 이유를 교육에서 찾는 경우가 많거니와, 그 중에서도 핵심이 되는 것은 주민들의 영어 능력이다. 다인종·다언어 사회인 싱가포르가 영어를 매개로 하여 국가를 통합하고 경쟁력을 높여 가는 양상을 자세히 살펴본다면 우리 언어문화교육이 얻는 바가 많을 것이다. 또, 우리나라의 언어문화교육에 대해 고민하면서 싱가포르라는 척도를 끌어옴으로써 자국어 중심주의와 근시안적 기능주의를 극복할 객관적 시각도 확보할 수 있다.

Ⅱ. 싱가포르의 언어문화와 언어문화교육

1. 싱가포르의 언어문화적 배경

싱가포르는 1819년 영국의 Thomas Stamford Raffles경이 Johor주의 술탄에게서 싱가포르섬을 매입하면서 개발이 시작되었다. 영국은 그 후 2차대전까지 100년 넘게 싱가포르를 지배했는데, 그 과정에서 필요한 인력을 중국인과 인도인으로 충당하였다. 그 결과 오늘날 싱가포르는 원주민이라 할 말레이인 외에도 중국인, 인도·파키스탄인, 기타 다양한 인종들이 각기 다른 언어와 풍속을 유지한 채 공존하는 다인종·다문화 사회가 되었다.

싱가포르는 집권당인 인민행동당(PAP; People's Action Party)의 정강에 따라, 영어를 기본 공용어(lingua franca)[2]로 사용하되 민족마다 고

2) 이 용어는 '혼성 언어', '혼성 국제어' 등으로 번역되지만, 여기서는 언어적 배경이 서로 다른 집단 사이에 교육, 행정, 경제·산업 등의 분야에서 실용적인 의사소통을 위해 쓰는 언어라는 뜻에서 '기본 공용어'로 번역하였다.

유한 모어를 유지하는 것을 기본 정책으로 삼고 있다. 그에 따라 교육과 행정은 모두 영어로 이루어지지만, 가정이나 소규모 집단에서는 각자의 민족어를 사용한다. 따라서 어릴 때부터 모어와 영어의 이중 언어교육에 힘을 쏟으며, 제도 교육의 대부분을 언어교육에 할애한다. 싱가포르에서 영어가 모어인 사람은 소수이지만,[3] 네 개의 공용어 중 영어가 가장 널리 쓰이고 있다.

싱가포르가 영어를 기본 공용어로 채택한 이유는 여러 인종 사이의 의사소통을 원활히 하기 위해서지만, 한편으로 영국의 식민 지배를 오래 받은 데서 온 영향도 크다. 자연히 싱가포르 영어는 영국식 영어를 따르되, 외국어를 공용어로 쓰는 과정에서 자국의 문화와 사고 체계를 반영하여 자기들만의 독특한 영어를 만들어 냈다. 'Singlish'라고 부르는 이 피진영어는 영어의 문법을 단순화하고 억양과 악센트에 중국어의 영향이 드러나는 특징이 있다. 표현 또한 매우 간단하며, 싱가포르의 고유한 표현과 어법이 있다.[4] 물론, Singlish를 사용하더라도 표준 영어와 기초적인 의사소통은 가능하다.

싱가포르가 다인종 사회이기는 하나, 전체 인구의 3/4을 차지하는 중국인이 정치·경제적인 실권을 쥐고 있기 때문에 중국식의 사고와 문화가 널리 퍼져 있다. 1963년 말레이연방의 한 주로 가입했다가 2년 뒤에 탈퇴한 이유도 말레이-이슬람권인 말레이연방과의 인종적·문화적 갈등 때문이었다. 그 때문에 싱가포르를 말레이시아에서 인도네시아로 이어지는 거대한 말레이-이슬람 지역에 떠 있는 중국계의 섬으로 비유하기도 한다.

이처럼 싱가포르의 언어문화는 고유한 문화적 전통 없이 장기간

---

3) 세대가 지나면서 이 경향도 바뀌고 있다. 싱가포르 중국계의 20% 정도는 가정언어(Household Language. 대체로 이것이 모어가 된다.)로 영어를 사용하고, 30% 정도는 만다린을 사용한다. 단지 50% 정도만이 원래의 모어인 각 지방 방언을 사용하고 있다.

4) Singlish가 만들어지는 데에는 외국의 '원어민 교사'도 한 역할을 했다. 영국·미국·호주·뉴질랜드·캐나다 등에서 들어온 수많은 원어민 교사가 싱가포르에 각기 다른 악센트와 어법을 들여온 것이다. 이들이 싱가포르의 언어 환경과 일정 부분 타협하면서 Singlish의 진폭에도 영향을 미쳤다.

영국의 지배를 받은 역사적 맥락, 중국계·말레이계·인도계 주민이 섞여 사는 복잡한 인종 구성, 말레이-이슬람 지역에 자리잡은 소규모 이민 국가라는 지리적 배경, 그리고 유교적 실용주의의 기반 위에 국제화를 추구하는 인민행동당의 정강·정책 등이 어울려 비교적 짧은 기간에 형성된 것이다. 또한, 나라가 워낙 작고 사회가 개방되어 있기 때문에 언어문화도 계속 변화하고 있다.

2. 싱가포르 언어문화현상의 이면

싱가포르의 언어문화는 건국 이래의 집권당인 인민행동당의 정강·정책에 따라 결정되었다고 해도 과언이 아니다. 지리적 배경(말레이반도)과 인종적 배경(다수의 중국인을 중심으로 한 다인종 사회)이 상충하는 가운데 어떠한 언어를 공용어로 할 것인가 하는 문제는 신생국 싱가포르의 정체성과 관련하여 매우 중요한 문제였다. 인민행동당은 이와 관련하여 절충적이면서도 과격한 정책을 택하는데, "각 인종의 모어를 인정하되 기본 공용어로 영어를 사용한다."는 정책이 그것이다. 이는 사실상 모든 국민을 이중언어 사용자로 만들겠다는 것으로, 그 결과는 매우 성공적으로 평가된다. 하지만 바로 그 때문에 이러한 정책의 이면이 담고 있는 언어철학 및 언어사회학적 의미에 대한 분석은 소홀할 수밖에 없었다.

싱가포르의 언어문화는 영어와 관련된 부분과 각 인종의 모어와 관련된 부분으로 구성된다. 이 말은 '싱가포르 언어'라는 하나의 총체상을 그려 내기가 매우 어렵다는 뜻이다. 예를 들어, 싱가포르의 언어문화는 다양한 언어적 게토를 만들어 냈다. 크게 봐서 중국어·말레이어·타밀어 사회가 존재하고, 이는 다시 출신 지역에 따라 복건어(福建语, Hokkien)·조주어(潮州语, Teochew)·광동어(广东语, Cantonese)·해남어(海南语, Hainanese)·객가어(客家语, Hakka), 말레이어(Malay)·자바어(Javanese)·보야어(Boyanese), 타밀어(Tamil)·텔루구어(Telugu)·펀잡어(Punjabi)·힌디어(Hindi)·벵갈어(Bengali) 등의 하위 집단으로 세분된다.[5] 모어(기본적으로 인종, 그 다음에 출신 지역)에 따라 집단이 나뉘는 현상은 특히 사적 공간에서 두드러지며, 그러한 모어 네트워크는 거의 전 생애에 걸쳐서 지속된다.

이러한 소통문화는 자연스럽게 사적 언어와 공적 언어의 분리를 낳고, 나아가 언어의 권력화와 위계화로 이어지게 된다. 그 위계의 최상층에는 표준 영어(Queen's English)와 북경 표준어(普通话, Mandarin)가 있다.[6] 또한, 장(場)에 따른 언어의 분리는 부수적으로 제1공용어에 대한 민족어의 위축, 언어 표현의 단순화, 음성언어와 문자언어의 어긋남,[7] 문학의 공동화 등의 문제를 낳았다.

싱가포르 언어문화를 살펴볼 때 쉽게 발견할 수 있는 문제가 표현의 깊이/다양성 문제다. 전통적으로 사용해 왔던 민족어는 점점 그 지위가 약해지는 데다, 소규모 집단이 본토에서 멀리 떨어져서 몇 대를 살다 보니 어휘량이나 표현력이 현저하게 줄어들고 있는 것이다. 싱가포르의 여러 민족어는 공통적으로 이런 문제를 겪고 있지만, 민족어를 가르칠 교사도 없어서 해결이 쉽지 않다. 민족어 대신 새로 획득한 영어 또한 이유는 다르지만 같은 문제에 직면하고 있다. 곧, 교육과 행정, 통상 등의 제한된 분야에서 실용적인 의사소통만을 위

---

5) 이 중 공용어로 인정받은 것은 말레이어와 타밀어다. 중국어의 경우에는 복건어와 조주어, 광동어가 가장 널리 쓰이지만, 공용어로는 만다린을 선택했다.

6) 싱가포르의 언어 권력은 몇 가지의 대립항이 겹치면서 중층화된다. 대표적인 대립항은 다음과 같다.

상위의/중심부의/강한	하위의/주변부의/약한
영어	각 민족어(중국계, 말레이계, 인도계)
표준 영어	싱가포르 영어
중국어	말레이계, 인도계 언어
만다린	중국 남부 방언

이러한 대립 구도는 언어 정책 수립자의 의도와 무관하게 쉽게 '교육받은/고급의/주류의' 언어와 '교육받지 못한/하급의/비주류의'의 대립 구도로 바뀌는 경향이 있다. 그 결과 구사하는 언어에 따라 사회적 대우가 달라지고, 그럴수록 사람들은 표준 영어와 만다린 배우기에 열을 올린다.

7) 이 문제는 비중국계 주민들이 중국어를 익힐 때 많이 드러난다. 중국어를 능숙하게 말하는 사람 중에도 한자(间体字)를 바르게 읽고 쓰지 못하는 경우가 많았다. 이는 비인도계 주민이 타밀 문자를 쓸 때도 마찬가지다(말레이어의 경우에는 로마자를 쓰기 때문에 이런 현상이 없다.).

해 영어를 쓰다 보니, 역시 표현의 다양성에 문제가 생긴 것이다. Singlish가 단순한 문법, 짧고 간단한 문장으로 시종하는 것이 그 예이거니와, 영어든 민족어든 싱가포르에서 표현문화를 얘기하기란 쉽지 않다.

이러한 문제는 문학에서도 찾아볼 수 있다. 싱가포르의 인구가 문학 시장을 형성하기에 워낙 적은데다 교육이나 미디어 등에서 문학의 비중이 그리 높지 않기 때문에, 싱가포르는 독자적인 문학권을 형성하기가 어렵다. 기준에 따라 동남아시아 문학, 중문학, 혹은 영문학 등의 일부가 될 뿐이다. 그러나 그 어디에서도 확고한 정체성을 주장하기는 어려우며,[8] 독자들은 그들에게 익숙한 영미권의 작품을 주로 접할 뿐이다. 이민자들이 모여서 만든 다인종 국가로서 싱가포르의 정체성을 담은 문학이 가능하려면 앞으로도 상당 기간을 기다려야 할 듯하다.

싱가포르 언어문화정책의 딜레마는 결국 인종 정체성과 국가 정체성, 지역화(Localization)와 세계화(Globalization) 사이의 갈등에서 비롯된다고 볼 수 있다. 각 인종의 고유 언어와 문화를 중시하는 관점과 다인종 도시국가로서의 생존력을 중시하는 관점이 서로 충돌하면서 생산적인 대안을 마련하지 못하고 있는 것이다.[9] 공식적인 정책은 싱가포르 국가 정체성의 강화와 그를 바탕으로 한 국제화를 표방하지만, 그 이면에는 민족어 및 전통문화의 상실에 대한 위기감이 강하게 자리잡고 있다.

---

8) 싱가포르 문학은 중문학이나 영문학에서는 어차피 변방일 수밖에 없다. 그러한 한계를 '동남아시아 문학'을 통해 넘어서려고 하지만, 가장 가까운 말레이시아나 인도네시아조차도 말레이-이슬람 국가로서 싱가포르와는 다른 문화적 맥락을 갖고 있다.

9) 이와 관련한 논란으로 가장 대표적인 것이 싱가포르 영어(Singlish)의 가치에 대한 논쟁이다. 'Broken English인 Singlish를 순화하여 고급 영어를 쓰도록 해야 한다.'는 주장과 'Singlish는 싱가포르인의 정체성을 보여주는, 싱가포르만의 고유한 언어(Local English)다.'라는 주장은 합리적인 해결책을 찾지 못한 채 서로 평행선을 달리고 있다. 전자의 주장은 'Good English Movement(http://www.goodenglish.org.sg)'를 통해 알 수 있고, 후자의 입장은 *Strait Times*를 비롯한 대중적인 저널에 주기적으로 제기된다.

3. 싱가포르의 언어문화교육 – '小学华文'을 중심으로

싱가포르의 언어문화교육 정책은 다인종주의(Multiracialism)·다언어주의(Multilingualism)·다문화주의(Multiculturalsim)의 축 위에서 수립되었으며, 그 중심에는 기본 공용어로서의 영어가 있다. 이에 따라 싱가포르 학생들은 어릴 때부터 이중언어교육을 받는데, 영어교육과 관련해서는 기본적인 대화 능력을 최우선 목표로 하여 어휘와 문법, 발음을 중시하고, 모어교육과 관련해서는 역시 어휘와 유창성을 중시하면서 각 인종의 문화적 전통을 강조하고 있다. 전반적인 방향은 의사소통에서의 유창성을 목표로 삼고, 그 바탕이 되는 리터러시를 중시하며, 교육 성취도와 연계하여 수준별 수업을 운영하는 것으로 정리할 수 있다.

이러한 언어문화교육 정책은 '최상위 심급으로서의 국가 정체성 유지 → 그 기반으로서 정치적 안정과 경제 성장 추구 → 국민 통합과 경쟁력 강화에 기여하는 교육 → 영어 중심의 이중언어교육'의 논리를 따라 구체화된다. 문제는 그 과정에서 큰 목표로 제시했던 다언어·다문화 교육은 점차 약해질 수밖에 없다는 점이다. 특히 중국이 개방 이후 정치·경제적 영향력을 키우면서 중국어의 중요도는 점점 높아지는 반면,[10] 말레이어와 타밀어는 계속 위축되고 있다. 영어를 중심으로 한 다중언어 사회에서 영어와 중국어가 중심이 되고 다른 언어들은 소수 언어로 떨어지는 언어 재편 현상이 일어나고 있는 것이다. 교육에 관한 한 싱가포르에서 다인종주의는 유지되지만 다언어·다문화주의는 약해지고 있다.

싱가포르 언어문화교육의 방향을 살펴보기 위해 중국어(华文) 교육과정을 예로 들기로 하자(다른 언어의 교육과정도 언어만 다를 뿐 내용은 같

10) 최근 활발하게 벌어지는 'Let's Speak Mandarin', '华语 Cool' 등의 캠페인이 이 경향을 대변한다. 80세가 넘은 리콴유 전 수상의 만다린 학습 경험이 책으로 출간되어 정책적으로 보급되기도 했고, 2004년 리셴룽(李顯龍) 현 총리가 취임할 때에도 취임 연설을 하면서 일단 영어로 시작한 뒤 곧바로 만다린으로 바꿔서 연설을 진행했다. 이는 만다린 확산에 대한 싱가포르 정부의 의지를 보여주기 위한 것이다. 이와 관련해서는 http://www.mandarin.org.sg 참조.

다.). 우리의 초등학교에 해당하는 小学의 중국어 교육과정(小学华文课程标准)에서 제시한 어문교육 목표는 다음과 같다.

<어문교육의 목표>
- 듣기·말하기·읽기·쓰기의 어문 기능 교수-학습을 통해 학생의 어문 능력을 기르는 것
- 어문교육을 통하여 중국(=华族)의 문화와 전통, 가치관을 습득하도록 하는 것

이것은 언어교육의 목표로 언어기능 신장과 문화·가치 함양을 병치한 것으로, 우리와 비슷하다. 이것을 좀 더 구체화한 것이 '교학 목표'인데, 교학 목표는 다시 교과 목표(总目标)와 영역별 목표(分项目标)로 나누어 기술하였다. 중국어 과목의 교학 목표는 다음과 같다.

> 소학 중국어교육의 목표는 두 가지다. 도구적(工具性) 목표와 사상·문화적 목표가 그것이다. 도구적 목표는 의사소통(交际), 인지(认知), 사유(思维)의 세 영역을 포괄하고, 사상·문화적 목표는 전통 문화와 가치관 함양을 포괄한다.

앞에서 본 대로 언어교육의 목표를 두 가지로 나눠서 설명하였으며, 도구적 목표를 '의사소통, 인지, 사유'의 셋으로 범주화한 것이 특기할 만하다. 이를 다시 하위 항목으로 나누어 각각 학교 학습의 기본 기능과 국민교육이 추구하는 가치관·이념을 강조하였으며, 학생의 인종적·문화적 배경에 적합한 중국어교육이 필요함을 역설하였다. 그 중 사상·문화적 목표를 보면 다음과 같다.

<사상·문화적 목표>
제재 및 더 읽을거리와 연관된 문화 활동을 함으로써,
- 전통문화의 가치를 인식하고, 자신의 뿌리를 중시한다.
- 우리나라의 핵심 가치관을 이해하고, 국가에 대한 애정을 갖는다.

여기서의 핵심어는 '전통문화', '자신의 뿌리', '가치관', '국가에 대한 애정'이다. 곧, '중국계'로서의 인종적 정체성과 '싱가포르인'으로서의

국가 정체성을 통합적으로 제시한 것이다. 싱가포르가 지닌 딜레마를 교육과정에 그대로 투사했음을 알 수 있다. 그를 위하여 전통문화와 가치관 관련 목표를 각각 6항목(윤리 · 풍속 · 인물 · 문학 · 역사 · 기술과학)과 5범주(개인 · 가정 · 사회 · 국가 · 세계)로 나누어 제시하였고, 교재 역시 도구성과 사상 · 문화라는 양대 목표를 달성하기 위하여 일상 생활 관련 단원과 문화 관련 단원으로 나누어 구성하였다. 그 중 문화 관련 단원은 주로 중국의 고전 텍스트 경험을 넓히는 데 치중한다.

싱가포르 언어문화교육의 또 다른 특징으로 수준별 교육을 들 수 있다. 중국어를 예로 들면, 앞에서 본 큰 목표 아래 각 학년별로 영역 목표를 제시하는데, 구체적인 내용은 학생의 연령상 특징, 생활 경험, 어문 능력 등을 고려하여 다음과 같이 단계화하였다.

<단계>

- 尊基 단계(1~4학년) : 공통의 중국어 교육과정을 운영하되, 상위 학생의 경우 고급 중국어를 이수할 수 있다(고급 중국어라 할지라도 학습 내용은 같다.).
- 定向 단계(5~6학년) : 학습 수준에 따라 세 그룹으로 분류하여, 각기 다른 내용을 다룬다.
  - EM1 : '高级华文' - 중국어를 모어로 하는 학생
  - EM2 : '华文' - 제2언어로 중국어를 익힌 학생
  - EM3 : '基础华文' - 중국어 수준이 비교적 낮은 학생

이처럼 일찍부터 수준별로 나누어 지도하는 이유는 한편으로 완전한 중국어 사회가 아닌 언어 환경을 고려한 것이기도 하고, 다른 한편으로는 선별을 통한 엘리트 교육을 지향한 것이기도 하다. 문제는 교육과정과 교재, 수업, 평가 모두 수준을 나누어 지도할 경우[11] 도구적 목표와 관련해서는 효율성이 높아지겠지만, 사상 · 문화적 목표와 관련해서도 그러하겠는가 하는 점이다. 사상 · 문화적 목표는 정의적

11) 定向 단계에 이르면 세 그룹에 각기 다른 교육과정과 교과서를 적용한다. 수업은 EM1과 EM2는 한 교실에서 수준별 수업을 하고, EM3은 별도 교실에서 이동수업을 한다. 小学을 졸업할 때 졸업시험(PSLE; Primary School Leaving Examination)을 치르는데, 이때도 세 그룹을 구분해서 평가한다.

요소가 강하고 경험이 중요한데 수준별 교육으로 요구를 해결하는 데에는 한계가 있다. 교육과정상의 두 가지 목표를 조화롭게 달성하는 것이 싱가포르 언어문화교육의 장기적 과제라 할 수 있다.

Ⅲ. 21세기 언어문화교육의 쟁점과 방향

1. 싱가포르의 언어문화현상에서 이끌어 낼 수 있는 시사

싱가포르는 원주민의 문화 전통이 거의 없는 상태에서 여러 인종이 모여 국가를 만들었고, 오늘날과 같은 언어 환경을 갖춘 지도 40년밖에 되지 않아 다중언어사회의 언어문화가 어떻게 형성되는지를 분석하는 데 좋은 사례가 된다. 또, 인접한 말레이시아 및 인도네시아와 사회·문화적으로 대비가 많이 되기 때문에 일종의 '언어문화적 섬'으로서 언어문화현상의 이면을 살펴보기에도 좋다. 국가 규모가 작아서 언어 정책을 펴기에도, 그 의미와 효과를 평가하기에도 쉽다는 것이 연구 사례로서 또 하나의 강점으로 다가온다. 변화하는 시대의 언어문화교육은 어떠해야 하는지를 결정할 때 싱가포르의 사례는 의미있는 비교 준거가 될 수 있다.

필자는 싱가포르의 언어문화현상에서 두 가지의 긍정적인 측면과 두 가지의 부정적인 측면을 보고, 그를 바탕으로 하여 아주 일반적인 명제를 재확인할 수 있었다. 긍정적인 시사는 국민 통합 및 국가 경쟁력 확보에 관한 것이고 부정적인 시사는 언어문화 및 언어 생태학에 관한 것이다. 그를 통해서 언어문화 및 언어교육의 총체성에 관해서 재인식할 수 있었다.

싱가포르의 언어 정책은 20세기 후반에 독립한 신생국 중 가장 성공한 케이스로 평가된다. 싱가포르는 이미 '70～'80년대부터 한국·대만·홍콩과 함께 '네 마리의 작은 용'으로 불렸거니와, 언어적·인종적으로 비교적 순일한 한국이나 거의 전적으로 중국인 사회인 대만·홍콩과 달리 다인종·다언어 국가로서 그만한 성공을 일구어냈다는 점에서 특출한 바가 있다. 이질적인 사고와 문화적 배경, 언어를 지닌 인종들을 하나로 묶는 데에 영어를 매개로 한 인종 통합 정책이 큰 몫을 한 것이다.[12] 특히 구성원들의 모어가 아닌 제3의 언어를 공용어로 채택하여 성공했다는 점에서 언어가 적극적으로 국민 통합에 기여한 사례로 들기에 적절하다.

이러한 성공은 그대로 싱가포르의 국가 경쟁력 강화로 이어진다. 싱가포르가 영어를 공용어로 삼은 '덕분에' 동남아시아의 선진국이 될 수 있었다는 주장도 가능하지만, 비슷한 상황인 파키스탄이나 필리핀 등의 사례를 보면 영어가 충분조건이라고 말하기는 어렵다. 그보다는 중국인 특유의 실용주의와 영어를 매개로 한 국민 통합, 그리고 인민행동당의 리더십이 결합하여 오늘의 싱가포르를 일구었다고 보는 것이 타당하다. 곧, 영어 공용화를 '통해서' 발전의 기틀을 마련한 것이다. 만일 싱가포르가 영어가 아니라 중국어를 제1공용어로 선택했고, 그래서 경제적으로 발전하지 못했다면, 그 이유는 영어가 안 통했기 때문이 아니라 중국어로는 비중국계 주민들을 포용하지 못하고 정치적으로 불안정해졌기 때문이라고 보는 것이 옳다.

싱가포르의 언어문화현상은 이러한 긍정적인 면과 달리 부정적인 면도 내보이고 있다. 이것 역시 모어가 아닌 제3의 언어를 제1공용어로 쓰는 데서 나오는 것으로, 언어의 기능을 전적으로 정보적, 혹은 좁은 의미의 의사소통적 기능으로 한정하는 현상을 볼 수 있다. 곧, 언어의 기능(機能)이 기능적(技能的)인 것으로만 축소되는 것이다. 그 결과 영어와 민족어 모두 문법과 표현이 단순화되고, 어휘가 줄어들며, 고급의 언어문화가 위축되는 모습을 보인다. 일상 생활과 교육·행정 등의 공식적인 언어 활동에는 아무 문제가 없지만, 한 차원 높은 언어문화 면에서는 취약한 모습을 보이는 것이다. 예를 들어 '싱가

12) 영어와 함께 싱가포르의 인종 통합 정책을 보여주는 사례가 HDB(Housing and Development Board)이다. HDB는 인종과 언어에 관계없이 국가에서 대규모 아파트를 저렴하게 보급하여, 각 인종이 거주 지역별로 분리되는 것을 막았다. 싱가포르의 차이나타운이나 인디언스트리트, 말레이빌리지 등은 관광과 상업 목적일 뿐 생활 속에서 형성된 것이 아니다(*Strait Times*, 2005.9.15).

포르 문학'의 존재 여부 혹은 가치에 대하여 묻는다면 그 대답은 유보적일 수밖에 없고, 전통문화에 대해서도 마찬가지다.

영어로 초점을 좁힐 경우에도 싱가포르의 현실적인 문제가 드러난다. 이른바 'Singlish'라고 불리는 싱가포르 영어는 역사적으로 영국 영어에 가깝지만, 1970년대 이후 월남전이 확대되고 환태평양 경제블럭이 강화되면서 점차 미국 영어의 요소를 받아들이고, 아울러 중국어를 중심으로 한 여러 민족어의 간섭을 받아 그만의 고유한 특성을 지니게 되었다. 단순히 발음이나 억양의 문제가 아니라 발상과 표현에서 영·미권의 표준 영어와는 다른 모습을 보이는 것이다. 이에 따라 싱가포르의 영어교육은 끊임없이 표준 영어와의 거리를 조절하면서, 영어 때문에 중국어 등 다른 민족어의 문화가 왜곡되지 않도록 해야 하는 이중의 부담을 갖게 되었다.

이에 더해서, 영어와 중국어(만다린)의 영향력이 커지면서 언어 다양성이 감소하는 경향도 중요하게 살펴볼 수 있다. 싱가포르는 원래 여러 지역의 이민을 바탕으로 만들어진 나라이기 때문에, 넓게 봐서 중국어·말레이어·타밀어이지 그 안에는 수많은 민족어가 공존하고 있었다. 하지만 중국계 언어는 점차 그들의 모어가 아닌 만다린으로 통일돼 가고, 말레이계와 인도계 민족어도 위축되고 있다. 대신 영어가 늘어나는 것은 필연적인 수순이다.13) 영어가 교육과 직업적 성공

13) 예를 들어 싱가포르 가정의 가정언어(Household Language)를 조사한 다음 표를 보면, 10년 동안 영어는 거의 두 배, 만다린은 2.5배로 늘었음을 알 수 있다. 가장 많이 줄어든 것은 중국 (남부) 방언이고, 말레이어와 타밀어는 조금씩 줄어드는 추세다(Gopinathan, S. *et. als*, 1998:22).

언어	조사 연도/비율(%)	
	1980	1990
영어	11.6	20.3
만다린	10.2	26.0
중국 방언	59.5	36.7
말레이어	13.9	13.4
타밀어	3.1	2.9
기타	1.7	0.7

보다 최근의 조사도 말레이계·타밀계 주민의 가정언어가 그들의 모어에서 점

을 보장하는 열쇠처럼 비치면서 영어의 비중은 점점 높아지지만, 그럴수록 Singlish는 표준 영어로부터 멀어진다는 데에 싱가포르의 고민이 있다.

싱가포르의 언어문화에서 볼 수 있는 이러한 문제들은 언어문화교육에 대하여 일반적이고도 상식적인 명제를 재확인하게 해 준다. 곧, 언어교육에서 사고와 의사소통, 문화 형성 사이의 균형이 중요하고, 국제어로서 영어교육을 강화하되 목표와 범위를 분명히 해야 하며, 모어문화 및 모어교육의 가치를 외면해서는 안 된다는 점이다. 싱가포르는 '강소국'으로서 고도성장 가도를 질주하는 동안 정치·사회적 자유를 일정 부분 유보했는데, 그와 마찬가지로 영어 공용화를 통한 국제화를 달성하기 위해 언어의 풍요로움과 농밀함도 포기했다고 할 수 있다. 싱가포르의 문화 콘텐츠가 '퓨전' 외에 특출한 것이 없다든지 의학·기술 분야에 비해 문학·사상 분야가 취약한 이유를 전적으로 언어 문제로 돌릴 수는 없겠지만, 많은 부분이 그와 관련되는 것으로 보인다. 싱가포르의 국가 정체성이 각 인종의 민족 정체성을 압도하고[14] 실용적·기능적 언어관이 교육을 지배하는 동안, 싱가포르 언어문화의 생태학적 에너지는 점차 약해지고 있다.

2. 언어문화교육의 방향 설정과 관련된 쟁점

싱가포르의 사례를 우리 상황과 대비하면 언어문화교육과 관련된

차 영어로 바뀌어 가는 양상을 보여준다(*Strait Times*, 2005.12.18).

인종	가정언어	1996년	2005년
말레이계	말레이어	82%	71%
	영어	17%	28%
타밀계	타밀어	46%	41%
	영어	53%	55%

14) 싱가포르에 거주하는 인도계 주민들은 고향을 떠나온 지 4~5대 이상 흐르면서 고향과의 심리적 연계가 거의 끊어졌다. 중국계 주민 역시 자신을 '싱가포르에 거주하는 중국인'이 아니라 '중국계 싱가포르인'으로 인식한다. 이는 말레이시아의 중국계가 아직 본국과 강한 유대감을 지니고 있는 것과 대비된다(*Strait Times*, 2005.10.1).

몇 가지 쟁점들을 이끌어낼 수 있다. 이 글에서는 그 중 세 가지만 집중적으로 거론하기로 한다. 언어를 통한 사회 통합 추구와 언어 생태학의 문제, 이중언어교육 혹은 영어 공용화를 통한 국가 경쟁력 강화 문제, 그리고 국가 주도의 언어문화교육 정책 문제가 그것이다. 모두 거시적 '언어발전계획(Language Planning)'[15]과 관련된 것들로, 구체적인 언어 및 언어문화교육의 방향을 정하는 기초가 된다.

우선, 언어 통합에 관한 싱가포르의 성공 사례와 그 뒤에 감춰진 문제점들은 우리에게 '단일언어 공동체'의 아이덴티티란 무엇이며 그것이 어떤 가치, 혹은 문제를 지니는지에 대해 다시 숙고해 볼 것을 요구한다. 남북의 언어 통합, 한민족 공통어 등을 당위 명제로 받아들이는 상황에서 한국 언어문화의 생태학적 다양성에 대한 시각도 필요하고, 그보다 본질적으로 '통합된 사회'의 문화 역량에 대한 성찰도 필요하다. 잘 조직된 대신 통제가 지나치다고 비판받는 싱가포르 사회의 명암이 언어 통합 정책에도 그대로 드러나기 때문이다. 만약 의사소통의 효율성과 규범성을 강조하는 중앙집권적인 언어문화정책을 고수한다면, 그 대신 치러야 할 반대급부도 반드시 생각해 봐야 한다. 예컨대 지역문화・소수문화의 위축, 언어 자체의 도구화와 단순화, 표준 언어를 정점으로 한 언어 권력의 위계화 등이 문제될 수 있다.

물론, 싱가포르가 영어라는 기본 공용어를 매개로 여러 인종을 통합하고자 한 정책은 짧은 기간에 상당한 성공을 거둔 것으로 평가된다. 그러나 이 성공은 국가 규모가 작고, 해당 지역의 문화적 전통이 약하며, 각 인종의 언어가 완전히 이질적이고, 정치 권력이 집중돼 있

15) 'Language Planning'을 '언어발전계획'으로 번역해 봤다. 원래 좁은 의미에서 Language Planning은 인도・필리핀・싱가포르 등에서 영어를 공용어를 정하고 정착시키는 것처럼, 국가의 공용어에 관한 정책을 가리킨다. 이에 따라 법률・교육・행정 등의 공적 영역에서 어떤 언어를 쓸지가 결정된다. 하지만 우리나라는 이들과 사정이 다르기 때문에, 그 개념을 그대로 적용하기는 어렵다. 또한, Language Planning은 일반적으로 쓰는 '언어 정책'이나 Language Change, Language Management, Language Shift 등과 비슷하면서도 맥락에 따라 약간 다르게 쓰인다. 여기서는 시간・범위 면에서 장기적・거시적으로 작동하는 언어 정책이라는 뜻으로 썼다. 국한혼용/한글전용 문제, 영어 공용화 문제, 남북 언어통합 문제, 한국어 세계화 문제 등이 여기에 속한다.

을 때 가능한 일이다. 말하자면 어떤 강력한 지도자가 허허벌판에 무작위로 여러 언어를 쓰는 사람들을 모아 놓고 하나의 언어를 기본 공용어로 던져줄 때 '언어로써 사회를 통합했다.'라고 말할 수 있는 것이다. 규모가 크거나(그래서 그 사회를 구성하는 각 민족어 공동체가 큰 경우) 어느 한 인종이 다수를 차지해서 지배적 권력을 행사하는 경우, 혹은 구성 언어들이 서로 비슷해서 쉽사리 통할 수 있는 경우에는 싱가포르처럼 제3의 언어를 기본 공용어로 삼기가 쉽지 않다.

이 지점에서 싱가포르의 언어 통합 정책은 자연스럽게 영어 공용화론으로 넘어가게 된다. 여기서 영어 공용화론 자체에 대해 논의할 의도는 없지만, 우리 상황을 싱가포르의 사례와 견주어 보면 영어나 한국어에 영향을 주지 않고 영어를 공용어로 쓰는 일이 불가능하다는 것을 쉽게 알 수 있다. 싱가포르에서 표준 영어가 Singlish로 바뀌고, 각 인종의 모어가 위축되며, 언어문화도 단순화되는 현상을 봤기 때문이다. 싱가포르의 사례로만 미루어 본다면, 영어 공용화가 모국어를 위축시키지 않으면서 유창한 영어 화자를 기를 수 있다는 주장은 순진한 희망이거나 의도를 숨긴 궤변이라고 할 수 있다.

이것은 전적으로 선택의 문제이다. 싱가포르가 중국어・말레이어・타밀어와 함께 영어를 공용어로 선택한 것이 1956년이고, 교육분야에서 영어를 기본 언어로 정한 때가 1966년이다. 또, 난양기술대에서 영어를 교수 언어로 채택한 시점이 1975년이니, 대략 10년마다 영어의 중요도가 한 단계씩 올라간 셈이다. 1980년대 이후에는 적어도 읽기와 쓰기에서만큼은 영어를 제1언어로 사용하도록 하는 정책을 취하고 있다. 이처럼 50년 넘게 지속적으로 영어 공용화 정책을 밀어붙인 결과 싱가포르는 영어로 생활하는 데 거의 불편함이 없는 도시가 되었다. 당연히 영어로 교역하고, 지식과 정보를 받아들이고, 관광객을 유치하는 데 탁월한 경쟁력을 갖추고 있다. 그러나 한편으로는 가족끼리도 영어로 대화하고, 지식의 자체 생산보다 수용과 중계에 의존하며, 외국인이 이해하지 못하는 자기들만의 영어를 쓰는 것 역시 엄연한 현실이다. 영어 공용화를 추진하려면 싱가포르를 포함하여 상황이 비슷한 나라들의 언어문화현상을 분석하고, 그를 바탕으로 하여 정책적인 선택을 하여야 한다.

여기서 우리는 또 하나의 딜레마에 빠지게 된다. 정책적인 선택이란 국가 주도의 언어 및 교육 정책을 전제하는데, 실제 언어문화현상은 그러한 정책의 통제 범위에서 벗어나기 일쑤이기 때문이다. 싱가포르가 100년 이상 영국의 지배를 받고 건국 이전 자치정부 시절부터 50년 넘게 영어교육을 실시해 왔지만 결국 Singlish밖에 낳지 못한 현실이 이를 방증한다. Singlish도 수많은 지역영어(Local English)의 하나로서 나름대로 가치를 지닌다는 평가가 있지만, 이것과 싱가포르 영어교육의 성패에 대한 평가는 서로 별개의 문제다. 표준 영어를 기준으로 봤을 때, 싱가포르의 이중언어교육은 절반의 성공만을 거둔 것으로 보인다.

우리의 경우에도 표준어 확산과 정서법 보급 같은 성공 사례가 있는가 하면 순우리말 쓰기나 자유교양독서 같은 실패 사례도 있고, 국한혼용/한글전용 문제처럼 유보 상황인 경우도 있다. 싱가포르와 우리의 상황을 한데 묶어 판단해 보건대, 국가 주도의 언어문화교육 정책이란 언어 활동에서 가장 기초적이고 규범적인 영역에서는 성공할 수 있지만 그 이상의 영역에서는 힘을 발휘하지 못하는 것으로 보인다. 식민지 시대의 국자 보급이나 우리말 이름짓기처럼 민간 차원에서 벌이는 운동도 계몽적·중앙집권적이라는 점에서 큰 차이가 없다. 따라서 언어문화교육 정책은 이론이 제공하는 구심력과 실제가 지는 원심력, 언어문화 발달에 관한 정책적 필요성과 현실적 가능성 사이에서 적절한 위치를 잡아야 한다.

3. 미래 지향적 언어문화교육의 방향

미래 지향적 언어문화교육은 바람직한 언어문화의 미래상을 상정하는 데서 출발해야 한다. 여기에서는 싱가포르의 언어문화현상을 비교 준거로 활용하여 우리 언어문화교육의 방향을 살펴보고자 한다. 싱가포르의 상황이 우리와 똑같을 수는 없겠으나, 우리의 내부 논리에 함몰되어 놓칠 수 있는 논점들을 드러낼 수는 있을 것이다.

먼저, 싱가포르의 언어문화에서 우리와 가장 선명하게 대비되는 것이 이중언어교육 정책이다. 과연 21세기의 한국인은 이중언어를 구사해야 할까? 싱가포르의 예를 보면, 이중언어교육이 성공할 경우 얻을 수 있는 열매는 매우 크다. 그러나 다인종·다언어 국가와 단일민족·단일언어 국가의 언어 환경이 다르고, 영어를 제1공용어로 만들면서 잃게 되는 것들이 많기 때문에 그 가능성과 부작용을 꼼꼼히 따져봐야 한다. 전면적인 이중언어정책 대신 부분적인 이중언어정책(예컨대 학교와 기업, 정부에서 교육 및 통상, 행정 등을 위해서만 영어를 쓴다.)을 고려할 수도 있지만, 부분적인 이중언어 사용으로 이중언어교육의 목표를 달성하기는 어려울 듯싶다. 싱가포르의 사례를 들 것도 없이, 이중언어교육이 성공하려면 가정에서부터 영어를 사용해야 하기 때문이다. 또한, 이미 두드러지게 나타나고 있는 영어의 권력화/영어로부터의 소외 문제도 해결해야 하고, 언어선택권(Language Right)의 문제도 방안을 마련해야 한다.[16] 결국 이중언어교육은 그 필요성에 비해 성공 가능성이 매우 낮은 정책이라 할 수 있다.

미래 지향적 언어문화교육은 한국 언어문화의 고유성과 세계 언어의 생태학적 다양성을 담보하되, 국제화 시대에 효과적으로 대처하는 방향으로 나아가야 한다. 그러기 위해서는 기능적인 의사소통 교육으로는 만족할 수 없고, 한국어공동체의 문화적 역량을 극대화할 수 있는 방안이 필요하다. 그 한 방안으로 언어문화교육에서의 '장다양성(場多樣性)'의 개념을 강화할 필요가 있다. 싱가포르가 리콴유 전수상과 인민행동당의 강력한 리더십을 바탕으로 언어 통합을 시도했지만, 그 성공 사례의 뒤에는 많은 '잃어버린 가능성'이 방치되어 있었다. 우리는 싱가포르보다 언어적 순일성 면에서 유리하므로 싱가포르가 언어 통합에 기울인 노력을 언어문화의 다양성 쪽으로 돌릴 수 있다.

---

16) 진정한 이중언어 사회라면 각 개인이 원하는 대로 언어를 선택해서 쓸 수 있어야 한다. 하지만 싱가포르의 공적인 문서는 대부분 영어와 중국어로 되어 있어, 말레이·타밀어 사용자들은 상대적으로 선택권이 좁을 수밖에 없다.

어휘와 표현은 물론이고 매체·장르·각종 담론의 장에서 언어문화의 다양성을 추구한다면, 싱가포르와는 다른 관점에서의 경쟁력을 갖추게 될 것이다. 문자 체계(한글)의 개선과 세계화, 국제어로서의 한국어 보급, 통신언어 규약 정비, 예술문화의 발전 등, 기초적인 의사소통을 넘어서는 언어문화교육의 영역은 매우 많다.

나아가, 국제어로서의 한국어교육관을 정립할 필요가 있다. 우리는 오랜 역사적 전통에 식민지 경험이 덧붙어서 '겨레'에 대한 의식이 매우 강하고, 그것이 언어문화교육에도 그대로 스며들어 있다. 물론 국어를 갈고닦으며 국어의 순수성을 지키는 일은 매우 중요하지만, 한국어가 외국에서도 쓰일 수 있고, 그럴 경우 '표준 한국어'와 다를 수도 있다는 점 또한 받아들여야 한다. 싱가포르가 약간은 자기비하적인 'Singlish'라는 말을 스스럼없이 쓰는 것은 자신들의 역량에 대한 자부심이 없이 불가능한 일이다. 세계 각지로 퍼져나간 영어가 수많은 피진들을 만들어 내도, 그리하여 심하면 의사소통이 안 되는 경우까지 생겨도, 그것에 대해 영국에서 왈가왈부할 수도 없는 일이다. 즉, 국어순수주의나 지나친 규범중심주의는 한국어의 가능성을 스스로 좁히는 길이다. 여러 나라에 '현지화 된' 한국어가 자라는 것을 어느 정도 용인하는 가운데 기본적인 원리 마련에 역량을 집중해야 한다.

그러려면 모국어교육의 목표를 세분할 필요가 있다. 싱가포르에서 영어와 모어의 이중언어교육을 실시할 때, 영어는 대체로 의사소통 중심의 기초 기능에 초점을 맞추고 모어는 사고와 문화 쪽에 초점을 맞추는 것을 볼 수 있다. 어느 나라나 외국어교육을 한다면 일단은 도구적 목표에 초점을 맞출 수밖에 없다. 그러나 모국어교육이라면 도구적 목표와 사상·문화적 목표를 다 달성해야 하고, 외국어교육과 비교해서 상대적으로 사상·문화적 목표의 비중이 커질 것은 당연한 일이다. 곧, 국어교육도 기초적·기능적 문식성 신장 영역과 언어문화 함양 영역으로 구분하고, 발달 단계와 학습자의 요구에 따라 양자의 비중을 조절해야 하는 것이다. 특히 도구적 능력은 학년이 올라갈수록 새로 배운다기보다 이미 갖추고 있는 능력을 정교화·풍부화하는 속성이 강하므로, 국어과의 틀 안에 가두지 말고 범교과로 푸는 것이 바람직하다. '모든 교사의 국어 교사화'가 필요한 것이다.

이는 국어 교사관이 바뀌어야 한다는 뜻이다. 국어과가 도구교과라면, 국어 교사 역시 '도구 교사'가 되어야 하는 게 논리적 귀결이다. 여기서의 '도구 교사'란 언어를 매개로 하여 다양한 학문/기술 분야에 전문성을 가진 교사를 말한다. 싱가포르의 경우 중등 교사도 모두 두 과목 이상의 자격을 갖추고 있다. '영어와 사회', '수학과 물리' 같은 식이다. 단순한 부전공이 아니라 두 과목을 똑같이 전공한 것인데, 그럼으로써 좀더 넓은 안목에서 교과를 바라볼 수 있고 교사 운용도 융통성 있게 할 수 있다. 꼭 그런 복수 전공이 아니라도, 국어 교사가 기본적인 언어 활동·언어교육에 대한 전문성과 특정 학문/기술 분야에 대한 전문성을 함께 갖춘다면 매우 바람직한 일이다. 현재는 그 전문성이 언어와 문학 분야에만 한정되나, 다른 분야로 확장하지 못할 이유가 없다. 더 궁극적으로는 모든 교과의 교사가 국어 교사의 자질을 갖추도록 하는 것이 좋다.

목표별 분류와 함께, 언어문화교육을 단계별로도 초점화할 필요가 있다. 싱가포르의 경우 小学 5학년부터 능력에 따른 수준별 교육을 실시하는데, 장기적으로 그러한 정책의 도입을 고려할 수 있다. 공통교육과정 기간 10년 동안(실제로는 그 이후까지 12년 동안) 모든 학생이 꼭 같은 교육과정·교재로 수업해야 하는지 돌아볼 때가 된 것이다. 기초 문식성을 갖춘 상태에서는 중학교 정도부터 학문언어·직업언어·예술언어 등으로 분리가 가능하지 않을까? 혹은, 교육과정과 교과서를 기본 영역과 확장 영역으로 나누어, 기본 영역에서는 공통의 기본 문식성과 문화 능력을 다루고 확장 영역에서는 목적에 따라 특화된 능력을 다루는 방안도 가능하다.

무엇보다도, 미래 지향적 언어문화교육은 언어문화 자체에 대한 이해와 함께 가는 것이 중요하다. 언어문화에 대한 교조주의나 방임적 관점으로는 언어문화교육의 철학을 구현할 수 없으며, 기술적(技術的) 접근 역시 마찬가지다. 그러기 위해서는 언어관과 교과관을 바꾸고,

민족어로서의 한국어와 언어 생태계에 대한 새로운 이해가 이루어져야 한다.

Ⅳ. 싱가포르를 통해 돌아보는 우리

우리나라는 오랜 세월 단일 민족·단일 언어의 이데올로기 아래 살아왔기 때문에 언어 환경과 언어문화교육 정책이 맺는 관계에 대하여 인식할 기회가 없었다. 조선 초기 한글 창제를 둘러싸고 벌어진 논쟁이 거의 유일한 언어문화교육 정책론일 것이다. 일제 강점기에 들어 식민 당국의 조선어 말살 정책이 시행되면서 비로소 언어문화교육 정책의 중요성에 눈을 떴다고 할 수 있다.

1990년대 들어 가속화된 정보화와 국제화는 삼국통일이나 한글 창제, 일제의 식민 침탈, 남북분단 등에 못지 않게 중요한 언어 환경의 변화라고 할 수 있다. 음성언어와 문자언어에 이은 제3의 언어로 매체언어가 등장했으며, 영어 공용화론이 등장할 정도로 일상의 언어생활에서 국어와 외국어의 교섭이 많아지고 있다. 이런 상황에서 '국어의 순수성을 지키고 우리말을 가꾸기 위해 노력하는' 것만이 반드시 바람직한 정책인지는 재고할 필요가 있다. 그처럼 소극적이고 수동적인 정책만으로는 다가올 격변을 한동안 연기할 수는 있어도 본질적인 대처는 불가능하기 때문이다. 언어문화를 발전시키고 급변하는 환경에 국어가 효과적으로 대응할 수 있도록 하려면 언어문화교육 정책을 획기적으로 변화시킬 발상의 전환이 필요하다.

싱가포르는 다민족·다언어·다문화 사회로서 인종주의나 문화 차별 같은 문제에 대해 매우 민감하고, 영어를 바탕으로 하여 국제화를 추구하는 동시에 자국의 국가 정체성에 대해서도 깊은 관심을 갖고 조심스럽게 접근하고 있다. 영국의 식민지 경험과 경제 개방 정책이 언어문화와 교육 정책에 어떤 영향을 주는지, 중국인이 정치·경제적 실권을 장악한 상황에서 다중언어 정책이 어떤 의미를 내포하는지,

아시아 제일의 국제 도시로서 수많은 외국인과 국제학교가 있는 상황에서 그들은 어떤 식으로 싱가포르의 언어 환경에 적응하는지, 상대적으로 소수인 말레이·인도계 주민은 모어교육을 어떻게 시키는지 등의 문제는 매우 복잡하고도 민감한 문제이다. 싱가포르의 교육과 언어 당국은 이러한 문제들을 예방하고 해결하기 위해 많은 노력을 기울이고 있다.[17] 언어문화교육 정책도 그 연장선상에 있다.

이러한 싱가포르의의 언어문화현상을 살펴보기 위해서는 일종의 '문화적 원근법'이 필요하다. 이는 다양한 문화를 문화적 거리(cultural distance)를 유지하면서 균형감 있게 수용·반응하는 자세로서, 국제화 시대의 언어교육(모국어와 외국어를 막론하고)에서 매우 중요한 시각이다. 이 부분에서 그 동안 우리의 언어문화교육 정책이 단편적이며 미시적인 성과에 매달려 왔다는 비판이 나온다. 교육의 다른 영역도 그러하지만 특히 모국어교육에서는 장기적이고 거시적인 전망이 필요한데, 그에 관한 반성이 부족했던 것이다.

싱가포르의 언어문화현상을 살펴보고 그 창을 통해 우리의 언어문화교육을 돌아본 결과, 몇 가지의 논쟁적인 명제를 이끌어낼 수 있었다. 그와 관련하여 어떤 정책을 택해야 할 지에 대해서는 더 깊은 연구가 이루어져야 할 것이다. 이 글에서는 일단 모국어교육은 언어문화교육으로 나아가야 한다는 점과, 국가 경쟁력은 정치·경제·기술뿐 아니라 학술·문화·예술 등의 방면에서도 필요하다는 점, 그리고 이중언어교육(영어 공용화)은 장기적으로 한국어에서 영어로의 언어이동(Language Change)을 초래하고, 그에 따라 새로운 피진영어로서 'Konglish'를 만들어내는 대신 한국어의 언어문화는 위축될 것이라는 점만을 지적해 두기로 한다.

---

17) 2005년 여름에 두 청년이 인터넷 블로그에 인종 차별적인 내용을 실으면서 인종주의가 사회적 관심사가 되었다. 이와 관련하여 리센룽 총리가 직접 나서서 인종주의를 용인하지 않겠다고 단언할 정도로 싱가포르에서 인종 문제는 민감한 사안이다. 그 이면에는 중국계가 정치·경제적 실권을 잡으면서 상대적으로 인도 및 말레이계 주민이 소외돼 온 역사가 자리잡고 있다. 싱가포르의 인종주의는 자국 내뿐 아니라 인접국인 말레이시아, 인도네시아 국민과의 관계에서도 은연중 드러난다.

제 3 장
싱가포르 소학교의 중국어(华文) 교과서 체제

Ⅰ. 싱가포르 언어 정책의 기본

싱가포르는 원래 말레이반도의 일부로서 1819년 이래 영국의 식민지로 있었고, 2차대전 중 일본의 지배를 받다가 종전 후에 다시 식민지로 돌아갔다. 이후 자치령으로 잠시 독립했다가 다시 말레이시아 연방의 일부로 편입되는 등의 우여곡절 끝에 1965년에야 비로소 독립 국가로 설 수 있었다. 인접국인 말레이시아, 인도네시아가 말레이인 중심의 인구・자원 대국인 데 비해 싱가포르는 겨우 420여만 명의 인구가 싱가포르 섬에 옹기종기 모여 살고 있고, 인구 구성도 중국계 중심으로서 인접국과 크게 다르며, 문화적으로는 영국과 중국의 영향을 크게 받고 있다.

싱가포르의 언어 정책은 다민족・다문화 국가의 정체성을 살려 영어를 공용어로 사용하되 민족마다 고유한 모어를 유지하는 데 중점을 두고 있다. 그에 따라 정치, 경제 등의 모든 활동이 다중 언어(주로 영어)로 원활히 이루어지지만, 한편으로 모어에 따라 하위 집단이 형성되고 개인 간의 관계가 결정되기도 한다. 따라서 어릴 때부터 모어와 영어의 이중언어교육에 힘을 쏟으며, 제도 교육의 대부분을 언어교육(이중 언어)에 할애하고 있다. 이는 캐나다 동부, 스위스 등에서 여러 민족이 각기 하나의 모어를 익히고 그것들이 그대로 공용어로 통용되는 것과는 또 다른 경우다. 곧, 영어가 모어인 사람은 매우 적지만, 네 개의 공용어 중 영어가 가장 널리 쓰이는 것이 싱가포르의 언어 현실이다.

싱가포르가 영어를 공용어로 채택한 이유는 다민족 사이의 의사소통을 원활히 하기 위해서이지만, 한편으로는 영국의 식민 지배를 오래 받은 데서 온 영향도 크다(이것은 인도, 홍콩, 말레이시아 등과 비슷한 상황이다.). 자연히 싱가포르 영어는 영국식 영어를 따르나, 외국어를 공용어로 쓰는 과정에서 자국의 문화와 사고 체계를 반영하여 자기들만의 독특한 영어, 곧 'Singlish'를 만들어 냈다.[1)]

싱가포르 언어교육의 양대 축은 영어와 중국어이다. 말레이어와 타밀어를 모어로 사용하는 사람도 영어와 중국어는 필수적으로 배우도록 되어 있다(그에 비해 중국계가 말레이어나 타밀어를 배우는 경우는 매우 드물다.). 영어가 중시되는 이유는 앞에서 설명한 바와 같거니와, 중국어가 중시되는 이유는 무엇일까? 그 이유는 싱가포르 주민의 3/4 정도가 중국계로서 그들의 영향력이 크다는 데서 찾을 수 있고, 최근 들어 중국의 경제적 약진이 그런 현상을 더욱 채찍질하고 있다. 아랍거리와 리틀인디아, 말레이빌리지 등 몇몇 특화된 상권 이외에는 대부분의 간판이 영어와 한자로 표기되어 있으며, 공공 서비스도 4개 공용어로 모두 말하거나 쓰기 어려운 경우에는 영어와 중국어만으로 말한다/쓴다.[2)] 따라서 인종을 불문하고 모든 학생이 어릴 때부터 중국어로 의사소통을 할 수 있으며, 대학의 中文系에도 비중국계 학생들이 많다.

1) 싱가포르의 여론 주도층은 Singlish에 대해 표준 영어의 규범에 맞지 않는 'Broken English'라는 열등감과 '싱가포르가 발전시킨, 싱가포르만의 Local English'라는 자신감을 동시에 느끼고 있다. 그러나 어쨌든 표준 영어와 거리가 먼 것은 사실이기 때문에 'Good English Movement'를 벌이며 영어의 수준을 높이기 위해 노력하고 있다. 중국어 사용자가 북경 표준어에 대해 느끼는 이중 감정도 이와 유사하다. 80세가 넘은 리콴유 전 수상이 지금도 만다린을 연습하고 있으며, 그 경험이 책으로 출간되기도 했다. 이에 대해서는 http://www.goodenglish.org.sg와 http://www.mandarin.org.sg 참조.

2) 최근 중국의 국력이 급격히 신장되면서 싱가포르에서 만다린 교육에 대한 관심이 높아지고 있다. 2004년 리콴유 전 총리의 아들인 리셴룽(李顯龍) 현 총리가 취임할 때에도 취임 연설을 하면서 일단 영어로 시작한 뒤 곧바로 만다린으로 바꿔서 연설을 진행했다. 이는 만다린 정착에 대한 싱가포르 정부의 의지를 보여주기 위한 것이다(리 총리는 캠브리지와 하버드에서 공부했다.).

이 글에서는 싱가포르에서 사용되는 4개 언어의 교과서 중 소학교 중국어(华文)의 1학년과 5학년 교과서를 논의 대상으로 삼기로 한다. 말레이어와 타밀어 교과서는 수요가 적은데다 필자로서는 해독이 불가능하고, 영어 교과서는 영국과 홍콩의 교과서로부터 유추할 수 있기 때문이다.

Ⅱ. 싱가포르 교육의 개요

1. 교육의 기본 체제

싱가포르의 교육 제도는 주로 영국 모형을 따르고 있으며, '6(4 +2) - 5(또는 4) - 2(또는 3)' 학제를 기본으로 하여 이 과정을 마치면 5개의 기술학교(Polytechnic)나 3개의 대학교(University) 중 하나에 진학하게 된다. 그 기본 체제는 <그림 5-3-1>과 같다.

<그림 5-3-1>에서 보듯이 싱가포르는 6세에 의무교육을 시작하여, 6년 간의 초등교육(小学, Primary School)과 4~5년 간의 중등교육(中学, Secondary School)을 받도록 되어 있다.[3] 중등교육을 마친 뒤에는 2~3년의 대학예비교육(Pre-University School)을 거쳐서 대학에 가게 되므로, 최소 12년의 정규 교육을 거쳐야 대학에 진학하는 것은 한국과 같다.[4]

대학예비교육은 2년제 Junior College와 3년제 Centralised Institute에서 이루어지며, 그 성격은 한국의 고등학교 2~3학년이 이수하는 심화교육과정과 비교할 수 있다. 고등교육, 혹은 직전(職前) 교육은 국립싱가포르대학(NUS; National University of Singapore), 난양기술대학

3) 소학 과정을 마친 학생들은 PSLE(Primary School Leaving Examination) 성적을 고려하여 Special/Express 과정(4년)과 Normal 과정(5년)으로 나누어 배치된다. Special 과정에는 PSLE 성적 상위 10% 이내의 학생들만이 배정된다.

4) 이것은 PSLE에서 좋은 성적을 얻어서 Special/Express 과정과 Junior College를 거치는 경우에 해당한다. 다른 과정을 거쳐서 대학에 갈 경우에는 수업 연한이 더 길어진다.

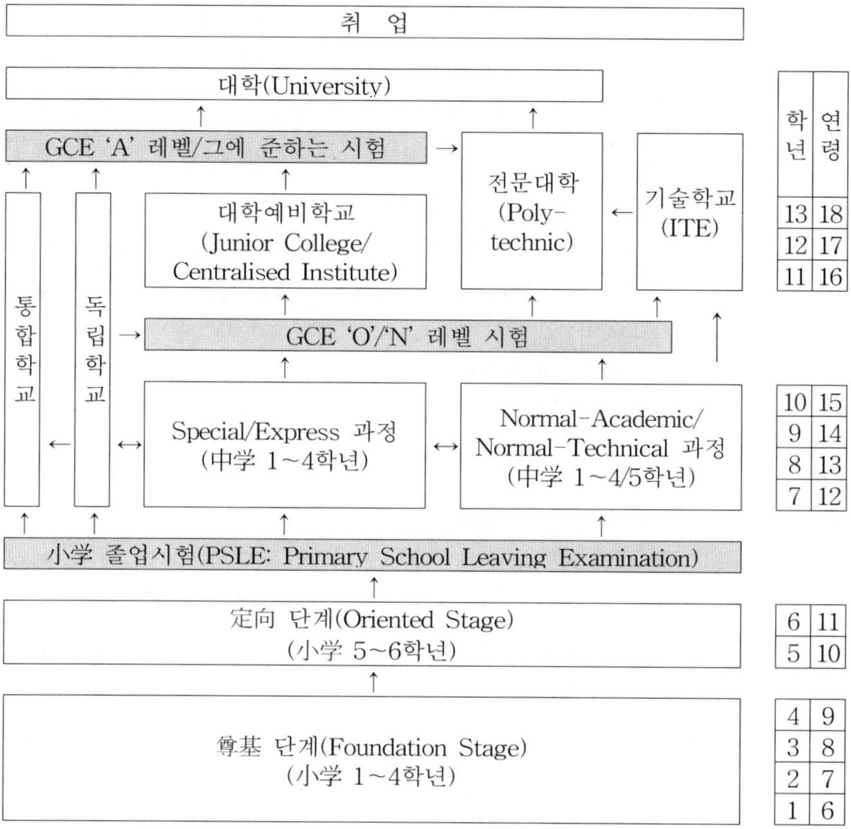

<그림 5-3-1: 싱가포르 교육의 기본 체제>

(NTU; Nanyang Technological University), 싱가포르 경영대학(SMU; Singapore Management University)의 3개 대학(University) 외에 한국의 전문대학에 해당하는 5개의 Polytechnic과 직업학교에 해당하는 ITE(Institute of Technical Education), 교원양성대학인 NIE(National Institute of Education)에서 이루어진다. 그밖에 2개의 예술학교가 있다. 2004년 현재 小学 353개 교, 中学 175개 교, 대학예비학교 18개 교에서 530,924명의 학생과 24,914명의 교사가 공부/근무 중이며, 4년제 이상의 대학(University와 NIE)에 재학중인 학생 수는 43,048명이다.[5]

5) 여기서 소학, 중학에 비해 대학예비학교의 학교 및 학생 수가 크게 적은 것을 볼

싱가포르의 취학률은 초·중등교육에서는 95%(2001·2003년 소학)~100%(2001년 중학)에 달하지만, 대학예비교육에서는 44%(1999년)~50%(2003년)로 급격히 떨어진다. 이는 일찍부터 진로 교육을 강하게 실시하는 정책 때문에 나타나는 현상이다. 곧, 소학에서 중학으로 올라갈 때 PSLE(Primary School Leaving Examination)를 치르고, 중학에서 대학예비교육으로 올라갈 때 GCE(The Singapore–Cambridge General Certificate of Education) 'O' 레벨(Special/Express 과정)과 'N' 레벨(Normal 과정) 인증시험을 치르며, 대학으로 올라갈 때 다시 GCE 'A' 레벨 인증시험을 치르면서 지속적으로 학생들을 선발/탈락시키기 때문이다. 한국식으로 말하면 중학교·고등학교·대학교 입시를 계속 치르는 셈으로,[6] 이처럼 끊임없이 시험을 치르면서 진학/직업 선택 여부를 결정하기 때문에 싱가포르 학생들의 교육 스트레스는 매우 높다.

싱가포르의 학교는 설립 주체 여부보다는 정부의 재정 지원 여부를 가지고 공립과 사립으로 대별한다. 공립학교와 달리 사립학교는 모든 재정을 스스로 조달하고 집행하기 때문에 거의 무상인 공립학교에 비하면 학비가 상상을 초월할 정도로 비싸다. 이처럼 공립학교와 학비로 경쟁이 안 되는 대신 사립학교는 우수한 교원을 초빙하여 질 좋은 교육을 제공함으로써 경쟁력을 유지하고 있다.

2. 초등교육의 이수 과목과 수업 운영

싱가포르의 초등교육은 6~11세의 6년 동안 이루어지며, 그 기간은 다시 奠基 단계(Foundation Stage) 4년과 定向 단계(Oriented Stage) 2년으로 세분된다. 奠基 단계에서는 영어, 모어(중국어, 말레이어, 타밀어), 수학의 기초·기본을 다지고, 定向 단계에서는 PSLE를 준비하면서

수 있다. 중학의 Normal 과정은 Academic 과정과 Technical 과정으로 나뉘지만, 사실상 Academic 과정까지 포함하여 대부분의 Normal 과정 학생들이 Polytechnic이나 ITE로 진학하고 대학예비학교로 가는 학생은 소수이다. 물론, Polytechnic을 마친 후에도 대학에 지원할 수 있다.

6) 중학 과정을 마치면서 GCE 인증을 받지 못하면 상위 학교에 진학하지 못한다. 그런 학생들은 1년 유급을 하거나 중학 졸업으로 만족해야 한다. NUS, NTU 등의 4년제 대학에 가려면 GCE 'A' 레벨에서 상위 성적이 나와야 한다.

좀 더 다양한 과목을 다루게 된다. 특히 정향 단계에 이르면 언어 능력을 바탕으로 하여 학생들을 세 그룹으로 나누어 수업한다. 곧, 영어와 모어 수준이 모두 우수한 학생들은 EM1, 보통인 학생들은 EM2, 그리고 그 수준이 비교적 낮은 학생들은 EM3로 분류하여, EM3 그룹의 학생들은 분반 수업을 하고 EM1과 EM2 수준의 학생들은 한 학급 내에서 수준별 수업을 하게 된다.[7] PSLE 역시 EM1, EM2 그룹과 EM3 그룹을 나누어 치른다.

수업 용어는 '모어' 시간을 제외하고는 기본적으로 영어이다. 수업에서 교사의 인종이나 종교, 모어를 내세우는 일은 금지되어 있으며, 가급적 Singlish가 아닌 국제 영어(International English)를 사용하도록 하고 있다.[8]

초등교육에서 다루는 과목과 PSLE 과목은 <표 5-3-1>과 같다.

<표 5-3-1: 싱가포르 초등교육의 이수 과목과 PSLE 과목>

<table>
<tr><td colspan="2">尊基(Foundation Stage) 단계</td><td>定向(Oriented Stage) 단계</td><td colspan="2" rowspan="2">졸업시험(PSLE)</td></tr>
<tr><td>1~2학년</td><td>3~4학년</td><td>5~6학년</td></tr>
<tr><td rowspan="3">영어, 모어(중국어/말레이어/타밀어), 수학, 미술・공예, 도덕(Civics & Moral Education), 음악, 체육, 사회</td><td rowspan="3">+ 과학</td><td rowspan="3">영어, 모어, 수학, 과학, 미술・공예, 도덕, 보건(Health Education), 음악, 체육, 사회</td><td>EM2 (Main Stream)</td><td>영어, 모어, 수학, 과학</td></tr>
<tr><td>EM1(Optional)</td><td>모어(고급)</td></tr>
<tr><td>EM3</td><td>기초 영어, 모어(기초), 기초 수학</td></tr>
</table>

7) 이 세 수준의 학생들이 사용하는 교과서도 다르다. <华文>의 경우 EMI 1~3 그룹은 각각『小学高级华文』,『小学华文』,『小学基础华文』을 교재로 사용하는데, 한 학급 내에서 수업하는『小学高级华文』과『小学华文』은 제재와 활동이 서로 비슷한 반면 분반 수업을 하는『小学基础华文』은 다른 책들과 체재와 내용이 완전히 다르다.

8) 그러나 실제로는 대다수의 교사들이 Singlish를 사용하며, 그로 인해 학생들의 영어 수준이 높아지지 않는다고 보고 교사의 영어 능력을 신장시키기 위한 노력이 계속되고 있다.

Ⅲ. 小学 <华文> 과목의 교육과정과 교과서[9)]

1. 小学 <华文> 과목의 교육과정

(1) 기본 틀

싱가포르 언어교육의 대전제는 영어를 중심으로 한 이중언어 정책의 타당성과 모어교육의 중요성을 동시에 인정하는 것이다. 곧, 중국계는 중국계대로, 말레이나 인도계는 또 그대로 자신들의 모어를 간직하면서 영어로 일상 생활을 할 수 있도록 하는 것이 언어교육의 목표이다.[10)] 중국어교육도 이 정신에 따라 이루어지고 있다.[11)]

현재 사용하는 교육과정은 2002년에 개정된 것으로, 2002～2006년에 걸쳐 연차적으로 적용되었다. 새 교육과정의 적용 시기는 <표 5-3-2>와 같다.

---

9) 혼란을 피하기 위해 과목명은 <华文>으로, 교과서(책)는『小学华文』등으로 표기할 것이다. 교육과정 내용이나 교과서의 특정 부분 등을 강조할 때에는 '小学华文' 등으로 표기한다.

10) 당연한 이야기이지만, 그동안 모어교육은 주로 가정에서 담당해 왔다. 영어교육은 매스컴과 유치원 이후의 제도 교육에서 주로 담당해 왔을 뿐이다. 하지만 점점 영어의 중요성이 높아지고 영어 능력이 곧 개인의 사회적 지위를 결정한다는 인식이 퍼지면서 가정에서도 영어를 사용하는 비율이 높아지고 있다. 이 현상은 영어를 능숙하게 사용하는 세대가 학부모의 대부분을 차지하면서 더 심화되고 있다. 그 결과 이른바 'Singlish First Language' 그룹이 늘어났는데, 그들은 그들의 '원래의 모어'에 취약한 모습을 보인다. 예를 들어 중국계이면서도 중국어로 대화 정도는 가능하지만 어려운 글을 읽지 못하거나 글을 쓰지는 못하는 학생들이 늘고 있다.

11) 싱가포르에서는 广东语(Cantonese)를 비롯한 중국 남부 방언을 주로 쓰지만, 학교에서는 북경 표준어(Mandarin)를 집중적으로 가르친다. 학생들 입장에서는 일상의 중국어와 학교 중국어가 다른 셈이다. 언어 면에서 볼 때 중국계 싱가포르 학생들은 중국어(Cantonese↔Mandarin)와 영어(Singlish↔표준영어) 양면에서 분열을 경험한다. 극단적인 경우 집에서(광동어), 거리에서(Singlish), 학교와 매스컴에서(Mandarin과 표준 영어) 각기 다른 말을 써야 하는 경우도 생긴다. 물론 그들이 크게 다르지 않고 그런 생활이 생활화되어 있기 때문에 의사소통에서 문제가 생기지는 않지만, 그로 인한 스트레스를 숨기기는 어렵다.

<표 5-3-2: 싱가포르 신 교육과정 적용 시기>

학년 / 과정	1	2	3	4	5	6
华 文	2002	2002	2003	2004	2005	2006
高级华文	2002	2002	2003	2004	2005	2006
基础华文					2005	2006

현재 사용하는 小学华文课程标准 2002(Chinese Language Syllabus-Primary)는 다음과 같은 차례에 따라 기술된다.

제1장 서언
제2장 시행 원칙
제3장 교수-학습 목표
제4장 교수-학습 내용과 제재 선정의 원리
제5장 교수-학습 방법
제6장 평가 방법
제7장 수준별 과목 운영 안내
부록 필수 성어표

이에 따른 소학교 <华文> 과목의 학년별 주당 시수는 <표 5-3-3>과 같다.

<표 5-3-3: 학년별 <华文> 과목 시수>

학년 / 과정	1	2	3	4	5	6
华 文	6.5	5.5	4.5~5	4	4	4
高级华文	7.5	6.5	6.5~7	6	5	5
基础华文					2	2

(2) 목표와 내용

소학 <华文> 교육과정(小学华文课程标准)에서 제시한 어문교육의 목표는 다음과 같다.

<어문교육의 목표>

• 듣기 · 말하기 · 읽기 · 쓰기의 어문 기능 교수-학습을 통해 학

생의 어문 능력을 기르는 것
- 어문교육을 통하여 중국(华族)의 문화와 전통, 가치관을 습득하도록 하는 것

이것은 언어교육의 목표로 언어 기능 신장과 문화·가치 함양을 병치한 것으로, 한국과 비슷하다. 이것을 좀 더 구체화한 것이 '교학 목표'인데, 교학 목표는 다시 교과 목표(总目标)와 영역별 목표(分项目标)로 나누어 기술하고 있다. 교학 목표는 다음과 같다.

> 소학 중국어교육의 목표는 두 가지이다. 도구적(工具性) 목표와 사상·문화적 목표가 그것이다. 도구적 목표는 의사소통(交际), 인지(认知), 사유(思维)의 세 영역을 포괄하고, 사상·문화적 목표는 전통 문화와 가치관 함양을 포괄한다.

역시 앞에서 본 대로 언어교육의 목표를 두 가지로 나눠서 설명하고 있는데, 도구적 목표를 '의사소통, 인지, 사유'의 셋으로 범주화한 것이 특기할 만하다. 특히 국민 교육이 추구하는 공통의 가치관과 핵심 기능, 교육적 이념을 고려하였으며, 학생의 인종 배경이 다양하므로 그에 적합한 중국어교육이 필요함을 역설하였다.

이 도구적 목표와 사상·문화적 목표는 다음과 같이 상세화 된다.

<도구적 목표>

① 듣기, 말하기, 읽기, 쓰기 능력을 기르고, 중국어에 대한 이해와 운용 능력을 제고하며, 초보적인 자학 능력을 갖추어
- 汉语拼音(병음부호)을 익히고, 그를 바탕으로 하여 글자(= 단어)를 이해하고, 글을 읽으며, 표준 중국어로 말하고, 중국어 IT 자료를 활용한다.
- 청소년의 일상 생활과 관련된 담화 및 일반 신문 보도 등을 듣고 이해한다.
- 중국어로 대화를 나누고, 소학생이 일상 생활에서 필요한 의사소통 능력을 갖춘다.
- '기본 글자표'의 범위 안에서 글을 읽고, 적절한 언어 자료를 이해한다.

- 필요에 따라 조리에 맞게 짧은 글과 편지를 쓴다.
- 학생용 사전을 활용하여 중국어를 익힌다.

② 어문 학습에서 얻은 사고력과 정보·통신 등의 관련 기능을 통합하고, 중국어를 통한 의사소통, 인지, 사유 능력을 기른다.

<사상·문화적 목표>

제재 및 더 읽을거리와 연관된 문화 활동을 함으로써,

- 전통 문화의 가치를 인식하고, 자신의 뿌리를 중시한다.
- 우리나라의 핵심 가치관을 이해하고, 국가에 대한 애정을 갖는다.

이러한 큰 목표 아래, 각 학년별로 영역별 목표를 제시하고 있다. 구체적인 목표와 내용은 학생의 연령상 특징, 생활 경험, 어문 능력 등을 고려하여 다음과 같이 체계화하였다.

<단계>

- 奠基 단계(1~4학년) : 공통의 중국어 교육과정을 운영하되, 상위 학생의 경우 고급 중국어를 이수할 수 있다(고급 중국어라 할지라도 학습 내용은 같다.).
- 定向 단계(5~6학년) : 학습 수준에 따라 세 그룹으로 분류하여, 각기 다른 내용을 다룬다.
  - EM1 : '高级华文' - 중국어를 모어로 하는 학생
  - EM2 : '华文' - 제2언어로 중국어를 익힌 학생
  - EM3 : '基础华文' - 중국어 수준이 비교적 낮은 학생

<영역>

듣기, 말하기, 읽기, 쓰기, 사고력(思惟), IT(资讯科技)

이에 따라 영역별 목표는 발달 단계를 1~2학년, 3~4학년, 5~6학년(定向 단계)의 셋으로 나누고, 각각을 다시 듣기·말하기·읽기·쓰기·사고력·IT의 여섯 분야로 나누어 4(1~2학년 말하기)~13(5~6학년 읽기) 항목으로 기술하였다(간혹 각 항목을 다시 하위 항목으로 자세히 나누어 기술한 경우도 있다.). 또, 각 항목마다 '华文'과 '高级华文'의 칸을 두어 그 내용이 어느 수준에 해당하는지를 표시하였고, 이와 별도로 전

통 문화와 가치관 관련 목표를 각각 6항목(윤리 · 풍속 · 인물 · 문학 · 역사 · 기술과학)과 5범주(개인 · 가정 · 사회 · 국가 · 세계)로 나누어 제시하였다(이때는 학년을 구별하지 않았다.). 그 기술 예는 <표 5-3-4> 및 <표 5-3-5>와 같다.

<표 5-3-4: 尊基 1단계 '듣기' 영역 교학 목표 예>

技能		教学目标	小一～小二(奠基阶段)	
			华文	高级华文
听的方面	1	能分辨不同的声母、韵母、音节	✓	✓
	2	能分辨不同的声调、语调、句调	✓	✓
	3	能听懂句子、句群、话语所要传达的主要信息	✓	✓
	4	能注意句子、句群、话语所传达的具体细节，如人物、事物、时间、地点、数字等		✓
	5	能根据语境或主要信息找出话语中的隐含信息		✓
	6	能初步根据说话者感情的强弱、语气、语调的变化等辨别话语的真正含义		✓
	7	具有起码的聆听能力，综合表现在能		
		• 听懂简单的口头指示	✓	✓
		• 听懂简单的问题	✓	✓
		• 听懂简单的儿歌、儿童故事、生活故事、谜语和寓言故事等	✓	✓
		• 听懂有关日常生活话题的简短谈话，包括与个人、家庭及学校方面的话题	✓	
		• 听懂较有内容的谈话（包括有关邻里与社区的一些简单话题）		✓
		• 听懂简单的儿童广播剧		✓
	8	能集中注意力听别人说话	✓	✓

<표 5-3-5: 소학 교육과정 '사고력' 영역 교학 목표 예>

技能		教学目标	小五～小六(定向阶段)		
			基础华文	华文	高级华文
思维方面		能较有效地运用基本思维技能以提高语言学习的效益，做到			
		• 能用联系法和归类法，加强对特定信息的记忆	✓	✓	✓
		• 能通过设问获取信息	✓	✓	✓
		• 能从不同的观点思考问题	✓	✓	✓
		• 能通过确认目标，找出问题的症结	✓	✓	✓
		• 能用比较法与分类法组织所提供的材料		✓	✓
		• 能通过解释、比较、描述、举例、比喻等方法来阐明问题		✓	✓
		• 能通过分析识别信息的正误，以及事物的属性与成分		✓	✓
		• 能集中注意力，针对较复杂的课题探索各种解决方法		✓	✓
		• 能初步通过归纳法与演绎法推演出新概念、知识等		✓	✓
		• 能根据相关事物所显露的迹象、趋势，预测可能出现的新情况和问题		✓	✓
		• 能质疑被认为理所当然的想法和准则，从而产生新的概念、知识等			✓
		• 能按篇章内容拟定准则，把具体事物排列比较，然后做出抉择		✓	✓
		• 能初步应用取代、结合、调整、修改、扩大、缩小等方法激发出新的点子和方法			✓
		• 能初步利用没有关联的事物作引子，激发新的概念、想法等			✓

⑶ 교수-학습과 교재

교육과정에서는 교수-학습 방법(교학법)으로 '종합 교학법'을 내세운다. 이것은 어문 기능을 종합적으로 신장시키고자 하는 것으로, 학생마다 수준이나 목표, 조건 등이 다르므로 융통성 있게 운용하여야 한다. 각 단계와 수준에 따듣기・말하기・읽기・쓰기의 교학 중점은 다음과 같다.

- 奠基 단계(1~4학년)에서는 네 영역의 기본 기능을 종합적으로 신장시키되, 특히 듣기와 말하기 기능에 중점을 둔다.
- 定向 단계(5~6학년)의 '华文'에서는 네 영역의 기능을 종합적으로 신장시키되, 듣기와 말하기, 읽기 기능에 중점을 둔다.
- 定向 단계의 '高级华文'에서는 네 영역의 기능을 종합적으로 신장시키되, 말하기와 읽기, 쓰기 기능에 중점을 둔다.
- 定向 단계의 '基础华文'에서는 듣기와 말하기 기능을 집중적으로 길러, 종합적인 듣기・말하기 능력을 신장시킨다.

교육과정이 특히 강조하는 것은 어문교육에서 어문 지식과 어문 기능이 통합적으로 신장되도록(一起進行) 하여야 한다는 점이다. 이는 교학 목표에서 도구적 목표와 사상・문화적 목표, 다시 도구적 목표에서 의사소통・인지・사유를 병치한 것과 연관된다.

소학 <华文> 과목은 도구성과 사상・문화라는 어문교육의 양대 목표를 달성하기 위하여 교재를 문화 관련 단원과 일상 생활 관련 단원으로 구성하도록 하였다.[12] 또한, 학생의 자학자습 능력을 기르기 위하여 '讲读 교재'와 '自学 교재'로 나누어 편찬하도록 하였다. 讲读 교재는 교사의 지도 아래 어문 지식과 기능을 체계적으로 학습하는 교재이고, 自学 교재는 교사의 안내를 받아 학생 스스로 학습하는 교재이다. 교사는 학생의 자학자습을 위하여 학습 방법을 안내하고 조력을 제공하여 자학자습 능력을 길러 주어야 한다. 이러한 내용은, <그림 5-3-2>처럼 정리하여 제시된다.

12) 이에 대해서는 뒷부분에 나오는 각 교과서의 '차례' 참조.

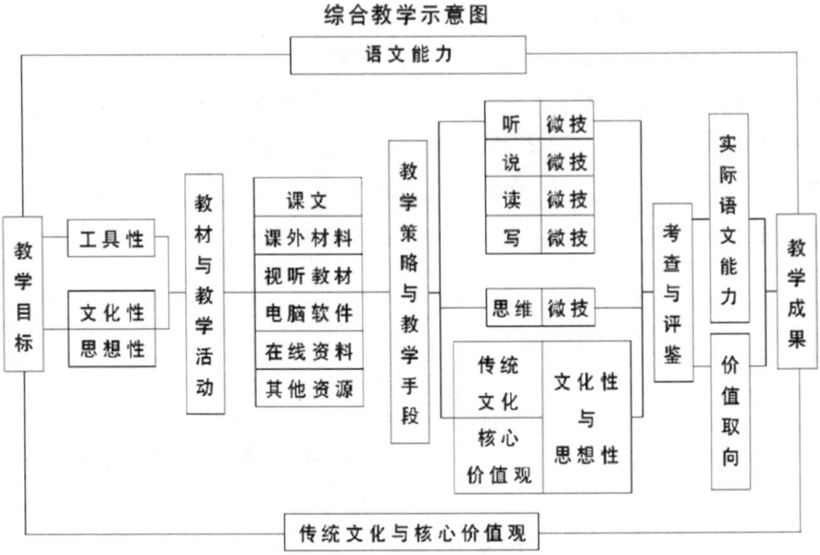

<그림 5-3-2: '종합 교학법'의 개요>

(4) 한자 기초 교육의 방향

중국어가 모어이든 아니든, 중국어 학습자가 제일 먼저 부딪히는 문제는 한자 학습이다. 물론, 싱가포르도 대륙과 마찬가지로 简体字를 사용하지만, 한자 익히기의 어려움은 여전히 남는다. 싱가포르는 한자 학습을 위하여 汉语拼音 체제를 도입하여, 정식으로 한자를 가르치기 전에 먼저 병음을 지도하는 방식을 취한다. 그러나 병음 자체가 문자는 아니므로, 일단 한자를 충분히 습득하면 병음이 한자 학습에 방해가 되지 않도록 병음 사용을 줄여 나간다. 곧, 병음을 중국어를 읽고 쓰는 능력을 기르기 위한 수단으로 이용하는 것이다. <자료 5-3-1>을 보면 순수 병음 표기에서 순수 한자 표기로 나아가는 과정을 알 수 있다.

<자료 5-3-1: 『小学华文』 교과서의 표기>

① 병음부호로만 표기
(『小学华文』 1-1 '课本')

② 병음부호에 기초 한자만 첨기
(『小学华文』 1-1 '课本')

③ 한자 전체에 병음부호 첨기
(『小学华文』 1-1 '课本')

④ 어려운/새 한자에만 병음부호 첨기
(『小学华文』 5-2 '课本')

⑤ 한자로만 표기 (『小学华文』 5-2 '课本')

한편, 교과서에서는 한자를 '읽기용(认用字)'과 '읽고 쓰기용(写用字)'으로 분류하여 단원 말미에 세시하고, 다시 책의 끝부분에 '기본 글자표(生字表)'로 정리하고 있다. 학생은 '읽고 쓰기용' 한자는 이해하고(认), 읽고(读), 쓰고(写), 부릴(用) 수 있어야 하지만, '읽기용' 한자는 읽고 이해할 수 있으면 되고 반드시 쓰거나 부리지는 못해도 된다. 이 두 부류의 문자는 성격이 다르기 때문에 교학 목표도 다르며, 수업이나 평가에서도 다르게 취급한다.

소학 과정에서 익혀야 할 글자 수는 총 2,000자이며, 각 단계별 필수 학습 한자의 수는 <표 5-3-6>과 같다.

<표 5-3-6: 소학 필수 학습 한자의 수>

학년	과정	写用字(읽고 쓰기)	认用字(읽기)	계
1~2학년 (尊基 1단계)	华文	540	60	600
	高级华文	600	-	600
3~4학년* (尊基 2단계)	华文	1,080	120	1,200
	高级华文	1,200		1,200
5~6학년* (定向 단계)	基础华文	1,200	300	1,500
	华文	1,620	180	1,800
	高级华文	2,000	-	2,000

* 그때까지의 누적 글자 수를 나타냄.

학생들은 이와 별도로 관용 표현이라 할 한자성어를 익혀야 한다. 성어는 본질적으로 문화와 관련이 있으므로 단순히 읽기만 하는 것이 아니라 그 안에 담긴 문화적 함의를 이해하도록 해야 한다. 그 수와 예는 <표 5-3-7> 및 <자료 5-3-2>와 같다.

<표 5-3-7: 소학 필수 학습 성어의 수>

基础华文	20
华文	45
高级华文	60

<자료 5-3-2: 소학 교육과정 '부록' - 成語表의 일부>

成 语 表

序数	成语	小学 基础华文	小学 华文	小学 高级华文
1.	半途而废	✓	✓	✓
2.	杯弓蛇影			✓
3.	不耻下问			✓
4.	不可救药			✓
5.	不劳而获			✓
6.	不务正业	✓	✓	✓
7.	不自量力	✓	✓	✓
8.	长年累月	✓	✓	✓
9.	出人头地			✓
10.	大公无私		✓	✓
11.	当仁不让			✓
12.	得过且过	✓	✓	✓
13.	东窗事发			✓
14.	发扬光大		✓	✓
15.	奉公守法		✓	✓
16.	改过自新	✓	✓	✓
17.	光明正大	✓	✓	✓
18.	害群之马	✓	✓	✓
19.	狐假虎威		✓	✓
20.	花言巧语		✓	✓
21.	画蛇添足		✓	✓
22.	家喻户晓			✓
23.	见义勇为	✓	✓	✓
24.	惊弓之鸟			✓
25.	井井有条		✓	✓
26.	口是心非	✓	✓	✓

2. 小学 <华文> 과목의 교과서

싱가포르의 자국어 교육을 위한 초·중등학교 교과서는 교육부 교육과정위원회(课程规划与发展署)에서 고시한 교육과정(课程规划)에 따라 개발팀에서 개발한 것을 教育出版社에서 일괄하여 출판하고 있다. 중국어(华文)는 북경 표준어(Mandarin)를 기준으로 하기 때문에 대륙(주로 베이징)의 교수와 출판 전문가들이 고문으로 참여한다.

모든 초·중등학교의 중국어 교과서는 학기별로 독본(课本)과 워크북(作业)으로 구성된다. 단, 1~2학년은 여기에 읽기 자료(阅读辅助教材读本)와 글씨쓰기(习字本子)가 추가되어 네 책을 다루도록 되어 있다. 책의 쪽수(80쪽 이상) 및 판형(4×6배판), 색도(4도)는 한국과 비슷하고, 지질은 무광택으로 처리되어 있다.

싱가포르의 중국어 교과서가 한국의 국어 교과서와 다른 점은 영역별로 분책되어 있는 한국과 달리 학습자의 언어 수준별로 세분되어 있다는 것이다. 그 이유는 물론 싱가포르가 다인종·다언어 국가로서 학생마다 모어가 다르기 때문이다. 중국어가 모어인 중국계 학생과 그렇지 않은 인도, 말레이계 학생들을 한 반에 모아 놓고 가르치다 보면 언어 수준의 차이가 매우 중요한 문제로 떠오르게 된다. 물론 기본적인 교수 언어는 영어를 사용하지만, 그것 또한 가정의 언어 환경에 따라 수준이 다를 수밖에 없다. 이는 다중언어 사회에서 필연적으로 겪게 되는 문제이다. 이에 따라 중국어의 경우 1~4학년까지는 '小学华文'과 '小学高级华文'의 두 수준으로 나누다가, 5~6학년이 되면 여기에 '小学基础华文'을 추가하여 세 수준으로 나누어 수업하게 되어 있다. 중국어가 모어가 아닌 인도 및 말레이계 학생들은 소학 고학년이 되어서야 비로소 중국어를 본격적으로 배우기 시작한다.

소학 <华文> 과목의 교과서 체제를 요약하면 <표 5-3-8>과 같다.

<표 5-3-8: 소학 <华文> 과목 교과서의 체제>

구분 \ 학년	1~2年级	3~4年级	5~6年级	
小学华文	课本 上·下 作业 上·下 阅读辅助教材读本 上·下 习字本子 上·下	课本 上·下 作业 上·下	E2	课本 上·下 作业 上·下
小学高级华文	课本 上·下 作业 上·下 阅读辅助教材读本 上·下 习字本子 上·下	课本 上·下 作业 上·下	E1	课本 上·下 作业 上·下
小学基础华文	-	-	E3	课本 上·下 作业 上·下

실제로 대다수의 싱가포르인은 인종에 관계없이 어릴 때(유치원)부터 모어 외에 영어와 중국어를 함께 배우지만, 중국계가 아닌 경우 지향 단계(5~6학년)에 가면 E3로 분류되는 것이 보통이다. 『小学华文』의 내용(제재와 활동)은 『小学高级华文』 안에 모두 포함되어 있기 때문에 尊基 단계(1~4학년)에서는 『小学华文』과 『小学高级华文』을 한 교실에서 함께 다룬다. 하지만 『小学基础华文』은 『小学华文』이나 『小学高级华文』과 완전히 다르기 때문에, E3 그룹은 E1, E2 그룹과 분리하여 다른 교실에서 지도하게 된다.

싱가포르의 교재는 <그림 5-3-3>과 같이 크게 세 그룹으로 나뉘어 있다. 정규 교과서(Textbooks Section A)와 별도로 교육부에서 확대 교과서, 콤팩트디스크, CD-Rom, 플래시카드, 그림카드, 괘도 등을 개발하여 보조교재로 보급하며(Textbooks Section B), 더 읽을거리(Supplementary Reader)도 공식적으로 개발하여 확장교재로 보급하고 있다(Textbooks Section C). 현재로서는 온라인 교재를 제외한 거의 모든 교재를 국가에서 개발·보급하는 것으로 볼 수 있는데, 이처럼 수업을 하는 데 필요한 모든 자료를 국가가 개발하여 보급까지 해 주는 것은 국가의 규모가 작고 어느 정도의 사회 통제가 용인되는 체제 아래서나 가능한 일이다.

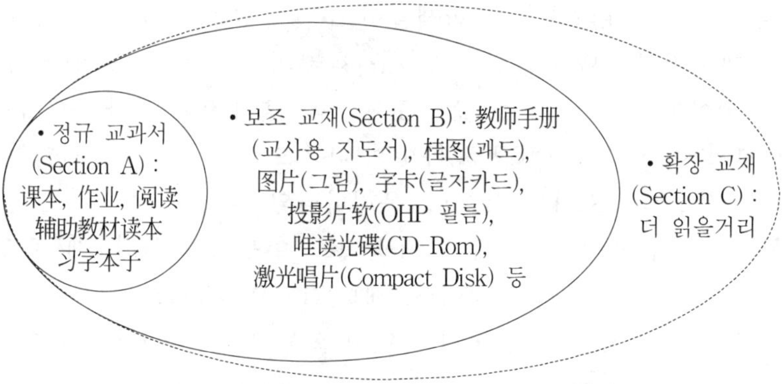

<그림 5-3-3: 중국어교육을 위한 교재의 층위>

Ⅳ. 소학 1학년 〈华文〉 교과서

소학 1학년 <华文> 과목은 네 가지의 기본 교과서를 활용한다. <그림 5-3-3>에서 본 교재 목록의 'Section A'에 해당하는 것으로, '课本', '作业', '阅读辅助教材读本', 그리고 '习字本子'가 그것이다. 각각의 책이 '上'과 '下'로 나뉘어 있으므로 1년에 다루는 교과서는 총 8권이다. 물론, 수업 중에는 'Section B'의 보조 교재를 다양하게 활용하고, 'Section C'의 자료들을 추가로 도입할 수 있다.

이미 기술했듯이 『小学华文』과 『小学高级华文』은 그 기본 체재와 학습 목표 및 내용, 활용 제재 등이 비슷하다. 다만 활동의 질과 양이 『小学华文』에 비해 『小学高级华文』이 더 깊고 많을 뿐이다. 곧, 『小学高级华文』은 『小学华文』의 학습 내용을 포함한다.13) 따라서 여기서는 『小学华文』과 『小学高级华文』을 구별하지 않고 적절히 섞어서 기술하기로 한다.

1. 독본 -『小学华文』·『小学高级华文』'课本' 一年级(上册)

1학년 1학기('一年级 上册'. 이후로 '上', '下'로 구분된 것은 우리나라처럼 '학기'로 표시하기로 한다.) '课本'은 학생들이 소학에 입학하여 처음 접하는 기본 교과서이다. 19cm(가로)×25.9cm(세로)의 크기로, 4도 인쇄(赤·黃·靑·黑)이며, 전체 쪽수는 앞뒤 표지 4쪽, 속표지와 목차 4쪽, 본문 80쪽으로 되어 있다. 이처럼 80쪽(16의 배수)으로 맞추는 이유는 인쇄 시 종이 낭비를 막으려는 것으로, 우리나라와 같다.

소학 1학년의 '课本'은 크게 두 부분으로 이루어져 있다. 제1부 '漢語拼音'과 제2부 '课文'이 그것이다. 제1부(1~20제재, pp.3-45)는 병음부호만으로 표기되어, 아직 중국어를 읽고 쓰는 데 미흡한 학생들이 중

13) 여기서의 '학습 내용'에는 익혀야 할 글자 및 그 발음과 뜻, 단어, 문장 등이 모두 포함된다. 예를 들어 '课文' 부분 '단원1'의 첫째 제재(두 책 모두 p.49)는 다음과 같다(편의상 병음부호는 생략함.).

「小学华文」	「小学高级华文」
<好宝宝> <착한 어린이> 我是好宝宝, 나는 착한 어린이, 天天起得早. 날마다 일찍 일어납니다. · 写用字 : 好 宝 我 是 天 · 认读字 : 起 得 早	**<我是好宝宝> <나는 착한 어린이>** 好宝宝, 착한 어린이는 起得早. 일찍 일어납니다. 起得早, 일찍 일어나면 身体好. 건강합니다. 我是好宝宝, 나는 착한 어린이, 天天起得早. 날마다 일찍 일어납니다. · 写用字 : 我 是 好 宝 身 体 天 · 认读字 : 起 得 早

<『小学华文』 1-1 '课本' 표지> <『小学高级华文』 1-1 '课本' 표지>

국어의 기초를 다지도록 하고 있다. 당연히 읽기·쓰기보다 듣기·말하기 활동을 주로 하고, 병음부호와 관련하여 중국어의 기본 음운(발음)을 익히는 데 중점을 둔다. 이에 따라 제재도 '1'부터 '20'까지 순서대로 나열되어 있을 뿐, 별도의 단원 형식은 갖추고 있지 않다.

'汉语拼音' 부분에서는 먼저 단어를 중심으로 병음부호를 익히고, 다섯 번에 걸쳐 '复习'을 두어 익힌 발음을 정리하도록 하였다. 병음부호를 익힐 때에는 <자료 5-3-3>처럼 그림(단어)과 병음부호, 발음

<자료 5-3-3: 제1부 '汉语拼音' 부분의 예(『小学华文』 1-1 '课本')>

을 연결하여 익히는데, 이는 우리나라에서 글자를 익히는 방법과 같다. 총 20개의 각 제재마다 2~5개의 병음부호를 익히도록 되어 있으며, 그 순서는 <표 5-3-9>와 같다.

<표 5-3-9: 병음부호의 학습 순서>

제재 1~7	a - o - e / i - u - ü / b - p / m - f / d - t / n - l / g - k - h / 复习 1
제재 8~11	j - q - x / zh - ch - sh - r / z - c - s / y - w / 复习 2
제재 12~15	ai - ei - ui / ao - ou - iu / ie - üe - ye - yue / er / 复习 3
제재 16~18	an - en / in - un - ün - yin - yun / ang - eng - ing - ong - ying / 复习 4
제재 19~20	4성법 / 문장 구성 / 复习 5

<표 5-3-9>를 보면 먼저 기본 모음과 자음을 배운 후, 자-모가 연결된 음절을 익히도록 하였음을 알 수 있다(/a/, /b/ → /ba/). 또, 모음의 경우 먼저 단모음을 익힌 후 중모음을 익히도록 하였고, 그림과 글자를 연결하여 병음부호를 익힌 후 그것을 간단한 문장에 적용하도록 하고 있다.

이렇게 기본 발음을 익히고, 한 그룹의 발음을 익힐 때마다 마치 우리나라의 기본 음절표와 비슷한 표를 제시하는데, 이는 비록 한자가 음절문자라 하더라도 중국어교육에서는 자모를 구분하여 가르침을 뜻한다. <표 5-3-10>은 중국어 교육용 기본 발음표의 예이다.

<표 5-3-10: 기본 발음표의 예>

a	o	e	i	u	ü
ba	bo	–	bi	bu	–
pa	po	–	pi	pu	–
ma	mo	me	mi	mu	–
da	–	de	di	du	–
ta	–	te	ti	tu	–
na	–	ne	ni	nu	nü
la	–	le	li	lu	lü
ga	–	ge	–	gu	–
ka	–	ke	–	ku	–
ha	–	he	–	hu	–

제2부 '课文'(3단원×4제재, pp.49-76)은 읽기 학습을 하도록 구성되었다. 표기는 한자에 병음부호를 첨기하는 방식을 취하였으며, 제목을 포함한 지문과 그에 관한 간단한 학습 활동만 덧붙였을 뿐, 학습 목표나 학습 내용 설명 등은 제시하지 않았다. 3개 단원마다 각각 네 개의 제재를 수록하여, 총 12개의 제재를 학습하도록 되어 있다. 제재의 내용은 가정과 학교의 일상 생활 관련, 우화·설화 등의 서사물, 초보적인 설명·논설 텍스트들이다.

<자료 5-3-4: 제2부 '课文' 부분의 예(『小学华文』 1-1 '课本')>

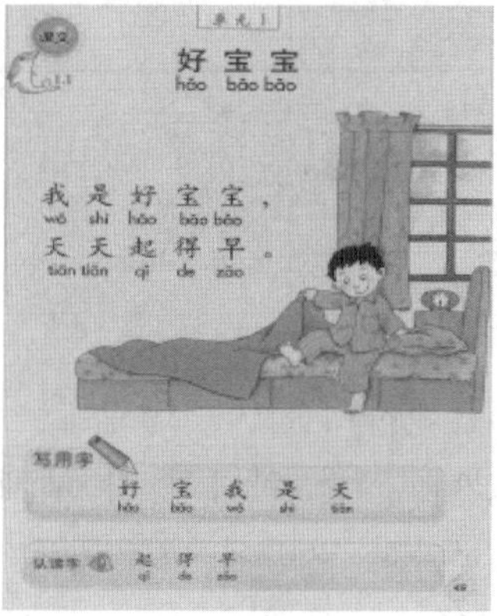

'课文'의 각 제재는 <자료 5-3-4>처럼 그림과 함께 간단한 지문을 준 뒤 그 아래 '写用字'와 '认读字'14)를 제시하는 방식으로 구성하였다. 제재의 내용은 학생의 가정 및 학교 생활 중심으로 서술하였으며, 제재별 학습 활동은 따로 제시하지 않았다. 그러나 특별히 『小学高级华文』 교과서에서는 매 단원마다 '学习园地'를 두어 읽기와 쓰기를 더 익히도록 하였다. 『小学高级华文』의 '学习园地'는 두 활동으로 이루어지며, 첫째 활동은 읽기, 둘째 활동은 쓰기에 초점이 있다.

『小学高级华文』 교과서의 체재는 <표 5-3-11>과 같다.

14) '写用字'는 읽기와 쓰기를 모두 할 줄 알아야 하는 글자, '认读字'는 읽을 줄만 알면 되는 글자를 뜻한다.

<표 5-3-11:『小学高级华文』1-1 '课文' 부분의 단원 구성 방식>

단원	제재	学习园地	
		첫째 활동	둘째 활동
1	1. 我是好宝宝(나는 착한 어린이)	• 念一念 (큰 소리로 읽어 봅시다.) – 문장 읽기	• 填一填, 念一念(빈 칸을 채우고, 큰 소리로 읽어 봅시다.) – 문장의 빈 칸을 채우고 읽기
	2. 我是好学生(착한 학생)		
	3. 我学画画(그림 공부를 해요)		
	4. 写字画和画(글씨와 그림)		
2	1. 我爱我的家(사랑하는 나의 가족)	• 读一读 (읽어 봅시다.) – 문단 읽기	• 想一想, 写一写(생각해서 써 봅시다.) – 상황을 주고 대화를 떠올려 쓰기
	2. 早上好(즐거운 아침)		
	3. 我们一起做早操(모두 함께 체조를)		
	4. 新衣多好看(참 예쁜 새 옷)		
3	1. 今天开学了(학교에 갑니다)	• 读一读 (읽어 봅시다.) – 간단한 이야기 읽기(늑대와 양)	• 写一写(써 봅시다.) – 글 내용과 관련한 쓰기 활동
	2. 我爱我的学校(우리 학교가 좋아요)		
	3. 我们都很要好(사이좋은 친구)		
	4. 有说有笑多快乐(모두모두 즐겁게)		

한편, 한자 교육과 관련하여 소학 교재에는 '写用字'와 '认读字'의 두 가지를 소개하고 있다. 그를 위하여 각 제재마다 '写用字'와 '认读字'를 따로 표시하고, 교과서 말미에 그것을 총정리하여 표로 제시하였다. 1학년『小学高级华文』상권의 신출자 목록은 <표 5-3-12>와 같다.

<표 5-3-12:『小学高级华文』1-1 신출자 목록>

단원		认读字	写用字
汉语拼音	1* (제재 1~7)	–	–
	2 (제재 8~11)	–	–
	3 (제재 12~15)	爸 妈 我 爱 一 起 大 口 姐 有 也 学 鱼 儿 来 去 马(17자)	–
	4 (제재 16~18)	们 的 你 水 好 玩 个 心 亲 他 很 开 车 上 里 不 知 是(18자)	–
	5 (제재 19~20)	小 子 给 要 在 下 叫 月 打 进 书 画 和(13자)	–

<table>
<tr><td rowspan="3">课文</td><td>1**
(4개 제재)</td><td>起得早不迟到画有写字和花(12자)</td><td>我是好宝身体天学生早起得上读书会了人一个头耳朵口画拿笔二三四五六七八(34자)</td></tr>
<tr><td>2
(4개 제재)</td><td>爷奶操教
(4자)</td><td>爱的家有爸妈两哥姐们床看见和说他都你也做空气大弟妹小来多新衣外婆给欢喜穿笑(37자)</td></tr>
<tr><td>3
(4개 제재)</td><td>室功(2자)</td><td>今开背着包手拉同去校这里老师在操场游戏就像很要班课用心把下教室扫快乐九朋友男女唱歌十(42자)</td></tr>
</table>

* 교과서의 제1부 '汉语拼音' 부분은 단원을 구분하고 있지 않다. 몇 개의 제재를 마치면 '复习' 페이지가 나오는데, 그것을 기준으로 나눈 것이다.

** 제2부 课文 부분은 '단원'이 표시되어 있다.

<표 5-3-12>를 보면 소학 1학년 1학기에 고급 중국어 이수자는 认读字 66자 写用字 113자를 익히도록 되어 있지만, 실제로는 그것보다 적다. 앞단원에서 认读字로 익힌 글자가 뒷단원에서 写用字로 다시 나오기 때문이다. 예를 들어 '我'자는 '汉语拼音'부의 제재 12에서 认读字로 제시된 후 '课文'부의 제재 1.1에서 写用字로 제시된다. 학생들은 '汉语拼音'부에서 일단 '我'자의 발음과 뜻을 이해한 후, '课文'부에서 쓰기를 연습하게 된다.

2. 워크북 –『小学华文』·『小学高级华文』'作业' 一年级(上册)

'作业' 교과서는 주로 학생들의 글쓰기 능력을 신장시키기 위하여 활용한다. 소·중학교의 전 과정에 걸쳐서 학습하도록 되어 있으며, 초급 단계가 상대적으로 글자 익히기와 글씨쓰기(handwriting)에 초점을 두는 데 비해 고급 단계에서는 문제 해결적 글쓰기(composing)에 초점을 두는 것은 일반적인 언어교육과 같다. 교과서 체재는 4×6 배판의 단색 인쇄(표지는 4도)로,『小学华文』은 96쪽,『小学高级华文』은 104쪽이다(속표지, 차례 포함).

<『小学华文』 1-1 '作业' 표지>　　<『小学高级华文』 1-1 '作业' 표지>

'作业' 교과서의 기본 체재는 '课本' 교과서의 그것에 따라 크게 제1부 '汉语拼音'과 제2부 '课文'으로 나누고, 제1부에는 20개(20제재), 제2부에는 24개(3단원 × 4제재 × 2활동)의 쓰기 활동을 두었다. 한편, 제2부에는 각 단원마다 '听力練習(듣고 쓰기)'을 두어(총 3회) '듣기 - 읽기 - 쓰기'의 통합을 꾀하였다.

<자료 5-3-5: 제1부 '汉语拼音' 부분의 예(『小学华文』 1-1 '作业')>

제1부는 병음부호 쓰기만 다루기 때문에 본격적인 의미에서의 중

국어 쓰기 교재로 보는 데는 미흡하다. 물론, 여기서도 그림과 글자 연결하기, 단어 완성하기, 단어 쓰기, 문장 완성하기 등의 기본 활동은 이루어진다. <자료 5-3-5>에서 그 예를 볼 수 있다.

<자료 5-3-6: 제2부 '课文' 부분의 예(『小学华文』 1-1 '作业')>

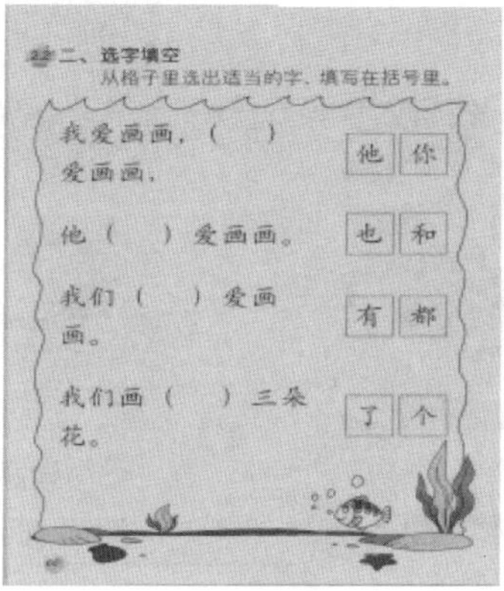

제2부에서는 획수 알기, 필순 익히기, 한자와 병음부호 연결하기, 한자 보고 병음부호 쓰기(혹은 그 반대), 글자 완성하기[15], 그림 보고 글자[16] 쓰기, 글자 만들어 쓰기,[17] 단어 만들어 쓰기,[18] 문장 완성하기, 문장 만들어 쓰기, 괄호 넣기, 단어/문장이 되도록 연결하기 등의 방법을 다양하게 활용하고 있다. 그러나 소학 1학년 1학기에서는 문장 이상의 쓰기보다는 <자료 5-3-6>처럼 글자 혹은 단어 수준의 한자를 정확하게 쓰고 구어(병음부호)와 자연스럽게 연결하는 데 지도의 초점이 있다.

15) 여기서 '완성하기'는 글자나 문장에서 빠진 부분을 채워서 완전하게 만드는 것을, '만들어 쓰기'는 주어진 자료를 가지고 글자나 문장을 만들어서 쓰는 것을 의미한다.

16) 중국어/한자의 특성상 초급 단계에서는 한 글자가 한 단어인 경우가 대부분이다.

17) 글자 만들어 쓰기는 한자의 제자 원리와 관련이 있다. 초급 단계에서는 형성자(形聲字)를 주로 다룬다.

18) 이 경우에는 두 글자 이상으로 된 단어를 가리킨다.

3. 읽기 자료 - 『小学华文』·『小学高级华文』 '阅读辅助教材读本' - 上

<『小学华文』 1-1
'阅读辅助教材读本' 표지>

<『小学高级华文』 1-1
'阅读辅助教材读本' 표지>

소학 1·2학년에서는 읽기 보조 교재로 '阅读辅助教材读本'을 따로 배운다. '阅读辅助教材读本'은 15×20cm 크기에 4도 인쇄로 되어 있으며, 『小学华文』과 『小学高级华文』 모두 48쪽이다.

'阅读辅助教材读本'은 학생들이 아직 정식으로 한자를 익히기 전임을 감안하여 한자마다 병음부호를 달았다. 전체 구성은 '课本'의 체재에 맞추되, 제1부 '汉语拼音' 부분은 빼고(병음부호를 익히는 단계이므로) 제2부 '课文' 부분만 고려하였다. 그리하여 '课文' 부분의 학습 목표와 제재 내용에 따라 '课文'의 한 단원마다 하나씩 총 세 개의 제재를 제시하였다. 『小学高级华文』의 '课本'과 '阅读辅助教材读本'을 단원별로 비교하면 <표 5-3-13>과 같다.

<표 5-3-13: 『小学高级华文』의 '课本'과 '阅读辅助教材读本' 차례 비교>

<table>
<tr><th rowspan="2">단원</th><th colspan="2">제재</th></tr>
<tr><th>'课本'</th><th>'阅读辅助教材读本'</th></tr>
<tr><td rowspan="4">1</td><td>1. 我是好宝宝(나는 착한 어린이)</td><td rowspan="4">宝宝学画画
(그림 배우는 어린이)</td></tr>
<tr><td>2. 我是好学生(착한 학생)</td></tr>
<tr><td>3. 我学画画(그림 공부를 해요)</td></tr>
<tr><td>4. 写字画和画(글씨와 그림)</td></tr>
<tr><td rowspan="4">2</td><td>1. 我爱我的家(사랑하는 나의 가족)</td><td rowspan="4">星期天
(어느 일요일)</td></tr>
<tr><td>2. 早上好(즐거운 아침)</td></tr>
<tr><td>3. 我们一起做早操(모두 함께 체조를)</td></tr>
<tr><td>4. 新衣多好看(참 예쁜 새 옷)</td></tr>
<tr><td rowspan="4">3</td><td>1. 今天开学了(학교에 갑니다)</td><td rowspan="4">多么可爱的孩子
(너무나 사랑스러운 어린이들)</td></tr>
<tr><td>2. 我爱我的学校(우리 학교가 좋아요)</td></tr>
<tr><td>3. 我们都很要好(사이좋은 친구)</td></tr>
<tr><td>4. 有说有笑多快乐(모두모두 즐겁게)</td></tr>
</table>

<표 5-3-13>에서 보듯이 '阅读辅助教材读本'의 제재글은 '课本'의 내용과 관련 있는 내용으로 하되, 학생들의 경험과 발달 수준을 고려하였다. 그 글은 이미 있는 것 중에서 고른 것이 아니라 학습 목표와 '课本'의 내용을 고려하여 새로 쓴 것으로 보인다.

<자료 5-3-7: 『小学华文』 1-1 '阅读辅助教材读本'의 본문 예>

『小学华文』과 『小学高级华文』에 실린 제재의 내용은 거의 같다. 다

만『小学高级华文』의 제재가『小学华文』의 제재보다 더 길어,『小学华文』의 제재를 그 안에 포함하고 있는 형국이다. <자료 5-3-7>에서 보듯이 '阅读辅助教材读本'은 '课本'과 다르게 글제목과 제재글만 주었을 뿐, 그와 관련한 지시문이나 학습 활동, 신출자 등은 없다. 그야말로 '읽기 자료'인 것이다. 실제 수업은 한 학급 안에서 두 종류의 책을 놓고 학생의 중국어 수준별로 이루어진다.

두 책의 관계를 알아보기 위해『小学华文』과『小学高级华文』의 첫 제재글을 비교하면 <자료 5-3-8>과 같다.

<자료 5-3-8:『小学华文』과『小学高级华文』1-1의 '阅读辅助教材读本' 본문 비교>

『小学华文』	『小学高级华文』
宝宝学画画. 画啊画, 宝宝学会了画花狗. 花狗啊, 不爱写字. 宝宝不画花狗的手.	宝宝爱画画. 画啊画, 宝宝画了一只小花狗. 小花狗不爱写字. 宝宝不画小花狗的手. 小花狗, 没有手, 不好看.

<자료 5-3-8>에서 두 책을 비교해 보면,『小学高级华文』은『小学华文』의 '学(배우다)'을 '爱(좋아하다)'로, '会了(미래형)'를 '了(완료형)'로, '花狗(얼룩강아지)'를 '小花狗(작은 얼룩강아지)'로 바꾸고, '一只(한 마리)', '没有手, 不好看(손이 없어서 보기에 이상해요)'와 같은 표현을 추가하였다. 그러나 전체 줄거리나 표현은 큰 틀 안에서 유지되는데, 이처럼『小学高级华文』의 제재글은『小学华文』의 내용을 포함하면서 더 길게 서술된 것이 보통이다.

4. 글씨쓰기 -『小学华文』·『小学高级华文』'习字本子' 一年级(上册)

한자 익히기의 어려움은 이미 정평이 나 있는바, 중국어가 모어가 아닐 경우 소·중학교에서 꾸준히 중국어를 공부한 학생도 자기가 유창하게 말한 내용을 정확하게 쓰지 못하는 경우가 많다. 대화와 읽기는 유창한데 쓰기에서 어려움을 겪는 것이다.[19] 이처럼 한자 쓰기

<『小学华文』 1-1 '习字本子' 표지>

<『小学高级华文』 1-1 '习字本子' 표지>

가 어려운 점을 고려하여 소학 저학년에서는 '习字本子' 교과서를 두어 문자 습득과 글씨쓰기 연습을 돕게 하였다.

소학 1학년 '习字本子' 교과서는 21.5×20.1cm의 단색 교과서(표지는 4도)로, 총 쪽수는 50(『小学华文』)~59쪽(『小学高级华文』)이다. 전체는 두 부분으로 구성되며, 학생들이 교과서에 직접 쓸 수 있게 되어 있고 교과서의 첫 두 쪽에 연필 잡기와 바른 자세를 제시한 것은 한국과 같다.

'习字本子' 교과서의 제1부에서는 '笔形习写'를 두어 9개의 기본 자소(字素)를[20] '我, 一, 学, 来, 你, 好, 个, 里, 小, 子, 打, 书' 자를 연습하며 익히도록 하였다. 또한, 각 글자 옆에는 '课本' 교과서에서 해당 글자가 나오는 단원을 표시하여 읽기와 쓰기를 연결하도록 하였다. 자소를 익히는 방법은 한국과 마찬가지로 네모칸 안에 모범글자를 흐리게 제시하여 덮어쓰는 방식을 취하고 있다(<자료 5-3-9>).

---

19) 실제로 중국어로 자유롭게 의사소통을 하는 사람에게 그 단어 혹은 문장을 글로 써 달라고 부탁하면 잘 모르거나 틀리는 경우를 종종 볼 수 있다. 특히 중국어가 모어가 아닌 사람의 경우(인도계나 말레이계) 모양이나 발음이 비슷한 글자를 혼동하는 경우가 많다.

20) 우리가 익히는 '永자 팔법'을 연상하면 되지만, 약간 다르다.

<자료 5-3-9: 제1부 '笔形习写' 부분의 예(『小学华文』 1-1 '习字本子')>

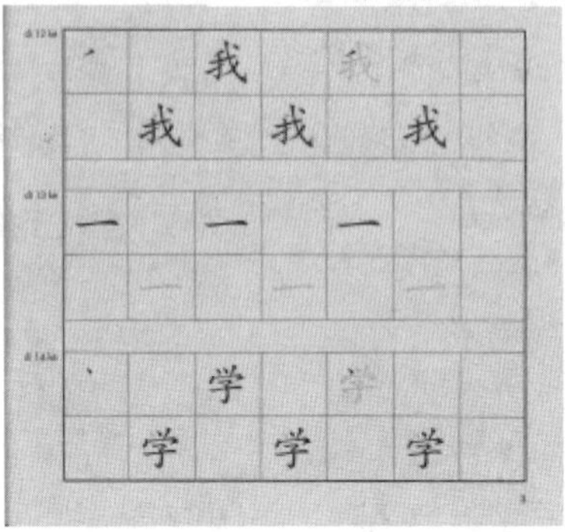

제2부는 '生字习写'로서, '课本' 교과서의 제2부 '课文'에 나오는 글자들을 익히는 것이 목표이다. 학습할 글자는 '课本'의 '生字表'에서 제시한 '写用字' 목록에 따른다. 그러기 위해 ① 익힐 글자와 관련된 기본자소를 먼저 연습하게 하고(후반부로 가면 생략함) ② 익힐 글자의 모양(한자)과 발음(병음부호)을 제시한 뒤 ③ 그 글자를 쓰는 순서(필순)를 보여주고 ④ 십자형의 보조선을 활용하여 자형을 익힌 뒤 ⑤ 그 글자만으로 이루어졌거나 그 글자가 들어간 단어를 익히고 ⑥ 그 글자가 들어간 문장을 쓰도록 하였다. 그 과정에서 단어나 문장과 관련하여 필요하다면 간단한 그림을 제시하기도 하였다. 후반부로 가면 ⑤와 ⑥이 생략되는 경우도 있다. 이러한 방법은 한자의 특성 때문에 필요해진 ①과 ②를 제외하면 한글 익히기의 방법과 비슷하다. 우리 교과서와 다른 점이라면 '글씨쓰기' 책을 별도로 독립시킨 점이라 하겠다. <자료 5-3-10>에서 그 예를 볼 수 있으며, <그림 5-3-4>는 글자 익히기 수업의 전체 흐름을 도시한 것이다.

<자료 5-3-10: 제2부 '生字习写' 부분의 예(『小学华文』 1-1 '习字本子')>

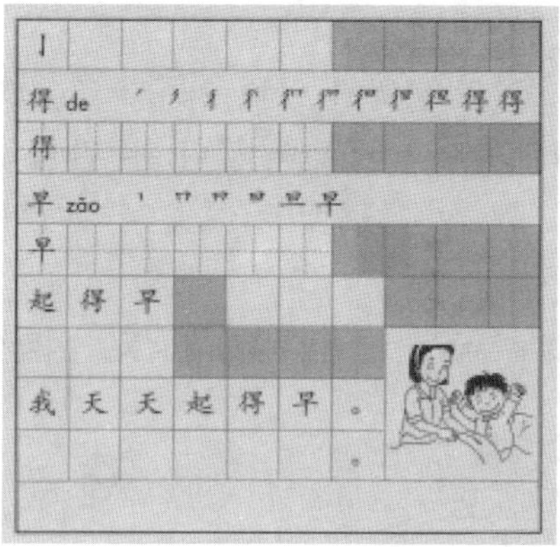

기본 자소 연습 → 학습할 글자 제시 (뜻, 소리, 모양) → 필순 제시 → 자형 익히기 → 학습한 글자가 들어간 단어 연습 → 학습한 글자가 들어간 문장 연습

<그림 5-3-4: '习字本子'의 글자 익히기 수업 흐름>

V. 소학 5학년 〈华文〉 교과서

싱가포르 소학의 1 ~ 2학년에서는 '课本', '作业', '阅读辅助教材读本', '习字本子'의 네 가지 책으로 수업이 이루어지지만, 3학년부터는 더 이상 '阅读辅助教材读本'과 '习字本子'를 다루지 않고 '课本'과 '作业'만으로 수업을 하게 된다. 기본적인 읽기와 쓰기 능력을 이미 갖추었다고 보기 때문이다. 마찬가지 이유로 중학년 이후에는 새로 나온 글자에만 병음부호를 첨기하였다. 그 외에는 크게 보아 저학년 교과서와 중·고학년 교과서가 모두 비슷한 체재로 되어 있다.

소학 5학년은 교육과정상 定向 단계에 해당하며, 이때부터 중국어 수준에 따라 EM1(『小学高级华文』)과 EM2(『小学华文』), EM3(『小学基础华

文』)을 나누어 수업하게 된다. 『小学华文』과 『小学高级华文』은 교수-학습 목표와 내용, 제재 등은 비슷하고 단지 활동의 질과 양에서 차이가 날 뿐이지만, 중국어가 모어가 아닌 학생들을 위한 『小学基础华文』은 완전히 다른 교과서라고 할 수 있다. 따라서 여기서도 『小学华文』·『小学高级华文』과 『小学基础华文』을 나누어서 살펴보기로 한다.

1. 독본Ⅰ - 『小学华文』·『小学高级华文』 '课本' 五年级(下册)

<『小学华文』 5-2 '课本' 표지>

<『小学高级华文』 5-2 '课本' 표지>

5학년 '课本'은 4×6 배판에 4도 인쇄로 되어 있고, 『小学华文』은 70쪽, 『小学高级华文』은 74쪽으로 되어 있다.[21)] 각 권은 네 단원으로 구성되며, 각 단원에는 세 편의 기본 제재(讲读课文)와 한 편의 심화 제재 (阅读课文)가 실려 있다.[22)] 1년에 총 32편의 제재를 학습하는 셈이다. 각 단원의 체재는 <표 5-3-14>와 같다.

---

21) 두 책 모두 속표지, 차례 등의 부속물을 합하면 80쪽(16쪽×5)으로 떨어진다.

22) 고학년의 '阅读课文'은 종합적인 읽기 능력을 지향한다는 점에서 저학년에서 별도 책으로 제공되는 '阅读辅助教材读本'과 비슷하다고 할 수 있다. 그러나 '课本'의 한 단원인 만큼, '阅读辅助教材读本'과 달리 제재글에 이어서 간단한 학습 활동 과제를 제시한 점이 다르다.

<표 5-3-14: 소학 5학년 '课本'의 단원 체재>

单元	
课文 1~3(讲读课文)	课文 4(阅读课文)
• 제목 • 제재 • 신출자 　– 写用字 　– 认读字 • 记一记	• 제목 • 제재 • 阅读, 思考, 讨论

여기서 단원마다 세 편씩 실려 있는 기본 제재(讲读课文)의 경우에는 각 제재의 말미에 '写用字'와 '认读字'로 나누어 신출자를 다시 제시하였다. 또, 끝부분에 주요 학습 어휘(记一记)도 수록하여, 한자와 어휘 학습이 충분히 이루어지도록 하였다. 경우에 따라 '写用字', '认读字', '记一记' 중 하나 이상이 생략되기도 한다(<자료 5-3-11>).

<자료 5-3-11: 『小学华文』 5-2 '课本'의 기본 제재(讲读课文) 학습 활동 예>

그에 비해 단원마다 한 편씩 실려 있는 심화 제재(阅读课文)의 경우에는 신출자와 어휘를 따로 제시하지 않고, 단원 말미에 독서·토론(阅读, 思考, 讨论)란을 두어 깊이 있는 독해 활동을 하도록 하였다. 독서·토론란은 글의 내용 파악 및 그와 관련한 심화 활동을 하도록 꾸몄

는데, 여기에는 크게 글 내용의 사실적 이해, 주요 어구의 의미 파악, 글 내용과 관련 자료를 활용한 아이디어 생성, 글 내용을 자기의 경험·생각 등에 적용하는 심화·발전 활동이 포함된다. 특히 글 내용의 단순 이해보다는 그와 관련한 사고와 토론을 강조한 것이 특징이다.

참고로, 『小学华文』 5-2 제1단원 '课文 4'의 '阅读, 思考, 讨论'에서 제시한 학습 활동을 살펴보면 <자료 5-3-12>와 같다.

<자료 5-3-12: 『小学华文』 5-2 '课本'의 심화 제재(阅读课文) 학습 활동 예>[23]

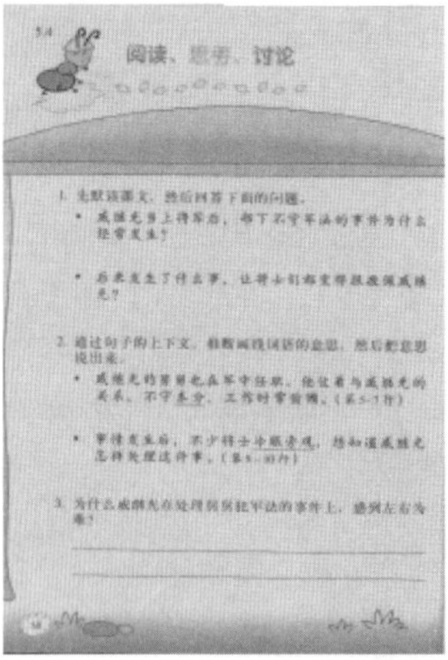

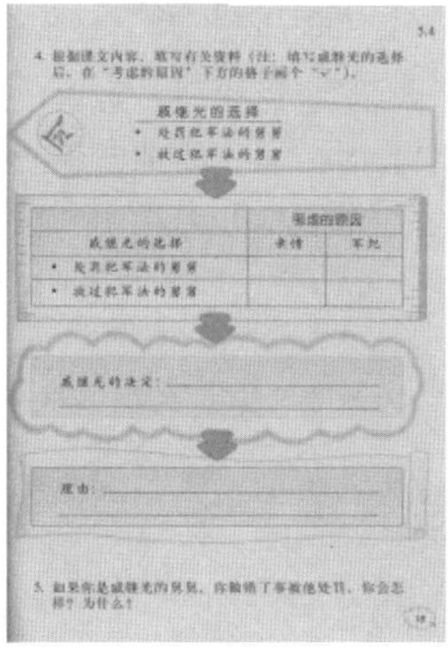

앞에서 살펴본 저학년의 경우에는 『小学华文』과 『小学高级华文』에 거의 같은 글이 실려 있었다. 사실상 같은 제재를 『小学华文』에선 조금 짧게(그리고 쉽게) 제시한 반면 『小学高级华文』에서는 조금 길게(그리고 어렵게) 제시한 차이만 있을 뿐이었다. 하지만 고학년이 되면 두 책의 단원 구성 체재가 같다 하더라도 제재글까지 같지는 않다. 일부는 같은 텍스트를, 일부는 다른 텍스트를 수록한 것이다. 이는 같은 텍스트의 다른 버전만으로는 EM1과 EM2의 차이를 충분히 구현하기 어렵기 때문으로 보인다.

23) 제재글의 제목은 '大公无私的戚継光(치 장군의 선공후사)'로서, "치(戚) 장군의 아저씨가 조카의 위세를 믿고 군기를 문란하게 하였는데, 치 장군이 고민 끝에 아저씨를 처벌한다."는 내용이다.

교과서에 수록한 제재글은 주로 옛날이야기, 생활 서사, 설명문, 논설문, 대화글 등이며, 시는 발견하지 못했다. 5-2의 『小学华文』과 『小学高级华文』 수록 제재를 비교하면 <표 5-3-15>와 같다.

<표 5-3-15: 『小学华文』과 『小学高级华文』 5-2의 '课本' 수록 제재 비교>

『小学华文』	『小学高级华文』
• 단원 5* 5.1. 鸽子医生**(비둘기 의사 선생님) 5.2. 我们的恩人(우리의 은인) 5.3. 船儿的救星(배들을 구하는 빛) 5.4. 大公无私的戚继光(치 장군의 선공후사)	• 단원 5 5.1. 我不是警察(나는 경찰이 아닙니다.) 5.2. 惊弓之鸟(화살 끝에 놓인 새) 5.3. 鸽子医生(비둘기 의사 선생님) 5.4. 除妖(귀신을 쫓다)
• 단원 6 6.1. 孟母不再搬家了(맹자 어머니의 이사) 6.2. 子路背米(자로가 쌀을 지다) 6.3. 使自己更强大(나를 강하게 만들자) 6.4. 胸筋急转弯(가슴을 찌르는 재치)	• 단원 6 6.1. 月光曲(월광곡) 6.2. 孟母三迁(맹모삼천) 6.3. 爱心午餐(사랑의 점심) 6.4. 无鱼肉也好('无 鱼肉也 好(고기를 안 먹어야 좋다)'인가 '无鱼 肉也 好(물고기가 없다면 육고기도 좋다'인가)
• 단원 7 7.1. 风雨无阻(비바람에도 멈추지 않다) 7.2. 苏武牧羊(수우가 양을 치다)	• 단원 7 7.1. 饮水思源话先贤(선현과 함께 '물을 마시며 근원을 생각함'에 대하여 이야기한다) 7.2. 苏武牧羊(수우가 양을 치다)

<초역>
1. 글을 읽고, 다음 물음에 답해 봅시다.
   - 글 내용 파악과 관련된 하위 물음들 제시
2. 문장의 앞뒤 내용을 살피며 밑줄 친 말의 뜻을 생각해 봅시다. 그리고 그 뜻을 말하여 봅시다.
   - 본문에서 중요한 어구가 포함된 문장을 제시
3. 왜 치(戚) 장군은 아저씨가 군법을 어긴 사건을 처리하기가 곤란했습니까?
   - 글 내용과 관련하여 그 이유를 추리하도록 요구
4. 글 내용과 관련하여, 다음 내용을 완성해 봅시다.
   - 치(戚) 장군이 아저씨를 '엄하게 처벌한다', '관대하게 풀어준다'의 두 가지 선택지를 주고, 그렇게 해야 할 이유와 그렇게 할 때 군기에 미칠 영향을 따져 본 뒤 자신의 견해를 밝히도록 요구
5. 내가 치(戚) 장군의 아저씨라고 해 봅시다. 내가 잘못했다고 해서 조카에게 벌을 받게 되면 어떻게 하겠습니까? 왜 그렇게 생각했습니까?

7.3. 饮水思源(물을 마시며 근원을 생각하다) 7.4. 不贪才是宝(탐내지 않는 것이 곧 보물)	7.3. 郑成功(정성공 이야기) 7.4. 牛车水的昨天与今天('牛车水(=싱가포르의 지명)'의 어제와 오늘)
• 단원 8 8.1. 水珠儿(물방울의 일생) 8.2. 朱医生的枪(주 선생님의 총) 8.3. 龙王的宝物(용왕의 보물) 8.4. 尽责的警察(의무를 다한 경찰)	• 단원 8 8.1. 男儿志在四方(남아의 뜻은 사방에 뻗쳐) 8.2. 清清绿水(맑디 맑은 물) 8.3. 蜜蜂(꿀벌 이야기) 8.4. 天资和努力(천성과 노력)

* 1~4단원은 1학기에 해당함.
** 밑줄 친 것은 『小学华文』과 『小学高级华文』에 공통되는 제재들이다.

<표 5-3-15>에서 볼 수 있듯이 같은 내용의 글이 『小学华文』과 『小学高级华文』에 모두 나오기도 하지만, 본문을 비교해 보면 글자 수(길이)와 일화 등이 약간 다르다. '课本'의 마지막 쪽에 신출자를 '写用字', '认读字'로 나누어 표로 정리, 제시한 것은 학년/수준에 관계없이 모두 같다.

<자료 5-3-13>은 신출자를 '生字表'로 보여준 예이다.

<자료 5-3-13: '生字表'의 예(『小学华文』 5-2 '课本')>

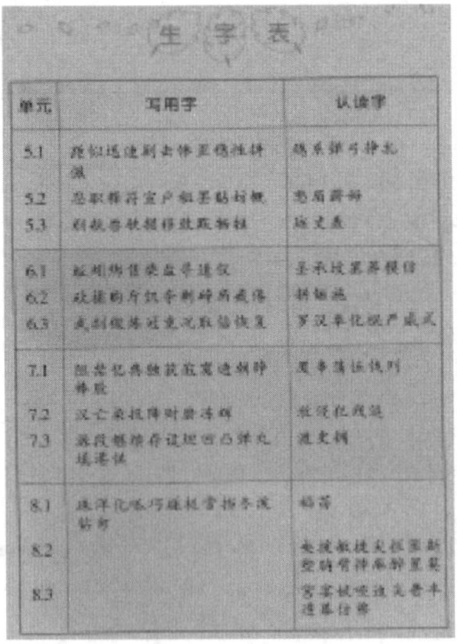

生字表

单元	写用字	认读字
5.1	[illegible]	[illegible]
5.2	[illegible]	[illegible]
5.3	[illegible]	[illegible]
6.1	[illegible]	[illegible]
6.2	[illegible]	[illegible]
6.3	[illegible]	[illegible]
7.1	[illegible]	[illegible]
7.2	[illegible]	[illegible]
7.3	[illegible]	[illegible]
8.1	[illegible]	[illegible]
8.2		[illegible]
8.3		[illegible]

2. 독본Ⅱ -『小学基础华文』'课本' 五年级(下册)

<『小学基础华文』 5-2 '课本' 표지>

『小学基础华文』은 定向 단계인 5학년부터 새로 투입되는 교과서로, 중국어 수준이 상대적으로 낮은 EM3 학생들이 사용하며, 주당 2시간이 안배되어 있다. 교과서의 외형은 EM1 및 EM2가 사용하는 교과서와 같지만, 학습 내용이 쉽고 양이 적어[24] 중국어의 기초를 다지는 데 알맞다. 실제 수업은 EM3 학생들만 별도의 반을 구성하여 이동식으로 이루어진다.

『小学基础华文』의 '课本'은 『小学华文』이나 『小学高级华文』과 달리 각 책을 세 단원으로 편성하고, 각각 4－4－2편(단원 당 10편)의 제재를 실었다. 따라서 1년 동안 총 20편의 제재를 학습하는 셈이다. 이 제재는 『小学华文』 및 『小学高级华文』의 제재와는 완전히 다른 글이다. 또한, <자료 5-3-14>처럼 모든 한자에 병음부호를 달았으며,(『小学华文』과 『小学高级华文』은 신출자에만 달았다.) 제재 말미에 '课后活动'을 두어 중국어의 기초를 익히도록 하였다. '写用字'와 '认读字', '记一记'를 둔 것은 『小学华文』·『小学高级华文』과 같다.

24) 5-2의 경우 『小学华文』과 『小学高级华文』이 각각 70쪽, 74쪽인 데 비해 『小学基础华文』은 58쪽에 불과하다. 글자/어휘 수를 따지면 그 차이는 훨씬 벌어진다.

<자료 5-3-14: 『小学华文』과 『小学基础华文』 '课本'의 표기 비교>

① 『小学华文』 5-2

② 『小学基础华文』 5-2

'课后活动'에는 두 개의 큰 활동을 싣는데, 그 구체적인 활동 내용은 '说一说(글 내용 관련 활동)', '想一想 写一写(생각 떠올려 쓰기)', '圈一圈 说一说(찬반 토론)', '画一画(그림놀이)', '猜字谜(수수께끼놀이)', '找一找 写一写(글자 수수께끼)', '想一想 说一说(이야기 꾸미기)', '词语接龙(말 이어가기)' 등으로 제재에 따라 다양하다. 그러나 크게 복잡한 활동은 요구하지 않는다(<자료 5-3-15>).

<자료 5-3-15: 『小学基础华文』 5-2 '课本'의 '课后活动' 부분 예>

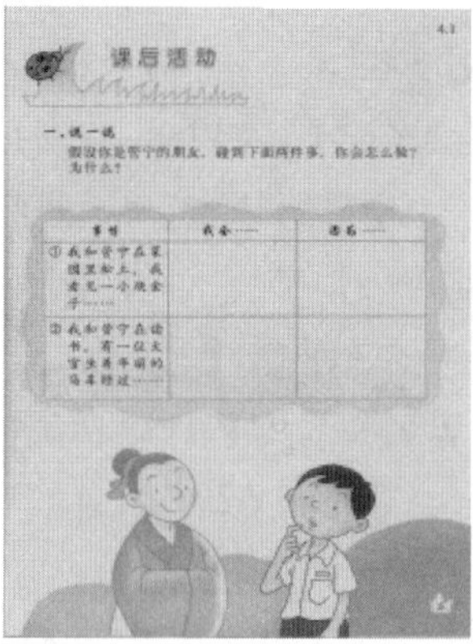

3. 워크북 I -『小学华文』·『小学高级华文』'作业' 五年级(下册)

<『小学华文』 5-2 '作业' 표지>

<『小学高级华文』 5-2 '作业' 표지>

소학 5-2의 '作业' 교과서는 저학년 '作业'과 마찬가지로 4×6 배판, 단색 인쇄본이고 쪽수는 76쪽(『小学华文』), 92쪽(『小学高级华文』)으로 수준별로 약간의 차이가 있다. 학생들이 책에 직접 쓰면서 연습할 수 있도록 한 것 역시 저학년과 같다.

『小学华文』과 『小学高级华文』의 '作业'은 책별로 네 개의 대단원과 하나의 '总复习' 부분을 두고, 각 대단원은 3개 소단원(作业)으로 구성하였다. 따라서 복습을 포함한 전체 소단원은 13개(3 × 4 +1)이다. '作业' 교과서는 짧은 글에 대한 쓰기 과제를 부여하여 읽기와 쓰기의 통합을 꾀하고, CD를 활용한 듣기와 쓰기의 통합도 추구하였다. '总复习' 부분은 실제 평가 문항을 제시하여 평가를 통한 복습을 의도하였으며, 문항 당(혹은 세트 당) 풀이 시간까지 제시하였다(<자료 5-3-16>). 수업에서는 교사의 판단에 따라 교육과정 내용에 의거하여 학습 내용이나 수준을 조절할 것을 권장하였다.

<자료 5-3-16: 『小学华文』 5-2 '作业' 교과서의 학습 활동 예>

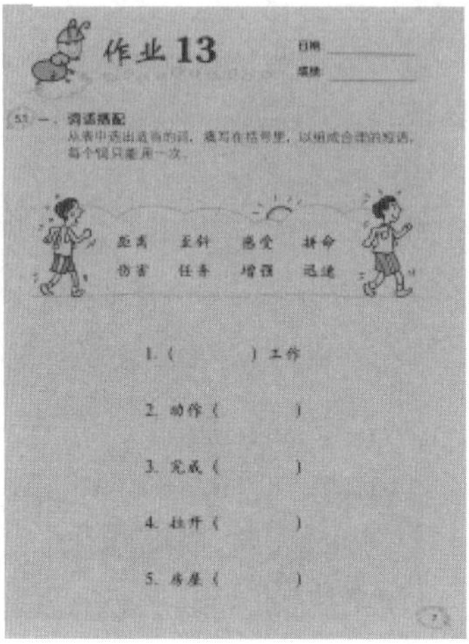
作业13

日期
成绩

一、词语搭配

距离 感受 拼命
伤害 任务 增强 迅速

1. (   ) 工作

2. 动作 (   )

3. 完成 (   )

4. 拉开 (   )

<단원 학습 부분>

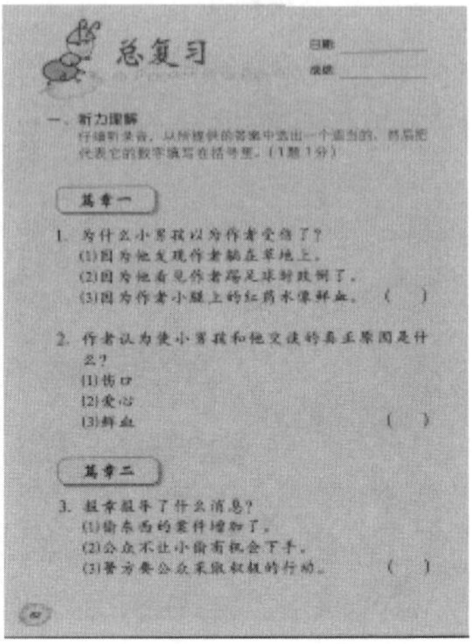
总复习

日期
成绩

一、听力理解

（1题 1分）

篇章一

1. 为什么小男孩以为作者受伤了？
(1)因为他发现作者躺在草地上。
(2)因为他看见作者踢足球时跌倒了。
(3)因为作者小腿上的红药水像鲜血。 (   )

2. 作者认为使小男孩和他交谈的真正原因是什么？
(1)伤口
(2)爱心
(3)鲜血 (   )

篇章二

3. 报章报导了什么消息？
(1)偷东西的案件增加了。
(2)公众不让小偷有机会下手。
(3)警方要公众采取积极的行动。 (   )

<'总夏习' 부분>

단원 학습에서는 그때그때 여러 가지 활동을 하게 된다. 『小学华文』에서 제시한 학습 활동들은 대체로 다음과 같다.

<글자와 단어>
- 문장의 빈 칸에 들어갈 글자 고르기(辨字练习)
- 병음부호로 표기한 글자나 말을 의미가 통하도록 한자로 바꿔 쓰기(填写汉字)
- 여러 문장에서 밑줄 친 말이 바르게 쓰인 것을 찾고, 그 뜻을 설명하기(选择句子, 句子选择)

<의미 구성>
- 두 그룹에서 알맞은 말을 골라 의미가 통하도록 연결하기(词语搭配, 连一连 写一写, 连接句子)
- 문장이나 글의 빈 칸, 혹은 빈 란에 들어갈 말을 고르기(完成句子, 短文填空, 词语选择, 选词填空)
- 문장의 빈 칸에 알맞은 말을 써 넣기(句子填空)

<이해>
- 글을 읽고 내용 파악하기(理解练习, 理解问答)
- 이야기를 듣고 내용 파악하기(听力练习)

- 이야기의 인물이 되어, 인물의 생각이나 말을 상상하여 쓰기(想一想 写一写)

<문장>

- 주어진 말들을 알맞게 배열하여 문장을 만들기(组词成句)
- 주어진 단어를 사용하여 불완전한 문장을 완성하기(完成句子)
- 불완전한 문장을 의미가 통하도록 자유롭게 완성하기(完成句子)

<문단>

- 주어진 말이나 문장들을 알맞게 배열하여 문단을 만들기(组句成段, 组织段落, 组合句子)
- 접속어를 사용하여 주어진 문장들을 연결하여 문단을 만들기(组合句子)

<문장 부호>

- 문장 부호를 바르게 사용하기(填写标点符号)

『小学高级华文』도 전체 체계나 활동 내용이 『小学华文』과 크게 다르지 않다. 다만, 사용하는 글자가 많고, 듣기와 읽기 자료가 길며, 다루는 단어나 개념이 어렵고, 만들어야 하는 문장과 문단도 길고 어렵다는 차이가 있다. 『小学华文』에는 나오지 않고 『小学高级华文』에만 특별히 나오는 활동들을 뽑아 보면 다음과 같다.

<글자와 단어>

- 틀리게 쓰인 글자를 찾아 바르게 고치기(找别字, 改正错别字)
- 사물을 세는 단위를 바르게 쓰기(填写量词)
- 인접어・유사어 중에서 빈 칸에 들어갈 정확한 단어 고르기(辨词练习)

<맥락 구성>

- 대화의 내용에 알맞은 말을 골라 대화를 완성하기(完成对话)
- 문제 상황에 대하여 해결 방법을 쓰기(想一想 写一写)

<이해>

- '课文'에 나오는 글의 내용을 간추려 쓰기(写一写)

<문장>

- 주어진 단어를 사용하거나, 그와 관련하여 문장 만들기(写句子, 造句)

<글>
- 빈 란에 주어진 말을 넣어 글을 완성하기(完成短文)
- 글을 읽고, 이어질 내용을 상상하여 전체를 완성하기(完成文章)

4. 워크북Ⅱ - 『小学基础华文』 '作业' 五年级(下册)

<『小学基础华文』 5-2 '作业' 표지>

『小学基础华文』은 중국어가 미흡한 학생들을 대상으로 하기 때문에, '作业'의 교수-학습도 문제 해결적 글쓰기나 발견적 글쓰기보다는 글자와 단어 익히기, 문장 만들기, 단순 묘사 등에 치우친다. 본래적 의미에서의 '제2언어 교육'을 위한 쓰기 교재인 것이다.[25] 양도 44쪽으로 매우 적은 편이다.

『小学基础华文』은 『小学华文』이나 『小学高级华文』과 달리 대단원을 세 개로 편성하고, 전체 소단원도 복습을 포함하여 11개(4+4+2+1)로 책정하였다. 각 소단원 활동(作业)은 『小学华文』과 비슷하지만, 제

25) 싱가포르 학생에게 'First Language'는 모어가 아니라 영어이다. 그들은 모어와 제1언어를 다른 것으로 취급한다. 예를 들어 말레이계 학생이라면 말레이어가 '모어(Mother Tongue)', 영어가 'First Language', 중국어가 'Second Language'가 된다. 『小学基础华文』은 제2언어로서 중국어를 배우는 학생들을 위한 교재이다.

재 및 활동의 양과 내용 수준에서 차이가 난다. 앞에서 본 활동들 외에 『小学基础华文』의 특징을 보여주는 기초적인 활동들은 다음과 같다.

- 모양이나 소리, 뜻이 비슷한 글자 변별하기(辨字练习)
- 끝말 이어가기(词语接龙)
- 한자의 제자 원리 이해하기(组合部件, 写一写, 加部件组字)
- 그림을 보고 알맞은 성어 선택하기(看图选成语)
- 두 글자를 연결하여 단어 만들기(选字配词)
- 글자표에 숨어 있는 문장 찾기(文字迷宫)
- Cross Word 퍼즐(方格填空)

『小学基础华文』의 '总复习' 부분은 『小学华文』이나 『小学高级华文』과 달리 듣기 평가 중심으로 되어 있다. <자료 5-3-17>을 보면 들은 내용에 해당하는 그림을 찾는 문제(听话选图) 5문항(각 1분, 총 5분)과 상대적으로 긴 듣기 자료의 내용을 파악하는 문제 15문항(5세트×3문항, 문항 당 1분, 총 15분)으로 구성되어, 전체 20분 동안 진행하도록 되어 있다.

<자료 5-3-17: 『小学基础华文』 5-2 '作业'의 '总复习' 부분 예>

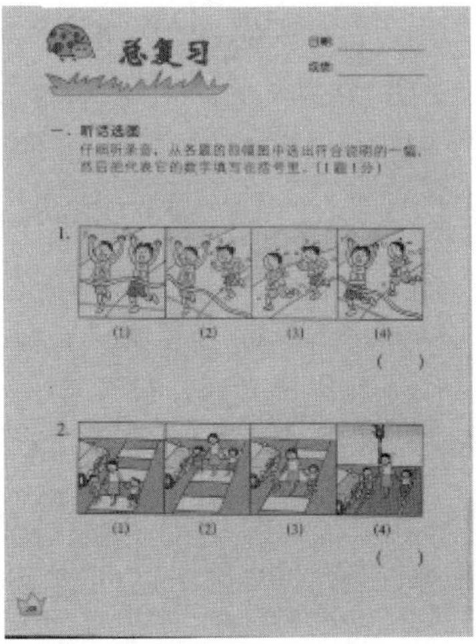

Ⅵ. 싱가포르 〈华文〉 교과서가 국어 교재 개발에 주는 시사

싱가포르의 국가 특성 및 교육 체계를 고려할 때, <华文> 과목은 매우 독특한 성격을 지닌다. 중국계 주민에게 그것은 모어이고, 인도 및 말레이계 주민에게는 제2언어이다. 하지만 중국계가 워낙 많다 보니 중국계가 아니더라도 일상 생활에서 자연스럽게 중국어 환경에 접하게 되고, 따라서 비록 '제2언어'라 할지라도 우리가 생각하는 제2언어와는 다른 조건을 지니게 된다. 거기에 영어라는 '제1언어' 문제가 가세하기 때문에 싱가포르의 중국어교육은 대륙의 그것과도 다르고, 다른 나라에서의 중국어교육과도 다른 모습을 띠게 된다. 만다린에 대한 콤플렉스, EM1과 EM2, EM3의 구별, 음성언어와 문자언어의 분열 등이 그 구체적인 보기들이다. Singlish와의 상호 간섭 역시 싱가포르 중국어교육에서 무시할 수 없는 조건이다. 이런 조건 아래 개발·활용되는 싱가포르의 <华文> 교과서에서 우리는 어떤 시사를 받을 수 있는가.

싱가포르의 <华文> 교과서는 우리나라의 <국어> 교과서와 관련하여 긍정적인 시사점과 반성적인 시사점을 모두 보여주고 있다. 그 중 긍정적인 시사를 먼저 살펴보면, 첫째 실용적 언어관을 강조하면서 동시에 언어의 도구성과 문화성의 통합을 추구한다는 점을 들 수 있다. 중국인의 실용적 세계관, 아무 자원이 없는 좁은 섬나라에서 여러 인종이 한 나라를 만들어 살아간다는 점, 식민 모국을 비롯한 주변국과의 역사·정치적 관계 등을 고려할 때 싱가포르의 중국어교육이 실용성을 강조하는 사정을 충분히 짐작할 수 있다. 그러나 그 가운데에서도 '중국계'와 '중국어'의 아이덴티티를 잊지 않고자 한다는 점은 높이 평가할 만하다. 비록 그 성취 여부가 불분명하기는 하지만, 인종과 영토, 언어 면에서 순일한 우리나라와 비교할 수는 없는 일이다.

둘째는 교육과정과 교과서에 엄밀한 성취 기준을 제시했다는 점이다. '作业' 교과서의 '总复习' 부분에서는 구체적인 표준 평가 도구까지 예시하고 있다. 이것은 PSLE와 GCE를 계속 치르면서 학생들을 계속 선발하는/탈락시키는 교육 제도와도 연관이 있고, 읽고 쓸 수 있는 글자의 '가짓수'로 측정할 수 있는 한자 능력의 특성과도 연관이 있다. 또한 우리나라와 비슷한, 2세 교육에 대한 중국계 주민들의 교육열도 여기에 한 몫을 한다.[26] 이처럼 명료한 성취 기준과 구체적인 평가 도구를 제시함으로써 교사와 학생들은 '무엇을 얼마만큼 공부해야 하는지'를 분명히 알 수 있다.

셋째는 언어(중국어)의 기초를 강조한다는 점이다. 특히 정확한 발음과 글씨쓰기는 저학년에서 고학년까지 계속 강조하고 있다.[27] 남부 방언을 주로 쓰는 싱가포르의 경우에는 북경 표준어를 익힌다는 문제도 걸려 있어서, 정확한 언어 구사에 매우 신경을 쓰고 있다. 한자(=어휘) 학습을 중시하는 것도 같은 맥락에서 이해할 수 있다.

넷째는 교과서의 제재로 고전 텍스트를 폭넓게 수용하는 현상을 들 수 있다. 다만 교과서 분량이 제한되다 보니 텍스트의 완성도가 떨어지고, 주로 고사(故事) 중심으로 되어 있는 것은 한계로 지적할 만하다. 교육과정에서 '成语表'를 따로 두고 있는데, 이것 역시 고사와 연관된다.

다섯째는 교과서의 중간중간에 자기 점검, 혹은 정리 란을 두고 있는 점이다. '复习', '总复习' 등의 형태로 제공되는 자기 점검 란은 학생들의 학습 파지력을 높이고 상위 인지를 발전시키는 효과를 줄 수 있다. 우리나라의 중·고등학교 교과서도 '단원의 마무리'를 제공하고 있으나, 초등학교에서는 그에 해당하는 부분을 찾기 어렵다.

---

26) 실제로 싱가포르의 서점에서는 학년별·과목별로 수많은 'Assessment Book'을 볼 수 있다. 중국어와 관련해서도 글자(=개념) 익히기, 문장과 글 쓰기, 독해 중심으로 많은 학습물들이 있는데, 그 책들의 목표는 명확하다. PSLE, GCE 'O' 레벨, GCE 'A'레벨 시험에 통과하는 것이 그것이다.

27) 이것은 물론 중국어와 한자의 특성 때문이다. 성조로 의미를 구별해야 하기 때문에 발음을 정확하게 해야 하고, 그 많은 한자도 일일이 익혀야 하는 것이다.

여섯째는 국가 차원에서 워크북, 카드, 그림, 괘도, CD, 녹음 자료 등의 다양한 보조 교재(<그림 5-3-3>의 Section B)를 제공한다는 점을 들 수 있다. 이것은 사실 엄청난 인력·재원·시간이 필요한 문제로서, 싱가포르와 같은 도시국가에서나 가능한 일이기는 하다. 우리나라도 6·7차 교육과정에서 듣기 자료를 카세트테이프로 제공했지만, 별 효과를 얻지는 못했다. 그러나 이런 한계는 표면적인 문제일 뿐이고, 전체적인 교수-학습 방향을 안내하고, 교사의 교재 준비 부담을 덜며(이는 그만큼 순수한 수업 준비 시간이 많다진다는 뜻이다.), 멀티미디어를 활용하여 수업 효과를 높인다는 점에서 보면 반드시 필요한 일이다. 온라인을 활용하여 보조 교재의 가소성을 높인다면 예상되는 문제를 상당히 피해 갈 수 있다.

일곱째는 별도의 읽기 자료('阅读辅助教材读本')를 통해 균질의 읽기 자료를 제공한다는 점이다. 이는 中学도 마찬가지여서, 싱가포르의 학생들은 누구나 기본 교과서 외에 독해력을 기르고 독서 경험을 쌓을 수 있는 보조 교과서를 가지고 있다. 우리나라도 고등학교 <문학>과 <독서> 과목에서 별도의 앤솔로지를 제공하려는 시도를 한 적이 있지만, 입시, 학습 부담 등의 문제와 맞물려 실패했다. 국어교육의 본질을 추구하기 위해서는 그런 문제들을 피하면서 의미 있는 읽기 자료를 줄 수 있는 방안을 탐색할 필요가 있다.

여덟째는 듣기·말하기·읽기·쓰기의 통합을 추구한다는 점을 들 수 있다. 예를 들면 '作业'의 활동 소재를 '课本'의 제재에서 가져오거나, '课本'의 제재글에 대한 학습 활동으로 사고 및 토론을 제시하는 방식 등이 그것이다. 우리나라도 6차 교과서에서는 '말하기·듣기'와 '읽기', '쓰기' 사이에 연계가 있었으나, 7차 교과서에서 그 연계가 많이 허물어진 모습을 보인다. 물론, 교사가 실제 수업에서 그런 통합성을 추구할 수도 있지만 교과서에서도 그와 관련한 아이디어를 담도록 노력해야 한다.

마지막으로, 가장 거창한 과제인데, EM1, EM2, EM3로 학생의 언어 수준을 나누어 수준별로 교과서를 개발한 사례를 들어야 할 것이다. 특히 『小学华文』과 『小学高级华文』은 교육과정 목표 및 내용이 같으면서도 제재와 활동으로 수준을 나누고, 그러면서도 기본적인 공통점을 두어 한 학급 내에서 수업이 이루어지도록 한 점이 인상적이다. 이는 우리나라의 수준별 교재보다 더 나아간 것으로, 이와 관련한 전향적 전략을 모색할 필요가 있다.

이러한 긍정적인 시사점에도 불구하고, 싱가포르의 <华文> 교과서에 대한 대략의 인상은 그리 만족할 만한 것이 아니다. 책으로서의 짜임새와 충실성이 부족하고, 교수-학습 이론에 대한 고려가 약하며, 지나치게 '한자' 그 자체 및 제재에 얽매이는 모습을 보이기 때문이다. 어떤 면에서 보면 우리나라의 교과서가 훨씬 진보했다는 느낌을 받기도 한다. 그러나 이러한 점들을 반성적인 시사점으로 받아들인다면, 국어 교과서 개발에서 반면교사로 삼을 수 있을 것이다.

싱가포르 <华文> 교과서로부터 얻는 반성적 시사점으로 먼저 들 수 있는 것은 교과서의 단원 구성 및 전개가 매우 단순하다는 점이다. 특히 단원 목표에 대한 의식이 부족하고, '대단원 - 소단원 - 제재 및 활동'의 위계가 미흡하며, 어찌 보면 제재나 활동들을 평면적으로 나열한 듯한 모습을 보인다.[28] 이것은 좋게 보면 교사에게 재량권을 충분히 주는 것이지만, 결국 수업 부담을 전적으로 교사에게 넘기는 결과를 낳는다.

둘째는 교수-학습 전략의 개념이 미흡하다는 점을 들 수 있다. 수업모형과 교수-학습 과정, 활동 과제 분석, 교사와 학생의 역할 등에 대한 고려가 없어, 수업이 제재 중심으로 단순하게 흐를 가능성이 많다. 극단적으로 말하면 제재만 바꿔서 비슷한 활동이 계속 이어지고, 학생들이 배우는 것은 새로운 한자(여기에는 글자와 어휘, 개념 등이 뒤섞여 있다.)로 국한될 소지가 다분한 것이다. 단순한 경험적 방법이 아닌, 언어교육의 고유성에 바탕을 둔 전략적 접근이 필요하다.

---

28) 이에 대해서는 교사용 지도서(教师手册)가 해결책이 될 수 있다. 그러나 모든 정보를 지도서에만 넣고 학생용의 교과서에는 최소한의 제재와 활동거리만 주어야 하는지에 대해서는 논의의 여지가 있다.

셋째는 교과서에 수록된 제재가 내용·형식·표현 면에서 단순하다는 점이다. 길이도 충분치 않고, 텍스트 유형이나 제재 및 주제에 관한 안배도 부족한 것으로 보인다. 이는 교과서의 전체 쪽수와 단원 수를 미리 정해 놓고 많은 외적 조건들(이데올로기나 이익 집단 등)을 고려하면서 제재를 선정/개발하면서 생긴 문제로, 우리나라에서도 자주 볼 수 있는 문제이다. 하지만 깊이와 무게가 있는 텍스트를 다루지 않고 고사(故事)와 생활문 위주로 채워진 교과서로는 학생들의 흥미를 유지하기 힘든 것이 당연하다. 아울러 문학, 특히 현대문학 텍스트가 거의 없다는 점도 문제로 지적할 만하다.

넷째는, 우리나라도 마찬가지인데, 교과서의 절대 분량이 부족하다는 점이다. 특히 '课本'과 '阅读辅助教材读本'은 그 성격상 훨씬 길어도 될 듯한데, 미리 정해 놓은 기준 때문인지 매우 얇게 만들어 놓았다. 그 결과 교사는 하나의 제재에 대해 매우 깊이 있게 분석적으로 다루거나, 임의로 다른 텍스트를 제재로 끌어들이거나, 목표 관련 활동을 더 많이 해야 하는 부담을 지게 된다. 어느 방향을 택하든 문제가 긍정적으로 해소되면 좋지만, 그렇지 않다면 결국 수업의 질을 떨어뜨리는 결과를 낳는다.

다섯째는 교과서의 편집에 대한 고려가 없다는 점이다. 예를 들어 가독성 문제만 하더라도, 한자에 병음부호를 첨기해서 가독성이 떨어지는 것은 어쩔 수 없다고 쳐도, 글꼴, 글자 크기, 행간, 글의 배치 등에서 매우 단순한 모습을 보인다. 그림자료(삽화, 기호 등)도 기대하는 수준에 크게 못 미치며, 전체적인 레이아웃이나 일러스트도 단순하다. 전반적으로 보다 다소 구태의연하다는 인상을 지울 수 없는데, 이것은 영어권 교과서들의 화려한 외양과 비교되는 모습이다. 물론, 편집 기교를 발휘해서 교과서를 호화찬란하게 꾸미는 것이 꼭 좋은 것은 아니지만, 상업 출판물들에 비해서 크게 떨어지는 모습은 피해야 할 것이다. 특히 '교과서 편집'이라는 전문적인 관점을 가질 필요가 있다.

이러한 긍정적, 반성적 시사점 외에도 싱가포르의 교과서 제도와 관련하여 논의할 만한 문제는 얼마든지 있다. 예를 들면 'Section A', 'Section B', 'Section C'처럼 다양한 교재군을 마련하는 문제라든지, EM1, EM2, EM3처럼 언어교육을 진학 및 진로 지도와 연계하는 문제, 국가가 (보조 교재를 포함하여)모든 교재를 개발하여 보급하는 문제 등이 그것이다. '교과서용 글'의 전형성(혹은 상투성)도 거론할 수 있다. 이러한 정책 혹은 관습은 모두 장·단점이 있는 것으로, 어느 것이 더 좋고 나쁘다고 일괄해서 말하기 어려운 문제들이다. 무엇보다도 싱가포르와 우리나라의 국가 정체성 및 국체(國體), 교육 철학, 그리고 언어 환경의 차이를 고려해야만 이런 문제들에 대한 답이 나올 것이다. 이와 관련해서는 더 장기적인 논의가 필요하다.

1차 텍스트의 제목과 발표지

이 책에 실은 글들은 아래의 글들을 기초로 하여 수정, 보완한 것들이다. 발표 시기에 따라 대폭 수정한 글도 있고, 비교적 최근의 것들은 거의 수정 없이 실은 글도 있다. 어떤 경우에는 두 편의 글을 하나로 통합하기도 하였다. 제2부 2장은 문학과문학교육연구소 편, 『문학교육의 탐구』, 국학자료원, 1996에 수록된 바 있으나, 핵심 내용을 국어교육으로 바꾸면서 대폭 수정하였다. 제3부 1장과 제5부 3장은 두산동아에서, 제3부 3장과 제5부 1장은 경인교육대학교에서, 제4부 1장은 서울대 국어교육연구소에서, 제4부 2장은 한국언어문화연구원과 국립국어원에서, 제4부 3장은 한국교육과정평가원에서, 제5부 2장은 한국학술진흥재단에서 지원을 받은 연구들이다. 이들 지원 기관들과, 해당 연구를 공동 수행한 동료들에게 감사드린다.

제 1 부 국어교육의 문화론적 조망

제 1 장 국어문화교육론의 의미 : "국어교육과 문화론 - '국어 문화 창조'의 이념은 정당한가", 『한국초등국어교육』 20, 한국초등국어교육학회, 2002.

제 2 장 예술교육에서의 언어의 문제 : "예술교육에서의 언어의 문제", 『국어교육』 120, 한국어교육학회, 2006.

제 3 장 대중가요의 국어교육론 : "국어교육과 대중가요 - 대중가요 국어교육론의 필요성과 가능성", 『국어교육』 104, 한국국어교육연구회, 2001.

제 2 부 국어과 교육과정 탐색

제 1 장 창의성 중심의 국어과 교육과정 구성 방향 : "창의성 중심의 국어과 교육과정 구성 방향", 『국어교육학연구』 18, 국어교육학회, 2003.

제 2 장 국어과 교육과정 설계의 절차와 원리 : ① "문학교육과정 설계의 절차와 원리 - 목표 및 내용의 조직", 『국어교육』 77·78, 한국국어교육연구회, 1992.
② "문학교육과정 설계의 절차와 원리(Ⅱ) - 방법 및 외적 변인의 명료화", 『국어교육』 83·84, 한국국어교육연구회, 1994.

제 3 부 국어 교재의 재개념화

제 1 장 미래 지향형 국어 교재의 철학과 방향 : "국어 교재 개발의 기본 원리와 체제", 박인기 외, 「미래 지향형 초등학교 국어 교재 개발을 위한 기초 연

구」II, 미래지향형초등학교국어교재개발위원회·(주)두산동아, 2005.

제 2 장 읽기 교재의 체계화와 활용 원리 : "읽기 교재의 체계화와 그 적용 연구", 『한국초등국어교육』 11, 한국초등국어교육학회, 1995.

제 3 장 국어 학습지의 점검과 비판 : "국어 학습지의 질 관리를 위한 평가 체제에 관하여", 『한국초등국어교육』 17, 한국초등국어교육학회, 2000.

제 4 부 국어 능력 평가의 점검

제 1 장 국어 능력 평가의 구조와 원리 : "국어 능력 평가의 구조와 원리", 『어문학교육』 27, 한국어문교육학회, 2003.

제 2 장 국어능력검정시험의 방향과 체제 : ① "국어 능력 평가의 원칙과 방향 - 국어능력인증시험 개발과 관련하여", 「정보화 시대의 국어사용능력 신장 방안」, (재)언어문화연구원·중앙일보사, 2001.

② "국어능력검정시험의 개념과 성격", 이삼형 · 김창원 · 이성영, 「국어능력검정 시행 방안 연구」, 문화관광부 · 국립국어원, 2004.

제 3 장 대학수학능력시험의 대안적 점검 : ① "대학수학능력시험의 문제점과 개선 방안 - 읽기 영역을 중심으로", 『국어교육학연구』 10, 국어교육학회, 2000.

② "대학수학능력시험 평가틀의 개선 방안 - '언어영역' 이원분류표의 재조직과 구체화를 중심으로", 「대학수학능력시험 언어영역 평가틀 개선을 위한 세미나」, 한국교육과정평가원, 2004.

제 5 부 국어교육의 외연 확장 - 싱가포르의 사례 연구

제 1 장 해외 한국학교의 국어교육 프로그램 진단 : "싱가포르 한국학교의 사례를 통해 본 해외 한국학교의 국어교육 프로그램 개선 방안", 『한국초등국어교육』 28, 한국초등국어교육학회, 2005.

제 2 장 다중언어사회의 특성과 21세기 언어문화교육 : "다중언어사회의 언어 문화 현상을 통해 본 21세기 언어문화교육의 방향 - 싱가포르의 사례를 바탕으로", 『국어교육학연구』 25, 국어교육학회, 2006.

제 3 장 싱가포르 소학교의 중국어(华文) 교과서 체제 : "싱가포르의 자국어 교과서 분석", 박인기 외, 「미래 지향형 초등학교 국어 교재 개발을 위한 기초연구」, 미래지향형초등학교국어교재개발위원회 · (주)두산동아, 2005.

참고문헌

제 1 부

수업 자료, 미-6-2 반응중심학습법(권혁미), 한국교육과정평가원.

수업 자료, 음-3-2 코다이 방법(양아름), 한국교육과정평가원.

Strait Times, Singapore Press Holdings, Ltd.

강　헌(1998), "청소년과 대중음악", 『문학과교육』 3, 문학과교육연구회.

고위공(2004), 『문학과 미술의 만남』, 미술문화.

괵셀 튀르쾨쥬(1999), "노래를 활용한 한국어 교육 - 터키인을 대상으로", 『국어교육연구』 6, 서울대 국어교육연구소.

구인환 외(2001), 『문학교육론』, 4판, 삼지원.

국어국문학회(2001), 「다문화 시대의 국어국문학 연구」, 44회 전국 국어국문학 학술대회 자료집.

김광해(1997), 『국어 지식 교육론』, 서울대학교 출판부.

김광해(2000), "국어 능력의 재개념화와 평가 내용의 체계", 「2000 봄 학술발표대회 자료집」, 한국국어교육연구회.

김대행(1989), 『우리 시의 틀』, 문학과비평사.

김대행(1992), 『문학이란 무엇인가』, 문학사상사.

김대행(1995), 『국어교과학의 지평』, 서울대학교 출판부.

김대행(1997), "영국의 문학교육", 『국어교육연구』 4, 서울대 국어교육연구소.

김대행(1998), "노래자랑과 국어교육", 『선청어문』 26, 서울대 국어교육과.

김대행 외(2000), 『문학교육원론』, 서울대학교 출판부.

김문환(1999), 『문화교육론』, 서울대학교 출판부.

김성진(1998), "국어교육의 대중문화 수용을 위한 시론", 『국어교육연구』 5, 서울대 국어교육연구소.

김수업(1989), 『국어교육의 원리』, 청하.

김수업(1998), 『국어교육의 길』, 나라말.

김신일(2000), 『교육사회학』, 3판, 교육과학사.

김영민(1996), 『탈식민성과 우리 인문학의 글쓰기』, 민음사.

김영철(1998), “전통 문화와 교육 : 문화화, 문화교육, 교과교육, 교과화”, 『한국교육』 25/1, 한국교육학회.

김정우(2001), “시를 통한 한국 문화교육의 가능성과 방법”, 『선청어문』 29, 서울대 국어교육과.

김정희 · 안금희(2001), 『미술과 수행중심평가』, 학문출판.

김중신(1996), “시교육과 문화교육”, 김은전 외, 『현대시교육론』, 시와시학사.

김진우(1996), 『언어와 문화』, 중앙대학교 출판부.

김창남(1996), 『대중문화와 문화실천』, 한울.

김창원(1997a), “독자들의 반란 – 대안 문학이 왜 필요한가”, 『독서연구』 2, 한국독서학회.

김창원(1997b), “문학과 음악”, 문학과문학교육연구소, 『문학의 이해』, 삼지원.

김창원(1997c), “수수께끼의 시학과 초기 시교육”, 『문학과 교육』 2, 문학과교육연구회.

김창원(2000), “국어 표현의 문화와 반문화”, 박갑수 외, 『국어 표현 · 이해 교육』, 집문당.

김천기(1998), 『교육의 사회학적 이해』, 학지사.

노명완(1988), 『국어교육론』, 한샘.

노명완 외(1988), 『국어과교육론』, 갑을출판사.

노진한(1996), “박지원의 글을 통해 본 사유와 표현의 관계”, 『선청어문』 24, 서울대 국어교육과.

노진한(1999), “조선 전기 글쓰기 연구”, 『문학교육학』 3, 한국문학교육학회.

류덕희(1983), 『아동발달과 음악교육』, 개문사.

박갑수(1998), “외국어로서의 한국어교육과 문화적 배경”, 『선청어문』 26, 서울대 국어교육과.

박이문(1983), 『예술철학』, 문학과지성사.

박인기(1996), “독서와 매체 환경”, 『독서연구』 1, 한국독서학회.

박인기 외(2000), 『국어교육과 미디어 텍스트』, 삼지원.

박인기 외(2005), 『문학을 통한 교육』, 삼지원.

방인태(1999), “문화 생산 국어교육”, 『국어교육』 100, 한국국어교육연구회.

서우석(1981), 『시와 리듬』, 문학과지성사.
서유경(1998), "사고와 표현 원리로서의 '유추'에 관한 고찰", 『문학교육학』 2, 한국문학교육학회.
서 혁(1993), "언어 사용 양상으로서의 속담 표현의 특성", 『선청어문』 21, 서울대 국어교육과.
염은열(1996), "상소문의 글쓰기 전략 연구", 『국어교육연구』 3, 서울대 국어교육연구소.
염은열(1999), 「대상 인식과 내용 생성의 관계에 대한 표현 교육론적 연구」, 서울대 대학원(박사).
염은열(2001), "고전문학의 교육적 대상화에 대한 연구", 『고전문학과 교육』 3, 청관고전문학회.
우한용(1997), 『문학교육과 문화론』, 서울대학교 출판부.
우한용(1999), "글쓰기와 문학교육", 『문학과교육』 7, 문학과교육연구회.
유영희(1999), 「이미지 형상화를 통한 시 창작교육 연구」, 서울대 대학원(박사).
윤여탁(1993), "대중문화와 교육", 『선청어문』 21, 서울대 국어교육과.
윤여탁(1998), "일제 강점기 대중가요의 문학적 연구-유성기 음반 채록본을 중심으로", 『국어국문학』 122, 국어국문학회.
윤여탁(2000), "한국어교육에서 문화의 위상과 역할", 『국어교육연구』 7, 서울대 국어교육연구소.
이대규(1995), 『국어 교과의 논리와 교육』, 교육과학사.
이대규(1998), 『국어교육의 이론』, 교육과학사.
이도영(1996), "문화교육으로서의 국어교육", 『선청어문』 24, 서울대 국어교육과.
이삼형 외(2000), 『국어교육학』, 소명.
이성영(1991), "속담 어법의 국어교육적 의미", 『국어교육』 73·74, 한국국어교육연구회.
이영미(1998), 『한국 대중가요사』, 시공사.
이영미(1999), "문학과 대중가요", 『문학과교육』 9, 문학과교육연구회.
이용주(1991), "'표현'이라는 용어에 대하여", 『선청어문』 21, 서울대 국어교육과.
이용주(1995), 『국어교육의 반성과 개혁』, 서울대학교 출판부.
이인제 외(1997), 「제7차 국어과 교육과정 개발 연구」, 연구보고 CR97-

23, 한국교육개발원.
이종각(1997), 『교육인류학의 탐색』, 하우.
이종철(1998), 『속담의 형태적 양상과 지도 방법』, 이회문화사.
이지호(1994), 「고전소설의 대화 유형 연구」, 서울대 대학원(석사).
이지호(1996), "글쓰기의 두 가지 방식 : 주역과 춘추의 경우", 『선청어문』 24, 서울대 국어교육과
이지호(1997), 「연암 박지원의 글쓰기 방법론 연구」, 서울대 대학원(박사).
이지호(1999), "<삼국유사>에 나타난 일연의 글쓰기 방식", 『고전문학과 교육』 1, 청관고전문학회.
이해준(2001), "문화 정책과 문화교육", 교육철학회 편, 『문화 개방과 교육』, 문음사.
임재해(2001), "한국 민속 문화의 교육적 의미와 기능", 교육철학회 편, 『문화 개방과 교육』, 문음사.
임한순(1998), "외국어 운문 번역의 가능성과 한계", 『문학과교육』 6, 문학과교육연구회.
전경수(1994), 『문화의 이해』, 일지사.
정현선(1995), "'문화교육'이라는 문제틀의 설정", 『선청어문』 23, 서울대 국어교육과.
정현선(1997), "'문화교육'이라는 문제 설정 II", 『국어교육연구』 4, 서울대 국어교육연구소.
조혜정(1994), 『글 읽기와 삶 읽기』, 또하나의문화.
최경숙(1995), 「수수께끼 소통 구조의 연구」, 서울대 대학원(석사).
최미숙(1996), "경험의 재구성으로서의 글쓰기에 관한 연구 - 박지원의 <열하일기>를 중심으로", 『국어교육연구』 3, 서울대 국어교육연구소.
최미숙(1997), 「한국 모더니즘 시의 글쓰기 방식에 관한 연구」, 서울대 대학원(박사).
최인자(1995), "문학교육과 대중 영상 매체", 『선청어문』 23, 서울대 국어교육과.
최인자(1996), "조선 시대 상소문에 나타난 설득 방식과 표현에 관한 연구", 『선청어문』 24, 서울대 국어교육과.
최인자(1998), "현대 소설의 자기 반영적 글쓰기와 담론 생산의 문제",

『문학교육학』 2, 한국문학교육학회.
최인자(2001), 『국어교육의 문화론적 지평』, 소명.
최현섭(1994), "생태학적 국어교육관과 국어교육 평가", 『한국초등국어교육』 10, 한국초등국어교육학회.
최현섭 외(1995), 『국어교육학의 이론화 탐색』, 일지사.
최현섭 외(2002), 『국어교육학개론』, 개정증보판, 삼지원.
한국국어교육연구회(1998), 「다매체 시대의 국어교육」, 1998 봄 학술대회 발표 자료집.
한명희(2001), "정보화 시대의 문화 문제와 교육의 과제", 교육철학회 편, 『문화 개방과 교육』, 문음사.
홍진경(2002), 『인간의 얼굴, 그림으로 읽기』, 예담.
황문평(1994), 『돈도 명예도 사랑도-이야기 가요사』, 무수막.
황정현(2001), "초등학교 문화교육의 문제점과 개선 방향", 『한국초등국어교육』 19, 한국초등국어교육학회.
넬슨 굿맨(2002), 『예술의 언어들-기호이론을 향하여』, 김혜숙·김혜련 역, 이화여자대학교 출판부.
마이클 J. 파슨즈·H. 진 블로커(1998), 『미학과 예술교육』, 김광명 역, 현대미학사.
수잔 K. 랭거(1984), 『예술이란 무엇인가』, 박용숙 역, 문예출판사.
안토니 이스트호프(1994), 『문학에서 문화 연구로』, 임상훈 역, 현대미학사.
앤드류 밀너(1996), 『우리 시대 문화 이론』, 이승렬 역, 한뜻.
에른스트 피셔(1984), 『예술이란 무엇인가-예술의 필요성』, 김성기 역, 돌베개.
월터 옹(1995), 『구술 문화와 문자 문화』, 이기우·임명진 역, 문예출판사.
존 엘리스(1982), 『문학의 이론』, 이승훈 역, 대방출판사.
크리스 젠크스(1996), 『문화란 무엇인가』, 김윤용 역, 현대미학사.
허버트 리드(1985), 『예술의 의미』, 박용숙 역, 문예출판사.
Edmond Buchet(1986), 『음악의 이해』, 편집부 역, 삼호출판사.
Jean Aubry(1988), 『음악과 문학』, 편집부 역, 삼호출판사.
國安 洋(1987), 『음악미학입문』, 김승일 역, 삼호출판사.

한국교육과정평가원 교수-학습개발센터, http://classroom.kice.re.kr, 2006.

제 2 부

교육부(1992), 『고등학교 교육과정』, 교육부 고시 1992-19호.
교육부(1998), 『초등학교 교육과정 해설(Ⅲ) - 국어, 도덕, 사회』.

곽병선(1991), 『교육과정』, 배영사.
구인환 외(2001), 『문학교육론』, 4판, 삼지원.
권오현(1992), 「문학소통이론 연구」, 서울대 대학원(박사).
김경자 편(1993), 『재미있는 언어여행』, 교육과학사.
김광해 외(1998), 「초등용 사고력 신장 프로그램 개발 연구」, 연구보고서 98-1, 서울대 국어교육연구소.
김대행(1998), "문학과 사고력", 「국어교육과 사고력 - 통합적 사고력 신장 프로그램의 이론과 실제」, 학술심포지엄 발표자료집, 서울대 국어교육연구소.
김민수(1973), 『국어정책론』, 고려대학교 출판부.
김병국(1980), "중고등학교 국어교육과정 구성의 문제점과 그 개선 방향", 『관악어문연구』 5, 서울대 국어국문학과.
김영채(1999), 『창의적 문제 해결 : 창의력의 이론, 개발과 수업』, 교육과학사.
김욱동(1988), 『대화적 상상력』, 문학과지성사.
김정휘(1997), "개성 신장과 창의성을 계발하는 교육과정 : 창의적인 사회(Creative Society)와 창의적인 심성(Creative Minds)을 지향하며", 『교육과정연구』 15-1, 한국교육과정학회.
김중신(1999), "창의적 사고력과 문학교육", 『문학교육학』 4, 한국문학교육학회.
김창원(1991), "문학교육과 국가 통제", 민족문학교육회 편, 『문학교육의 방법』, 한길사.
김창원(1996a), "문학 교육과정의 구조화 탐색", 「문학교육과정의 연구와 실천 방향」, 제 7회 국어교육연구발표대회, 한국국어교육연구회.
김창원(1996b), "문학교육과정의 구성 원리", 「문학 영역 교육과정 내용의 체계화 연구」, 국어교육연구소 학술발표회 자료집 2, 서울대 국어교육연구소.
김창원 외(1999), “문학교육과 상상력”, 『독서연구』 5, 한국독서학회.
김창원 외(2005), 『국어과 수업모형』, 삼지원.
김호권 외(1992), 『현대교육과정론』, 교육출판사.
노명완(1987), 『국어교육론』, 한샘출판.
노명완 외(1988), 『국어과교육론』, 갑을출판사.
문정화 · 하종덕(1999), 『또 하나의 교육 - 창의성』, 학지사.
박대호(1987), “문학교육의 자리매김”, 『국어교육』 61 · 62, 한국국어교육연구회.
박문태(1999), 『창의성 교육, 그 이론과 실제』, 교육과학사.
박병기(1998), 『창의성 교육의 기반』, 교육과학사.
박성방(1995), 『총체적 언어학습』, 우리교육.
박영목(2003), “창의적 사고력 신장을 위한 국어교육의 내용과 방법”, 「창의성과 학교교육」, 학술세미나발표자료집, 한양대 교육문제연구소.
박인기(1994), 「문학교육과정의 구조에 관한 연구」, 서울대 대학원(박사).
박인기(1996), 『문학교육과정의 구조와 이론』, 서울대학교 출판부.
서울특별시 교육연구원 편(1993), 『사고력 교육의 이론과 실제』, 서울특별시 교육연구원.
성일제 외(1989), 『사고 교육의 이론과 실제』, 배영사.
신헌재(1991), “창의적 사고력 신장과 국어과교육”, 『국어교육』 73 · 74, 한국국어교육연구회.
신헌재 · 이재승 편(1994), 『학습자 중심의 국어교육』, 서광학술자료사.
우한용 외(1997), 『문학교육과정론』, 삼지원.
윤종건(1994), 『창의력』, 정민사.
이경섭(1990), 『교육과정 유형별 연구』, 교육과학사.
이경섭(1999), 『교육과정 쟁점 연구』, 교육과학사.
이도영(1998), 「언어사용 영역의 내용 체계에 대한 연구」, 서울대 대학원(박사).
이삼형 외(2001), 『국어교육학』, 소명.
이성영(1995), 『국어교육의 내용 연구』, 서울대학교 출판부.
이성은 편(1994), 『총체적 언어교육』, 창지사.

이성호(1986), 『교육과정과 평가』, 양서원.
이영만(2001), "교과교육을 통한 창의성 교육의 접근 방안 탐색", 『초등교육연구』 14/2, 한국초등교육학회.
이인제 외(1997), 「제7차 국어과 교육과정 개발 연구」, 연구보고 CR97-23, 한국교육개발원.
이인제 외(1997), 「창의력 신장을 돕는 중학교 국어과 학습 평가 방법 연구」, 연구보고 CR 97-10, 한국교육개발원.
임선하(1993), 『창의성에의 초대』, 교보문고.
임선하(2000), 『창의성의 틀 - DESK 모형 접근』, 현대창의성연구소.
임칠성(1989), "국어과의 창의성 계발", 『국어교육』 89, 한국국어교육연구회.
전경원 편역(1998), 『교사를 위한 창의적인 문제 해결력』 창지사.
전경원(2000), 『창의학』, 학문사.
정동화 외(1984), 『국어과교육론』, 선일문화사.
정종진 편역(1993), 『지력의 심리 : 지능, 창의성, 특수성』, 그루.
정준섭(1995), 『국어교과 교육과정의 변천』, 대한교과서주식회사.
정혜승(2002), 「국어과 교육과정 실행 요인의 작용 양상에 관한 연구」, 고려대 대학원(박사).
최인수(1998), "창의성을 이해하기 위한 여섯 가지 질문", 『한국심리학회지』 17, 한국심리학회.
최인수(2003), "창의성 체계 모델의 교육에의 적용", 「창의성과 학교 교육」, 학술세미나 발표자료집, 한양대 교육문제연구소.
최현섭 외(1995), 『국어교육학의 이론화 탐색』, 일지사.
최현섭 외(2002), 『국어교육학 개론』, 개정증보판, 삼지원.
한국교육개발원(1987~1991), 「사고력 신장을 위한 프로그램 개발 연구」 1~4, 한국교육개발원.
허만길(1994), 『한국현대국어정책연구』, 국학자료원.
홍순정(1999), 『지능과 창의성』, 양서원.
황정규(1984), 『학교학습과 교육평가』, 교육과학사.
Briggs, Leslie J. & Walter W. Wager(1989), 『수업 설계의 원리와 기법』, 진위교 외 공역, 문음사.
Cropley, A. J.(1995), 『교육과 창의성』, 김선 역, 집문당.
Eisner, Eliot(1983), 『교육적 상상력』, 변해명 역, 단국대학교 출판부.

Feldhusen & Treffinger(1998), 『교사를 위한 창의적인 문제해결력』, 전경원 역, 창지사.

Gagné, Robert M.(1991), "교수 방법과 교육과정", 한준상 · 김종량 · 김명희 편역, 『교육과정논쟁』, 집문당.

Goodman, K.(1993), 『전체언어에서 전체란 무엇인가』, 이화자 역, 한국문화사.

Hills, P.J.(1987), 『교수, 학습, 그리고 의사소통』, 장상호 역, 교육과학사.

Joyce, Bruce & Marsha Weil(1989), 『교수-학습의 이론과 실제』, 김종석 외 편역, 성원사.

Lewy, Arieh ed.(1991), *The International Encyclopedia of Curriculum*, N.Y. : Pergamon Press Inc.

Ornstein, Allan C. & Francis P. Hunkins(1990), 『교육과정 : 원리 · 과제 · 전망』, 김인식 역, 교육과학사.

Schubert, William H.(1992), 『교육과정 이론』, 연세대 교육과정연구회 역, 양서원.

Torrance, E.(1989), 『창조성을 흔들어 깨워라』, 김재은 · 주희정 역, 토탈디자인.

Tyler, R. W.(1991), "학습경험과 교육평가", 한준상 · 김종량 · 김명희 편역, 『교육과정논쟁』, 집문당.

Walker, D. F.(1991), "교육과정연구의 문제", 한준상 · 김종량 · 김명희 편역, 『교육과정논쟁』, 집문당.

Wilson, Deirdre & Dan Sperber(1993), 『인지적 화용론』, 김태옥·이현호 역, 한신문화사.

제 3 부

김명옥(1993), "유치원 · 국민학생의 사교육비와 관련된 학교의 생활의 문화 기술적 연구", 『교육사회학연구』 3/1, 교육사회학연구회.

김인옥 · 전병화 · 양경희(2000), "국어과 교육과정 운영과 국어 학습지", 「초등 국어 학습지의 진단과 방향 탐색」, 제13회 경인초등국어교육학회 동계세미나 자료집, 경인초등국어교육학회.

김창원(2002), “한국의 국어과 교육과정과 교과서, 그 변천과 전망”, 「국어교육의 변천과 발전 전망-이념 · 내용 · 방법」, 제2회 한 · 일 국어교육 국제세미나 자료집, 인천교육대학교 · 鳴門教育大學.

김창원(2003), “문학 교과서 개발에 대한 비판적 점검 - 제7차 고등학교 「문학」 교과서를 예로 들어”, 『문학교육학』 11, 한국문학교육학회.

김태인 · 정선진 · 정주안(2000), “국어 학습지의 유형과 실태”, 「초등 국어 학습지의 진단과 방향 탐색」, 제13회 경인초등국어교육학회 동계세미나 자료집, 경인초등국어교육학회.

김현화(1998), 「편익 세분화에 따른 학습지 구매 행동에 관한 실증적 연구」, 고려대 대학원(석사).

박삼서(1998), “문학 교수-학습과 문학 교재의 편수”, 구인환 외, 『문학 교수-학습 방법론』, 삼지원.

박수자(1993), 「읽기 전략 지도 교재 구성에 관한 연구」, 서울대 대학원(박사).

박수자(1994), “독해의 본질과 읽기 교재의 관계”, 『국어교육학연구』 4, 국어교육학회.

박영목(1995), “독서 능력 신장 방안 연구”, 『국어교육』 88 · 89, 한국국어교육연구회.

박인기(1989), “문학교과 교재론의 이론적 접근과 방향”, 『운당구인환선생 화갑기념논문집』, 한샘.

박인기(1992), “국어과 교재론 기술의 이론화 방향”, 『봉죽헌박붕배교수정년기념논문집』, 교학사.

박종훈 · 유동엽(1999), “상업적 독서 학습 자료에 대한 질적 고찰”, 『독서연구』 4, 한국독서학회.

신헌재(1992), “국어 교과서의 지향점 탐색 - 국어 교과서의 개념과 평가 기준 설정의 모색을 중심으로”, 『봉죽헌박붕배교수 정년기념논문집』, 교학사.

여운방 외(2002), 「전자 교과서 설계 지침 및 모형 개발 연구 — 국어, 사회, 수학, 과학 교과를 중심으로」, 연구보고서 2002-2, 한국교과서연구재단.

우동환(1991), 「국민학생용 학습지 구매 행동에 관한 실증적 연구 : 서울 지역 국민학생 어머니를 중심으로」, 연세대 대학원(석사).

유향선(1994), "유아의 언어와 문해 발달", 『혜전전문대논문집』 12, 혜전전문대학.

이돈희(1986), "새로운 교과서의 개념", 『2000년대 한국 교과서의 미래상』, 한국2종교과서협회.

이삼형(1998), "국어 참고서의 비판적 고찰", 『독서연구』 3, 한국독서학회.

이삼형 외(2002), 『국어교육학』, 소명.

이성영(1995), 『국어교육의 내용 연구』, 서울대학교 출판부.

자율 학습이 가능한 교과서 모형 연구 개발 위원회(1992), 「자율 학습이 가능한 교과서 모형 개발」, 대한교과서 교과서연구소, 1992.

정종숙・공숙자・김창진(2000), "국어 학습지에 대한 수용자의 요구 분석", 「초등 국어 학습지의 진단과 방향 탐색」, 제13회 경인초등국어교육학회 동계세미나 자료집, 경인초등국어교육학회.

정찬섭 외(1993), 『편집 체재와 글의 읽기 쉬움』, 대한교과서.

천경록(1995), "기능, 전략, 능력의 개념 비교", 『청람어문학』 13, 청람어문학회.

최명주(1996), 「부교재의 활용에 관한 연구 : 학습지를 중심으로」, 세종대 대학원(석사).

최영환(2003), 『국어교육학의 지향』, 삼지원.

최현섭 외(2002), 『국어교육학개론』, 개정증보판, 삼지원.

한국교육개발원(1986), 『교과서와 교과서 정책』.

한국소비자보호원조사부(1992), "학습지 운영 및 이용 실태 조사", 「한국소비자보호원 조사보고서(용역 92-2)」, 한국소비자보호원.

한철우(1994), "독서 과목 과목 지도", 『사고력을 기르는 국어과교육』, 충남교육청.

함종규(1987), "좋은 교과서란 어떠한 교과서인가", 교육부.

Aulls, Mark W.(1995), "중심 내용 기능을 적극적으로 가르치기", James Baumann 편, 『중심 내용의 이해와 수업』, 문선모 역, 교육과학사.

Beaugrande, Robert-Alain de & Wolfgang Dressler(1990), 『담화·텍스트 언어학 입문』, 김태옥·이현호 역, 양영각.
Jones, B.F. 외 편(1993), 『방략 학습과 방략 교수』, 강영하 역, 교육과학사.

동아일보, http://www.donga.com, 2005.
중앙일보, http://www.joins.com, 2005.
한겨레신문, http://www.hani.co.kr, 2005.
한국경제신문, http://www.hankyung.com, 2005.
한국교육개발원, http://www.kedi.re.kr, 2005.

제 4 부

강명자(1984), 「국민학교 국어과 평가의 원리와 실제」, 개발연구TR84-4, 한국교육개발원.
강승호 외(1998), 『현대 교육평가의 이론과 실제』, 양서원.
곽지순(1999), 「쓰기 수행 평가 방법 연구」, 인천교대 대학원(석사).
김광해(1994), "국어교육 평가의 이상과 현실", 『선청어문』 22, 서울대 국어교육과.
김광해 외(1995), 「언어 지식 영역의 체계화 연구」, 서울대 국어교육연구소.
김광해 외(1998), 「초등용 사고력 신장 프로그램 개발 연구」, 연구보고 98-1, 서울대 국어교육연구소.
김광해(2000), "국어 능력의 재개념화와 평가 내용의 체계", 「국어교육 평가에 대한 종합적 검토」, 2000 봄 학술발표대회자료집, 한국국어교육연구회.
김대행(1997), "영국의 문학교육 - 평가를 통한 언어와 문학의 투시", 『국어교육연구』 4, 서울대 국어교육연구소.
김봉순(1992), 「읽기 평가에 관한 비판적 고찰」, 서울대 대학원(석사).
김영아(1996), 「외국어로서의 한국어 능력 평가 방안 연구」, 고려대 대학원(박사).
김영채(1999), 『창의적 문제 해결 : 창의력의 이론, 개발과 수업』, 교육과학사.

김유정(1999), 「한국어 능력 평가 연구 - 숙달도 평가(Korean Proficiency Test)를 중심으로」, 고려대 대학원(박사).

김정자(1992), 「쓰기 평가 방법 연구 - 평가 기준의 설정과 그 적용을 중심으로」, 서울대 대학원(석사).

김정희(1999), 「시텍스트 수용능력 평가 연구」, 서울대 대학원(석사)

김종철·김중신·정재찬(1998), "문학 영역 평가의 이론과 실제 - 제7차 교육과정을 중심으로", 「'98 국어교육연구소 학술발표회 자료집」, 서울대 국어교육연구소.

김중신(1997), "97학년도 대학수학능력시험 언어영역 출제 과정 점검", 『문학과교육』 1, 문학과교육연구회.

김중신(1999), "창의적 사고력과 문학교육", 『문학교육학』 4, 한국문학교육학회.

김창원(1997), "대학수학능력시험과 시교육 평가", 『문학과교육』 1, 문학과교육연구회.

김창원(1998), "국어과 평가의 방향 - 문학 영역을 중심으로", 박영배 외, 『평가 방법 탐구 - 열린 교과교육적 접근』, 형설출판사.

김창원(2000), "대학수학능력시험의 문제점과 개선 방안 - 읽기 영역을 중심으로", 『국어교육학연구』 10. 국어교육학회.

김창원(2001), "국어 능력 평가의 원칙과 방향 - 국어능력인증시험 개발과 관련하여", 「정보화 시대의 국어사용능력 신장 방안」, (재)언어문화연구원 설립기념심포지엄.

김창원(2003a), "국어교육 평가의 방향, 그리고 구조와 원리", 『어문학교육』 27, 한국어문교육학회.

김창원(2003b), "창의성 중심의 국어과 교육과정 구성 방안", 『국어교육학연구』 18, 국어교육학회.

김창원(2004), "문학 경험과 학업 성취도의 상관 연구(1) - 문학 경험에 대한 자기 평가를 중심으로", 『교육논총』 23, 경인교육대학교.

김호권 외(1990), 『현대교육평가론』, 교육출판사.

남명호 외(1999), 「한국어능력시험 개선 방안 연구」, 연구보고 CRO99-1, 한국교육과정평가원.

남명호 외(2000), 「한국어능력시험 등급기준 조정 및 문제은행 구축방안

연구」, 한국교육과정평가원.

노명완(1990), "국어과교육에서의 평가", 「국어교육 개선 방안 연구」, 서울대 국어교육연구소.

노명완(1992), "말하기 및 듣기의 본질과 평가의 방향", 「제3회 국어교육 연구발표대회 자료집」, 한국국어교육연구회.

노명완 외(1997), 「말하기·듣기 영역 교육과정 내용의 체계화 연구」, 서울대 국어교육연구소.

민병곤(1996), 「고등학교 국어과 말하기 평가 연구」, 서울대 대학원(석사).

박문태(1999), 『창의성 교육, 그 이론과 실제』, 교육과학사.

박영목·이인제·남미영(1991), 「교육의 본질 추구를 위한 국어교육 평가 체제 연구 (2)」, 한국교육개발원.

박영목(1992), "중·고등학교에서의 말하기·듣기 평가", 「제3회 국어교육 연구발표대회 자료집」, 한국국어교육연구회.

박영목 외(1997), 「쓰기 영역 교육과정 내용의 체계화 연구」, 서울대 국어교육연구소.

박영목(2003), "창의적 사고력 신장을 위한 국어교육의 내용과 방법", 「창의성과 학교교육」, 학술세미나 발표자료집, 한양대 교육문제연구소.

박영주(1991), 『교육평가신강』, 교육연구사.

박인기(1996a), "시교육과 평가", 김은전 외, 『현대시교육론』, 시와시학사.

박인기(1996b), 『문학교육과정의 구조와 이론』, 서울대학교 출판부.

박인기(1997a), "국어과 교육 평가의 개선과 교육의 질적 도약", 「21세기 국어과교육의 지향과 수준별 교육과정」, 한국교육개발원.

박인기(1997b), "대학수학능력시험과 문학교육의 방향", 『문학과교육』 1, 문학과교육연구회.

박인기(1997c), "문학교육과정의 평가", 우한용 외, 『문학교육과정론』, 삼지원.

박인기 외(1999), 『국어과 수행평가』, 삼지원.

배호순(1991), 『수업 평가』, 양서원.

백순근(1999), "수행평가 정착을 위한 교육 평가 실천 방안", 「초·중등학교 교과별 수행평가의 실제(1) - 수행평가 현장 정착을 위한 세미나 자료집」, 한국교육과정평가원.
백순근 · 최미숙(1999), 「고등학교 국어과 수행평가의 이론과 실제」, 연구보고 PRE99-1-2, 한국교육과정평가원.
손영애 외(1996), 「읽기 영역 교육과정 내용의 체계화 연구」, 서울대 국어교육연구소.
양명희(2002), 「공무원 국어 시험 유형 개발」, 국립국어연구원.
우한용 외(1996), 「문학 영역 교육과정 내용의 체계화 연구」, 서울대 국어교육연구소.
윤여탁 외(2000a), 「국어능력인정시험 개발을 위한 기초 연구」, (재)언어문화연구원.
윤여탁 외(2000b), 「유 · 초등 국어 프로그램 개발 연구」, 연구보고서 2000-1, 서울대 국어교육연구소.
이도영(1997), "언어지식교육의 평가", 「언어지식 영역의 교수-학습」, 제8회 국어교육 연구발표대회 자료집, 한국국어교육연구회.
이도영(1998), 「언어사용영역의 내용 체계에 대한 연구」, 서울대 대학원(박사).
이삼형(1996), "읽기 교육과정과 읽기 평가", 『국어교육연구』 3, 서울대 국어교육연구소.
이삼형(1999), "국어교육 평가의 관점", 『국어교육학연구』 9, 국어교육학회.
이삼형 외(1999), 「국어교육과 평가: 국어교육 평가의 일반 원리」, 연구보고서 99-2, 서울대 국어교육연구소.
이삼형 외(2001), 『국어교육학』, 소명.
이삼형 · 유영희(2003), 「국어과 창의력 개발 프로그램 연구」, 한국교원대 교과교육공동연구소.
이영만(2001), "교과교육을 통한 창의성 교육의 접근 방안 탐색", 『초등교육연구』 14/2, 한국초등교육학회.
이인제 외(1997), 「창의력 신장을 돕는 중학교 국어과 학습 평가 방법 연구」, 연구보고 CR 97-10, 한국교육개발원.
임선하(2000), 『창의성의 틀 - DESK 모형 접근』, 현대창의성연구소.
임지룡 · 최웅환 · 송창선 · 이문규(1998), 「국어교육과 평가 : 어휘력 평가」, 서울대 국어교육연구소.
임칠성 외(1999), 「국어교육과 평가: 듣기 · 말하기 · 읽기 · 쓰기 평가 연구」, 연구보고서 99-3, 서울대 국어교육연구소.

정구향(2000), "언어영역의 출제 경향 및 문항 양호도의 변화 추이", 「언어·외국어 영역 문항의 발전 방향 탐색」, 한국교육과정평가원.

조하연(2003), "문학의 속성을 활용한 창의적 사고의 교육 방안 연구", 『국어교육학연구』 16, 국어교육학회.

천경록(1999), "독서교육과 독서 평가", 『독서연구』 4, 한국독서학회.

최미숙(1998), "국어교육에서의 평가", 『국어교육연구』 5, 서울대 국어교육연구소.

최미숙(1999a), "국어과 수행평가 정착 방안", 「초·중등학교 교과별 수행평가의 실제(2)」 수행평가 현장 정착을 위한 세미나 자료집, 한국교육과정평가원.

최미숙(1999b), "문학교육과 수행평가", 『문학과교육』 7, 문학과교육연구회.

최미숙·양정실(1998), 「국가 교육과정에 근거한 평가 기준 및 도구 개발 연구 - 고등학교 국어」, 연구보고 PRE98-3-3, 한국교육과정평가원.

최병우(1997), "대학수학능력시험과 소설교육", 『문학과교육』 1, 문학과교육연구회.

최인수(1998), "창의성을 이해하기 위한 여섯 가지 질문", 『한국심리학회지』 17. 한국심리학회.

최인수(2000), "창의성을 이해하기 위한 체계 모델(Systems Model)", 『생활과학』 3.

최지현(2000), "선택형 지필 평가의 가능성과 한계", 「국어교육 평가에 대한 종합적 검토」, 2000 봄 학술발표대회자료집, 한국국어교육연구회.

한철우·이인제(1990), 「교육의 본질 추구를 위한 국어교육 평가 체제 연구 (1)」, 한국교육개발원.

허경철(1999), "수행평가 정책의 과제와 전망", 「초·중등학교 교과별 수행평가의 실제(1) - 수행평가 현장 정착을 위한 세미나 자료집」, 한국교육과정평가원.

황정규(1984), 『학교 학습과 교육 평가』, 교육과학사.

제 5 부

新加坡教育部 课程规划与发展署(2002), 小学华文课程标准.

新加坡教育部 课程规划与发展署(2002), 中小学华文字表.

新加坡教育部 课程规划与发展署(2004), 小学华文 课本 一年级(上册), 教育出版社.

新加坡教育部 课程规划与发展署(2004), 小学华文 作业 一年级(上册), 教育出版社.

新加坡教育部 课程规划与发展署(2003), 小学华文 阅读辅助教材读本 一上, 教育出版社.

新加坡教育部 课程规划与发展署(2004), 小学华文 习字本子 一年级(上册), 教育出版社.

新加坡教育部 课程规划与发展署(2004), 小学高级华文 课本 一年级(上册), 教育出版社.

新加坡教育部 课程规划与发展署(2001), 小学高级华文 作业 一年级(上册), 教育出版社.

新加坡教育部 课程规划与发展署(2001), 小学高级华文 阅读辅助教材读本 一上, 教育出版社.

新加坡教育部 课程规划与发展署(2001), 小学高级华文 习字本子 一年级(上册), 教育出版社.

新加坡教育部 课程规划与发展署(2005), 小学华文 课本 五年级(下册), 教育出版社.

新加坡教育部 课程规划与发展署(2005), 小学华文 作业 五年级(下册), 教育出版社.

新加坡教育部 课程规划与发展署(2005), 小学高级华文 课本 五年级(下册), 教育出版社.

新加坡教育部 课程规划与发展署(2005), 小学高级华文 作业 五年级(下册), 教育出版社.

新加坡教育部 课程规划与发展署(2005), 小学基础华文 课本 五年级(下册), 教育出版社.

新加坡教育部 课程规划与发展署(2005), 小学基础华文 作业 五年级(下册), 教育出版社.

김명수(2003), "아시아적 가치의 문화적 기원 - 싱가포르 중화 민족의 정체성 위기", 『전통과 현대』, 11, 전통과현대사.

김성건(1995), "싱가폴의 종교와 문화", 『지역연구』, 4/4, 서울대 지역종합연구소,

김성건(1996), "싱가폴의 인종과 민족 문제", 『지역연구』, 5/4, 서울대 지역종합연구소.

김창원(2000), "국어 표현의 문화와 반문화", 박갑수 외, 『국어 표현·이해 교육』, 집문당.

민현식(2000), "공용어론과 언어 정책", 『이중언어학』, 17, 이중언어학회.

복거일(1998), 『국제어 시대의 민족어』, 문학과지성사.

이해준(2001), "문화 정책과 문화 교육", 교육철학회 편, 『문화 개방과 교육』, 문음사.

조동일(2001), 『영어를 공용어로 하자는 망상』, 나남출판.

Afendras, Evangelos A. & Eddie C. Y. Kuo, eds.(1980), *Language and Society in Singapore*, Singapore University Press.

Ager, Dennis(2001), *Motivation in language planning and language policy*, Multilingual Matters Ltd.

Chan, Jasmine S.(2000), "Singapore - A vision for the New Millennium", *South East Asian Affairs*, Institute of South East Asian Studies.

Chua Chee Lay, ed.(2005), *Keeping My Mandarin Alive: Lee Kuan Yew's Language Learning Experience*, KHL Printing Co. Pte. Ltd.

Foley, J.A., et. als.(1998), *English in New Cultural Contexts*, Oxford University Press.

Gopinathan, S., et. als.(1998), *Language, Society and Education in Singapore: Issues and Trends*, 2nd edit, Times Academic Press.

Gopinathan, S.(1999), "Preparing for the Next Rung: economic restructuring and education reform in Singapore", *Journal of Education and Work*, 12/3.

Häußler, Sonja.(1998). "재독 한글학교의 한국어교육 현황과 문제점: 베를린 한인학교를 중심으로". 『한국어교육』 9/1. 국제한국어교육학회.

Ho Wah Kam & Ruth Y. L. Wong, eds.(2004), *Language Policies and Language Education*, Eastern Universities Press.

James, Joyce E., ed.(1996), *The Language-Culture Connection*, SEAMEO Regional language Centre.

Jason, Tan, et. als., eds.(1997), *Education in Singapore*, Simon & Schuster Pte. Ltd.

Lambert, Richard D. & Elana Shohamy, eds.(2000), *Language Policy and Pedagogy*, John Benjamins Publishing Company.

LEE, Kuan Yew, et. als.(1990), *Speak Mandarin Campaign Launching Speeches 1979-1989*, Seng Printing Company.

Lindsay, Jennifer & Tan Ying Yin, eds.(2003), *Language Trends in Asia*, National University of Singapore.

Low Fe Ling & Adam Brown(2005), *English in Singapore - An Introduction*, McGraw-Hill Education (Asia).

Morris, P. & Sweeting, A., eds.(1995), *Education and development in East Asia*, Garland Publish.

Ooi, Vincent B. Y., ed.(2001), *Evolving Identities - the English language in Singapore and Malaysia*, Times Academic Press.

Spolsky, Bernard, ed.(1986), *Language and Education in Multilingual Settings*, Multilingual Matters Ltd.

상해 한국학교, http://skoschool.com, 2005.

싱가포르 교육부, http://www.moe.gov.sg, 2005.

싱가포르 문화·정보·통신부, http://www.mita.gov.sg, 2005.

싱가포르 일본학교, http://www.sjs.edu.sg, 2005.

싱가포르 한국학교, http://singkoschool.com, 2005.

싱가포르 한인회, http://www.koreansingapore.org, 2005.

자카르타 한국국제학교, http://www.jiks.com, 2005.

주싱가포르 한국 대사관, http://koreaembassy.org.sg, 2005.

코리아타운, http://koreatown.com.sg, 2005.

호치민시 한국학교, http://kshcm.net, 2005.

Good English Movement, http://www.goodenglish.org.sg, 2005.

Singapore Approved Textbooks List, http://nsinte1.moe.edu.sg, 2005.
Singapore Education, http://www.singaporeedu.gov.sg, 2005.
Singapore Examination and Assession Board, http://www.seab.gov.dg, 2005.
Speak Mandarin, http://www.mandarinorg.sg, 2005.

찾아보기

(ㅎ)

김창원(金昶元)

1962년 충남 보령에서 태어나, 서울대학교 국어교육과에서 박사학위를 받았다. 서울북공업고등학교와 용산고등학교 교사를 거쳐 한국교육개발원 연구원으로 6차 교과서를 만들고, 1995년부터 경인교육대학교의 교수로 재직 중이다. 문학교육을 주전공으로 하면서 국어과 교육과정 개발, 교과서 편찬, 평가 기획 쪽으로 경력을 쌓았다. 박사논문을 바탕으로 한 『시교육과 텍스트 해석』 외에 『국어교육학』, 『국어교육학개론』, 『국어과 수업모형』, 『문학교육과정론』, 『문학을 통한 교육』 등을 공저로 내고 『문학 작품을 어떻게 가르칠 것인가』를 번역했다. 학부에서는 <국어과교육론>을, 대학원에서는 <문학교육론>을 강의한다.

Kim, Chang Won(cwkim@gin.ac.kr)

국어교육론 —관점과 체제—

2007년 2월 20일 1판 1쇄 발행
2007년 7월 20일 1판 2쇄 발행

저 자 김 창 원
발행인 고 덕 환
조 판 대 경 문 화 사

발행처
110-102
서울특별시 종로구 평동 15번지의 4호
도서출판 三 知 院
등록 1978년 6월 2일 제 2-254호(윤)
전화 737-1052, 734-8979 FAX. 739-2386

정가 18,000원

ISBN 978-89-7490-002-1-93810